Münchner Beiträge zur europäischen Einigung | 18

Die Reihe
„Münchner Beiträge zur europäischen Einigung"
wird herausgegeben von

Prof. Dr. Dr. h.c. Werner Weidenfeld,
Centrum für angewandte Politikforschung, München

Julian Nida-Rümelin | Werner Weidenfeld (Hrsg.)

Europäische Identität:
Voraussetzungen und Strategien

 Nomos

C·A·P

Die Deutsche Bibliothek verzeichnet diese Publikation in
der Deutschen Nationalbibliografie; detaillierte bibliografische
Daten sind im Internet über http://dnb.ddb.de abrufbar.

ISBN 978-3-8329-2727-1

1. Auflage 2007

Inhaltsverzeichnis

Identität stärken – Strategien einer europäischen Identitätspolitik

Vorwort

Auf europäischer Ebene war die Expertengemeinde lange Zeit geneigt, die politische Relevanz von Faktoren kollektiver Selbstwahrnehmung zu unterschätzen. Die Frage nach der europäischen Identität wurde nur allzu gerne Schöngeistern und Kulturschaffenden überlassen. Nach der Erweiterung um zehn neue Mitglieder ist die Wahrnehmung der Bedeutung von Gemeinsamkeiten und Unterschieden zwischen den Mitgliedstaaten und ihren Bürgern gewachsen. Auch die Debatte um die Erwähnung des christlichen Erbes Europas im europäischen Verfassungsvertrag und die Aufnahme der Türkei in die Europäische Union zeigt, dass die Frage nach dem Verständnis der Europäer von sich selbst ein politikmächtiger Faktor ist, der auch zukünftige Entwicklungen mitzubestimmen imstande ist.

Die zunehmende politische Bedeutung des Identitätsthemas resultiert nicht zuletzt aus der allgemeinen Befürchtung, der europäische Einigungsprozess könnte nach den beiden »Nein« der Franzosen und Niederländer zum europäischen Verfassungsvertrag am Negativvotum der Bürger scheitern. Abnehmende Akzeptanzwerte müssen die Europäische Union beunruhigen, da diese wie jedes demokratisch verfasste System auf Legitimation angewiesen ist. Die Notwendigkeit einer eigenen europäischen Identität – wie auch immer sie ausgestaltet sein mag – ist daher Ausgangspunkt dieses Bandes.

Die Beiträge sind entlang dreier thematischer Schwerpunkte gegliedert: Identität sehen, Identität wollen und Identität stärken. In einem ersten Teil geht es vor allem um die historischen und kulturellen Anknüpfungspunkte für eine europäische Identität. Was aber ist das spezifisch Europäische, das die Europäer auch von den anderen Demokratien dieser Erde unterscheidet? Das christliche Abendland oder die Aufklärung? Oder ist eine Suche nach dem spezifisch Europäischen angesichts der Vielfalt der europäischen Kulturen und der Pluralität der Wertauffassungen nicht von vornherein unrealistisch? Daran anschließend wird in einem zweiten Teil das Augenmerk vornehmlich auf die Herausforderungen gerichtet, welche sich die europäischen Akteure bei der Stärkung einer europäischen Identität gegenübersehen. Muss die Union sich in ihrer Identitätspolitik nicht von den vorhandenen historischen Vorbildern, der Konstruktion nationaler Identitäten, lösen? Und wie kann eine europäische Identität im Spannungsfeld von nationalen und regionalen Identitäten etabliert werden angesichts der vorherrschenden Vorstellung der nationalen Eliten, eine europäische Identität lediglich als schmückendes Beiwerk des nationalen Selbstbewusstseins anzusehen? Vor allem aber ist von Interesse, wie konkrete Strategien einer europäischen Identitätspolitik aussehen können. Welche Maßnahmen erscheinen erfolg versprechend und mit welchen Hindernissen ist zu rechnen? Welche Politikfelder sollten im Zentrum identitätsstiftender Politik stehen und welchen Beitrag kann eine europäische Zivilgesellschaft leisten? Diese Fragen stehen im Mittelpunkt der Ausführungen im dritten Teil des Bandes.

Der vorliegende Band entstand im Rahmen des Projekts »Das größere Europa«, in dem die Bertelsmann Stiftung Strategien zur Zukunft der europäischen Integration entwickelt und sich der Bedeutung einer europäischen Identitätspolitik zugewandt hat. Grundlage der Beiträge war eine Konferenz der Bertelsmann Stiftung und des Centrums für angewandte Politikforschung (C•A•P) mit dem Titel »Europäische Identität – aber wie?«. Zu den Teilnehmern gehörten Wissenschaftler der unterschiedlichsten Disziplinen. Allen Mitwirkenden sei hiermit unser herzlicher Dank ausgesprochen. Unser besonderer Dank gilt Dr. Dominik Hierlemann von der Bertelsmann Stiftung für die Projektkoordination sowie Dr. Bettina Thalmaier vom Centrum für angewandte Politikforschung für die redaktionelle Betreuung des Bandes.

Julian Nida-Rümelin
Werner Weidenfeld

Identität sehen – das spezifisch Europäische

Reden über Europa – die Neubegründung des europäischen Integrationsprojekts

Werner Weidenfeld

Nach den gescheiterten Verfassungsreferenden in Frankreich und den Niederlanden verordnete sich die Europäische Union (EU) eine »Phase der Reflexion«, um gemeinsam mit den Bürgern über die Zukunft der Union nachzudenken. Ziel war es, die zahlreichen kontroversen Vorstellungen zum europäischen Einigungswerk zu sammeln, zu bündeln und letztlich den Integrationsprozess des europäischen Kontinents neu zu begründen. Aufgeworfen war damit nicht weniger als die Frage nach den Fundamenten des europäischen Einigungsprozesses, nach einer Vision, die diesem seine Daseinsberechtigung verleiht und Projektionsfläche einer europäischen Identität sein kann. Denn Europa, so der luxemburgische Premier Jean-Claude Juncker, habe aufgehört, die Menschen zum Träumen zu bringen[1] – diese Fähigkeit hat es nicht zuletzt durch den Zank um Nationalinteressen und partikularen Besitzstandswahrung dramatisch eingebüßt. Einzelne Erfolge, wie beispielsweise die Verabschiedung der jahrelang umstrittenen Dienstleistungsrichtlinie, können nicht über die Tatsache hinwegtäuschen, dass die Regierungen der Mitgliedstaaten bei den fundamentalen Fragen zur europäischen Integration tief gespalten sind. Auch nach dem Gipfel der EU-Staats- und Regierungschefs im Juni 2006, bei dem eine erste Bestandsaufnahme der Reflexionsphase durchgeführt wurde, ist noch kein Masterplan in Sicht, der die Europäische Union aus ihrer Orientierungskrise führen könnte. Die Antworten auf die existenziellen Fragen nach Sinn und Wesen des europäischen Einigungsprozesses wurden vertagt, konkrete Ergebnisse im Verfassungsprozess werden frühestens 2009 erwartet. Ob die Hoffnungen, die in die Gestaltungsfähigkeit der deutschen Ratspräsidentschaft im ersten Halbjahr 2007 gesetzt werden, berechtigt sind, ist derzeit höchst zweifelhaft.

Es scheint in der Sache nur noch wenig zusammenzugehen in Europa. Nach den negativen Voten zur Verfassung in Frankreich und den Niederlanden kam der große Finanzstreit. Davor die Zweifel am Stabilitätspakt der gemeinsamen Währung, die Sorge um die Verkraftbarkeit der Beitrittswelle und schließlich die polarisierte Debatte um den Türkeibeitritt. Als Kondensat der Diskussionen offenbarte sich vor allem eines: die Krise hatte die Tiefenschichten der europäischen Ration erfasst. Unvereinbare strategische Perspektiven über die Zukunft und das Wesen der Euro-

---

1 So äußerte sich Jean-Claude Juncker auf einer Pressekonferenz nach dem gescheiterten Referendum in Frankreich am 01.06.2006.

päischen Union prallten aufeinander, die sich vor allem in der Debatte um den weiteren Umgang mit dem Konstitutionalisierungsprozess herauskristallisierten. Diese tiefe Diskrepanz in der finalen Perspektive droht nun der Erfolgsgeschichte der Integration ein abruptes Ende zu bereiten. Vordergründig wird um Finanzen und Vertragstexte gestritten, im Kern geht es um antagonistische Zukunftsfixierungen. Solange dies nicht in aller Klarheit ausgesprochen wird, kann es keine positive Klärung der Problemlage geben. Vor diesem Hintergrund klingt es geradezu skurril, dass sich die Europäische Union eine »Denkpause« verordnet hat – wo es doch eigentlich um die öffentliche Verständigung auf eine gemeinsame Zukunftsstrategie geht, in die auch die Bürger eingebunden werden sollten. Ohne eine solche Verständigung wird das Europa der 25 und bald mehr Mitgliedstaaten erodieren, möglicherweise sogar zerfallen. Nur durch einen offenen Kommunikationsprozess, der Ideen und Meinungen über die Grenzen hinweg fließen lässt, lässt sich eine gemeinsame Vorstellung über den Wesenskern der Europäischen Union modellieren, die eine solide Basis für deren soziale Legitimation (Thalmaier 2005b) bilden kann. Dass ein solcher Kommunikationsraum noch immer defizitär ausgeprägt ist (Institut für Europäische Politik 2006, 10), ist sowohl aus einem demokratietheoretischen Blickwinkel als auch aus pragmatischen Überlegungen heraus, die faktische Akzeptanz der Europäischen Union im Hinblick auf weitere Integrationsschritte – z.B. kommende Erweiterungsrunden – von Seiten der europäischen Bürger sicherzustellen, dramatisch.

1. *Europa – auf der Suche nach sich selbst*

Es gab Zeiten, da waren die Europäer vom Wunder der Integration geradezu verzaubert. Nach Jahrhunderten leidvoller Erfahrung kriegerischer Gegnerschaften, nach imperialen Verwüstungen, nach nationalistischen Eruptionen hatten die Völker des Kontinents den inneren Hebel gleichsam komplett gewendet. Die Bildung einer europäischen Gemeinschaft wurde zur bewegenden Grundidee der Nachkriegszeit. Zwei große Vitalquellen lieferten ungeahnte Kraftreserven für diese historische Revolution: die Hoffnung auf Sicherheit zwischen den ehemals verfeindeten Staaten Europas und gegenüber der Bedrohung aus dem Osten sowie die Erwartung wirtschaftlicher Wohlfahrt durch den Gemeinsamen Markt. Beide Vorstellungen ließen sich realisieren. Europa wurde zu einem Modell für Frieden und Prosperität mit weltweiter Ausstrahlung. Als sich in den frühen achtziger Jahren erste Ermüdungserscheinungen zeigten und man von »Eurosklerose« sprach, verhalf das strategische Denken eines Jacques Delors dem Integrationsprojekt zu einer Renaissance. Die Etablierung des Binnenmarkts, der Wegfall der Grenzen im Schengen-Raum und die Einführung des Euro sind eindrucksvolle Belege der europäischen Erfolgsgeschichte.

Diese Erfolgsgeschichte hält an: Nach der Erweiterung um zehn neue Länder zum 1. Mai 2004 wird die Wiedervereinigung des Kontinents mit dem Beitritt Bulgariens und Rumäniens fortgesetzt. Als erstes Neumitglied wird Slowenien am 1. Januar 2007 den Euro einführen; gleichzeitig gewinnt die Eurogruppe an politischem Profil. Die tragende Rolle der Europäischen Union bei der Aushandlung des Ohrid-Abkommens in Mazedonien ist beispielhaft für die stabilisierende Kraft der Europäischen Union in ihrer direkten Nachbarschaft. Weltweite EU-Missionen des zivilen und militärischen Krisenmanagements, die Einrichtung der Europäischen Verteidigungsagentur sowie die Bildung von Battle Groups sind Belege für die kontinuierliche Weiterentwicklung der Europäischen Sicherheits- und Verteidigungspolitik. Die Einigung über den mittelfristigen Finanzrahmen 2007-2013, die Verabschiedung der Dienstleistungsrichtlinie, der Beginn einer Debatte über Energiesicherheit, die Weiterentwicklung des europäischen satellitengestützten Navigationssystems Galileo sowie die anhaltende Attraktivität des Integrationsprojekts nach außen sind weitere Belege für die ungebrochene Vitalität der Europäischen Union.

Gleichzeitig aber erscheint die Erfolgsgeschichte Europas heute wie die Beschreibung einer entfernten Epoche. Gemeinsame Versuche zur Modernisierung des europäischen Wirtschaftsraums im Kontext der Lissabon-Strategie tun sich schwer, denn der Europäischen Union fehlen die Kompetenzen und Instrumente. Der Stabilitätspakt wird in vielen Mitgliedstaaten zunehmend als Fessel empfunden. Die Gegenwehr bei europäischen Fusionen und Unternehmensübernahmen sind Anzeichen eines neuen ökonomischen Nationalismus. Gleichzeitig machen sich Erweiterungsmüdigkeit und Zweifel über die Vereinbarkeit von Erweiterung und Vertiefung breit. Die Fähigkeit der Europäischen Union, weitere Staaten aufzunehmen, wird in Teilen von Politik und Öffentlichkeit zunehmend angezweifelt, so dass die Aufnahmekapazität der Europäischen Union zu einem zentralen Kriterium für weitere Beitritte festgelegt wurde. Das Vertrauen und die Zustimmung bei den Bürgern und bei Teilen der Eliten zum Einigungsprojekt schwinden, die stillschweigende Zustimmung zu Europa hat sich verflüchtigt. Die tragenden Säulen der europäischen Integration aus der Gründerzeit haben ihre stabilisierende Kraft verloren: Der Frieden auf dem europäischen Kontinent ist weitgehend erreicht, die Bedrohung aus dem Osten verschwunden, der Binnenmarkt nahezu vollendet. Die Erfolge sind konsumiert. Europa wirkt erschöpft.

Dieser Befund reicht jedoch nicht aus, um das ganze Ausmaß von Frustration, Konfusion und Orientierungslosigkeit zu erklären, das heute die europäische Szene beherrscht. Es gibt einen anderen Schlüssel: Europa befindet sich in einer tiefen mentalen Orientierungskrise auf der Suche nach sich selbst. Europäische Identität war seit eh und je kompliziert und nur vergleichsweise dünn entwickelt, überlagert von nationalen und regionalen Selbstverständnissen. Die europäische Selbsterfahrung hatte durchaus ein relevantes Profil erhalten – gezeichnet durch gemeinsames Leiden und daran anschließend durch eine gemeinsame Erfolgsgeschichte. Dies bildet die Grundlage gemeinsamer europäischer Werte. Nun aber ist dieser Halt aus seiner Verankerung gerissen. Das pragmatische Europa hatte nicht einmal mehr die Kraft, seine kulturellen Wurzeln in seiner Verfassung zu definieren. Das entgrenzte Europa hat den räumlichen Rahmen entfernt, den ein Identitätsprozess benötigt. Zurück bleiben die hilflosen Versuche der europäischen Kulturkongresse, sich immer wieder neu auf die Suche nach der Seele Europas zu machen. Sie liefern lediglich Material für die Satire der Feuilletons – eine Antwort auf die Frage nach dem Wesen Europas finden sie nicht.

Um den Weg zum Zusammenwachsen des Kontinents zu ebnen, muss Europa vor allem eine überzeugende Antwort auf die Frage nach seiner Identität und seinen Werten geben, denn hierin liegt der Schlüssel zur Erklärung der europäischen Misere (Muschg 2005). Jedes politische System bedarf zu seiner Handlungsfähigkeit eines Rahmens, auf den sich die Begründungen für Prioritäten und Positionen beziehen: So existiert in keinem politischen Raum eine leitende Ratio gleichsam als Ding als sich, ohne Bezug auf einen elementaren Konsens, auf gemeinsame Interessen und Perspektiven. In jedem politischen System greift die politische Auseinandersetzung des Tages zurück auf den von allen geteilten historischen Erfahrungshorizont. Von dort bezieht die Politik die Argumentationshilfe, wenn es um die Erklärung ihrer Maßnahmen geht. Die Europäische Union kann sich auf diese Quelle gemeinsamer Selbstwahrnehmung aber nur sehr begrenzt verlassen. Standortbestimmungen zu Europa finden weitgehend in abgeschotteten nationalen Diskursräumen statt, ein kommunikativer Austausch über Grenzen hinweg existiert nur in einzelnen elitären Teilöffentlichkeiten (Weigl 2006, 55). Die Botschaften zu europäischer Politik werden primär durch den Filter der nationalen Prägungen und Interessen wahrgenommen, der Brüssel als Antagonismus und nicht als Komplement zu nationalen Bezugsgrößen erscheinen lässt. Erst eine Verkoppelung der unterschiedlichen Diskursräume und die Bezugnahme aufeinander könnten den Fokus über die Grenzen hinweg auf das gemeinsame Europäische lenken. Zwar ist damit alleine noch keine europäische Identität geschaffen, zumindest aber würde das Bewusstsein der europäischen Bürger füreinander geöffnet und ein Schritt in Richtung sozialer Legitimation der Europäischen Union getan (Hurrelmann 2005, 192).

Bei der Befriedigung des Bedürfnisses nach Orientierung haben sich die Europäische Union und ihre institutionellen Vorgänger niemals leicht getan, stets waren sie geschäftsmäßig, unheroisch und zivil. Die europäische Identität kann sich – anders als die an ihr mitwirkenden Nationalstaaten – nicht auf nationale Mythen stützen, die Zusammengehörigkeitsgefühle wecken.[2] Umso mehr muss sich der Blick jetzt wieder stärker auf den geistigen Horizont, auf die grundlegenden Antriebe und Hindernisse richten. Man ist geneigt, die klassische Frage aus Goethes und Schillers »Xenien« auf Europa anzuwenden: »Europa – aber wo liegt es?« Nicht als geographische Prüfung, sondern auf der Suche nach der geistigen und kulturellen Begrün-

---

2 Zum Mythendefizit der europäischen Integration siehe Schmale (1997).

dung Europas ist diese Frage heute neu gestellt. Es ist die Frage der Europäer nach sich selbst.

2. Das Wesen Europas

Mit der Frage nach der Identität ist das elementare Konstruktionsprinzip moderner Gesellschaften thematisiert.[3] Um existenzfähig zu sein, muss die moderne Gesellschaft ihre kollektive Identität selbst entwerfen (Quenzel 2005; Öhner/Pribersky et al. 2005). Die Regelung der Konflikte und die daraus resultierenden steuernden Eingriffe der Politik sind oft nicht aus sich selbst heraus begründbar. Sie bedürfen vielmehr des Verweises auf gemeinsame Lebens- und Gestaltungsgrundlagen: das Gemeinschaftsbewusstsein und der kommunikative Austausch darüber werden damit zum Fundament politischer Problemlösung.

Jede Form von Identität kennt drei unterschiedliche Komponenten, die logischerweise auch die Frage nach dem Wesen Europas konstituieren:

(1) Europäische Identität ist zunächst nichts anderes als die Herkunftseinheit Europas aus der gemeinsamen Historie. Die europäische Gegenwartskultur ist eine vom historischen Bewusstsein geprägte Kultur. Die markante Zuwendung der Europäer zu ihrer Geschichte signalisiert zugleich die Dramatik des heutigen Wandels, der im historischen Bewusstsein den Vertrautheitsschwund mit der Gegenwart kompensieren möchte. Dabei wird eine wesentliche Erfahrung vermittelt. In den Krisen Europas ging es nicht nur um die Durchsetzung neuer Lebens- und Denkformen, neuer Produktions- und Staatsordnungen, sondern auch um deren Gelingen in der Kontinuität der europäischen Identität und Werteordnung.

(2) Europäische Identität konstituiert sich auch aus der Erfahrung der Gegenwart. Die Spaltung Europas und ihre Überwindung sind ebenso relevant wie das Ringen um die Einbindung West- und Osteuropas in ein gemeinsames Integrationssystem. Die Menschen ordnen die Welt, in der sie leben. Sie verbinden isolierte Fakten und konstruieren so ihre soziale Umwelt. Soziale, politische und wertorientierte Ortsbestimmungen in der Gegenwart und die Erfahrung der Integration des europäischen Kontinents stiften europäische Identität.

(3) Die Bürger antizipieren künftiges Handeln und beziehen so Zukunft in die Gegenwart ein. Die Projektion der Absichten und Ziele wird zur Entscheidungshilfe und zum Auswahlkriterium für die Gegenwart. Zukunftserwartungen prägen die Identität Europas, werden jedoch auch von den Erfahrungen der zunehmend entgrenzten und erweiterten Union geprägt. Lernziel Europa heißt in diesem Sinne nichts anderes als die gemeinsame Verständigung auf eine gemeinsame Zukunftsvision einer Europäischen Union mit 27 und mehr Mitgliedern.

---

3   Siehe dazu ausführlich Weidenfeld (1985); vgl. aktuell auch Thalmaier (2005a); Weigl/Zöhrer (2005); Meyer (2004); Schmale/Felbinger et al. (2004).

Auf Europa angewendet bedeutet dies, der Frage nachzugehen, inwieweit es Elemente eines gemeinsamen Herkunftsbewusstseins, einer gegenwärtigen Ortsbestimmung und gemeinsamer Zielprojektionen der Bürger Europas gibt (Weidenfeld 2004, 1984).

Europäische Historie

Europa ist eine wieder und wieder erzählte Geschichte.[4] Man könnte sogar sagen, dass die Geschichtserzählung die wahre Substanz Europas ausmacht. Europa war immer ein geographischer Begriff und eine normative Herausforderung zugleich. Die Idee Europa keimte erstmals vor mehr als 2500 Jahren im antiken Griechenland und breitete sich anschließend vom Süden Europas aus. Das Wort entstammt der alten griechischen Mythologie: Europa war die schöne Braut des mächtigsten Gottes Zeus. Wenn griechische Denker von Europa sprachen, dann dachten sie an ihre Zivilisation, ihr von »barbarischen«, nicht kultivierten Völkern eingeschlossenes Land. Griechische Kultur war das Herzstück des europäischen Wesens. Im philosophischen Geist dieser Zivilisation begründeten die Griechen eine Definition öffentlicher Angelegenheiten als Verantwortung, die vollständig auf der Mündigkeit des Bürgers beruhte. Jeder freie Bürger sollte freiwillig zur öffentlichen Ordnung der Polis beitragen, das im freien und öffentlichen Dialog herauskristallisierte beste Argument sollte die politischen Geschicke des Landes lenken. Die Öffentlichkeit der antiken Agora war für mehr als 2500 Jahre der Dreh- und Angelpunkt demokratischen Denkens (Habermas 1962; Gerhards/Neidhardt 1990; Eriksen 2004).

Geschichte hat somit die Physis europäischer Identität maßgeblich geformt, zahlreiche einzelne Einflüsse wirkten in das Wesensmosaik Europas ein. Europa war erstens von Anfang an nicht nur ein geographisches Gebilde, sondern eine Kombination aus territorialer Expansion und kulturellen Werten, aus Auffassungen und normativen Elementen (vgl. dazu Joas/Wiegandt 2005). Mit jeder neuen Entdeckung, Kolonisierung und Eroberung erweiterten sich Europas Grenzen über die kleine griechische Halbinsel mit ihrer fortgeschrittenen Kultur hinaus in den Norden, Süden und Westen des Kontinents.

Zweitens haben die Europäer immer die politischen Grenzen des Kontinents hinterfragt. Europa ist durch natürliche Grenzen im Norden, im Westen und im Süden begrenzt, nicht aber im Osten. Auch heute noch, angesichts der Erweiterung der Europäischen Union, ist der Kontinent mit dem elementaren Problem seiner unbestimmten Grenze konfrontiert. Die Frage nach den Grenzen Europas ist derzeit offen. Die Aufnahme der Türkei und die damit verbundene »Entgrenzung« könnten Ängste vor einem Zusammenbruch der Union durch »imperiale Überdehnung« Vorschub leisten (siehe auch Zielonka 2006).

---

4 Zu diesem Aspekt europäischer Identität siehe u.a. Schulze (1990, 1994); Bowl (1993); Reinhard (2004); Weidenfeld/Wessels (2005); Bracher (1976).

Im Altertum wurde der Begriff »Europa« mit dem Territorium des mächtigen Römischen Reiches assoziiert, das beinahe ganz Europa mit einer effektiven Bürokratie und der Idee einer Rechtsordnung versah: Der Staat beruhte auf Recht und Gesetz. Unser heutiges Erbe in Europa wird bestimmt von einer Rechtsstaatlichkeit, die dieser langen kulturellen Geschichte entstammt. Von zentraler Bedeutung war zudem die Konvertierung des römischen Kaisers Konstantin zum Christentum um das Jahr 330 n.Chr. Es wurde erwartet, dass das Bild und die territoriale Ausdehnung Europas von der Expansion des (westlichen) Christentums abhängen würden. Die intellektuelle Sichtweise war befangen: Europa konnte überall dort gefunden werden, wo Gottesdienste in lateinischer Sprache gehalten wurden.

Drittens wurde Europa viele Jahrhunderte lang durch seine religiösen Fundamente getragen. Heute sind ungefähr 200 Millionen (ca. 40 Prozent) von 455 Millionen Einwohnern der Europäischen Union römisch-katholisch, weniger als 100 Millionen (ca. 20 Prozent) sind protestantisch, 12 Millionen sind moslemisch und eine Million Hindu. Die religiöse Fundierung brachte auch religiöse Konflikte mit sich. Territoriale Grenzen veränderten sich in Folge religiöser Machtpolitik, Verfolgung und Repression lösten enorme Wanderungsbewegungen aus. Diejenigen Menschen, die ihre Heimat und Identitätswurzeln nicht zurücklassen wollten, hatten in vielen Ländern als (religiöse) Minderheiten unter dem Vorwurf der konfessionellen und ethnischen Spaltung zu leiden.

Wenn man eine Karte zeichnen würde, die alle diese verschiedenen Grenzen durch die Geschichte hindurch umfasst, erhielte man ein dichtes Gewirr an Linien und Begrenzungen. Nur drei moderne Nationen erlebten in ihrer jeweiligen Geschichte eine Kongruenz von religiöser und territorialer Grenzziehung: England und die Kerngebiete Frankreichs und Spaniens. In allen anderen Regionen Europas waren die Grenzen diffus und einer permanenten Neudefinition unterlegen.

Viertens haben vor diesem Hintergrund von Migration und Grenzverschiebungen Minderheitenkonflikte die politische Landkarte Europas bestimmt. So leben beispielsweise heute in Osteuropa mehr als 25 Prozent der Bevölkerung als nationale Minderheiten in ihren Gesellschaften. Alle diese Länder entwickelten sich vom 17. bis 19. Jahrhundert schrittweise zu modernen Nationalstaaten. Damit wurde der Nationalstaat zur normalen und regulären politischen Ordnung. Die Bildung von Nationen – idealerweise betrachtet als Gesellschaften mit einem gemeinsamen politischen Willen und gemeinsamen Perspektiven[5] – garantierte jedoch nicht die friedliche Koexistenz der Nationalstaaten. Im Gegenteil, die Kriegserfahrung wurde ein höchst emotionaler Teil des kollektiven Gedächtnisses, die bis heute zutiefst verwurzelt geblieben ist. Demzufolge ist Nationalismus ein ausgeprägtes Element des europäischen Selbstverständnisses.

Fünftens hat Europa eine mehr als 2000 Jahre alte, von Kriegen geprägte Geschichte. Gleichzeitig gab es jedoch auch europaweite Epochen der Kunst, Dich-

---

5   Zum Verhältnis von Nation und Nationalismus vgl. Gellner (1983).

tung, Architektur, Theater, Musik und anderer gemeinsamer intellektueller Erfahrungen mit Philosophie und politischen Ideen. Es waren also immer zwei Seiten einer Medaille: auf der einen Seite brutale politische Konflikte, auf der anderen Seite gemeinsame Erfahrungen, geteilte Ideen des Geistes, aus denen auch die gemeinsame Idee der Aufklärung hervorging. Diese wurde das Schlüsselerlebnis für Europa seit dem Ende des 18. Jahrhunderts. Der beherzte Gebrauch des eigenen Intellekts ist die zentrale Doktrin der Aufklärung. Der Verstand wird als Grundlage des Menschseins betrachtet. Religion ist damit nur noch die individuelle Beziehung zu Gott und definiert nicht länger die Ordnung des politischen Lebens.

Sechstens trennten die Kräfte der Aufklärung Kirche und Staat. Der säkulare Staat wurde zum Standard der politischen Ordnung in Europa. In diesem Konzept muss der ideale Staat gegenüber jeglicher Religion neutral sein. Alle Menschen haben das gleiche Recht auf Würde, unabhängig von der individuellen Zugehörigkeit zu einer bestimmten Religion oder Ethnie.

Keine der Entwicklungen, die den sechs Gründen zugrunde liegen, sind vollständig aus unserem europäischen Selbstverständnis verschwunden: die Kombination aus territorialer Expansion und kulturellen Werten, die Frage der Grenzen, das Erbe der Religion in einer säkularen Welt, Migration und Minderheitenkonflikte sowie Europas Geschichte als eine Geschichte von Kriegen auch zwischen säkularen Nationalstaaten, die die grundlegenden Menschenrechte anerkennen. All diese divergierenden, facettenreichen Faktoren sind wesentliche Teile unseres kollektiven Verständnisses von Europa und prägen den europäischen Kontinent als Schicksalsgemeinschaft. Sie definieren die Gegenwart und das Selbstverständnis von Europas Zukunft und der europäischen Identität.

Integration und Identität

Nach dem Zweiten Weltkrieg gelang es den Europäern, ihre scheinbar schicksalhaften kriegerischen Auseinandersetzungen zu überwinden. Sie änderten ihr gesamtes System der politischen Zusammenarbeit und der politischen Kultur. Der neue Schlüsselbegriff der Koordination politischen und kulturellen Lebens war »Integration«.[6] Es waren vier Motive, welche die Europäer zum großen Experiment der Integration angetrieben haben: Frieden und Sicherheit, wirtschaftlicher Wohlstand, globale Verantwortung und transnationaler Pluralismus.

Erstens der Wunsch nach Frieden und Sicherheit: Nach den vielen entsetzlichen Erfahrungen, die im Zweiten Weltkrieg gipfelten, waren die Europäer davon überzeugt, dass ihre Konflikte nicht länger mit Gewalt, sondern durch friedliche Konfliktlösung und nach Recht und Gesetz gelöst werden sollten. Gleichzeitig lebte Europa unter der Bedrohung der Welt- und Supermacht Sowjetunion und ihrer expansiven kommunistischen Ideologie. Jeder einzelne Staat in Europa erschien zu

---

6   Vgl. zum Thema auch Gasteyger (1997).

schwach und zu klein, um diesem Druck standzuhalten. Daher war die Bildung einer Gemeinschaft in Westeuropa die existentielle Garantie für Sicherheit, als der östliche Teil des Kontinents an den Kommunismus verloren ging.

Das zweite gemeinsame Interesse der Europäer galt dem wirtschaftlichen Wohlstand. Integration sollte Europa in eine Ära großer wirtschaftlicher Stabilität und Prosperität führen. Dies sollte erreicht werden durch die Schaffung eines einzigen großen Binnenmarkts, der Handelsbarrieren reduziert und den freien Fluss von Waren, Dienstleistungen, Arbeit und Kapital ermöglicht. Das Programm des Gemeinsamen Marktes revitalisierte die nationalen Volkswirtschaften und den europaweiten Handel.

Das dritte Interesse galt dem Streben der Europäischen Union, als globaler Akteur auf dem internationalen Parkett anerkannt zu werden. Am Ende des Zweiten Weltkriegs blieben nur zwei große Weltmächte übrig, die USA und die Sowjetunion. Neben ihnen nahmen sich die einzelnen europäischen Nationalstaaten zwergenhaft aus. So hofften die Europäer, durch ihre Kooperation vieles von der Macht gemeinsam zurückzuerlangen, die sie als einzelne Staaten verloren hatten.

Das vierte gemeinsame Interesse betrifft das komplexe Thema der Identitätsbildung. Die europäischen Katastrophen in Form des Dritten Reiches und des Zweiten Weltkriegs konnten geschehen, weil ein Teil von Identität, nämlich die Nation, dominant geworden war und für eine totalitäre Politik instrumentalisiert wurde. Es bestanden nicht länger verschiedene Teile von Identität, sondern es gab nur noch eine einzige Dimension – den Nationalismus. Für Europa endete dies in einem Desaster. Die Europäer haben dadurch gelernt, die verschiedenen Facetten von Identität im Gleichgewicht zu halten, und »wir« als Teil einer lokalen oder regionalen Gemeinschaft, als Teil einer Nation und auch als Teil einer europäischen Identität zu begreifen. Das integrierte Europa, basierend auf gemeinsamen, aber pluralen Normvorstellungen, sollte ein neues Selbstverständnis bieten.

Diese gemeinsamen Ziele bedingen jedoch von Anfang an nicht die Festlegung auf ein einheitliches Konzept zu ihrer Erreichung. Schon bei der Gründung des Europarats am 5. Mai 1949 konkurrieren zwei Organisationsprinzipien für die Gestaltung der europäischen Einheit miteinander: das des Staatenbundes und das des Bundesstaates. Wie immer hat dieser europäische Gegensatz auch eine fruchtbare Seite: Ohne eine starre Festlegung auf ein einziges geschlossenes Europamodell kann der Einigungsprozess je nach gegebener Situation an völlig unterschiedlichen Materien der Politik ansetzen – und von dort aus versuchen, Fortschritte zu erzielen. Europa ist somit Werden und nicht Sein, ist ständig bewegt, die Metamorphose des Europäischen ist ein zentraler Baustein europäischen Selbstverständnisses. In diesem besonderen Grundzug des Prozesses gibt sich die Integration als ein wahres Kind europäischer Tradition und Identität zu erkennen (Weidenfeld 1980; Loth 2002; Schmale 2001; Brunn 2002).

Da der Prozess der europäischen Integration nicht zuletzt ein Vehikel zur friedlichen Kanalisierung und Überbrückung nationaler Gegensätze ist, wird seine Entwicklung folgerichtig von einer Dialektik von Krise und Reform bestimmt. Ist einmal ein Status quo erreicht, tendieren die Nationalstaaten dazu, diesen nur widerwillig aufzugeben – auch wenn währenddessen neue Aufgaben und Probleme das etablierte Gleichgewicht ins Wanken bringen. Verschleppte oder versäumte Reformen tragen wesentlich zu den Krisenerfahrungen bei, mit denen sich die Gemeinschaft während ihrer Entwicklung immer wieder konfrontiert sieht. Der komplexe Druck des funktionalen Wandels entstaut sich früher oder später immer in Reformprozessen, die allesamt die heutige Gestalt der Europäischen Union modelliert haben und schließlich gar eine europäische Verfassung hervorbrachten.

Mit der Frage der Verfasstheit der Europäischen Union haben sich die Mitgliedstaaten seit den achtziger Jahren bis heute in fünf großen Vertragsreformen – die in die Einheitliche Europäische Akte, die Verträge von Maastricht, Amsterdam und Nizza und zuletzt in die Europäische Verfassung mündeten – intensiv auseinander gesetzt. Die Europäische Verfassung stellt dabei den ambitioniertesten Versuch dar, Antworten auf die architektonischen Grundfragen der Integration zu geben und ein europäisches Modell transnationaler Staatlichkeit zu entwickeln. Mit einer Verfassung wird sich die Frage europäischer politischer Identität in ganz neuen Facetten präsentieren (Beck/Grande 2004; Bogdandy 2005).

Man muss sich aber vor Augen führen, dass der derzeitig zur Ratifikation anstehende Verfassungsvertrag nicht den ersten Versuch einer Verfassungsgebung für die Europäische Union markiert. Den Druck, dem Projekt Europa eine zuverlässige Form zu geben, haben die politischen Entscheidungsträger zu allen Zeiten der Integration gespürt. So ist der aktuelle Verfassungsprozess bereits der vierte Anlauf innerhalb eines halben Jahrhunderts. Schon Anfang der fünfziger Jahre hatte man den Verfassungsentwurf einer Europäischen Politischen Gemeinschaft parlamentarisch ausgearbeitet. Im Jahr 1962 misslang der Versuch, der unter dem Namen der Fouchet-Pläne eine Politische Union kreieren sollte. Unter der Federführung des Italieners Altiero Spinelli feilte das Europäische Parlament über Jahre an einem Verfassungsentwurf, der jedoch in den nationalen Arenen stecken blieb. Die schmerzhafte Erfahrung dreifachen Scheiterns begleitete also den Versuch, Europa eine Verfassung zu geben. Und nach den ablehnenden Voten der Franzosen und Niederländer im Frühsommer 2005 und der darauf folgenden Verfassungskrise droht die Verfassungsgebung nun zum vierten Mal zu scheitern.

Wie bereits nach den Reformrunden der achtziger und neunziger Jahre, die alle aus der Notwendigkeit zu weiteren Reformschritten entstanden, wird die Europäische Union den Verfassungsdruck aber auch in Zukunft spüren. Je mächtiger Europa künftig sein wird, desto schmerzlicher wird das Fehlen einer Verfassung empfunden werden. Die Verfassung wird, so unrealistisch dies angesichts der aktuellen Lage erscheinen mag, eines der zentralen Themen für die Zukunft der Integration bleiben. Das Fehlen eines Masterplans und die Patchwork-Logik der funktionalen Ergänzung, von denen die Integrationsgeschichte Europas seit den Römischen Verträgen geprägt ist, wird Europa auf Dauer zum Erlahmen bringen. Schon heute ist die

Intransparenz des europäischen Vertragswerks eine der zentralen Zielscheiben der Kritiker des europäischen Demokratiedefizits. Nur eine grundlegende Reform, die einem in öffentlichen Verständigungsprozessen definierten systematischen Code folgt, kann der Union Akzeptanz und Stabilität verleihen. Wenn es nicht gelingt, ein neues Identität förderndes europäisches Selbstbewusstsein zu entfachen, wird Europa die gegenwärtige Orientierungs- und Legitimationskrise nicht überwinden können.

Die Identität der erweiterten Union

Sind die Bausteine europäischer Identität nach den epochalen Umbrüchen in den 1990er Jahren heute verloren oder nicht mehr zeitgemäß? Vor diesem Hintergrund ist der Ausruf Dolf Sternbergers »Nein, es gibt keine Idee, die Europa hieße!« (Sternberger 1980, 237) neu zu bedenken. Es gibt in der Tat keine »Idee Europa« im Sinne eines alle Bürger, alle Temperamente und alle Motive integrierenden Ideals. Aber es gibt eine politische Kultur Europas, die einen Teil der Identität der Europäer ausmacht – nicht mehr und nicht weniger. Neben dem gemeinsamen »Erfahrungshorizont Europa« gibt es andere Schichten der Identität: die nationalen Dispositionen, die menschlichen Gruppenerlebnisse, die sozialen Organisationskenntnisse, das regionale, städtische oder dörfliche Bewusstsein.

Das Bewusstsein der Vielfalt geschichtlicher Teilidentitäten konstituiert die politische Kultur Europas. Aus diesen Schichtungen ergeben sich Spannungen. Diese Spannungen auszuhalten, ja schöpferisch werden zu lassen, ist für das Werden einer europäischen Identität von größerer Bedeutung als die Jagd auf vermeintlich vorhandene Ganzheitsideale (u.a. Landfried 2002). Dann nämlich ließe sich auch die Türkei-Debatte unter neuen Vorzeichen führen, indem das von vielen als Bedrohung und als so ganz und gar »uneuropäisch« wahrgenommene Land nicht als Antagonismus, sondern als wertvolle ergänzende Schicht der Identität Europas gedeutet wird. Das Wissen um Bedingtheit und Begrenzungen der politischen Kultur Europas mit ihren pluralen Werten verspricht nur die Chance einer Identitätsfindung, es garantiert sie nicht. Ob Europa diese Chance wahrnimmt, ist eine Frage seiner Mündigkeit.

Mit der Erweiterung im Jahr 2004 hat die europäische Integration eine neue Dimension erreicht. Europas politische Entscheidungsstrukturen, seine Wirtschaftskraft und sein Wertesystem sowie seine zivilen und militärischen Möglichkeiten bieten bereits heute eine beachtliche Handlungsbasis für die Zukunft. Die Europäische Union erwirtschaftet derzeit ein Bruttoinlandsprodukt vergleichbar mit den USA und ihr Anteil am Welthandel liegt über 20 Prozent. Zudem zählt die heutige Union mehr als 450 Millionen Einwohner. Treten schließlich auch die Türkei, Kroatien und Mazedonien bei, so würden rund 550 Millionen Menschen auf dem Gebiet der Europäischen Union leben. Die Bevölkerung der Union würde damit etwa doppelt so groß sein wie die der USA. In einem solchen Europa wird das Bruttosozialprodukt circa 15 Prozent über dem der USA liegen. Die Europäische Union wird einen Anteil von etwa 35 Prozent an der Weltproduktion haben, die USA 27 Prozent. Auch bei fast allen anderen traditionellen Kennziffern liegen die europäischen Daten in der Weltspitze und vor denen der USA. Die Europäische Union verfügt daher über ein Potenzial von weltpolitischem Rang.

Dies steht jedoch in krassem Kontrast zur Wahrnehmung Europas durch seine Bürger. Die Zahlen und Ziffern über die Leistungsfähigkeit der Europäischen Union bringen, um noch einmal den Ausspruch Jean-Claude Junckers zu bemühen, die Menschen nicht zum Träumen. Nötiger denn je ist ein gelebtes und gefühltes Europa, das den Europäern jenseits aller Zahlenakrobatik eine emotionale Identitäts-Schicht sein kann. Um ihre gemeinsamen Interessen zu organisieren und eine gemeinsame Identität zu generieren, haben die europäischen Staaten zahlreiche Institutionen geschaffen. Trotz der Stärken Europas wird derzeit jedoch niemand behaupten, dass die Europäer ihr vorhandenes Potenzial effizient organisieren und optimal zur Geltung bringen und damit eine tatsächlich aktive weltpolitische Größe geworden wären. Wird Europa daher in der Lage sein, sich unter den Schatten der aktuellen Ratifizierungskrise zu einem reifen Akteur nach außen und zu einem selbstverständlichen Bezugspunkt nach innen zu entwickeln?

3. *Die Handlungs- und Funktionsfähigkeit der Europäischen Union sichern*

Nach dem vorläufigen Stillstand des Verfassungsprozesses gilt es in einem ersten Schritt, Europa aus der akuten Ratifizierungskrise herauszuführen. Dazu ist jedoch erforderlich, das Wirrwarr der konkurrierenden Vorstellungen zur Zukunft der Europäischen Union zu lichten. Nur wenn sich die politischen Eliten auf einen gemeinsamen Grundkonsens verständigen, kann die Europäische Union ein kraftvoller Akteur nach außen werden. Ein neues Verfassungsdokument wäre der schriftliche Beweis eines gemeinsamen europäischen Willens zur Zusammenarbeit und als solcher auch für die Bürger sichtbar.

Die Verfassung in der Form ihrer Ratifizierung auf dem römischen Kapitol am 29. Oktober 2004 hat momentan jedoch keine Chance auf Inkrafttreten. Gefragt sind zunächst Alternativen zum Verfassungsvertrag. Die Chancen stehen – verfolgt man die Rhetorik der politischen Entscheidungsträger[7] – nicht schlecht, wenn nicht den vorliegenden Text, so doch die *Substanz* der Verfassung als solcher zu retten. Keine der Kontroversen in den Mitgliedstaaten hat sich am wirklichen Kern der Verfassung festgemacht.[8]

---

7   Siehe z.B. die Rede von Kommissionspräsident José Manuel Barroso anlässlich der Konferenz »The Sound of Europe« am 28.1.2006 in Salzburg (Download unter http://eu2006.at/de/News/ Speeches_Interviews/2801Barroso.html).
8   Siehe Flash Eurobarometer 171: Post-referendum Survey in France; Flash Eurobarometer 172: Post-referendum Survey in the Netherlands (Download unter http://europa.eu.int/comm/public_opinion/ index_en.html).

Es bietet sich daher an, die Weiterentwicklung des politischen Systems der Europäischen Union angesichts der akuten Ratifizierungskrise zu entdramatisieren: Aus dem provozierenden Großtitel der Verfassung könnte zunächst wieder die bescheidene Variante eines Vertrags werden. Der Kernbestand an Verfassungsneuerungen sollte in die bestehenden Verträge übertragen werden. Hierzu müssten zentrale Reformen der Verfassung identifiziert und in Gestalt eines Änderungsvertrags zum geltenden Primärrecht gebündelt werden.[9]

Die Reform der geltenden Verträge sollte folgende Kernbereiche der Neuerungen der Verfassung[10] umfassen:

(1) *Reform des institutionellen Systems der Europäischen Union*
Die zentralen institutionellen Reformen der Verfassung sollten in die geltenden Verträge inkorporiert werden. Dies betrifft vor allem die Einsetzung eines gewählten Präsidenten des Europäischen Rates, die Schaffung des Amtes eines Europäischen Außenministers sowie die Verkleinerung der Kommission und die Stärkung ihres Präsidenten. Die daraus resultierende Personalisierung der europäischen Führungsarchitektur ermöglicht eine klare Zurechenbarkeit von Verantwortung auf EU-Ebene und stärkt nicht zuletzt die Kontinuität und Sichtbarkeit europäischer Politik. Schließlich ist Politik Personenwerk, nicht die Ansammlung seelenloser Apparate. Wer Politik verstehbar gestalten will, der muss ihr konkrete Gesichter geben. Auch Europa lebt von dieser unverzichtbaren Personalisierung.

(2) *Die Weiterentwicklung der Entscheidungs- und Abstimmungsverfahren*
Will die Europäische Union handlungsfähig bleiben und ihre demokratische Legitimation ausbauen, muss sie die Entscheidungs- und Abstimmungsverfahren im Ministerrat und im Europäischen Parlament reformieren sowie die nationalen Parlamente stärker einbeziehen. Vor allem die Einführung der »doppelten Mehrheit« ist eine Zäsur in der Entwicklung der Europäischen Union. Die Zahl der Bürger und die Zahl der Staaten als Entscheidungsbasis bei Abstimmungen im Ministerrat spiegeln die beiden Legitimationsstränge der Europäischen Union wider. Darüber hinaus ist die Ausweitung von Mehrheitsentscheidungen im Ministerrat unverzichtbar für die Problemlösungskompetenz einer erweiterten Union. Schließlich sollten plebiszitäre Elemente (Bürgerbegehren) etabliert und die Haushaltbefugnisse sowie die Mitentscheidungsrechte des Europäischen Parlaments im Gesetzgebungsprozess gestärkt werden. Mit der Einigung auf die Einführung des in der Verfassung verankerten Frühwarnmechanismus und dem Beschluss, künftig alle Ministerratssitzungen im Mitentscheidungsverfahren öffentlich abzuhalten, haben die Staats- und Regierungschefs der Union auf dem Gipfel im Juni 2006 bewiesen, dass die Union trotz

---

9   Siehe dazu ausführlich Centrum für angewandte Politikforschung/Bertelsmann Stiftung (2005).
10 Zur Detailanalyse der Verfassung und des Verfassungsprozesses siehe Weidenfeld (2005), Giering (2003).

der aktuellen Ratifizierungskrise flexibel und innovativ auf die drängenden Herausforderungen reagieren kann (Metz/Notz 2006, 10ff.).

(3) *Reform und Ergänzung der Instrumente differenzierte Integration*
In der erweiterten Union werden die Interessen der Mitgliedstaaten immer heterogener. Strategien differenzierter Integration erlangen deshalb eine herausragende Bedeutung. Bereits in der Vergangenheit wurden in der Währungs-, Innen- und Sozialpolitik Blockaden oder der mangelnde politische Wille bestimmter Mitgliedstaaten mit den Mitteln der Differenzierung überwunden und der Integrationsprozess vorangebracht. Bei der Veränderung der geltenden Verträge sollten die in der Verfassung vorgenommenen Reformen der bereits bestehenden Flexibilitätsinstrumente sowie die Einführung neuer Instrumente vom allem im Bereich der Gemeinsamen Sicherheits- und Verteidigungspolitik übernommen werden.[11]

(4) *Strukturelle Bestimmungen*
Abschließend sollte eine Reihe struktureller Bestimmungen der Europäischen Verfassung im Kontext einer Reform der geltenden Verträge übernommen werden. Hierzu gehören vor allem die rechtsverbindliche Verankerung der Charta der Grundrechte im Nizza-Vertrag, die Einführung der Kompetenzkategorien, die Übernahme der sogenannten »Passarelle-Klausel« zur vereinfachten Weiterentwicklung der europäischen Verträge, die Reform des Verfahrens zur künftigen Revision des Primärrechts sowie die Übernahme der Solidaritätsklausel und die Einführung der gegenseitigen Beistandspflicht.
In der neuen Bescheidenheit eines Änderungsvertrags zum Vertrag von Nizza liegt eine realistische Lösung für die gegenwärtige Verfassungskrise. Auf diese Weise könnte für Europa das Scheitern eines Projekts erneut zum entscheidenden Aufbruch werden. Auf der Grundlage eines »Vertrags zum Vertrag von Nizza« kann in einem nächsten Schritt die Erarbeitung und Verabschiedung eines verschlankten Verfassungstextes in Angriff genommen werden, der lediglich zentrale konstitutionelle Bestimmungen enthält und die Ausführungsbestimmungen in einen Text unterhalb des Verfassungsniveaus ausgliedert. Diese »Zweiteilung der Verträge« wäre die Basis für ein lesbares Verfassungsdokument, das sowohl den Erfordernissen europäischen Regierens als auch den Erwartungen der Bürger stärker entgegenkommt.

4. *Jenseits institutioneller Reformen: ein vitaler Kommunikationsraum und eine neue Begründungslogik*

Dieser Rettungsplan für die Substanz der Verfassung und für die Lockerung der akuten Blockaden der europäischen Politik kann aber nur einen strukturellen Beitrag

---

11 Zu den Instrumenten der flexiblen Integration siehe Emmanouilidis (2005).

dazu leisten, europäischem Regieren einen ordnenden Rahmen zu geben. Eine vitale transnationale Demokratie setzt auch voraus, dass sich die EU-Bürger mit dem politischen System identifizieren und europäische Politik demokratisch legitimieren – etwa durch den Wahlakt zum Europäischen Parlament, vor allem aber in einer lebhaften öffentlichen Auseinandersetzung zu europäischer Politik. Europapolitik wirkt nach innen in die Mitgliedstaaten hinein – und trotzdem ist sie noch immer kein selbstverständlicher Bestandteil nationaler, geschweige denn transnationaler Debatten. Europa ist nach wie vor ein artifizieller Nebenschauplatz. Obwohl die daraus resultierende Akzeptanz- und Legitimationskrise der Europäischen Union bereits seit langer Zeit schwelte, wurden die politischen Entscheidungsträger erst dann alarmiert, als die Nachricht vom Scheitern der Referenden in Frankreich und den Niederlanden kam und ein substanzieller und notwendiger Reformschritt in der Systementwicklung der Europäischen Union über Nacht blockiert wurde. Es liegt aus diesem Grund im wohlverstandenen Eigeninteresse der Union, die Unterstützung des Bürgers für die europäische Politik durch geeignete politische Kommunikation wiederzugewinnen.[12]

Das Thema europäische Integration muss zum integralen und selbstverständlichen Bestandteil politischer Debatten in den Mitgliedstaaten werden. Die Abschottung der nationalen von der europäischen Ebene im politischen Diskurs muss aufgehoben werden, denn sie entspricht im Mehrebenensystem nicht mehr der Realität. Dazu ist Lernen und Umdenken erforderlich, nicht nur für die Bürger, sondern auch unter den nationalen politischen Entscheidungsträger. Gelingt dies nicht, so besteht die Gefahr, dass Politik zwar zunehmend auch auf europäischer Ebene gemacht wird, aber dabei abgekoppelt bleibt von der Legitimation der Bürger. Anders formuliert: Der Bürger muss den politischen Entscheidungsträgern auch ein Mandat für ihre Politik in der Europäischen Union geben. Und dies vermag er nur, wenn der Europapolitik ein größerer Raum in den tagespolitischen Debatten eingeräumt wird und eine Rückkoppelung zur täglichen Lebenswelt der Bürger stattfindet. Erst dann können die Bürger Europa als Teil ihrer eigenen Umwelt begreifen und zum Bezugspunkt ihrer eigenen Standortbestimmung machen.

Um die Symptome der Akzeptanz- und Legitimationskrise der Europäischen Union zu beseitigen, gibt es keinen Königsweg. Vielmehr ist ein Bündel von Maßnahmen erforderlich, das seine Wirkung erst mittel- und langfristig zeigt. Doch jede Aktion kann ihre volle Wirkung nur dann entfalten, wenn sie unter einem einheitlichen Code formuliert wurde. Im Kern fehlt Europa dafür nicht nur das operative Zentrum, es fehlt vor allem ein strategisches Denken. Die großen Mächte Europas haben allesamt ihre weltpolitische Komponente eingebüßt. Keiner dieser Staaten hat den Führungswillen entwickelt, den nationalen Verlust seines weltpolitischen Horizonts nun europäisch zu kompensieren. Das Defizit an strategischem Denken erweist sich so als eigentliche Achillesferse Europas. Es existiert keine Agenda, die Europa in

---

12 Zur Kommunikationspolitik der EU siehe Seeger (2006).

Krisen und Konflikten Orientierung geben könnte. Erst wenn es Europa gelingt, eine Kultur strategischen Denkens zu entwickeln, wird es eine markante gestalterische Relevanz nach innen und außen erhalten und damit auch für die Bürger ein selbstverständlicher Fixpunkt seiner Argumentation und seiner eigenen Identitätsarchitektur werden.

Dazu bedarf es einer Neubegründung des europäischen Integrationsprojekts.[13] Europa ist mehr als die gefestigten Nationalstaaten gefragt, zur Sicherung seiner künftigen Daseinslegitimation eine eigenständige Orientierungsleistung zu erbringen. Doch bisher gilt das Projekt Europa vielen Menschen nicht als Antwort auf die vielschichtigen Herausforderungen der Globalisierung. Im Gegenteil: Die Europäische Union ist in den Augen vieler Bürger der Katalysator einer ungebremsten Globalisierung – wie die von diffusen Ängsten dominierte Debatte über die Erweiterung 2004 in einigen EU-Staaten belegt. Europa als Teil der Antwort auf eine neue weltweite Dynamik – dies müssen die Europäische Union und die Mitgliedstaaten in einem offenen und transparenten Kommunikationsprozess ihren Bürgern vermitteln.

Hierzu muss die Europäische Union nicht neu erfunden werden. Sie wurde in der Gründerzeit auf ein solides Fundament gebaut: Die friedliche Einigung des Kontinents sowie wirtschaftliche Prosperität in einem Binnenmarkt mit einer gemeinsamen Währung bleiben Motive für die Zukunft. Die alten Begründungen sind aber nicht länger ausreichend, um dem Bürger den künftigen Mehrwert des Integrationsprojekts zu vermitteln. Die Europäische Union sollte unter Bezugnahme auf aktuelle Herausforderungen neu interpretiert werden. Ein innovativer, zukunftsfähiger Zugriff auf den Europagedanken, der Vergangenheit und Zukunft, Stabilität und Wandel, Altes und Neues gleichermaßen einbezieht: Diese intellektuelle Leistung gilt es unter den europäischen Eliten zu organisieren und in einer neuen Begründungslogik zu bündeln.

Die Entfaltung neuer Dynamik erfordert keine gemeinsame Festlegung der Finalität des Einigungsprozesses. Eine solche Debatte wäre angesichts des konzeptionellen Schismas zwischen den EU-Staaten gegenwärtig kontraproduktiv. Was Europa heute dringender benötigt als Finalitätsdebatten ist eine überzeugende und verständliche Formel für die künftige Notwendigkeit europäischer Integration. Eine schlichte Antwort auf die einfache Frage: Wozu brauchen wir die Europäische Union auch in der Zukunft – jenseits der Wahrung des bereits Erreichten?

Europa als wirtschaftliches, politisches und sicherheitspolitisches Projekt, das in einem dynamischen Umfeld gleichermaßen nach innen und außen mitgestaltend wirkt: Diesen Begründungszusammenhang zu konkretisieren ist entscheidend für die Vermittlung künftiger Integrationsschritte. Viele Beispiele untermauern schon heute die globale Rolle Europas: die Gestaltung der Weltwirtschaftsordnung in den WTO-Verhandlungen, die Bedeutung der erweiterten Union im globalen Handel,

---

13 Vgl. zum Folgenden ausführlich Weidenfeld/Emmanouilidis et al. (2006).

die Rolle Europas als Stabilisierungsanker und Unterstützer von friedlichen Transformationsprozessen, die Vorbildfunktion der EU-Integration für die ökonomische und politische Zusammenarbeit in anderen Regionen der Welt sowie das »Erfolgsmodell« der pluralistischen Europäischen Union, die Vielfalt nicht nur zulässt, sondern von ihr sogar profitiert, und damit ein gelebtes Gegenmodell zum »Clash of Cultures« bietet.

Gleichzeitig müssen Kanäle geschaffen werden, die eine dialogische Rückkoppelung der öffentlichen Meinung an das strategische Entscheidungszentrum der Europäischen Union erlauben. Gelebtes Europa – nur so kann die Fähigkeit, Träume zu wecken, zurückerobert werden. Veränderung und Wandel werden dabei zwei zentrale Identitätsmerkmale des europäischen Projekts sein. Und die Fähigkeit, diesen Wandel zu organisieren und offen zu sein für neue Impulse, wird entscheidend für die Zukunftsfähigkeit Europas sein.

Literaturverzeichnis

Beck, Ulrich/Edgar Grande (2004): Kosmopolitisches Europa. Frankfurt/Main.
Bogdandy, Armin von (2005): Europäische Verfassung und europäische Identität. In: Schuppert, Gunnar F./Ingolf Pernice et al. (Hrsg.): Europawissenschaft. Baden-Baden, S. 331-371.
Bowle, John (1993): Geschichte Europas. Von der Vorgeschichte bis ins 20. Jahrhundert. 3. Auflage. München.
Bracher, Karl Dietrich (1976): Die Krise Europas 1917-1975. Frankfurt/Main.
Brunn, Gerhard (2002): Die Europäische Einigung von 1945 bis heute. Stuttgart.
Centrum für angewandte Politikforschung/Bertelsmann Stiftung (2005): Ein Vertrag zur Reform des Vertrags von Nizza. München, Gütersloh.
Emmanouilidis, Janis (2005): Der Weg zu einer neuen Integrationslogik: Elemente flexibler Integration in der Europäischen Verfassung. In: Werner Weidenfeld (Hrsg.): Die Europäische Verfassung in der Analyse. Gütersloh, S. 149-172.
Eriksen, Erik O. (2004): Conceptualizing European Public Spheres. General, Segmented and Strong Publics. ARENA Working Paper 03/2004. Oslo.
Gasteyger, Curt (1997): Europa von der Spaltung zur Einigung. Bonn.
Gellner, Ernest (1983): Nations and Nationalism. Ithaca.
Gerhards, Jürgen/Friedhelm Neidhardt (1990): Strukturen und Funktionen moderner Öffentlichkeit. Fragestellungen und Ansätze. Berlin.
Giering, Claus (2003, Hrsg.): Der EU-Reformkonvent – Analyse und Dokumentation. Gütersloh.
Habermas, Jürgen (1962): Strukturwandel der Öffentlichkeit. Frankfurt/Main.
Hurrelmann, Achim (2005): Verfassung und Integration in Europa. Wege zu einer supranationalen Demokratie. Frankfurt/Main.
Institut für Europäische Politik (2006, Hrsg.): EU-25-Watch, No. 3. Berlin.
Joas, Hans/Klaus Wiegandt (2005, Hrsg.): Die kulturellen Werte Europas. Frankfurt/Main.
Landfried, Christine (2002): Das politische Europa. Differenz als Potential der Europäischen Union. Baden-Baden.

Loth, Wilfried (2002): Europäische Identität in historischer Perspektive. Zentrum für Europäische Integrationsforschung, Discussion Paper C113/2002. Bonn.

Metz, Almut/Kristina Notz (2006): So klingt Europa. Eine Bilanz des österreichischen EU-Vorsitzes im ersten Halbjahr 2006. Centrum für angewandte Politikforschung, CAP-Analyse 3/2006. München.

Meyer, Thomas (2004): Die Identität Europas. Der EU eine Seele? Frankfurt/Main.

Muschg, Adolf (2005): Was ist europäisch? Reden für einen gastlichen Erdteil. München.

Öhner, Vrääth/Andreas Pribersky et al. (2005, Hrsg.): Europa-Bilder. Innsbruck u.a.

Quenzel, Gudrun (2005): Konstruktionen von Europa. Die europäische Identität und die Kulturpolitik der Europäischen Union. Bielefeld.

Reinhard, Wolfgang (2004): Lebensformen Europas. Eine historische Kulturanthropologie. München.

Schmale, Wolfgang (2001): Geschichte Europas. Stuttgart.

Schmale, Wolfgang (1997): Scheitert Europa an seinem Mythendefizit? Bochum.

Schmale, Wolfgang/Rolf Felbinger et al. (2004, Hrsg.): Studien zur europäischen Identität im 17. Jahrhundert. Bochum.

Schulze, Hagen (1994): Staat und Nation in der europäischen Geschichte. München.

Schulze, Hagen (1990): Die Wiederkehr Europas. Berlin.

Seeger, Sarah (2006): Das Weißbuch der Kommission über eine europäische Kommunikationspolitik. Centrum für angewandte Politikforschung, CAP-Aktuell 1/2006. München.

Sternberger, Dolf (1980): Komponenten der geistigen Gestalt Europas. In: Merkur. Jg. 34, H. 382, S. 228-238.

Thalmaier, Bettina (2005a): Braucht die EU eine eigene Identität? In: Helmut Heit (Hrsg.): Die Werte Europas – Verfassungspatriotismus und Wertegemeinschaft in der EU? Münster, S. 215-230.

Thalmaier, Bettina (2005b): Die zukünftige Gestalt der Europäischen Union. Integrationstheoretische Hintergründe und Perspektiven einer Reform. Baden-Baden.

Weidenfeld, Werner (2005, Hrsg.): Die Europäische Verfassung in der Analyse. Gütersloh.

Weidenfeld, Werner (2004): Europa – aber wo liegt es? In: Ders. (Hrsg.): Europa- Handbuch. 3. Auflage. Gütersloh, S. 15-48.

Weidenfeld, Werner (1985, Hrsg.): Die Identität Europas. Fragen, Positionen, Perspektiven. München.

Weidenfeld, Werner (1984): Was ist die Idee Europas? In: Aus Politik und Zeitgeschichte. Jg. 34, H. 23-24, S. 3-11.

Weidenfeld, Werner (1980): Europa 2000. Zukunftsfragen der europäischen Einigung. München.

Weidenfeld, Werner/Janis A. Emmanouilidis et al. (2006): Die strategischen Antworten Europas. Centrum für angewandte Politikforschung, CAP-Analyse 4/2006, München.

Weidenfeld, Werner/Wolfgang Wessels (2005, Hrsg.): Europa von A bis Z – Taschenbuch der europäischen Integration. 9. Auflage. Baden-Baden.

Weigl, Michael (2006): Europas Ringen mit sich selbst. Grundlagen einer europäischen Identitätspolitik. Gütersloh.

Weigl, Michael/Michaela Zöhrer (2005): Regionale Selbstverständnisse und gegenseitige Wahrnehmung von Deutschen und Tschechen. Centrum für angewandte Politikforschung, CAP-Analyse 3/2005. München.

Zielonka, Jan (2006): Europe As Empire. The Nature of the Enlarged European Union. Oxford.

Europäische Identität? – Das normative Fundament des europäischen Einigungsprozesses

Julian Nida-Rümelin

1. *Ausgangspunkt*

Das Projekt der europäischen Einigung ist trotz, wohl auch wegen der jüngsten Erweiterung der Europäischen Union (EU) um zehn weitere Mitgliedsstaaten ins Stocken, wenn nicht in eine Krise geraten. Für die aktuelle europapolitische Lage gibt es ein ganzes Bündel von Verantwortlichkeiten. In Frankreich etwa kam die Ablehnung des europäischen Verfassungsentwurfs vor allem dadurch zustande, dass die traditionellen Europagegner von rechts eine wesentliche Verstärkung von links erfuhren, wo die fehlende soziale Dimension der EU-Politik beklagt wurde. In der Tat wurden die Sozialagenden der Europäischen Union viele Jahre in der Regierungszeit Thatcher von Großbritannien blockiert und New Labour schwächte diesen Blockadekurs nur unwesentlich ab, jetzt aber sind es die neuen vordem kommunistischen Mitgliedsstaaten aus dem Osten, die ihre kompetitiven Vorteile niedriger Löhne, Steuern und Sozialabgaben nutzen wollen. Ältere historische Reflexe – die besondere transatlantische Bindung zwischen Großbritannien und den USA und die anti-deutschen Vorbehalte in Polen, Tschechien und anderen europäischen Ländern – erlaubten es der USA im Konflikt um den Irak-Krieg und angesichts einer sich abzeichnenden außenpolitischen Achse Paris-Berlin-Moskau (-Peking) eine Spaltung in sogenannte alte und neue Europäer zu organisieren, die unterdessen (teilweise durch Regierungswechsel) wieder weniger sichtbar ist und angesichts des Irak-Desasters wohl in kurzer Frist auch nicht mehr aufbrechen wird. In einem dramatischen Augenblick der europäisch-amerikanischen Beziehungen war jedoch die äußerste Fragilität der europäischen Einheit deutlich geworden, ja die Festlegungen seit Maastricht, etwa auf eine gemeinsame europäische Außen- und Sicherheitspolitik, eines Tages vertreten durch einen gemeinsamen EU-Außenminister, scheinen seitdem Makulatur zu sein, bevor sie überhaupt ernsthaft ins Werk gesetzt wurden.

Erweiterung und Vertiefung, dies war die Formel mit der die Spaltung Europas nach dem Zusammenbruch der kommunistischen Regime überwunden werden sollte. Diese Vertiefung wurde aber nicht mehr vor der Erweiterung ins Werk gesetzt und nun sind die Bedingungen dafür schwieriger geworden als je zuvor. In einigen der zuletzt aufgenommenen Mitgliedstaaten ist das politische Bewusstsein dafür, dass die Aufnahme in die Europäische Union mit einer Abgabe nationalstaatlicher Souveränität verbunden ist, schwach entwickelt. Insbesondere die neue rechtskonservative Regierung Polens nutzt diese Stimmung für einen betont nationalistischen Kurs, der sich besonders gegenüber Deutschland, teilweise auch gegen Frankreich absetzt und einer vertieften EU-Integration entgegensteht. Manche der potenziellen Kandidaten für eine Aufnahme, wie etwa Kroatien oder Montenegro, haben sich erst kürzlich als Nationalstaaten konstituiert – da fällt es schwer, einen Teil nationalstaatlicher Souveränität wieder abzutreten. Der sozialistische Vielvölkerstaat Titos war stärker integriert als die heutige EU, wurde aber bei allen Unterschieden ebenfalls von der Idee einer supranationalen politischen Einheit, mit Repäsentationsrechten der einzelnen Volks- und Sprachgruppen geleitet. Umgekehrt gilt allerdings auch, dass eine frühzeitige europäische Perspektive für die Region des früheren Jugoslawien den nationalistischen Schwenk der vordem sozialistischen Nomenklatura und damit die Bürgerkriege, jedenfalls ihre dramatische Eskalation, wohl hätte verhindern können. Der rezente Nationalismus auf dem Balkan ist auch Ausdruck eines Politikversagens des Westens generell und der EU speziell.

Aber es gibt weiter und historisch tiefer reichende Verantwortlichkeiten für die aktuelle Lage. Die Visionäre der europäischen Einigung, De Gaspari, Adenauer, vor allem aber Monnet, hatten unmittelbar nach dem Zweiten Weltkrieg vor allem eine europäische Friedensordnung im Auge. Die Römischen Verträge jedoch regelten europäische Wirtschaftsinteressen im Bereich Kohle und Stahl, also der Montan-Industrie, sowie im Bereich des Handels (EWG-Vertrag). Der Etat der so gegründeten Europäischen Wirtschaftsgemeinschaft wurde zum größten Teil für die Förderung der Landwirtschaft eingesetzt (auch heute noch zu fast 50 Prozent). Die damit begonnenen europäischen Politiken waren zum Teil sehr erfolgreich, dies wird besonders deutlich, wenn man sich die wirtschaftliche Entwicklung der jeweils neu integrierten Mitgliedstaaten ansieht.[1] Die europäischen Strukturfonds spielten für den Aufholprozess ärmerer Regionen eine wichtige und erfolgreiche Rolle. Zugleich aber wurde der Hiatus zwischen der Vision einer europäischen Friedensordnung im Bewusstsein gemeinsamer kultureller Werte und historischer Traditionen einerseits und dem Klein-Klein der interessengesteuerten, überwiegend intergouvernementalen europäischen Abstimmungsprozesse, begleitet von einer zunehmend autonomen EU-Bürokratie der Kommission, immer größer. Die Strategie, übergreifende Zielsetzungen möglichst gar nicht anzusprechen, jedenfalls sie nicht zur Grundlage einer langfristigen europäischen Integrationsstrategie zu machen, vielmehr scheibchenweise den Prozess der Integration, wo immer es pragmatische Spielräume dafür gibt, voranzutreiben, kann spätestens heute als endgültig gescheitert gelten.

Joschka Fischer hatte als deutscher Außenminister die Debatte um die sogenannte Finalisierung mit seiner Humboldt-Rede (Fischer 2000) noch einmal angestoßen,

---

1   Die aktuellsten Daten zur Entwicklung in den neuen Mitgliedstaaten liefert die Datenbank zur EU-Erweiterung des Statistischen Bundesamtes unter: http://www.eds-destatis.de/beitritt/index.php (zuletzt eingesehen am 21.9.2006).

die dann aber im Schwung der Erweiterung und der eskalierenden, vor allem außenpolitischen Konflikte rasch wieder verebbte. Mit wem immer man heute spricht, es dominiert eine Stimmung der Ratlosigkeit, gelegentlich auch des mit Zynismus unterfütterten Pragmatismus. Schließlich laufen die Abstimmungsprozesse wie eh und je – wobei unterdessen mehr Sprachen zu berücksichtigen sind – und die Bürokratie der europäischen Kommission fühlt sich eher gestärkt, das EU-Parlament strebt – wenn auch zumindest mittelfristig ohne Chance – nach der Rolle einer europäischen Legislative und die Strukturfonds tun nach wie vor, jetzt auch im östlichen Mitteleuropa, ihre gute Wirkung. Bleibt also nur abzuwarten, Stimmungen auszuloten und in einem günstigen historischen Augenblick den im ersten Anlauf gescheiterten Verfassungsentwurf möglichst unverändert, eventuell unter einem anderen Titel, einzubringen? Oder ist Europa in eine Falle gegangen, aus der es sich auf lange Frist nicht mehr befreien kann? Geschwächt angesichts neuer aufkommender Supermächte wie China und Indien, innerlich zerstritten über das Verhältnis zur ersten Supermacht USA, uneins über das Ziel der Integration?

Krisen als Chancen zu nutzen ist eine wohlfeile Empfehlung in der Wirtschaftsberatung. Aber im Falle der europäischen Integration scheint es dazu keine Alternative zu geben. Eine Fortsetzung der gegenwärtigen Schockstarre kann sich das Projekt Europa jedenfalls nicht auf Dauer leisten. Eine angemessene Antwort auf die gegenwärtige Krise der europäischen Integration hat mehrere Teile: erstens eine Verständigung auf das normative Fundament der europäischen Integration, zweitens ein angemessenes Verständnis europäischer Staatlichkeit und europäischer Bürgerschaft[2] und drittens eine Finalisierung[3] der EU-Integration und der EU-Erweiterung.

In diesem Beitrag konzentriere ich mich auf den ersten Punkt und versuche die Frage des normativen Fundamentes des europäischen Einigungsprozesses unter dem bewusst provokativen Titel »Europäische Identität?« zu klären. Ohne einen normativen Grundkonsens, der mehr umfasst, als das Beschwören europäischer Vielfalt, wird die Europäische Union zu fragil bleiben, um die Rolle zu spielen, die sie spielen will – in der Weltpolitik und gegenüber den Mitgliedsstaaten. Diese Gemeinsamkeit ist nicht lediglich historisch oder kulturell verfasst, sondern Ergebnis normativer Setzungen und Anerkennungen, deren politische und gesellschaftliche Wirk-

---

2 Die europäische Einigung wird nur gelingen, wenn überholte nationalstaatzentrierte Politikmodelle aufgegeben werden. Dies ist eine Herausforderung auch für die politische Theorie, aber das theoretische Rüstzeug dafür steht bereit. Ein geeintes Europa verlangt nach einer auf Kooperation einerseits und gemeinsamen ethischen wie juridischen Normen andererseits beruhenden Staatlichkeit mehrerer Ebenen. Es löst sich – jedenfalls weitgehend – von der Konstitution des Politischen durch kollektive Akteure. In einigen Aufsätzen habe ich versucht, die rationalitäts- und politiktheoretischen Elemente einer solchen Konzeption zu entwickeln, vgl. Nida-Rümelin (1997, 34-49; 1996, 362-386; 2003).

3 »Finalisierung« hat eine Doppelbedeutung, die sich hier nutzen lässt. Finalisierung heißt einem Prozess ein Ziel und damit zugleich für den Fall der Erreichung dieses Zieles ein Ende zu setzen. Finalisierung stellt den europäischen Integrationsprozess unter eine regulative Idee, gibt ihm damit eine normative Ordnung und erlaubt Kriterien der Erweiterung und damit auch ultimative Grenzen dieses Prozesses.

samkeit, deren »Geltung« nur Ergebnis eines europaweiten öffentlichen Diskurses sein kann. Dieser normative Konsens kann angesichts der Geschichte Europas nicht einfach eine Verlängerung kultureller Traditionen darstellen, er muss gestiftet werden und auf dem öffentlichen Austausch von Gründen beruhen.

2. Historischer und methodischer Rahmen

Die Identität Europas, von der hier die Rede sein soll, ist normativ verfasst. Es geht uns nicht um die Fortschreibung historischer Traditionen, auch nicht um empirische Befunde der Mentalitätsforschung, nicht einmal um die heute wirksamen kulturellen Werte und Normen. Die Identität, von der hier die Rede ist, meint auch nicht das, was im modisch gewordenen Jargon der Kulturwissenschaften als »soziales Konstrukt« bezeichnet wird. Ein soziales Konstrukt zeichnet sich gerade dadurch aus, dass es keinen über das Konstrukt hinausweisenden Realitätsgehalt hat.[4] Wenn vom Konstrukt der Kausalität die Rede ist, dann wird die Frage der realen Kausalbeziehungen ausgeklammert. Dann geht es eben nicht darum, ob zwischen a und b ein kausaler Zusammenhang besteht, sondern lediglich darum, ob er dem betreffenden sozialen Kontext – hier einem Kontext der durch die Rechtsnormen gestiftet wird – zugeschrieben wird. Ob Kausalität zugeschrieben wird oder nicht, lässt sich aufgrund von Diskursanalysen klären. Ob aber Kausalität besteht oder nicht, lässt sich nicht allein aufgrund von Diskursanalysen klären. Die radikale Variante des Konstruktivismus bestreitet, dass es über die Diskurse hinaus noch eine Realität gibt, auf die sich diese beziehen. Der gemäßigte Konstruktivismus lässt offen, ob eine solche Realität besteht oder nicht. Ich möchte den Realitätsgehalt jedoch weder bestreiten noch offenlassen, sondern postulieren. Ein wesentlicher Teil der normativen Verfasstheit Europas muss auf universelle Normen und Werte Bezug zu nehmen, die nicht ins Belieben des Einzelnen, aber auch nicht ins Belieben einer Kultur oder eines sozialen Kontextes gestellt sind, die mit anderen Worten objektive normative Sachverhalte zum Ausdruck bringen. Es liegt allerdings auf der Hand, dass mit dem Universalitätsanspruch zugleich Modi der partikularen Abgrenzung ausgeschlossen sind. Universalismus und Identität scheinen sich also prima vista auszuschließen. Wir werden sehen, dass diese Annahme auf einem Irrtum beruht.

Auch wenn die Identität, von der hier die Rede ist, normativ verfasst ist, so macht es doch Sinn, ja es scheint unverzichtbar, diese an historische Traditionen und Erfahrungen anzubinden. Dies ist vielleicht die wichtigste Erkenntnis, die der zeitgenössische Kommunitarismus wieder ins Bewusstsein gerückt hat. Kritik, ja Normativität überhaupt, ist nur im Anschluss an bestehende Diskurse, an vorfindliche kulturelle Prägungen, an Modi des Begründens möglich. Ohne diese Anbindung bleibt

---

4 Hier ist nicht der geeignete Ort, um auf die meta-historische Problematik näher einzugehen. Vgl. dazu White (1973, 45-80).

32

die normative Kritik akademisch, sie wird keine Wirkungen entfalten und ihre Gründe lassen sich nicht in das lebensweltlich Akzeptierte einfügen (Nida-Rümelin 2006, 52-75). Im Falle politischer normativer Kritik ist das entscheidende Kriterium die Anschlussfähigkeit an die öffentliche politische Kultur. Was wir beabsichtigen, mag daher manchen als eine Art Spagat erscheinen: auf der einen Seite die Orientierung an universellen Normen und Werten, die Behauptung, dass es objektive moralische Sachverhalte gäbe und auf der anderen Seite die Einbettung der Begründung in die partikulare politische Kultur und die europäischen historischen Traditionen. Dieser vermeintliche Widerspruch ist keiner, wie ich an anderer Stelle ausgeführt habe (Nida-Rümelin 1999, 207-222; 2002, 11-31). Ich werde die erkenntnistheoretischen Fragen nicht erneut aufwerfen, sondern im Zuge der substanziellen Erörterung einer normativ verfassten europäischen Identität – hoffentlich – deutlich machen, dass dieser Spagat jedenfalls nicht unmöglich ist, dass er nicht versucht, Unmögliches zusammenzuhalten.

Wer über europäische Identität spricht, sollte bei den Spaltungen beginnen. Seit seinen Ursprüngen begleitet Europa eine Dialektik von Spaltung und Grenze. Die griechische und römische Mittelmeerkultur, das Archipel, von dem Massimo Cacciari (Cacciari 1997) spricht, zusammengehalten durch die Wege des Meeres, nicht durch die Wege des Landes, bildet bei allen Auseinandersetzungen, mörderischen Kriegen und anhaltenden Konkurrenzen eine eben archipelagische Einheit der vielen Einzelidentitäten, miteinander verbunden durch wechselseitige kulturelle Befruchtungen, durch Handel und Migration. Über Jahrhunderte spricht der Osten dieses Europa *avant la lettre* Griechisch und der Westen Lateinisch. Diese Differenz ist zunächst vor allem eine kulturelle zwischen römischem Staats-Pragmatismus und griechischer Intellektualität, die dann in den besten Jahrzehnten des *imperium romanum* zu einem Amalgam wird, das den gesamten Mittelmeerraum dauerhaft imprägniert. Um die Zeitenwende blüht dieses Imperium auf der doppelten Grundlage römischer Staatstradition und griechischer Intellektualität und Kultur. Cicero schreibt seinen langen Brief an seinen offenbar schwer zu beeinflussenden Sohn *de officiis* und bekennt dabei offen, dass er selbst nichts Neues hinzugetan habe, sondern nur das ausgeführt, was er bei Panaithios gelesen habe. Cicero mag dabei verborgen geblieben sein, dass schon die terminologische Übertragung das Gedankengut Panaithios' gewissermaßen romanisiert, *officium* ist eben etwas anderes als *kathêkon*. Letzteres ist objektivistisch zu verstehen, es ist das, was der Einzelne zu berücksichtigen hat, das was von außen an ihn herangetragen wird, während *officium* eine Gestalt eigener Praxis ist, eben die pflichtgemäße. In zeitgenössischen Begriffen könnte man sagen: hier wird der normative Objektivismus des griechischen Denkens in den Sittlichkeitskodex des römischen Kommunitarismus übertragen.

Die gebildeten Kreise Roms nehmen diese Kulturalisierung, oft vermittelt über griechische Hausssklaven, bereitwillig auf – begleitet von der Sorge mancher Altvorderen, dass diese Kulturalisierung römische Tugenden der Zucht und der Selbstzucht unterminieren könnte. Das Amalgam erweist sich als brüchig. Über viele Jahrhunderte scheiden sich Ost-Rom und West-Rom ziemlich getreu der Sprach- und Kulturgrenze des Griechischen und des Lateinischen. Wer die heutigen Ostgrenzen der Europäischen Union nachzeichnet, wird feststellen, dass bis auf eine bezeichnende Ausnahme die europäischen Territorien mit überwiegend orthodoxen Traditionen in der Verlängerung des byzantinischen Reiches nicht dazugehören. Slawische Territorien ja, sofern sie frühzeitig dem katholischen Kulturkreis angehörten, orthodoxe – mit Ausnahme Griechenlands – nein. Diese Ausnahme wäre natürlich eine eigene Erörterung wert, welche Rolle graekophile Reminiszenzen des europäischen Bildungsbürgertums dabei eine Rolle spielten und wie weit die Analogien zur heutigen Debatte um die mögliche Aufnahme der Türkei gehen, oder mit anderen Worten, wie ausschlaggebend strategische Interessen im östlichen Mittelmeer waren, um diese Ausnahme zu begründen.

Der Spaltung in West- und Ost-Rom, folgen weitere: Die zwischen Protestantismus und Katholizismus im 16. und 17. Jahrhundert, die zwischen den entstehenden Nationalstaaten im 18. und 19. Jahrhundert, die zwischen Faschismus und Demokratie in der ersten und dann zwischen West- und Osteuropa in der zweiten Hälfte des 20. Jahrhunderts. Und immer stellt sich die Frage, welche dieser Spaltungen als eine (neue) Grenze Europas zu interpretieren ist, oder ob diese gar ein Ende Europas bedeutet. Das europäische Projekt muss sich immer wieder von Neuem gegen diese Spaltungen und Selbstauflösungen behaupten.

Heute ist oft davon die Rede, dass sich in der Spätantike und dann über das gesamte Mittelalter hinweg Europa nach Westen verlagert habe. Das Heilige Römische Reich Deutscher Nation als Nukleus. Wo aber bleibt in diesem Bild Byzanz? Erst mit dem Fall Konstantinopels im 15. Jahrhundert an die osmanischen Herrscher und damit an den Islam geht nach gängiger Geschichtsschreibung der östliche Mittelmeerraum für Europa verloren. Dieser Islam ist seinerseits in hohem Maße von griechischer Intellektualität und Literatur geprägt. Er ist einer der drei monotheistischen Religionen deren gemeinsame Ursprünge im Nahen Osten liegen. Wenn gelegentlich gesagt wird, nicht Rom, sondern Jerusalem sei die Wiege Europas, so müsste man hinzufügen: Ist damit nur die seit dem NS-Völkermord an den Juden gerne apostrophierte jüdisch-christliche Kultur oder die jüdisch-christlich-islamische Kultur gemeint? Und wenn dem so ist, wie haben wir die spanische Kultur unter muslimischer Herrschaft einzuordnen – war Spanien oder der größere Teil des Balkans dann in den Zeiten muslimischer Herrschaft kein Teil Europas? Nein, der Islam markiert eher eine Spaltung als eine Grenze Europas.[5]

Der historisch formulierte Befund einer Nord-West-Verschiebung Europas seit der ausgehenden Antike kamoufliert eine normative Identifikation, nämlich die Europas mit der katholischen Romanitá. Wenn das katholische Rom als das geistige Zentrum Europas begriffen wird, dann setzt dies eine mittelalterliche Sichtweise fort, für die Europa das katholische Abendland umfasste, während das ehedem europäische Morgenland zu einem östlichen, griechisch und orthodox bzw. dann zunehmend muselmanisch geprägten europäischen Ausland wurde. Die Kreuzzüge unter Päpstlicher Ägide sollten einen zentralen und für die christliche Überlieferung besonders zentralen Teil dieses östlichen Auslands für das Abendland zurückgewinnen.

Da Europa nur in zwei Himmelsrichtungen – Norden und Westen – durch geographische Kontinentalgrenzen bestimmt ist, im Süden das eher verbindende als trennende Mare Medium als Brücke zum europäisch imprägnierten Nordafrika hat und im Osten zwischen den großen kulturellen Polen des eurasischen Kontinentes, China, Indien und Europa eine gewaltige Landmasse fließender Übergänge aufweist, die sich im Norden von Wladiwostok bis in das westliche Russland und Belorussland, die Ukraine, das heutige Moldawien, vielleicht im Südwesten bis nach Albanien und im Süden über die heutigen kaukasischen Republiken bis in die westliche Türkei, aber auch Israel, Libanon, ja wohl auch über einen wesentlichen Teil der afrikanischen Mittelmeerküste erstreckt, muss sich Europa nolens volens anders definieren als durch Küsten und Gebirge.

Es sind aber nicht nur die fließenden Übergänge zwischen den genannten drei großen kulturellen Polen des eurasischen Kontinents, sondern es ist vor allem die Kolonialgeschichte europäischer Großmächte seit der frühen Neuzeit, die das politische und das kulturelle Projekt Europa verschwimmen lässt. Samuel Huntingtons kulturalistische Theorie der Großkonflikte (Huntington 2002) ist gerade wegen der Folgen dieser europäischen Kolonialgeschichte wenig plausibel. Auch wenn man seiner These zustimmt, dass ein Großteil der Konflikte der Zukunft durch kulturelle Differenzen initiiert oder zumindest moderiert wird, so ist es ganz unplausibel anzunehmen, dass z.B. der südamerikanische Kontinent dabei eine kulturelle Einheit bildet. Schließlich bestehen zwischen dem weitgehend europäischen Chile und Argentinien einerseits und der afrikanisch-karibischen Kultur weiter Teile Brasiliens und der karibischen Inselgesellschaften wenig Gemeinsamkeiten. Die indianische Tradition mit spanisch-südeuropäischem Firnis, die afrikanischen postkolonialen Regionen Süd- und Mittelamerikas und die Nachfolger der spanischen und portugiesischen Sklavenhalter, ergänzt um europäische Einwandererwellen über vier Jahrhunderte, bilden nicht das Maß an kultureller Identität, das einen ›kulturellen‹ Kontinent zum Konflikt mit anderen treiben könnte.

Ganz anders die kulturell bzw. religiös verfassten Konfliktlinien innerhalb Europas, aber auch innerhalb etwa des indischen und hinterindischen Subkontinents. Im

---

5 Wenn man die strategische Dimension der Mitgliedschaft der Türkei einmal ausklammert, dann mutet es allerdings durchaus seltsam an, dass damit eine »saturierte« EU entstehen könnte, die einen der größten und dynamischsten muslimischen Staaten umfasst, in dem allerdings die Trennung von Staat und Religion mit größerer Konsequenz und zu einem früheren Zeitpunkt etabliert wurde als in den meisten westlichen Demokratien, aber fast die gesamte von der christlichen Orthodoxie geprägte Region, insbesondere Russland, aber auch Serbien, ausgeklammert bleibt. Unter strategischen Aspekten spricht viel für diese Entwicklung, unter Aspekten der kulturellen Identität Europas erschiene ein solcher Endzustand nur als ein unausgegorener Kompromiss zwischen europäischer Integrationspolitik einerseits und strategischen Interessen der NATO andererseits.

Kaschmir-Konflikt prallen nicht nur zwei regionale Vormächte mit ihren nationalen Interessen aufeinander, sondern auch zwei Kulturkreise, deren Hegemonialanspruch zu schwer kontrollierbaren Eskalationen führen kann. Die Aufmerksamkeit der westlichen Medien ist auf den Nahost-Konflikt, d.h. primär den Konflikt zwischen Israelis und Palästinensern, seit dem zweiten Irak-Krieg auch zwischen den USA und den internationalen Brigaden islamistischen, aber auch nationalistischen Terrors gerichtet und übersieht Vorboten großer Kulturkonflikte etwa in den südlichen Regionen Thailands zwischen buddhistisch und islamisch geprägter Kultur, die Feindschaften zwischen unterschiedlichen muslimischen Konfessionen und ihren politischen Repräsentanten, etwa zwischen afghanischen Taliban und schiitischen Mullahs im Iran, zwischen den traditionell im Nahen Osten dominierenden Sunniten und den durch die US-Interventionen aufgewerteten und politisch gestärkten Schiiten, zwischen den konfuzianisch-kommunistischen Parteikadern des chinesischen Großreiches (ich verwende diesen Begriff bewusst) und den buddhistischen, islamischen und christlichen, chinesischen und tibetischen Minderheiten.

Diese kulturell initiierten und moderierten Konflikte haben eines ganz zweifelsfrei vor Augen geführt: Es geht nicht lediglich um Interessen, zumal nicht um ökonomische oder nationalstaatliche. Der ökonomisch verengte Interessenbegriff liberalistischer wie marxistischer Denker hat den Blick verstellt auf eine angemessene Analyse historischer wie aktueller Konflikte. Der scharf gefasste Interessenbegriff in Anwendung auf Individuen und Staaten war in meinen Augen schon immer eine Chimäre. Es sind die Vielfalt der Leidenschaften und die mit Leidenschaften verbundenen Handlungsgründe, die individuelles und staatliches Verhalten steuern, Interessen im engen Sinne der Ökonomie – sowohl der liberalen wie der marxistischen – prägen lediglich einen Teil dieses Motivationskomplexes. Der Sieg der realistischen Schule in der Theorie der internationalen Beziehungen war insofern ein Pyrrhussieg, als das Niederringen der idealistischen Ansätze zugleich die kulturelle Dimension individuellen wie staatlichen Handelns aus dem Blickfeld rückte und damit erst die Begrenztheit der nationalstaatlichen Interessenperspektive deutlich werden ließ. Die Vorstellung, dass individuelle und staatliche Interessen objektive Größen seien, die empirisch jederzeit bestimmt werden können, führt in die Irre. Die vermeintlichen Beispiele, die für einen solchen, nennen wir es Interessen-Positivismus sprechen, entstammen meist der Ökonomie und beruhen auf einem radikal reduzierten und vereinfachten Konzept menschlicher Handlungs-Rationalität. Unternehmer maximieren demzufolge ihre Gewinne und Konsumenten ihren Konsum. Die damit unterstellten Werteorientierungen werden der Komplexität menschlicher Handlungsgründe nicht gerecht. Wie ich an anderer Stelle ausführlich dargestellt habe, scheitert dies schon daran, dass der größte Teil unserer handlungsleitenden Gründe im Rahmen einer konsequentialistischen Theorie der Rationalität nicht rekonstruiert werden kann (Nida-Rümelin 1995, 2001).

Die subjektivistische und relativistische Gegenposition versteht Interessen und Werteorientierungen als kulturelle Konstruktionen, denen jeder reale Gehalt, sei er empirisch oder normativ konstituiert, abgeht. Menschen handeln jedoch, weil sie die eine oder andere Option für begründet halten, weil sie der Auffassung sind, dass gute Gründe für diese Handlung sprächen und weniger gute für andere offen stehende Alternative. Es gehört dabei zu der spezifischen Rationalität der Moderne, zwischen eigenen Interessen und guten Gründen zu unterscheiden. Nicht alles, was im eigenen Interesse ist, hat auch die besten Gründe auf seiner Seite. Es entspricht einem verkürzten Verständnis von Handlungsrationalität, wenn ausschließlich die Interessen des Akteurs zur Richtschnur gemacht werden. Die öffentlichen politischen Begründungsspiele sperren sich gegen diese Form der Reduktion ebenso wie die lebensweltliche Praxis des Gründe-Gebens und -Nehmens. Hier steht also nicht lediglich die lebensweltliche Komplexität in der Alltagspraxis verankerter Handlungsgründe gegen die Logik des politischen oder des ökonomischen Systems (vgl. dazu Habermas 1995), sondern es sind die Modi öffentlicher politischer Begründung selbst, die dieser Reduktion im Wege stehen. Dies mag der tiefere Grund für das Phänomen sein, das in der Theorie der internationalen Beziehungen gelegentlich als Doyle'sches Gesetz bezeichnet wird. Die besonderen öffentlichen Begründungspflichten in der Demokratie, die Möglichkeit freier Information und die wechselseitige Kontrolle politischer Institutionen erschweren in Demokratien die Begründung dafür kriegerische Mittel gegen andere Demokratien einzusetzen (vgl. dazu Doyle 1986, 1151-1169; Dixon 1993, 42-68). Die Hoffnung Immanuel Kants, den Frieden in Gestalt eines »foedus pacificum«, eines Bundes republikanischer Staaten, zu sichern (Kant 1795), hat in der Gegenwart eine empirische Bestätigung erfahren.

Gründe haben aber immer einen normativen und jedenfalls von der Intention des Gründe-Gebenden her gesehen auch objektiven Gehalt. Von Gründen ist man überzeugt, man versucht Gegen-Gründe zu widerlegen, das Spiel des Begründens ist ohne die Präsupposition normativer Sachverhalte gar nicht verständlich. Damit gibt es neben dem realistischen, nationalstaatlich verfassten Interessenparadigma und dem anti-realistischen Paradigma des kulturellen Konstruktivismus ein drittes Paradigma internationaler Beziehungen, das Handeln, auch politisches Handeln, speziell in den existentiellen Fragen der internationalen Beziehungen, über die ›Spiele‹[6] des Gründe-Gebens und Gründe-Nehmens expliziert. Es steht dann nicht Rationalität im Rahmen des realistischen Paradigmas gegen kulturelle Konstruktion, sondern ein erweiterter, durch den Komplex normativer Gründe explizierbarer Begriff von Rationalität gegen einen instrumentalistisch verkürzten einerseits und einen Anti-Rationalismus (des kulturellen Konstruktivismus) andererseits.

---

6   Die Verwendung des Terminus »Spiel« soll nicht etwa auf einen vermeintlich unernsten Charakter dieses Gründe-Gebens und -Nehmens verweisen, sondern den Zusammenhang mit der Wittgenstein'sche Metapher des »Sprachspiels« herstellen. Auch Robert B. Brandom's Analysen zu den sprachlichen Inferenzen, Berechtigungen und Begründungspflichten kann man als eine präzise Explikation dieser Wittgenstein'schen Sprachspielmetapher lesen (Brandom 2000).

Dies führt uns unmittelbar zurück zur Frage der Identität Europas. Wir stehen dann nicht vor der Alternative, die Interessen eines Quasi-Nationalstaates Europa definieren zu müssen oder uns in den Beschreibungen kultureller Konstruktionen zu ergehen, sondern uns steht die normative Bestimmung guter (politischer) Gründe zur Verfügung, Gründe, die das interne einer europäischen Bürgerschaft konstituierende Netz von Kooperationen tragen und Gründe, die die Interaktionen Europas gegenüber anderen weltpolitischen Akteuren bestimmen.

3. *Elemente einer so verstandenen normativen Identität Europas*

Jeder Nationalstaat pflegt Gründungsmythen, die historisch meist auf schwachen Füßen stehen. Auch im Falle Europas gibt es einen Gründungsmythos, der sogar historisch hinreichend belegt ist, um einen wichtigen Pfeiler der normativ verfassten Identität Europas zu stützen. Dieser Gründungsmythos spielt im klassischen Griechenland, und um ihn in seiner Substanz angemessen zu erfassen, ist ein kleiner Exkurs notwendig. Die kurze und bis heute so faszinierende Blüte der griechischen Polis-Kultur bestand ihre Bewährungsprobe in den Persischen Kriegen. Diese kleinen Einheiten, die sich größeren Zusammenschlüssen konsequent verweigerten und die intern nicht als Monarchien, sondern als Republiken verfasst waren, taten sich gegen die übermächtige – und nun wollen wir hier vielleicht missverständlich sagen asiatische – Großmacht Persien zusammen, um deren Eroberungsgelüsten entgegenzutreten. Hier stand nicht einfach eine Macht gegen die andere, sondern zwei unterschiedliche existentielle Ordnungen des Politischen. Auf der einen Seite das monarchisch organisierte Großreich Persien, soweit wir wissen in hohem Maße zentral organisiert, mit einem hoch entwickelten Staatsapparat und einem obersten Repräsentanten von Religion, Kultur, Gesellschaft und Staat. Auf der anderen Seite stand ein lockerer Verbund griechischer Stadtstaaten, deren tragender Teil, die »politai«, männliche, selbstständige Vorstände von Haushalten (oikoi) keine Macht über sich dulden wollten, weder eine klerikale noch eine feudale, für die die Selbstherrschaft, die Autarkie, zu einem zentralen Wert geworden war, der nur eine schwach ausgeprägte Staatlichkeit zuließ. Steuern wurden nur in Notfällen und dort, wo mangelnde Spendierfreude oder große Armut die zentralen öffentlichen Aufgaben wie Tragödienspiele und Armenfürsorge in die Unterfinanzierung getrieben hatten, erhoben, und kriegerische Auseinandersetzungen hatten eher den Charakter eines blutigen Kräftemessens, als den einer strategischen Ausdehnung eines hegemonialen Zugriffs.

Wichtig ist in diesem Zusammenhang die doppelte Abwehrstellung des zentralen politischen Wertes der Autarkie zu verstehen: Er war sowohl gegen klerikale Autoritätsansprüche wie gegen feudale und speziell monarchische Herrschaftsansprüche gerichtet. Die religiöse Ordnung musste ihren Einfluss über eine Vielzahl von Festlichkeiten und Ritualen sichern und spielte in Gestalt gelegentlicher Politikberatung eine nicht wegzudenkende Rolle. Aber die Idee einer Ziviltheologie, die es den einzelnen Poleis gestattete, ihre je spezifischen Riten zu etablieren und sie als Mittel der Kohäsion ihrer Polis einzusetzen, gab es in dieser Form in keiner anderen uns bekannten Hochkultur. In den Perserkriegen stand eine urbane Kultur der Freiheit gegen eine politisch-religiöse Monarchie, ein Verband von Verbänden freier Bürger gegen die Untertanen eines asiatischen Großreiches. Dass das so weit besser organisierte, auf Menschenleben weit weniger Rücksicht nehmende Großreich am Ende gegen die kleinen griechischen Poleis verlor, gibt diesem historischen Ereignis natürlich erst seine Qualität als Gründungsmythos.

Die hier gegebene Interpretation des Konflikts zwischen Perserreich und griechischer Polis-Kultur entspricht möglicherweise nicht in allen Facetten der historischen Wahrheit, aber es leitete die Interpretation, beginnend bei den griechischen Zeitgenossen. Letztlich ist es in unserer – normativen – Perspektive auch unwesentlich, in welchem Umfang dieser Gründungsmythos historischen Tatsachen entspricht. Er eignet sich jedenfalls, um eine normativ verfasste Identität Europas zu akzentuieren. Ich spitze zu: Die antike Geschichte des Mittelmeerraums ist keine Vorgeschichte Europas, sondern ist genuine europäische Geschichte. Europa hatte eine historische Realität lange bevor die Nationalstaaten die Bühne der Weltgeschichte betraten. Das antike Europa war bei allen Friktionen historische Realität, ein Zusammenhang von Ideen, Menschen und Gütern, durchzogen von Konfliktlinien, aber zusammengehalten durch den Ursprung der griechischen Polis-Kultur, dann überformt durch die zivilisatorische Leistung des Imperium Romanum.

Bleiben wir daher noch bei dem Ursprung Europas und versuchen wir daraus weitere Elemente seiner normativen Identität zu destillieren. Neben dem oben genannten zentralen Wert der Autarkie, der nicht nur politische Implikationen hatte, sondern die wirtschaftliche Verfasstheit der Poleis ebenso bestimmte wie die interpersonalen Verhältnisse der Voll-Bürger innerhalb der Polis, ist es vor allem das Phänomen der Rationalisierung, also das frühe Entstehen wissenschaftlichen, nachmythologischen Denkens, das diese griechische Polis-Kultur prägte, natürlich in ganz besonderem Maße Athen und einige Pflanzstädte (Kolonien). Wissenschaftliche Rationalität fragt nach Gründen ohne weltanschauliche, politische oder religiöse Vorgaben. Wie wir nach der enttäuschenden Geschichte des neuzeitlichen Rationalismus wissen, kann Wissenschaft nie voraussetzungslos sein. Ihre Voraussetzungen liegen in der Lebenswelt begründet (Nida-Rümelin 2004), und nirgendwo wird das deutlicher, als bei ihren Ursprüngen in der griechischen Klassik. Aber die Fähigkeit zu lokaler Skepsis, die Fähigkeit auch lieb gewonnene und über Traditionen selbstverständlich gewordene Argumentationsmuster (Begriffe) und Überzeugungen in Frage zu stellen, den Versuch zu machen, sie in einen größeren systematischen Zusammenhang einzubetten und sie damit auch einer Prüfung zu unterziehen, beginnt in einer zu dieser Zeit unbekannten Radikalität mit der Vorsokratik. Man kann sogar guten Gewissens sagen, dass diese Blütezeit wissenschaftlichen Denkens mit dem Untergang der griechischen Polis-Kultur einen schleichenden Niedergang erlitt, der zunächst in Gestalt blühender Stätten der Gelehrsamkeit, im Aufbau umfangreicher Bibliotheken, im um sich greifenden Bildungswissen des Hellenismus einen glänzenden Abschied nimmt. Über den Umweg griechischer Hauslehrer und des entstehenden römischen Bildungsbürgertums verbreitet sich die wissenschaftliche Rationalität der griechischen Klassik über das mittelmeerische Europa allerdings in einer pragmatischen verflachten Form, die rhetorisch eindrücklich, aber philosophisch wenig ergiebig die römische Spät-Stoa prägt.

Das Stichwort Stoa bringt uns zum dritten Element der normativen Identität Europas, das in der Antike seinen Ursprung hat: der Universalismus. Entgegen Jan Assmanns These vom Monotheismus als Ursprung des Universalismus (Assmann 2003), die in der Forschungsliteratur umstritten ist (vgl. z.B. Borgolte 2005, 117-163; Söding 2003), scheint mir die erste Form eines genuinen Universalismus mit der Stoa, einer durch und durch säkularen Denktradition, vorzuliegen. Schon die frühe und die mittlere, aber vor allem die späte Stoa kennt nur noch menschliche Individuen in einem geordneten Kosmos. Sie scheidet nicht zwischen Polis-Bürgern und Barbaren, zwischen Römern und ihren Feinden, zwischen Gläubigen und Ungläubigen. Es geht ihr um den Menschen, seine Selbst- und Fremdverantwortung in einer vernünftig verfassten Ordnung. Hier kommt die in der Autarkie-Kultur der griechischen Klassik angelegte Selbstverantwortung des Individuums zu seiner vollen ethischen Entfaltung und zugleich tritt – nur scheinbar paradox – das Individuum in den geordneten Rahmen des Kosmos zurück, es relativiert seine Bedeutung und sein Leben. Der gebildete Stoiker bringt dies zum Ausdruck, indem er leicht von diesem Leben Abschied nimmt, ohne auf ein jenseitiges zu hoffen. Der geradezu stille Untergang der römischen Oberschicht angesichts der Wucht unzivilisierter Eroberer aus dem Norden hängt mit dieser stoischen Haltung zusammen. Wenn eine gute selbstverantwortete Lebensform nicht mehr möglich ist, dann kann es ohne Aufbäumen und Klagen beendet werden. Der geordnete Kosmos bleibt bestehen und das Schicksal des Einzelnen spielt für diesen keine Rolle. Die Würde des Stoikers ist nicht die des existentiellen Grenzfalls, sondern die der alltäglichen Pflichterfüllung gegenüber sich und den Mitmenschen, wie es in den Selbstbetrachtungen des römischen Kaisers Marc Aurel mit melancholischen Untertönen, aber sehr eindringlich zum Ausdruck kommt. Diese universalistische Weltanschauung der Stoa wird dann bald christlich eingemeindet und abgemildert, scheint mir aber der Nukleus einer Weltanschauung zu sein, die dann erst wieder im Renaissance-Humanismus zum Durchbruch kommt und bei Immanuel Kant ihre reife philosophische Gestalt annimmt: die Idee der gleichen menschlichen Würde, gestützt auf den Vernunft-Charakter der Menschennatur. Es ist die Verbindung von Humanismus, wissenschaftlicher Rationalität und Universalismus, die den Aufbruch in die europäische Moderne prägt und die Grundlagen für eine durchaus problematische Dominanz europäischer Kultur über Jahrhunderte schafft.

Halten wir also vorläufig fest: In seinem Ursprung ist Europa ein überwiegend über Meeresverbindungen zusammengehaltener Raum des Austausches von Idee, Menschen und Gütern, der sich von anderen vernetzten Räumen durch drei machtvolle untereinander verbundene normative Orientierungen auszeichnet. Es ist die Idee der Autarkie oder der individuellen Freiheit, die weder despotische noch klerikale Herrschaft duldet, welche sich mit dem eigenständigen Gebrauch der Verstandeskräfte (um es kantianisch zu formulieren), also wissenschaftlicher und ethischer Rationalität[7] einerseits und der Ethnien und Nationen transzendierenden Erkenntnis der grundsätzlichen Gleichbefähigung und Gleichwertigkeit des Menschen, also der Idee der *humanitas*, wie sie in der antiken Stoa angelegt ist, verbindet.

Wo bleibt in diesem, auf die griechische und römische Antike zurückgehende normative Bestimmung des Projekts Europa die Demokratie? Nun, in meinen Augen hat diese einen derivativen Status. Demokratie so wie wir sie heute verstehen, ist gerade Ausfluss von recht verstandener Autarkie, also der Sicherung bürgerlicher und menschenrechtlicher Freiheiten gegenüber staatlichen und klerikalen Autoritäten (wie sie sich etwa in Artikel 1 bis 19 Grundgesetz niedergeschlagen haben und in ähnlicher Weise in allen westlichen Verfassungsordnungen), aber auch die Idee der Kontrolle der Regierenden und die Möglichkeit ihrer Abwahl, die ja schon für die griechische Polis-Demokratie eine so zentrale Rolle gespielt hat. Alle großen Schriften der Philosophen von der griechisch-römischen Antike bis zu Immanuel Kant waren demokratiekritisch. Sie verwendeten den Ausdruck Politie (Aristoteles) oder Republik (Kant), um sich von der kritisierten Staatsform der Demokratie abzusetzen. Dabei ist allerdings zu beachten, dass unter Demokratie die unmittelbare direkte (also nicht repräsentative) Volksherrschaft gemeint war, wie sie für eine kurze Phase auch in Athen etabliert war. Diese Volksherrschaft hatte durchaus totalitäre Züge, d.h. der Einzelne konnte sich den Mehrheitsbeschlüssen nicht entziehen, rechtsstaatliche Vorkehrungen, die die individuelle Freiheit des einzelnen Bürgers sicherten, waren schwach entwickelt. Volksversammlungen, die für Stimmungen schon in der Antike anfällig waren, konnten über Leben und Tod einzelner Bürger entscheiden, auch Gerichtsentscheidungen glichen oft eher der emotionalisierten Auseinandersetzung in einem Stadtrat, als der sachlichen juridischen Abklärung der Argumente.

---

7 Dass das Ethos wissenschaftlicher Rationalität zwangsläufig mit einem universalistischen Geltungsanspruch, man könnte es zuspitzen, mit einem realistischen Wahrheitsanspruch verbunden ist, habe ich in »Wissenschaftsethik« (Nida-Rümelin 2005) näher ausgeführt. Zur Rolle der wissenschaftlichen Rationalität und der Rationalisierung generell für die europäische Moderne gibt es eine umfangreiche Diskussion, die bei der Interpretation der Bewegung *scientia nova* in der Frühen Neuzeit einsetzt, vgl. etwa Zilsel (1976), und in Max Webers Rationalisierungsthesen einen Höhepunkt findet, vgl. dazu Hauer/Küttler (1989), Schluchter (1979, 1998). Die Identifikation der europäischen Moderne mit dem hypotrophen Rationalismus des 17. Jahrhunderts hat – in meinen Augen zu Recht – Widerspruch geerntet, besonders überzeugend von Toulmin (1990). Je nach Definition der europäischen Moderne ergibt sich das Postulat, dieses Projekt der Aufklärung fortzuführen, wie etwa prominent bei Habermas (1998), oder die These, die alte Moderne durch eine reflexive Moderne oder zweite Moderne zu ersetzen, die je nach Proponent eine mehr oder weniger postmoderne Prägung hat. Diese postmoderne Prägung äußert sich vor allem in der Zurückweisung universalistischer Geltungsansprüche, vgl. Beck/Giddens et al. (1996), Beck (2001).

Sokrates fiel einer solchen demokratischen Entscheidung zum Opfer und wurde fortan zum Menetekel des Konflikts zwischen Geist und (demokratischer) Macht. Dabei war gerade Sokrates ein genuin demokratischer Denker, wie es nur wenige gegeben hat. Er betonte die Wertlosigkeit formaler Bildung, die allgemeine Befähigung zum »Selber-Denken«, unabhängig von Stand und Würde, er bezog sich auf die Weisheit der Hebammen (der Beruf, den seine Mutter ausübte), er verachtete die Schriftgelehrten, die Rhetoriker und Juristen, wenn man die Kritik an der sophistischen Bewegung einmal so paraphrasiert. Sokrates war der einfache Mann auf der Straße, der nur seine überragende Intelligenz und seinen kritischen Geist einbrachte, und dem die Jünglinge aus gutem Hause mit hohem Bildungsniveau gerade deswegen verfielen. Dies war es wohl, was Sokrates zum Verhängnis wurde. Ein radikaler demokratischer Geist, der die besser gestellte Jugend ihren Eltern entfremdete, sie zu allzu kritischen Menschen machte, der die Autorität der Alten und des Althergebrachten mit philosophischer Gründlichkeit in Frage stellte. Dass Platon, der Adelsspross, die sokratische Lehre zum Ausgangspunkt nahm, sie aber dann hinreichend transformierte, so dass ihre radikale und demokratische Prägung weitgehend verdeckt wurde, dass es gerade diesem genialen Schüler des Sokrates gelang, Sokrates Ruhm über die Zeiten zu retten, entbehrt nicht einer gewissen Ironie. Demokratie, wie wir sie heute verstehen und wie sie in den besten Zeiten der griechischen Polis-Kultur in einer Art Urform realisiert wurde, bildet ein wesentliches Element dieser normativen Identität Europas, für die ich plädiere, aber sie ist aus den genannten Gründen derivativ, nicht fundamental.

Auch die Idee des Rechtsstaates, der rechtlich verfassten politischen Institutionen und der rechtlich verfassten Individualrechte sehe ich in analoger Weise als ein derivatives Element dieser normativen Identität Europas an. Die rechtliche Gestalt des Staates ist eine der großen Leistungen des antiken Europa. Die Rechtsstaatsidee geht auf die griechische Klassik zurück. Sie ist schon in der Polis-Kultur verankert und wird überhöht im platonischen Spätwerk der *Nomoi*. Hier wird der zweitbeste Staat beschrieben und damit endlich der Ausweg aus der Aporie des vierten und fünften Buches der Politeia gefunden, die darin bestand, dass nicht zu erwarten war, dass die vielen Ungebildeten jene *sophrosyne* als spezifische Tugend ihres Standes ausbilden, die die Stabilität der Polis und die Unterordnung unter wissenschaftliche Rationalität garantieren könnte.

Damit sind fünf Elemente der normativen Identität Europas umschrieben: Autarkie, Rationalität, (universalistische) Humanität, Demokratie und Rechtsstaat. Die ersten drei miteinander verkoppelt und fundamental, die letzten beiden derivativ, aber von mindestens gleicher Relevanz.

Wie steht es nun aber um die Rolle des Christentums für die normative Identität Europas? Anders als die islamischen Schriften und das islamische Denken rezipiert die christlich geprägte Gelehrsamkeit der Spätantike und des Mittelalters nicht nur eklektisch das eine oder andere nützliche Element griechischer Philosophie und Wissenschaft, römischer Rechts- und Staatstradition, sondern geht mit diesen eine unauflösliche Beziehung ein. Die Patristik steht in der Tradition des Platonismus und Neu-Platonismus, der Thomismus in derjenigen Aristoteles, und die Ethik und Anthropologie der Stoa wird so weitgehend vom christlichen Denken aufgenommen, dass die römischen Schriften der späten Stoa mit ihren Appellen an Mäßigung und Selbstzucht, Rücksichtnahme und Pflichterfüllung sich – abgesehen von der fehlenden Transzendenz-Erfahrung – fast wie christliche Traktate lesen. Im Gegensatz zum Islam werden die antiken Schriften in Latein, später auch in Griechisch rezipiert, vielfach abgeschrieben und diskutiert, während die Früchte griechischer Gelehrsamkeit im arabischen Raum ins Arabische selektiv übersetzt, dort in imponierende wissenschaftliche Denkgebäude eingebettet werden, aber der kritische und aufklärerische Geist der griechischen Klassik auf diesem Wege keine Wirkungen zeitigt. Auch die christlichen klerikalen Autoritäten sind bemüht, das Verstörende, etwa die erotische Libertinage der griechischen Klassik, zu verbergen und zu verdrängen, auch sie tendieren zu selektiver Lektüre und kontrollierter Rezeption, aber der griechische und römische Geist bleibt hier lebendig, so dass es lediglich einer anhaltenden Erschütterung des christlichen Weltbildes durch Nominalismus und Astronomie bedurfte, um ihn wieder in Humanismus und Renaissance zu einer prägenden historischen Kraft werden zu lassen.

Die Auflösung des alten Denkens geschieht unter Rückgriff auf das ganz Alte, Vorchristliche, Platonismus und Epikureismus werden gegen Aristotelismus in Stellung gebracht. Machiavelli zitiert ausführlich aus römischen Traktaten, Gassendi setzt Epikur wieder ins Recht, Giordano Bruno Platon. Der ganz alte Geist am Ursprung des europäischen Projekts blieb das Mittelalter hindurch lebendig – zunächst dogmatisiert hinter Klostermauern – und erlebt dann eine neue Blüte ohne Dogma in Humanismus und Renaissance und bereitet damit die europäische Aufklärung vor, die in der amerikanischen und der französischen Revolution kulminiert und den europäischen Kontinent in eine Dynamik treibt, die ihre augenfälligste Gestalt zunächst im Aufblühen der Wissenschaften hat, in der Entstehung einer europäischen Universitätslandschaft, um dann mit dem Beginn des 19. Jahrhunderts eine explosionsartige und sich immer weiter beschleunigende Entwicklung in Technik, Wirtschaft, aber auch Gesellschaft und Politik auszulösen. Europa dominiert für einige Jahrhunderte weite Teile der Welt, alte Hochkulturen werden zerstört und dauerhafte Abhängigkeiten geschaffen. Das starke Bevölkerungswachstum und die neue Mobilität lassen Millionen Europäer in die Neue Welt, die beiden Amerikas, emigrieren. Verelendung und Verstädterung, neuer Reichtum der Kaufleute und Industriellen, Abstieg der alten feudalen und klerikalen Stände, Entsolidarisierung und die Entstehung eines städtischen Bürgertums pflügen den europäischen Kontinent um. Zugleich verbreiten sich europäische Kultur, Technik, Wirtschaft und Lebensweise über die Welt bis die europäische Selbstzerstörung in zwei Weltkriege, in Faschismus, Nationalsozialismus und Stalinismus einmündet und eine mühsame Rekonstruktion des europäischen Projekts nach dem Ende des Zweiten Weltkrieges nötig macht.

Diese Rekonstruktion muss da wieder ansetzen, wo die europäische Selbstzerstörung begann: an der gemeinsamen Wissenschafts- und Kulturtradition, einer europäischen, multilingualen Bürgerschaft, dem Rekurs auf das griechische und römische Erbe, dem europäischen Humanismus und der europäischen Aufklärung, eben an den zentralen europäischen Werten der Autarkie und der Freiheit des Individuums, der Rationalität und der Autonomie von Wissenschaft und Kunst, des Universalismus in Anthropologie (Gleichheit) und Ethik (Menschenrechte), der Demokratie und des Rechtsstaates. Diese hier beschriebene normative Orientierung des europäischen Projekts ist weder exklusiv noch partikular, sie enthält wichtige Gemeinsamkeiten mit anderen Kulturregionen und sie beinhaltet universelle Geltungsansprüche, etwa in Gestalt der Menschenrechte. Dies desavouiert sie jedoch keineswegs. Wer die Identität einer Person beschreibt, wird charakteristische Persönlichkeitsmerkmale nennen, von denen keine ausschließlich dieser Person zukommt, ja selbst die beschriebene Kombination wird keineswegs weltweit einmalig sein. Die einzelne Person ist ein *token* (kein *type*), und wie es *token* eigen ist – sie lässt sich durch keine Kombination von Eigenschaften eindeutig kennzeichnen (sie hat eine, wie Saul Kripke es nennt,»Querwelteinidentität«, die sich nicht durch Prädikate erfassen lässt (Kripke 1980; vgl. auch Stegmüller 1975). Europa ist ein *token*, der durch die konkrete normative Verfasstheit seiner Institutionen und seine konkrete zivile Praxis, durch die realen Einstellungen und Interaktionen seiner Bürger, durch ein Netz von realen Kooperationen konstituiert ist – das macht seine Identität aus, die sich nicht wirklich beschreiben lässt. Hier wurden lediglich bestimmte abstrakte Eigenschaften benannt, die für diese Identität eine wichtige Rolle spielen – jedenfalls spielen sollten.

Literaturverzeichnis

Assmann, Jan (2003): Die Mosaische Unterscheidung oder der Preis des Monotheismus. München.
Beck, Ulrich (2001, Hrsg.): Die Modernisierung der Moderne. Frankfurt/Main.
Beck, Ulrich/Anthony Giddens et al. (1996, Hrsg.): Reflexive Modernisierung. Eine Kontroverse. Frankfurt/Main.
Borgolte, Michael (2005): Wie Europa seine Vielfalt fand. Über die mittelalterlichen Ursprünge für die Pluralität der Werte. In: Hans Joas/Klaus Wiegandt (Hrsg.): Die kulturellen Werte Europas. Frankfurt/Main, S. 117-163.
Brandom, Robert B. (2000): Making it Explicit. Reasoning, representing, and discoursive commitment. Camb./Mass.
Cacciari, Massimo (1997): L'arcipelago. Mailand.
Dixon, W. J. (1993): Democracy and the Management of International Conflict. In: Journal of Conflict Resolution. Jg. 37, S. 42-68.
Doyle, Michael W. (1986): Liberalism and World Politics. In: American Political Science Review. Jg. 80, S. 1151-1169.

Fischer, Josef (2000): Vortrag in der Humboldt-Universität Berlin: »Vom Staatenverbund zur Föderation – Gedanken über die Finalität der europäischen Integration«, gehalten am 12. Mai 2000.

Habermas, Jürgen (1998): Die postnationale Konstellation. Politische Essays. Frankfurt/Main.

Habermas, Jürgen (1995): Theorie des kommunikativen Handelns. 2. Bd., Frankfurt/Main.

Huntington, Samuel (2002): The clash of civilizations and the remaking of world order. London.

Kant, Immanuel (1795): Zum ewigen Frieden. Ein philosophischer Entwurf. Königsberg.

Kripke, Saul A. (1980): Naming and Necessity. Oxford.

Nida-Rümelin, Julian (2006): Demokratie und Wahrheit. München.

Nida-Rümelin, Julian (2005, Hrsg.): Angewandte Ethik. Die Bereichsethiken und ihre theoretische Fundierung. Ein Handbuch. Stuttgart.

Nida-Rümelin, Julian (2004): Vortrag vor der Berlin-Brandenburgischen Akademie der Wissenschaften Berlin: Die Modelle der wissenschaftlichen Theorie und die Einheit der Lebenswelt, gehalten am 3.6.2004.

Nida-Rümelin, Julian (2003): Vortrag auf der EURESCO-Konferenz European Integration in Maratea (Italien) vom 21.-26.6.2003: A structural – non-identical, multi-level, cooperative, institutional – approach to European Citizenship, gehalten am 25.06.2003.

Nida-Rümelin, Julian (2002): Zur Reichweite theoretischer Vernunft in der Ethik. In: Ders.: Ethische Essays. Frankfurt/Main, S. 11-31.

Nida-Rümelin, Julian (2001): Strukturelle Rationalität. Stuttgart.

Nida-Rümelin, Julian (1999): Über die Vereinbarkeit von Universalismus und Pluralismus in der Ethik. In: Ders.: Demokratie als Kooperation. Frankfurt/Main, S. 207-222.

Nida-Rümelin, Julian (1997): Rationality, democratic Citizenship and the New Europe. In: Percy B. Lehning/Albert Weale (Hrsg.): Citizenship, Democracy and Justice in the New Europe. London, New York, S. 34-49.

Nida-Rümelin, Julian (1996): Was ist Staatsbürgerschaft? In: Kurt Bayertz (Hrsg.): Politik und Ethik. Stuttgart, S. 362-386.

Nida-Rümelin, Julian (1995): Kritik des Konsequentialismus. München/Wien.

Schluchter, Wolfgang (1998): Die Entstehung des modernen Rationalismus, eine Analyse von Max Webers Entwicklungsgeschichte des Okzidents. Frankfurt/Main.

Schluchter, Wolfgang (1979): Die Entwicklung des okzidentalen Rationalismus. Eine Analyse von Max Webers Gesellschaftsgeschichte. Tübingen.

Söding, Thomas (2003, Hrsg.): Ist der Glaube Feind der Freiheit? Die neue Debatte um den Monotheismus (Quaestiones Disputatae 196). Freiburg im Breisgau.

Stegmüller, Wolfgang (1975): Hauptströmungen der Gegenwartsphilosophie. 4 Bd., Bd. 2, Stuttgart.

Toulmin, Stephen E. (1990): Cosmopolis, the hidden agenda of modernity. New York.

Weber, Max (1989): Rationalisierung und entzauberte Welt. Schriften zu Geschichte und Soziologie, herausgegeben von: Friedrich Hauer und Wolfgang Küttler, Leipzig.

White, Hayden (1973): Metahistory. The historical imagination in Nineteenth-Century Europe. Baltimore.

Zilsel, Edgar (1976): Die sozialen Ursprünge der neuzeitlichen Wissenschaft. Frankfurt/Main.

Europäische Identität als Befund, Entwurf und Handlungsgrundlage

Jürgen Kocka

Über das Konzept der Identität ist viel geschrieben worden.[1] Im Folgenden geht es um überindividuelle Identität im Sinn eines Bündels zusammenhängender, gemeinsamer, den Betreffenden bekannter sozialrelevanter Merkmale (einschließlich Einstellungen und Orientierungen), die größtenteils aus gemeinsamer Geschichte (einschließlich gemeinsamer Erfahrungen) resultieren und die die Grundlage für gemeinsame Wahrnehmungen, Wertentscheidungen und Handlungspotenziale darstellen. Es ist unbestritten, dass in aller Regel niemand nur eine Identität besitzt, sondern die Verknüpfung – auch die Konkurrenz – mehrerer Identitäten das Normale ist; die resultierenden Mischungs- und Spannungsverhältnisse lohnen die Untersuchung. Identitäten wandeln sich, sie entstehen und vergehen aufgrund erforschbarer Einflüsse, allerdings zumeist in langen Rhythmen und mit langsamer Veränderungsgeschwindigkeit. Die Kraft und die Belastbarkeit kollektiver Identitäten variieren sehr, doch ohne jede Identität im angedeuteten Sinn sind soziale Gruppen (wie Familien, Ethnien, Religionsgemeinschaften, Konfessionen oder Völker) und handlungsfähige Institutionen (wie Gemeinden, Universitäten, Staaten oder Staatengemeinschaften) undenkbar.

Nicht zutreffend wäre die Annahme, Identität – z.B. europäische Identität – bilde sich allmählich von selbst, gewissermaßen aus sich heraus und stehe dann bereit, um normativ gewertet, kontrovers diskutiert, politisch gestaltet und für gemeinsame Zwecke benutzt zu werden. Vielmehr entsteht Identität auf der Basis vieler gemeinsamer Einflüsse, Erfahrungen und Prozesse, ist aber immer auch das Ergebnis von Willen und Gestaltung, ausgeformt in Konstellationen praktischer Politik, im Hinblick auf Probleme und als Teil des Versuchs, sie zu bearbeiten. Identität sehen, Identität wollen und Identität stärken[2] – sauber trennen lassen sich diese drei Dimensionen nicht. Dies soll im Hinblick auf die Langzeitentwicklung Europas aus historischer Perspektive erläutert werden.

---

1 Vgl. etwa kritisch Niethammer (2000).
2 Dies war die Gliederung der vom Centrum für Angewandte Politikforschung (C•A•P) und der Bertelsmann Stiftung in München am 20.6.2006 veranstalteten Konferenz zum Thema »Europäische Identität – aber wie?«, auf der eine mündliche Vorform des folgenden Beitrags präsentiert wurde. Der Beitrag denkt Ansätze weiter, die andernorts vorgelegt wurden. Vgl. Kocka (2005, 275-287); vorher bereits Kocka (2004, 117-141).

Es ist bemerkenswert, wie sehr sich Vorstellungen über das spezifisch Europäische im Konflikt, im Krieg mit anderen entwickelten, beispielsweise kurz nach den Perserkriegen bei den Griechen. Für Hippokrates waren im 5. Jahrhundert vor unserer Zeitrechnung die Bewohner Europas geistig lebhafter, rühriger und auch kriegerischer als die Asiaten. Diese hielt er für langsamer, weicher und folgsamer, weil sie unter fremder Herrschaft, in großen Reichen und nicht unter der Herrschaft eigener Gesetze lebten. Aus dem Vergleich von Griechen und Persern wird der Vergleich von Europäern und Asiaten. Die länderübergreifende Vorstellung der Kontinente bildete sich früh, sie entstand in Europa. Asien und Afrika waren – begrifflich – europäische Erfindungen, wie später Amerika auch.[3]

Im europäischen Mittelalter sprach man nur selten von »Europa«, man sprach eher von »christianitas«. Nicht Europäer grenzten sich primär von Asiaten und Afrikanern ab, sondern Christen von Heiden. Die Vorstellung »Europa« tauchte damals am ehesten in Berichten über Kriege mit Nichteuropäern auf. So beim Sieg Karl Martells über die Araber bei Poitiers (732). Die Chronik nennt seine Krieger »Europenses«. Als 1453 Konstantinopel nach langer Belagerung an die vordringenden Türken gefallen war, klagte Enea Silvio Piccolomini, einer der führenden Humanisten der Zeit und späterer Papst: »In der Vergangenheit wurden wir in Asien und Afrika, also in fremden Ländern, geschlagen. [Er spielte wohl auf die Kreuzzüge an, J.K.] Jetzt trifft man uns in Europa, unserer Heimat, unserem Zuhause.« Bis ins 18. Jahrhundert hinein brachte die Furcht vor den vordringenden Türken – noch 1683 vor Wien – das im Übrigen äußerst uneinige Europa bisweilen dazu, tatsächlich zusammenzurücken und sich in den Schriften seiner Intellektuellen als zusammengehörig zu denken. Mit einigem Recht hat man den Propheten Mohammed wie auch die Kalifen Arabiens und die Sultane der Osmanen als die »gewalttätigen Geburtshelfer« Europas bezeichnet (Cardini 2000, 13, 171).

Auch später haben Kriege – dann vor allem Kriege im Innern Europas oder Kriege, die aus dem Innern dieses bis vor kurzem besonders kriegerischen Kontinents hervorgingen – zur Stärkung europäischen Bewusstseins und zur Beschwörung europäischer Identität beigetragen. Beispiele dafür finden sich in den Entwürfen für einen »Europäischen Frieden« nach den blutigen Kriegen des 16. bis 18. Jahrhunderts, bei Saint-Simon nach den Napoleonischen Kriegen, bei Victor Hugo nach dem Deutsch-Französischen Krieg von 1870/71, beim Grafen Coudenhove-Kalergie nach dem Ersten Weltkrieg und in der erfolgreichen Einigungsbewegung nach der Katastrophe des Zweiten Weltkrieges (Rougemont 1962, 193ff., 243ff., 333f., 401f.). Auch sei an den Kalten Krieg erinnert und an die förderliche Wirkung, die von ihm auf die westeuropäische Einigung ausging.

---

3   Zu den antiken Gründungsmythen Europas vgl. Plessen (2003, 47-61).

Der Befund über den historischen Zusammenhang zwischen Krieg und europäischer Identitätsbildung harmoniert mit unserem Wissen über den historischen Zusammenhang zwischen Krieg und Nationen- bzw. Nationalstaatsbildung. Auch die Herausbildung von nationaler Identität geschah häufig im Verlauf und in der Folge von Kriegen (Langewiesche 2000). Wie wird zukünftig europäische Identitätsbildung ohne Krieg vorankommen? Oder steht zu erwarten, wenngleich nicht zu wünschen, dass zukünftig weltpolitische Konflikte im globalen Maßstab einen Anlass für europäisches Zusammenrücken bieten und eine Quelle für europäische Identitätsbildung darstellen werden?[4]

Europäische Identität und Vergleich

Vom 15. bis zum 18. Jahrhundert überlagerte die Idee eines völker- und staatenumspannenden »Europa« schrittweise die im Denken der Gebildeten schon ältere Idee einer völker- und staatenumspannenden Christenheit. Als Wille und Vorstellung ist dieses »Europa« vor allem ein Produkt der Neuzeit.

Wie kam es dazu? Es lag zum einen am Aufstieg der zunehmend souveränen Territorialstaaten seit dem späten Mittelalter und an ihren blutigen Kriegen – gegen die ein europäischer Frieden gesucht und beschworen wurde. Es lag zum anderen an der Konfessionalisierung, der Spaltung der westlichen Kirche im 16. Jahrhundert und den folgenden blutigen Religionskriegen; damit gingen die Hoffnung auf die einheitsstiftende Kraft eines alles umspannenden Christentums und die Möglichkeit des Appells an die gemeinsame *christianitas* verloren. Es lag drittens an der europäischen Expansion in nicht europäische Teile der Welt, im Vergleich zu denen und im Spiegel von denen sich Europäer als Europäer identifizierten. Es lag schließlich viertens an einer sich seit der Renaissance allmählich herausbildenden und in der Aufklärung kulminierenden, teils christlichen, teils säkularisierten europäischen Kultur der Gebildeten an den Höfen, Universitäten und in den Bürgerstädten des Kontinents und der britischen Inseln. Erinnert sei auch an die aktive Heiratspolitik zwischen den europäischen Herrscherhäusern. Aus ihnen entstand ein gesamteuropäisches Flechtwerk der regierenden Eliten, das als Beitrag zur Entstehung eines realen europäischen Zusammenhangs zu würdigen ist. Auf dieser »Baustelle Europa« hatten nicht christliche Herrschaftshäuser übrigens nichts zu suchen, denn dynastische Heiraten behielten bis ins 19. und 20. Jahrhundert eine sakral-religiöse Dimension.

An der Entdeckung der anderen Weltteile, ihrer Ausbeutung und Kolonisierung nahmen die europäischen Völker im 16., 17. und 18. Jahrhundert sehr unterschiedlich teil, die Deutschen relativ wenig. Doch die Expansion nach Übersee war – über Dis-

---

4 Auf der oben in Anmerkung 2 erwähnten Konferenz diskutierte insbesondere Werner Weidenfeld diese Möglichkeit.

kussionen und öffentliche Meinung vermittelt – ein gesamteuropäischer Prozess, durch den die europäische Selbstbeschreibung zum Thema wurde und sich veränderte, und zwar durchweg im Selbstvergleich mit den Anderen.

Einerseits beschrieben europäische Intellektuelle ihren Kontinent als überlegen – aufgrund seiner Wissenschaft, seiner wirtschaftlichen Tüchtigkeit, seiner militärischen Mittel, seiner politischen Verhältnisse. Das führte bisweilen zu ausgeprägter Selbstüberheblichkeit, bis hin zu rassistischen Thesen bereits im 18. Jahrhundert. Asien, Afrika und Amerika (oder Teile davon) dienten dabei als Gegenbilder: negativ besetzt, als zurückgeblieben bemitleidet oder auch exotisiert. Diese Neigung nahm im 19. Jahrhundert erheblich zu.

Andererseits gab es nüchterne Varianten des Selbstvergleichs, der beispielsweise durch Kontrast mit Asien die politische Vielfalt und die Begrenzung politischer Herrschaft durch ständische Repräsentation und durch Trennung von Kirche und Staat als Eigenarten der europäischen Entwicklung im Einzelnen herausarbeitete. Heute tun das die Historiker.

Aber der vergleichende Blick konnte auch zu europäischem Selbstzweifel führen, zu europäischer Selbstkritik, etwa im Medium der Literatur vom Typus der »Lettres persanes« Montesquieus (1721): Der scharfe Blick eines fiktiven Besuchers aus Amerika, Asien oder Afrika deckte europäische Schwächen auf, etwa europäische Künstlichkeit oder Anmaßung, brutalen Kolonialismus oder europäische Dekadenz, oder auch mangelndes Raffinement. Spiegelbildlich erschienen dann die Bewohner der anderen Erdteile als edel, natürlich und jung, oder aber als verfeinert und zivilisiert (Montesquieu 1988, 326, 330; Weißhaupt 1979).

Und manchmal verband sich europäisches Selbstbewusstsein mit europäischer Selbstkritik, zum Beispiel bei Condorcet. Er konfrontierte bissig die edle Zivilisierungsrhetorik der Europäer mit dem brutalen Eigennutz ihrer Kolonialpolitik. Er rief sie auf, ihre Grundsätze ernster zu nehmen und die Rechte, Freiheiten und Interessen der fremden Völker besser zu respektieren. Und er forderte sie auf, in Afrika, Amerika und Asien »das Beispiel der Freiheit, die Aufklärung und die Vernunft Europas auszubreiten« (Condorcet 1963). Keine schlechte Argumentation! Nach diesem Muster sah sich Europa als Ausgangspunkt universaler Modernisierung, als Region, von der die Menschenrechte, die moderne Wissenschaft, der moderne Staat und manche andere Errungenschaft ausgingen, die mittlerweile weltweite Geltung beanspruchen. Umgekehrt zwang dies aber dazu, die eigene Praxis an jenen Normen messen zu lassen.

Tat man es nicht selbst, taten es andere: seit dem 18. Jahrhundert vor allem die sich emanzipierenden Amerikaner. Franklin und Hamilton beispielsweise wandten sich gegen die »in Europa bestehenden Gewaltherrschaften« und die Ausbeutung der Welt durch Europa. »Es ist an uns (Amerika), die Ehre des Menschengeschlechts wiederherzustellen und unseren usurpatorischen Brüdern in Europa Bescheidenheit zu lehren« – so Alexander Hamilton im »Federalist« (Condorcet 1963, 353; Hamilton/Madison et al. 1993, 106). Das ist lange her.

Nach den Weltkatastrophen des 20. Jahrhunderts, die von Europa ausgingen, führt der europäische Selbstvergleich mit den Anderen nur noch selten zur Selbstüberheblichkeit. Im Gegenteil, die Erfahrung der selbst ausgelösten Weltkriege prägt, färbt und dämpft europäisches Selbstbewusstsein weiterhin zutiefst, wie es auch derzeit tonangebende Europapolitiker wissen, so z.B. Jean-Claude Juncker aus Luxemburg. Und der österreichische Bundeskanzler Wolfgang Schüssel formulierte kürzlich: »Die Kernbotschaft Europas finden Sie auf jedem Dorffriedhof.«[5]

Doch Differenz bleibt wichtig, um Identität zu erlangen. Der Vergleich mit Anderen ist unabdingbar, wenn man sich selbst verstehen und Selbstbewusstsein haben will. Aber Vergleich mit wem? Mit wem soll sich Europa vergleichen, von wem absetzen?

Eine Antwort lautet: Die Absetzung von der eigenen Vergangenheit, von Teilen der eigenen Vergangenheit, von der Geschichte des europäischen Totalitarismus zum Beispiel. Deshalb sind Gedenktage wichtig und ist die beobachtbare Europäisierung des Andenkens an den Holocaust auch identitätspolitisch interessant. Deshalb liegt auch aus europapolitischer Perspektive sehr viel daran, dass es gelingt, die noch sehr unterschiedlichen westeuropäischen und osteuropäischen kollektiven Erinnerungen zu verflechten und miteinander kompatibel zu gestalten.

Die andere Antwort lautet heute wie in früheren Jahrhunderten: die islamische Welt und Amerika, die als Vergleichspartner auch deshalb unvermeidbar sind, weil sie Europa in der einen oder anderen Weise nahe sind, näher als andere Zivilisationen. Die ausgeprägte Differenz zwischen Europa und der islamischen Welt ist unübersehbar und derzeit sehr erfahrbar. Zwar gibt es – heute noch mehr als früher – Zonen der Überschneidung, der gegenseitigen Durchdringung und der entwicklungsfähigen Kooperation: Die islamischen Teile der heutigen europäischen Bevölkerung wird man ebenso dazurechnen wie die kemalistisch reformierte Türkei. Sicherlich lassen sich diese Mischzonen erweitern und noch produktiver gestalten, nichts auf diesem Gebiet ist unveränderbar, alles unterliegt historischem Wandel und – bis zu einem gewissen Grad – der menschlichen Gestaltung. Doch im Übrigen ist der Unterschied zwischen dem weitgehend säkularisierten, durch Aufklärung geprägten, auf individuelle Freiheit und Entfaltung setzenden, die gleichen Chancen von Männern und Frauen betonenden, liberalen Grundsätzen nahen Europa und den islamischen Gesellschaften mit ihrer Distanz zu modernem Wissen, moderner Bildung und modernen Werten stark ausgeprägt, so verschieden islamische Gesellschaften untereinander zweifellos auch sind. Der Selbstvergleich mit der islamischen Welt kann den Europäern vorführen, was ihnen im Großen und Ganzen gemeinsam ist, allerdings zumeist als Bestandteil des Kontinente übergreifenden Westens.

Deshalb ist bei der Frage nach *europäischer* Identität auch der Vergleich mit Amerika wichtig. Ich beschränke mich auf den Blick nach Nordamerika und dort auf die USA. Zwar besteht in Bezug auf die grundsätzlichen Werte zwischen Europa und

5   Süddeutsche Zeitung, 9.6.2006, S. 4.

den USA bekanntlich Übereinstimmung, wenngleich dies in den vergangenen Jahren oft schwer zu erkennen war. Man sollte Amerika nicht als Gegenmodell definieren, um dadurch europäische Identität zu befestigen. Aber zur Vergewisserung europäischer Identität ist der Vergleich mit und ist die Unterscheidung von den USA unabdingbar. An relevanten amerikanisch-europäischen Unterschieden fehlt es bekanntlich auch nicht. (1) Europa hat auf dem Weg zu seiner Einheit mit erheblich eingeschliffener, institutionalisierter Vielfalt von Nationen und Traditionen zurechtzukommen als die USA. (2) Anders als in Amerika ist der europäische Einigungsversuch durch die Erfahrung vorangehender Katastrophen geprägt. Er ist der Versuch, daraus zu lernen. Trotz der Dezimierung der Indianer und trotz des blutigen Bürgerkrieges gilt dies für Nordamerika nicht. (3) Das Verhältnis von individueller Freiheit und Solidarität, von Konkurrenz und Wohlfahrt, von Markt und Staat wird in Europa – selbst noch in Großbritannien und bald vermutlich auch wieder in Osteuropa – anders bestimmt als in den USA: Auch durch den Sozialstaat unterscheiden wir uns von den Amerikanern. Die gegenwärtige Krise des Sozialstaates in Europa gefährdet nicht nur Wachstum und inneren Zusammenhalt, sondern auch das sich mühsam herausbildende europäische Selbstbewusstsein. Umso dringlicher ist seine Reform.[6]

Europäische Identität und Grenzziehung

Bekanntlich ist die umfassendste und leidenschaftlichste Debatte der letzten Jahrzehnte über europäische Identität anlässlich der Frage geführt worden, ob die Türkei zur Europäischen Union (EU) gehören soll oder nicht. Über die Frage nach den Außengrenzen ergeben sich Antworten zur eigenen Identität. Ich möchte dazu abschließend eine These vortragen und vorab zwei Voraussetzungen klären:
Zum einen: die Grenze als Konstrukt, illustriert an frühneuzeitlichen Beispielen. Gut untersucht sind die utopischen Ideen, mit denen Intellektuelle seit dem 16. Jahrhundert auf die vielen Kriege zwischen den europäischen Staaten und Konfessionen reagierten. In ihren Schriften über Europäischen Frieden durch europäischen Zusammenschluss hatte Europa unterschiedliche Grenzen. Der französische Herzog von Sully beispielsweise entwarf 1638 einen Plan, der zahlreiche gemeinsame Institutionen und Verträge zur innereuropäischen Konfliktlösung vorsah. Er wünschte sich Ungarn mit einem Teil des Balkans als Bollwerk gegen die Türken, und er wünschte sich Polen als Vorwerk gegen Moskoviter und Tartaren.
William Penn, der englische Quäker, der die Kolonie Pennsylvania mit ihrer freien Verfassung gründete, entwarf – als Antwort auf die Kriege Ludwigs XIV. – den Plan eines europäischen Fürsten- und Staatenbundes. Darin schloss er ausdrücklich nicht

---

6   Aus der umfangreichen Literatur vgl. Kaelble (2001). Eine pointierte Position findet sich bei Ash
     (2004).

aus, dass auch Russland und die Türkei zu Europa gehören könnten – zum Zweck der Verhinderung von Krieg. Der Abbé de Saint Pierre, ein aufgeklärter Kleriker, rechnete in seinem »Traktat zum ewigen Frieden« (zuerst 1712) auch Russland zu Europa, nicht aber die Türkei. Anders der französische Revolutionär Delaunay, Konsul der Republik. Er wandte sich 1794 in seinem »Plan zur Wiederherstellung des allgemeinen Friedens in Europa« gegen jeden antitürkischen Kreuzzug. Vielmehr müsse man den Türken helfen und sie für Europa gewinnen – gegen die Russen. Denn die sah er nach ihrer Machterweiterung im 18. Jahrhunderts als ernste Bedrohung Europas an.[7]

Aus all diesen Plänen wurde nichts. Aber sie zeigen, wie und aus welchen Motiven Europa-Ideen entstanden und wie die Abgrenzung Europas nach Osten mit dem jeweiligen Zweck und der sich ändernden politischen Einschätzung schwankte. Die Grenze Europas variierte und die Grenzziehung hing auch von den politischen Zielen ab, die die verschiedenen Akteure und Autoren verfolgten. Das gilt bis heute. Die Grenzen Europas im Osten sind weder aus Geographie- noch aus Geschichtsbüchern zu lesen. Sie müssen in letzter Instanz politisch entschieden werden.

Zum andern: Verflechtung als Teil europäischer Identität. Ich erwähnte anfangs die Kämpfe mit Arabern und Türken, in denen europäische Identität entstand. Doch trotz dieser Kämpfe entwickelte sich im 12. und 13. Jahrhundert ein intensiver islamisch-christlicher Kultur- und Wissensaustausch, wobei im Wesentlichen die Araber die Gebenden und die Europäer die Nehmenden waren. Über die Araber in Spanien, Sizilien und anderswo erhielt Europa beispielsweise das Papier, die arabischen Ziffern einschließlich der Null, die Theorien der griechischen Philosophen oder die arabische Mode. Es gab viel Kontakt durch Übersetzungen, Handel und Reisen. Es gab große Bewunderung für Arabien – bei Herrschern wie Friedrich dem Zweiten in Palermo oder bei Albertus Magnus, dem großen Theologen in Köln, der sich bisweilen nach arabischer Mode kleidete. Andere Beispiele ließen sich nennen, auch für spätere Jahrhunderte und auch mit Blick auf die europäische Rezeption von Türkischem weit über Kaffee und Kaffeehaus hinaus, besonders seit dem 16. und 17. Jahrhundert, als die Orientalistik als europäische Wissenschaft entstand. Die Anderen waren nicht nur Fremde und Feinde, gegen die man sich absetzte und zusammenschloss, sondern sie waren auch Quellen neuer Erfahrungen und Anregungen, neuen Wissens und Lernens.

Das gilt auch in Bezug auf die anderen Kontinente, vom »Zeitalter der Entdeckungen« bis heute. Europa exportierte nicht nur, es nahm auch vieles vom Anderen in sich auf: durch Ausbeutung und Raub, Lernen und Anverwandlung, Tausch und Transfer, Migrationen und Reisen – vom südamerikanischen Silber und von der indischen Baumwolle über den Kompass, das Schießpulver und das Porzellan aus China bis zu den Bildern, Moden und Träumen aus Kulturen, die als fremd perzipiert und als exotisch imaginiert wurden, mit tiefen Einflüssen auf unsere Musik,

---

7   Nähere Details sind bei de Rougemont (1962, 83-111) zu finden.

Literatur, Architektur und Kunst. Europas Neugier war unersättlich, Europas Habgier auch. Europas schier unbegrenzte Aufnahmefähigkeit gehörte zu seinen größten Stärken.[8] Über Differenz *und* über Verflechtung ist europäische Identität entstanden. Zur europäischen Identität gehört viel Nichteuropäisches, erst recht heute im Zeitalter beschleunigter Globalisierung.

Ich bin davon überzeugt, dass eine ganze Reihe von Nachbarstaaten an den südlichen und östlichen Außengrenzen Europas nicht Mitglieder der EU werden sollen, vom Maghreb über Israel und die Türkei bis zur Ukraine und Russland. Auch dann nicht, wenn (was unwahrscheinlich genug ist) ihr gesellschaftlich-politisches System den Grundwerten der EU, den Kopenhagener Kriterien, entspräche. Nicht etwa, weil sie nicht zum europäischen Kulturkreis gehören und beispielsweise nicht dominant christlich sind. Dies ist nicht das entscheidende Argument. Sondern weil eine solche Erweiterung der EU zu ihrer Überdehnung führen und ihre kollektive Handlungsfähigkeit beschädigen bzw. deren Entstehung unmöglich machen würde. Dies ist hier nicht näher auszuführen.[9] Vielmehr möchte ich betonen, dass es nicht nur darum geht, wo die Grenzen zu ziehen sind, sondern auch darum, wie sie beschaffen sein sollen. Europa hat immer von seiner Weltoffenheit gelebt, es darf und wird sich auch künftig nicht abschotten. Folgerichtig ist deshalb, dass Artikel I-57 des bisher gescheiterten Europäischen Verfassungsvertrags Bestimmungen für möglich erklärt, die »besondere Beziehungen zu den Ländern in ihrer Nachbarschaft« festlegen und enge Zusammenarbeit vorsehen. Dies wurde kürzlich im Straßburger Europaparlament weitergedacht und konkretisiert. Dazu können spezielle Übereinkünfte geschlossen werden, die Möglichkeiten des gemeinsamen Vorgehens eröffnen. Assoziierte – nicht volle – Mitgliedschaft entwickelt sich übrigens in vielen Fällen längst. Es wird Vollmitgliedschaft und Teilmitgliedschaft geben müssen in der EU, wenn sie einerseits handlungsfähig sein und andererseits mit den Nachbarn so eng kooperieren will, wie es heutigen Bedingungen entspricht.

Einer solchen Abstufung des Außenverhältnisses werden Abstufungen im Innern der Union entsprechen. Dass die Integration Europas je nach unterschiedlicher Fähigkeit und Neigung der einzelnen Mitglieder eine Integration mit unterschiedlichen Geschwindigkeiten werden muss und nicht homogen im Gleichschritt erfolgen kann, wird seit Anfang der 90er Jahre – in Deutschland spätestens seit dem Papier von Lamers und Schäuble von 1994 – diskutiert. Je weiter sich die Union ausdehnt, desto heterogener wird sie im Innern sein und umso größer die Notwendigkeit, jeweils einzelnen Gruppen von Mitgliedsländern die Möglichkeit zu bieten, in bestimmten Politikbereichen, beispielsweise der Geld-, der Militär- oder der Sozialpolitik, enger miteinander zu kooperieren als mit den anderen Mitgliedstaaten. Entsprechende Instrumente kennen die EU-Verträge längst, entsprechende innere Abstufungen gibt es auch schon – der vorliegende Verfassungsvertrag legitimiert sie

---

8   Dazu vgl. bereits für das Mittelalter die Synthese von Borgolte (2006), Frevert (2003), Nederveen Pieterse (1994), Dunkerley/Hodgson et. al. (2002).
9   Vgl. dazu ausführlich Kocka (2004).

zusätzlich in Artikel I-44 unter dem Titel »Verstärkte Zusammenarbeit«. Sie sollten in Zukunft ausgebaut werden. Ansonsten droht die Gefahr politischer Unbeweglichkeit aufgrund gegenseitiger Blockaden in der größer und heterogener werdenden Union.

Es ist nicht notwendig und nicht zu erwarten, dass immer dieselben Mitgliedstaaten zur Kategorie der enger Kooperierenden gehören und immer dieselben Mitgliedstaaten auf lockerere Zusammenarbeit beschränkt sind. Schon gar nicht ist dies vorweg zu planen oder festzulegen. Vielmehr dürfte das Muster je nach Politikbereich oder Projekt variieren. Das sich ergebende dynamische, variable, abgestufte System dürfte allerdings erhebliche Anforderungen an die Governance-Fähigkeit der Institutionen, Politiker und Beamten der EU stellen, die erst noch zu erbringen sind.

Bei genauer Betrachtung der variablen Abstufungen im Innern und die variablen Abstufungen im Außenverhältnis ergibt sich, dass die Unterscheidung zwischen innen und außen keine schroffe Entgegensetzung mehr darstellt. Eine Gradualisierung der Grenze ist die Folge, eine Grenzziehung neuer Art. Grenzen müssen gezogen werden – im Interesse der eigenen Identität. Aber sie sind so auszugestalten, dass Europa auch weiterhin praktizieren kann, was seit jeher seine besondere Stärke gewesen ist: weltoffen sein, vom Anderen aufnehmen und sich Fremdes anverwandeln. Differenz und Verflechtung zusammen konstruieren europäische Identität.

Fazit

Die voranstehenden historischen Erörterungen mit Gegenwartsbezug haben das Problemfeld der »Europäischen Identität« nicht flächendeckend behandelt. Sie haben weder geklärt, wie weit europäische Identität in den breiten Schichten der Bevölkerung tatsächlich verbreitet, verteilt oder auch nicht verwurzelt war. Noch haben sie die historischen Strukturen, Prozesse, Erfahrungen und prägenden Ereignisse umfassend identifiziert, die die Herausbildung einer europäischen Identität ermöglicht bzw. erschwert haben. Was europäische Identität im Einzelnen ausmacht – und was sich mit der Zeit änderte –, listet dieser Beitrag nicht systematisch auf; doch er zeigt viele Mosaiksteinchen zu diesem Bild. Auch auf die Struktur europäischer Identität, die nur eine Identität in der ausgeprägten Vielfalt und in spannungsreicher Verknüpfung mit anderen Identitäten sein kann, geht er nicht grundsätzlich ein.[10] Aber er will einerseits deutlich machen, dass europäische Identität aus einer Vielzahl historischer Gegebenheiten, Prägungen und Erfahrungen über lange Zeiträume hinweg hervorging. Sie ist – auch in ihren Begrenzungen – Teil komplexer historischer Prozesse und deshalb freihändig weder zu dekretieren noch zu verändern oder zu vergrößern. Sie ist Teil eines komplexen Befundes. Andererseits will

10 Vgl. dazu den Beitrag von Wolfgang Schmale in diesem Band.

dieser Beitrag zeigen, dass die meisten Einlassungen zur europäischen Identität über die Jahrhunderte hinweg im Zusammenhang mit problembezogenen, im weiteren Sinn praktischen und werthaltigen Erörterungen gestanden haben. Europa ist immer auch ein Konstrukt in den Köpfen gewesen. In Aussagen zur Identität Europas vermischen sich fast immer Befunde mit Absichten, Bestandsaufnahmen mit Entwürfen.

Das ist auch heute nicht anders. Wer heute von europäischer Identität spricht, tut dies in der Regel konstruierend, entwerfend, nicht ohne Bezug auf übergeordnete Zwecke oder Normen.[11] Wer für die Stärkung europäischer Identität plädiert, sollte dafür Gründe benennen können. Genereller noch: Angesichts der Existenz starker konkurrierender Ordnungsvorstellungen mit regionaler, nationalstaatlicher, globaler und anderer Erstreckung muss das Plädoyer für die Integration Europas als eines Identität besitzenden, handlungsfähigen Staatenverbundes mit Begründungen gerechtfertigt werden können, wenn es überzeugend sein soll.

Dieses Thema übersteigt den Rahmen der hier vorgelegten Erörterungen. Doch seien abschließend die Richtungen angedeutet, die zu ausführlicheren Antworten oder zu neuer Problematisierung führen würden.[12]

1. Es geht nicht darum, die EU neu zu gründen. Sie besteht als übernationalstaatliche Institution, und dies zuerst und vor allem, weil es zahlreiche dringende ökonomische und politische Probleme zu lösen gab und gibt, deren Erstreckung die Grenzen der einzelnen europäischen Staaten und Regionen übersteigt und deren Bearbeitung die institutionalisierte Kooperation über Grenzen hinweg erfordert. Um die dafür notwendige Handlungsfähigkeit aufzubringen oder zu verbessern, bedarf es gestärkter europäischer Identität. Nur mit ihr im Rücken kann man hoffen, die nötige Konsensfähigkeit zu erzielen, einschließlich der Bereitschaft, Entscheidungen zu akzeptieren, in denen man unterliegt und Umverteilungen mitzutragen, in denen man abgibt statt hinzugewinnt.

2. Handlungsfähigkeit braucht und verdient Europa aus mehreren Gründen. Die friedenssichernde, sicherheitsverbürgende und begrenzte Autonomie auch der kleinen und schwächeren Staaten gewährleistende Funktion der EU mag heute weniger offensichtlich sein als zu der Zeit, in der ihre Vorläufer nach den Schrecken der beiden Weltkriege gegründet wurden. Doch es genügt, ein wenig grundsätzlicher nachzudenken, um die weiter bestehende große Bedeutung der EU in friedens-, sicherheits- und internationalpolitischer Hinsicht zu erkennen. Dies umso mehr, als die Idee Europa – in Übereinstimmung mit einigen ihrer Traditionen vor allem im Aufklärungszeitalter – mittlerweile in der (tatsächlich ja längst bestehenden, wenn auch noch nicht in einem Text kodifizierten) Verfassung der EU in eine enge innere Verbindung mit der universalisierungsfähigen und auf Universalisierung drängenden Idee der Menschen- und Bürgerrechte getreten ist. Die sich daraus ergebende Mis-

---

11 So ausdrücklich Julian Nida-Rümelin in diesem Band.
12 Ich nehme damit Anregungen aus der Diskussion auf der in Anmerkung 2 genannten Konferenz des C•A•P und der Bertelsmann Stiftung auf.

sion wird in der politischen Realität oft aufgrund fehlender Entschiedenheit, Ressourcen und Möglichkeiten gar nicht und im Übrigen, das ist zu wünschen, mit aller Vorsicht, mit Respekt vor den Grundsätzen und Lebensweisen Anderer, nicht oberlehrerhaft und schon gar nicht mit einseitiger Gewaltanwendung wahrgenommen. Doch hier liegt ein Auftrag, eine bereits mancherorts wahrgenommene Chance, die von einem integrierten europäischen Staatenverbund viel wirksamer umgesetzt werden kann als von jedem europäischen Einzelstaat allein, und dies gilt auch für das Vereinigte Königreich. Dieser Auftrag, diese Chance, verleiht dem Projekt Europa zusätzliche historische Bedeutung, die es allerdings auch zu inneren Anstrengungen drängt, um dieser Aufgabe gerecht zu werden.

3.   Die Recht, Freiheit und Demokratie sichernde Aufgabe der EU in Europa ist derzeit weniger im Bewusstsein, als sie es in den Gründerjahren war, als die Strukturen der Diktatur noch frisch in der Erinnerung und die Bedrohung der Diktatur im östlichen Teil Europas präsent war. Wer in europäischen Ländern lebt, die im vergangenen Jahrhundert der Verführung des Totalitarismus nicht widerstanden und seinen Zwängen unterlagen, wird nachts ruhiger schlafen, solange er sein Land als Teil eines europäischen Staatenverbundes weiß, zu dessen Aufgaben die Sicherung der Rechtsstaatlichkeit und der Grundrechte effektiv gehört. Wie wäre die im Großen und Ganzen erfolgreiche Demokratisierung Osteuropas nach 1989 verlaufen, wenn es so etwas wie die EU nicht gegeben hätte? Vor allem im Südosten des Kontinents bleibt viel zu tun. Die damit angedeuteten Aufgaben übersteigen die Möglichkeiten jedes einzelnen europäischen Landes wie auch die Möglichkeiten einer umfassenden Weltorganisation von der Art der Vereinten Nationen.

4.   Dass der wirtschaftliche Aufstieg und damit die exorbitante Wohlstandsvermehrung in den meisten europäischen Ländern seit dem Zweiten Weltkrieg viel mit der Entwicklung grenzüberschreitender europäischer Märkte und überhaupt mit der ökonomischen Integration Europas zu tun hatten, ist unbestritten. Dass die ökonomische Integration Schritte zur politischen und sozialen Integration ein Stück weit benötigt, darüber hinaus nahe legt, aber insgesamt nicht erzwingt, ließe sich historisch und systematisch darlegen. In dieser Weise abgestuft, hat die Integration Europas auch dem ökonomischen Fortschritt und der Wohlstandsvermehrung gedient und sie tut es weiterhin. Aber hier gibt es neuerdings drei Problemfelder. Einerseits hat die wirtschaftliche Integration ein Maß und eine Qualität erreicht, die ihre Fortsetzung möglich erscheinen lassen, auch wenn weitere Schritte politischer und sozialer Integration ausbleiben. Andererseits weisen lahmendes Wachstum und massenhafte Arbeitslosigkeit in den Kernländern der EU darauf hin, dass die ökonomische Integration Europas keine Sicherung gegen wirtschaftliches Zurückfallen bietet. Schließlich stellt die beschleunigte Globalisierung der letzten zwei Jahrzehnte die EU auch ökonomisch vor neue Aufgaben, an denen sie leicht scheitern kann. Denn es dürfte sich der Quadratur des Kreises nähern, wenn die EU einerseits zu einem Sozialraum mit sozialstaatlichen Elementen ausgebaut werden soll (was sie muss, wenn sie die Zustimmung ihrer Bürger nicht weiter verlieren und an der

gewachsenen Ungleichheit innerhalb ihrer selbst nicht scheitern will) und andererseits die Selbstbehauptung Europas in der rasant fortschreitenden Globalisierung organisieren soll,[13] was eher Stärkung der Marktkräfte und Akzeptanz von mehr innerer Ungleichheit bedeutet. Aus diesen drei Gründen ist die Funktionalität der europäischen Integration für ökonomischen Fortschritt und Wohlstandsmehrung heute weniger klar als in früheren Jahrzehnten.

Einige der wichtigsten historischen Energiequellen, aus denen die Integration Europas in der zweiten Hälfte des 20. Jahrhunderts ihre Kraft bezog, dünnen aus oder sind versiegt. Die Erinnerung an die Katastrophen der ersten Hälfte des 20. Jahrhunderts prägt die jüngere Generation heute weniger als die Generation von Monnet, Adenauer und Spaak oder die Generation von Helmut Schmidt, Giscard d'Estaing, Mitterand und Kohl. Der Kalte Krieg, der die westeuropäische Integration beförderte, ist Vergangenheit. Die ökonomische Integration drängt heute weniger in Richtung sozialer und politischer Integration als in den Anfangsphasen. Doch die unter 2. und 3. genannten Aufgaben der europäischen Integration sind wichtig genug, sie verlangen die Fortsetzung der Integration und ein höheres Maß an demokratischer Handlungsfähigkeit der EU, als sie heute besitzt. Auch die unter 4. genannten Probleme dürften ohne gestiegene demokratische Handlungsfähigkeit auf EU-Ebene nicht wirklich bearbeitet werden können. Kollektive Handlungsfähigkeit aber setzt unter demokratischen Bedingungen Identität im anfangs skizzierten Sinn voraus. Es macht guten Sinn, an dieser zu bauen und für sie zu werben.

Literaturverzeichnis

Ash, Timothy Garton (2004): Freie Welt. Europa, Amerika und die Chance der Krise. München.

Borgolte, Michael (2006): Christen, Juden, Muselmanen. Die Erben der Antike und der Aufstieg des Abendlandes 300 bis 1400 n.Chr (= Siedler Geschichte Europas, Band 2). München.

Cardini, Franco (2000): Europa und der Islam. Geschichte eines Missverständnisses. München.

Condorcet (1963): Entwurf einer historischen Darstellung der Fortschritte des menschlichen Geistes. Frankfurt/Main.

Dunkerley, David/Lesley Hodgson et. al. (2002): Changing Europe. Identities, Nations, and Citizens. London.

Frevert, Ute (2003): Eurovisionen. Ansichten guter Europäer im 19. und 20. Jahrhundert. Frankfurt/Main.

Hamilton, Alexander/James Madison et al. (1993): Die »Federalist Papers«. Darmstadt.

Kaelble, Hartmut (2001): Europäer über Europa. Die Entstehung des europäischen Selbstverständnisses im 19. und 20. Jahrhundert, Frankfurt/Main.

---

13 Vgl. die entsprechende Argumentation von Thomas Meyer in diesem Band.

Kocka, Jürgen (2004): Wo liegst du, Europa? Europäische Identität als Konstrukt. In: Helmut König/Manfred Sicking (Hrsg.): Der Irak-Krieg und die Zukunft Europas. Bielefeld, S. 117-141.

Kocka, Jürgen (2005): Die Grenzen Europas. Ein Essay aus historischer Perspektive. In: Gunnar Folke Schuppert/Ingolf Pernice et al. (Hrsg.): Europawissenschaft. Baden-Baden, S. 275-287.

Langewiesche, Dieter (2000): Nation, Nationalismus, Nationalstaat in Deutschland und Europa. München.

Montesquieu, Charles de (1988): Perserbriefe. Frankfurt/Main.

Nederveen Pieterse, Jan (1994): Unpacking the West: How European is Europe? In: Ali Rattansi/Sallie Westwood (Hrsg.): Racism, Modernity and Identity. On the Western Front. Cambridge.

Niethammer, Lutz (2000): Kollektive Identität. Heimliche Quellen einer unheimlichen Konjunktur. Hamburg.

Plessen, Marie-Luise von (2003): Idee Europa. Entwürfe zum »ewigen Frieden«. Ordnungen und Utopien für die Gestaltung Europas von der Pax Romana zur Europäischen Union. Berlin, S. 47-61.

Rougemont, Denis de (1962): Europa. Vom Mythos zur Wirklichkeit, München.

Weißhaupt, Winfried (1979): Europa sieht sich mit fremdem Blick. Werke nach dem Schema »Lettres persanes« in der europäischen, insbesondere der deutschen Literatur des 18. Jahrhunderts. Frankfurt/Main.

Identität wollen – Herausforderungen für die Europäische Union

Eckpunkte einer Geschichte Europäischer Identität

Wolfgang Schmale

1. Was bedeutet »Identität«?[1]

»Identität« wird im Kern als Selbstdefinition eines Individuums oder eines Kollektivs (soziale Gruppen, grenzüberschreitend vernetzte soziale Gruppen, Gesellschaften, Familien usw.) verstanden.[2] Bei Kollektiven handelt es sich um eine *ingroup*-Definition, die von Identitätszuschreibungen von außen durch *outgroups* zu unterscheiden ist. Identität im Sinne von Selbstdefinition hat klare Funktionen: Zunächst und sehr allgemein handelt es sich um einen Referenz- und Orientierungsrahmen, mit dessen Hilfe Informationen aller Art in Bezug auf die Selbstdefinition organisiert werden. Dahinter stehen in der Regel Inklusions-/Exklusions-Schemata, also Grenzziehungen, des Weiteren Bestimmungen der Relevanz der Informationen für die Selbstdefinition von hochrelevant bis irrelevant, u.a.m. Die Alltagsfunktion von Selbstdefinitionen besteht bei Kollektiven darin, dass sie, so die anthropologische Forschung, dem menschlichen Grundbedürfnis, Kollektive (Gesellschaften, Gruppen, Gemeinschaften usw.) zu bilden oder ihnen anzugehören, entspricht. Identität, so die Soziologie, versorgt Kollektive mit Kontinuität, mit Frieden innerhalb des Kollektivs, indem Aggressivität nach außen gelenkt wird, sie schützt bis zu einem gewissen Grad vor auseinanderdriftenden Interessen und Dynamiken, sie integriert bis zu einem gewissen Grad Diversität zu einer Einheit, Identität legitimiert und stellt nicht zuletzt ein politisches Machtinstrument dar.

2. Der historische Beginn einer Europäischen Identität

Werden die aufgeführten Identitäts-Parameter der »Lektüre« von Geschichte in Europa zu Grunde gelegt, so erweist sich schnell, dass »Europäische Identität« ein erstmals im Spätmittelalter auftretendes Phänomen war, denn »das Europäische« als

---

1 Der folgende Beitrag stellt in sehr geraffter Form eine Zusammenfassung von Forschungen meinerseits zur Geschichte europäischer Identität dar, die an verschiedenen Stellen publiziert wurden. Es handelt sich insbesondere um die im Literaturverzeichnis angegebenen Arbeiten: Schmale (1997, 2000a, 2000b, 2001, 2003a, 2003b, 2004a, 2004b, 2005a, 2005b). Detaillierte Nachweise können in diesem Beitrag keinen Platz finden, sie sind den aufgeführten Publikationen unschwer zu entnehmen.

2 Vgl. zum Folgenden Walkenhorst (1999), der Definitionsangebote von »Identität« aus der Politikwissenschaft, der Soziologie und Psychologie in einem kommunikationstheoretischen Ansatz zusammenführt. Ich greife hier teilweise wörtlich auf Schmale (2005b) zurück.

definierbares Selbst ist auf die hinreichende Verfügbarkeit von Exklusions-Schemata und Alteritätsnarrativen oder -diskursen verwiesen. Die Herauslösung Europas aus dem einen Weltkörper, wie er uns in den mittelalterlichen Weltkarten vor Augen tritt, und seine Wandlung zu einem eigenständigen kontinentalen Körper setzt im Spätmittelalter ein, aber vollendet wird diese für den Identitätsdiskurs wichtige Transformation erst in Abhängigkeit vom endgültigen Verschwinden des »Byzantinischen Commonwealth« im 15. Jahrhundert (Fall Konstantinopels 1453), von der sogenannten Entdeckung Amerikas (1492) und ihrem langsamen Eindringen in das allgemeine Bewusstsein im 16. Jahrhundert. Die Verdichtung der Bilder, die Europa als Körper, als Haus usw. bezeichnen, fällt – auf Grund einer als unmittelbar empfundenen sehr schwerwiegenden Bedrohung durch die Osmanen – in dieselbe Zeit. Es ist wohl die Kumulation von wirklichen oder nur vermeintlichen Bedrohungen im 15. und 16. Jahrhundert, die, kombiniert mit den verfügbaren Bildern von Einheit, die Entwicklung eines »europäischen Selbsts« und seiner Definition beschleunigen. Parallel dazu entstanden seit dem 15. Jahrhundert neue Grundlagen für die Vernetzung sozialer Gruppen: Besonderen Einfluss übte dabei das aus, was Fernand Braudel »Modell Italien« nannte (Braudel 1999): Vom Italien des 15. und 16. Jahrhunderts ging ein Kulturtransfer in alle Richtungen in Europa aus, der für ein hohes Maß an gemeinsamen kulturellen Strukturelementen bis nach Kroatien, Ungarn und Moskau oder bis in die skandinavischen Länder sorgte. Damit eng verknüpft waren neue Kommunikationsmedien und -techniken (besonders die Umstellung von der quantitativ bereits stark angestiegenen händischen Manuskriptkopie auf den handwerklichen Druck, die Erfindung der »Zeitung«, der Aufbau eines europaweiten Postverbindungswesens etc.), der neuzeitliche Staatsbildungsprozess – der neue Vernetzungsstrategien verlangte –, die Konfessionalisierung im Zuge der Reformation, die ebenfalls neue Vernetzungsstrategien verlangte, um einer für alle Beteiligten unvorteilhaften Zersetzung des europäischen politischen Systems vorzubeugen. Erst in dieser Zeit tritt ein europäisches Kollektiv auf, das einer Selbstdefinition als europäisch, also einer europäischen Identität, zu bedürfen scheint und das sich dieser Selbstdefinition oder Identität auch bewusst ist.

Wer nun bildete bzw. bildet jeweils das europäische Kollektiv, das sich selbst definiert?

3. *Der frühneuzeitliche »Demos der Macht« und Europäische Identität (15.-17. Jahrhundert)*

Im Spätmittelalter und in der Frühen Neuzeit lässt sich das europäische Kollektiv, das seine Identität als europäisch definiert, als »Demos der Macht« bezeichnen. Dieser besteht insbesondere aus den großen, zumeist untereinander verheirateten Herrscherdynastien (Haus Österreich, die Valois/Bourbon in Frankreich, die Medici, Gonzaga und d'Este in Italien, die Stuart, Oranier, Wasa, Wettiner im nörd-

licheren Teil Europas usw.), aber auch kleineren Fürstenhäusern, jeweils einschließlich der Verwandtschaften – sowie den adeligen und nicht adligen gesellschaftlichen
Gruppen, die in einem engeren Zusammenhang mit diesen Dynastien stehen (Klien-
tel, Patronagesysteme, Hofgesellschaften, Amtsträger, ökonomische Auftragnehmer
wie Künstler und Gelehrte, religiöse Orden, die Kirchen). Es handelt sich um die
sozialen Gruppen, die über Bildung und Wissen(schaft) verfügen und die die politische, ökonomische, soziale, kulturelle und religiöse (kirchliche) Macht innehaben
(oder um diese miteinander kämpfen) bzw. durch die Vernetzung im Rahmen der
Klientel-, Patronage-, Auftrags- und Verwandtensysteme in relativer Nähe zur
Macht stehen.

Jedes historische Kollektiv, das sich bei aller Heterogenität seiner Zusammensetzung selbst als »europäisch« definiert, verfügt über ein eigenes zentrales Bild und
Wort, das die Selbstdefinition gewissermaßen emblematisch (»Identitätsemblem«)
auf den Punkt bringt. In Spätmittelalter und Früher Neuzeit handelt es sich dabei bis
ins 17. Jahrhundert um die »res publica christiana« (r.p.c.), um einen politisch-
mystischen Körper, der im Sinne eines Identitätsemblems als Frauenfigur dargestellt
wird. Bei dieser Figur handelt es sich um »die Europa«. Die Europa trat in verschiedener Gestalt auf: als Erdteilallegorie, als die Europa des antiken Mythos, als Misch-
form aus Allegorie und mythologischer Figur. Die Zahl der darstellerischen Varianten war groß, die Figur wurde über alle damals benutzten Medien verbreitet (Ölge-
mälde, Kupferstiche, Holzschnitte, Druckwerke aller Art, Skulptur, Fresko, Tafelge-
schirr, kostbare und weniger kostbare Zier- und Nutzgeräte wie Becher oder Porzellan, Würfel, Truhen, sakrale Kunst, Festinszenierungen, ephemere Bauten bei Fest-
umzügen, »Wortgemälde« oder Wort-Bilder in Texten).

Die allegorische Repräsentation von politischen Gemeinwesen geht auf die römische Antike zurück, aus der wir beispielsweise die Figur der Roma, die die Stadt
Rom verkörpert, kennen. Im Mittelalter konnten die Provinzen des Heiligen Römischen Reiches durch weibliche Allegorien dargestellt werden, beispielsweise im
Evangeliar Kaiser Ottos III. (Ende 10. Jahrhundert). Seit dem Spätmittelalter wurden die Monarchien und Republiken, Städte und Regionen Europas regelmäßig
durch solche Figuren ins Bild gesetzt. Zum »Standard« wurde diese Methode der
Visualisierung von Identitäten seit dem 16. Jahrhundert. Die Europafigur verbild-
licht die Idee der Christlichen Republik, auf die sich europäisch-universalherr-
schaftliche Ansprüche sehr gut projizieren ließen. Die Identifizierung des politisch-
mystischen Körpers der Christlichen Republik mittels der Erdteilallegorie »Europa«
mit dem geographischen Körper des Kontinents verweist auf eine essentialistische
Konzeption Europas, in der die einzelnen politischen Gemeinwesen der Zeit (Monarchien und Republiken) die Funktion von Körperteilen einnehmen.

Es lässt sich zeigen, wie genealogische und anthropologische Narrative, das dynastische Heiraten, die Idee des politisch-mystischen Körpers, die geographische Kör-
perkunde und konfessionelle Vorstellungen bei den involvierten Dynastien, den
involvierten Klientel- und Patronagegruppen sowie sonstigen damit verbundenen

kommunikativen, sozialen und ökonomischen Netzwerken zu einer in sich schlüssigen Selbstdefinition verflochten wurden. Freilich stellt sich das Selbstverständnis als »res publica christiana« immer leicht verändert da, je nachdem, ob es sich beispielsweise um die Perspektive des Hauses Österreich oder die der Bourbonen handelt, doch bleibt der Kern der Selbstdefinition davon unberührt.

Nur an einem knappen Beispiel soll illustriert werden, wie die Europafigur – hier die Europa des antiken Europamythos – als Identitätsemblem in der politischen Praxis eingesetzt wurde.[3] Dass Kaiser, Könige und andere Fürsten oder hohe Adlige Gemälde, Prunkgefäße etc. mit dem Mythos-Motiv bei großen Künstlern ihrer Zeit in Auftrag gaben, verwundert nicht, da der Europamythos nicht zuletzt auf Grund der beliebten Metamorphosen des Ovid zum Kanon der häufig aufgegriffenen antiken mythologischen Themen in der Frühen Neuzeit gehörte. Aber keine der frühneuzeitlichen Bearbeitungen welchen mythologischen Themas auch immer war »unschuldig«, sprich unpolitisch. Ob man den Palazzo Te in Mantua (Erbesato 1989) oder die Galeria Farnese in Rom (Marzik 1986) nimmt – zwei nicht nur berühmte Beispiele des 16. Jahrhunderts, sondern solche, wo eine Vielzahl der antiken Mythen ikonografisch aufgegriffen worden waren – es existierte immer auch ein politischer, zumeist politisch-religiöser Bezug. Den gab es im Übrigen auch speziell beim Europamythos, der im 14. und 15. Jahrhundert auf der Grundlage von Ovids Metamorphosen eine christliche Anverwandlung[4] erfahren hatte.

Vieles deutet daraufhin, dass die seit dem 15. Jahrhundert virulente Vorstellung vom Herrscher, der sein Königreich zur Braut nimmt, mit Hilfe des Europamythos bei den Habsburgern, den Valois und Bourbonen, bei den Oraniern und anderen Fürstenhäusern in eine gut ikonografisch ausdrückbare Devise der Art: »der Universalherrscher nimmt die Respublica Christiana Europaea zur Frau« transformiert wurde.

Die Habsburger, die hier exemplarisch herausgegriffen werden – es könnten genauso gut die Valois/Bourbons oder andere Fürstendynastien sein – bedienten sich des Europamythos, um sich auf dem Hintergrund der Idee der Universalmonarchie über die Christliche Republik mit Europa und um Europa mit sich zu identifizieren. Insbesondere wurden dynastische Hochzeiten gewählt, um das Identitätsemblem öffentlich einzusetzen – eine logische Handlungsweise angesichts der Tatsache, dass der Kern des »Demos der Macht« durch eben solche Hochzeiten vernetzungsstrategisch am Leben gehalten wurde. Ohne Details hier auszubreiten sei nur auf einige Verwendungsfälle der Europafigur als Identitätsemblem bei den Habsburgern im 16. Jahrhundert verwiesen. Ferdinand I. ließ eine Europa mit dem Stier am Fries des Prager Belvedere (1563) anbringen, ein Gebäude, das als Geschenk für seine Frau Anna bestimmt war. Anlässlich der Hochzeit von Karl II. von Innerösterreich mit Maria von Bayern wurde beim allegorischen Turnier, das am 28.

---

3 Ausführlich mit Belegen Schmale (2004a, 2005a).
4 Siehe dazu immer noch Hanke (1963).

August 1571 bei Wien stattfand, der Europamythos als lebendige Szenenfolge eingebaut. 1580 schuf Jakob Strada im Mährischen Schloss Bučovice eine Europa auf
dem Stier, deren Blick sich auf eine Darstellung Karls V. richtet, dessen Pferd »den
Türken« zertrampelt.[5] Im sogenannten »Habsburger Zyklus« (ca. 1593/94)[6] reicht
eine Europa auf dem Stier der auf einem Felsen thronenden Austria die römische
Kaiserkrone.

Die politische Botschaft, die von dem beschriebenen Gebrauch des Mythos ausging,
war eine Botschaft der Fürsten. Dabei schöpften die diskursiven und ikonografi-
schen Elemente der Bild-Botschaft aus vielen Quellen, die von Handwerkern,
Künstlern, Literaten, Gelehrten, Adeligen usw. geschaffen worden waren. Publikum
waren die anderen Fürsten, die sich möglichst derselben Identitäts-Sprache bedienten, aber auch die genannten sozialen Autoren der Europafiguren, die in der Regel in
die Klientel- und Patronagesysteme der Höfe und Dynastien eingebunden waren.
Die Spitzenleute versuchten die Fürsten sich gegenseitig abzuwerben. Die Gegenwart des Europamythos bei einem Fest oder Festumzug signalisierte die europäische
Bedeutung, die der Fürst oder das Fürstenpaar für sich in Anspruch nahmen, es
sollte das Publikum überzeugt werden, dass dies so sei. Gestützt wurde diese persua-
sive Kommunikation durch Prachtentfaltung, lange Dauer eines Festes, Zahl der
Gäste, Zahl der (ephemeren) Prunkbauten, Menge der zu Speisen verarbeiteten
Schlachttiere, der Wein- und Bierfässer usw. Was sich beim gegenwärtigen Stand
der Forschung sagen lässt, ist, dass im Fall der identitätspolitischen Verwendung des
Europamythos Emittenten und Adressaten denselben Sozialgruppen angehören.
Durch die Verwendung des Europamythos werden gegenseitig Werte, Orientierun-
gen, Haltungen und Handlungen bestätigt.

4. *Der »Demos der Aufklärung« und Europäische Identität: 18. Jahrhundert*

Der »Demos der Macht« wurde im Lauf der Zeit durch Bürger, ›Freiberufler‹ und
›Intellektuelle‹, alle die sozialen Gruppen, die Teil des europäischen Kommunikati-
onsnetzwerkes im Zeitalter der Aufklärung waren oder wurden, angereichert. Seit
der Aufklärung waren es die durch ihre Interessenlage kommunikativ, sozial und
ökonomisch miteinander verflochtenen gesellschaftlichen Gruppen, die die Aufklärung in ihren vielen Facetten trugen, die sich durch die typische Soziabilität der Aufklärung auszeichneten und die ein der Selbstdefinition als »europäisch« bedürfen-
des grenzüberschreitendes Kollektiv bildeten. Dieses europäische Kollektiv kann als
»Demos der Aufklärung« bezeichnet werden.
Es ist kein Zufall, dass die Strukturveränderungen des europäischen Kollektivs, das
an einer Selbstdefinition Interesse besaß – vom »Demos der Macht« hin zum

---

5   Abbildung u.a. in Bartillat/Roba (2000, 65).
6   Abbildung bei Schmale (2004a, Nr. 3).

»Demos der Aufklärung« –, vor allem seit dem 18. Jahrhundert mit der Vorstellung von »europäischer Kultur« als europäischer Identität zusammenhingen. Als Identitätsemblem wurde vornehmlich die Europa als Erdteilallegorie verwendet, wobei sich die Erdteilallegorie des 18. Jahrhunderts von ihren Vorgängerinnen in manchen Punkten unterschied. Vor allem wurde sie mit einer Unzahl von Attributen ausgestattet, die die als wesentlich erachteten Errungenschaften der europäischen Kultur darstellten. Europas Kultur als Europas Identität wurde außerdem mit Hilfe der gemeinsamen Repräsentation der vier bekannten Erdteile Europa, Asien, Afrika und Amerika hervorgestrichen. Oft wird Europa erhöht und als Herrscherin über die anderen Kontinente dargestellt. Die Attribute der Figuren vermitteln, dass Europa nicht nur ein Kontinent des Überflusses ist, sondern auch jener Kontinent, der Kriegskunst, Wissenschaft, Kunst usw. am besten beherrscht. Religiöse Attribute sollen den alleinigen Wahrheitsanspruch des christlichen Glaubens ausdrücken. Die Attribute der Europa materialisierten zugleich, was man sich unter »europäischer Kultur« im Einzelnen vorstellte: Kunst, Wissenschaft, Gelehrsamkeit, Kriegskunst, die Expansion in überseeische Gebiete, der natürliche Reichtum, Christlichkeit, auch politisches System und vieles andere mehr.

Weder der kulturelle noch der religiöse Überlegenheitsgedanke waren neu, doch traf er auf ein verändertes Umfeld und wurde durch viele Details, Resultate empirischer Forschung, angereichert. Dass Europa überhaupt als Kultur verstanden werden konnte – durchaus in einem Sinn, der uns heute noch geläufig ist –, verdankte sich einem Bedeutungswandel des Kulturbegriffs. Jörg Fisch hat diesen Bedeutungswandel prägnant zusammengefasst: »Was dem Kulturbegriff seine Verbreitung sicherte und zugleich zu seiner inhaltlichen Entfaltung führte, war seine Verbindung mit dem historischen und geschichtsphilosophischen Denken im weitesten Sinne. Aus dem Bezug auf die individuelle Bildung und Erziehung wurde eine Funktion der Geschichte des Menschengeschlechts [. . .]. Durch das Bedürfnis, den Ablauf der Geschichte neu und losgelöst von der theologischen Tradition zu denken und mit Sinn zu erfüllen, ergab sich auch ein Bedürfnis nach einem Ausdruck, mit dessen Hilfe die spezifisch menschliche Leistung bei diesem Vorgang auf den Begriff gebracht werden konnte. [. . .] Um diese Funktion erfüllen zu können, musste der traditionelle Begriff neue Akzente erhalten. Die erste und wichtigste Ausweitung war die vom Individuum auf Kollektive, Völker und die Menschheit. Danach war der Übergang von einzelnen Fähigkeiten oder Bereichen wie Landwirtschaft, Erziehung oder Wissenschaften auf alle menschlichen Hervorbringungen erforderlich. Der dritte Schritt, der am zögerndsten vollzogen wurde, war der Übergang vom Vorgang der Kultivierung des Menschen oder seiner Umwelt zu den Resultaten, zunächst zum kultivierten Menschen und schließlich zu den Kulturprodukten« (Fisch 1992, 707).

Europas Kultur im Sinne europäischer Identität wurde in den zahlreichen Kulturgeschichten der Epoche von (in alphabetischer Folge) Adelung über Herder und Kant bis Voltaire dargelegt. Zumeist wurde die Entwicklung der europäischen Kultur in die Geschichte der Menschheit eingebettet – jedenfalls im 18. Jahrhundert; im 19. Jahrhundert verengte sich der Blick auf Europa allein, oftmals nur noch auf Westeuropa –, was eine gute Gelegenheit bot, Europas Überlegenheit im Kulturvergleich auszuweisen. Keineswegs alle Autoren betonten europäische Überlegenheit, aber gemeinsam ist den Kulturgeschichten, dass sie erstmals eine zusammenhängende Geschichte Europas schufen, in der die transnationalen und nationalgeschichtlichen Elemente in einer systematischen Darstellung im Zusammenhang gesehen wurden. Als Modell für das 18. Jahrhundert kann Voltaires »Essai sur les mœurs et l'esprit des nations et sur les principaux faits de l'histoire depuis Charlemagne jusqu'à Louis XIII« dienen (Voltaire 1778/1963), an dem er bis zu seinem Lebensende arbeitete. Europa als Kultur bedeutet in Voltaires Universalgeschichte im Mittelalter Christenheit, im ausgehenden Mittelalter die christliche Republik, in der frühen Neuzeit ein politisches System, zudem immer, wenn auch auf unterschiedlich ausgedehnte geographische Räume bezogen, Gedächtnisraum und nicht zuletzt »Zivilisation«.

Die reichhaltigen Ausschmückungen der Europafigur als Allegorie auf Europa als Kultur sind auf dem Hintergrund solcher Geschichtswerke zu »lesen«. Der aktive Besitz solcher Europafiguren weitete sich gegenüber der Epoche des »Demos der Macht« aus; er kann für alle die Sozialgruppen, die den »Demos der Aufklärung« bildeten, nachgewiesen werden. Darstellungen der Europa als Kultur finden sich im 18. Jahrhundert auch in Bürgerhäusern, sie gehören zur Standardausstattung adeliger Wohnsitze, überraschend viele Sakralbauten – Kirchen, Klöster – wurden mit diesem Figurtypus ausgestattet, sie kann in Zeitschriften gefunden werden. Im letzteren Fall kann fast schon von einer Popularisierung gesprochen werden, die analog zum sozial erweiterten aktiven Sprachgebrauch der Bezeichnung Europa (Burke 1980) zu sehen ist.

5. *Europäische Identitäten: 19. Jahrhundert*

»Demos der Macht« und »Demos der Aufklärung« stellen trotz ihrer im Verhältnis zur Gesamtbevölkerung begrenzten sozialen Basis etwas dar, was als »europäischer Demos« bezeichnet werden kann. Kriterien sind die europäische Vernetzung, die aktive Teilhabe an den richtungweisenden Diskursen, gemeinsame politische Grundansichten, gemeinsame Auffassungen über Europa, ein gemeinsames Interesse an der Selbstdefinition über Europa, ein gemeinsames Identitätsemblem. Im Gegensatz zum Demosbegriff in demokratischen Staatswesen, wie wir ihn heute verwenden, besaß die Mehrzahl der Mitglieder beider historisch aufeinander folgender Demoi keine direkten und formal abgesicherten politischen Mitbestimmungsrechte – was nicht bedeuten muss, dass es ihnen an politischem Einfluss gefehlt hätte, man denke nur an die wichtigsten Aufklärer.

Schon in der Aufklärung kündigte sich das Ende der frühneuzeitlichen Einigkeiten an, zeitlich fällt dieses Ende dann in die Epoche der Französischen Revolution in Europa. Das bezieht sich auf alle oben genannten Kriterien, auf denen die Bestimmung der beiden frühneuzeitlichen europäischen Demoi basiert. Seit der Revolution lassen sich diese Kriterien auf eine ganze Reihe soziopolitisch charakterisierbarer europäisch vernetzter Gruppen anwenden, die oftmals in Konkurrenz zueinander standen, einer Konkurrenz, die nicht selten in bewaffnete Konflikte mündete. Wir haben es mit sich europäisch-identitär konkurrenzierenden Kollektiven zu tun: die dem Legitimitätsprinzip folgenden Monarchen, die bis zu einem gewissen Grade das frühneuzeitliche Kollektiv des »Demos der Macht« fortführen; ihre europäische Identität wird mit dem Begriff der »Heiligen Allianz« ausgedrückt; das liberale Bürgertum, das den politischen, ökonomischen, sozialen und religiösen Liberalismus zur europäischen Identität macht (Brendel 2005; Conter 2004); die Demokraten und oftmals im Verbund die republikanischen Geheimbündler und die Friedensbewegung des 19. Jahrhunderts, die ausgehend vom Grundgedanken der Brüderlichkeit der politisch emanzipierten europäischen Völker (Nationen) die Identität Europas in den angestrebten »Vereinigten Staaten von Europa« erkennen. Im Verlauf des 19. Jahrhunderts kristallisieren sich weitere europäische Kollektive mit ganz anderen Zielsetzungen heraus: die Arbeiterschaft, die »Intellektuellen«, die »Kapitalisten« (europaweit tätige Unternehmer und Bankiers), die (zumeist universitären) Wissenschaftler.

Obwohl die Trennungslinien unscharf waren – ein im 19. Jahrhundert berühmter Autor wie Conrad Schmidt-Phiseldek verband »Heilige Allianz« und »Vereinigte Staaten von Europa« –, vermehrten sich innereuropäische Exklusionen, insbesondere in Richtung Osteuropa und Balkan (ausgenommen Griechenland), und klafften die jeweiligen Zielsetzungen immer weiter auseinander. Anders als zu Zeiten des »Demos der Macht« und des »Demos der Aufklärung« war Europa kein gemeinsames Ziel für sich mehr. Übrig geblieben waren Vorstellungen von europäischer Kultur, die im Zeitalter der Weltausstellungen gelegentlich auch noch einmal durch die Verwendung der Europafigur (als Erdteilallegorie) wie etwa auf der Pariser Weltausstellung von 1878 visualisiert wurden.[7] In den Diskursen der verschiedenen europäischen Kollektive hielten sich zumindest im Hinblick auf eine kulturelle Identität gewisse Schnittmengen, allerdings bedrängten rassistische Geschichtskonzeptionen die in der Aufklärungsepoche entwickelte Vorstellung von einer kulturellen europäischen Identität.

---

7   Diese und andere Erdteilallegorien sind heute auf dem Vorplatz des Musée d'Orsay in Paris aufgestellt.

6. Auf dem Weg zum »Europäischen Demos«: Die Europäisten des 20. Jahrhunderts

Der Erste Weltkrieg bedeutete einen Tiefpunkt – und einen Wendepunkt. Aus der Angst um den politischen, ökonomischen und kulturellen Untergang Europas heraus formierte sich in Gestalt der verschiedenen Europabewegungen und -interessengruppen ein neues europäisches, wenn auch sehr heterogenes Kollektiv, das der Europäisten. Viele Schriftsteller zählten dazu (Conze 2005; Lützeler 1998; Chabot 1978). Mit den Europabewegungen und -interessengruppen der Zwischenkriegszeit (1918-1939) wurde eine bis dahin nicht erreichte Menge an Menschen in die Europadebatte einbezogen und aufgefordert, über die eigene europäische Identität nachzudenken und für deren Erhalt zu wirken. Die Bewegungen vernetzten auch die Politik (Parteien, Regierungen) mit sehr unterschiedlichen Interessen- und Sozialgruppen.[8] Dennoch kann nicht von einer Massenbewegung gesprochen werden. Bedeutsam bleibt jedoch, dass die Widerstandsgruppen des Zweiten Weltkriegs und die Föderalisten der 1940er und 1950er Jahre an die Europäisten der Zwischenkriegszeit anknüpften und deren Weg fortsetzten.

Geradlinig verlief die Entstehung dieses neuen europäischen Kollektivs nicht: Die Europäisten der Zwischenkriegs- und der Kriegszeit stammten aus einem sehr breiten politischen Spektrum von sozialistisch bis rechtskonservativ, dieses umgriff den politischen Katholizismus ebenso wie den politischen Protestantismus, in der Zwischenkriegszeit auch jüdische Intellektuelle. Am rechten Rand bestanden anfangs keine klaren Grenzziehungen zu Antidemokraten, Faschisten, Falangisten und Nationalsozialisten. Vor allem die Nationalsozialisten entwickelten aus propagandistischen und machtstrategischen Erwägungen heraus Europakonzepte, die gemessen an den Traditionen von Europakonzepten allerdings als antieuropäisch zu charakterisieren sind und die in Deutschland selbst sowie bei den zahllosen Kollaborateuren in Europa und bei den nicht deutschen Kämpfern in der Waffen-SS nicht ohne Wirkung blieben. Einzelne Nazis wie Baldur von Schirach mit seinem Europäischen Jugendverband, dessen Gründungskongress vom 14. bis 18. September 1942 in Wien stattfand, versuchten, die Grundlagen für ein europäisch-nationalsozialistisches Kollektiv zu schaffen, doch wurde dies nicht zuletzt von Hitler selber unterbunden, da jede Form von Vernetzung auch die Teilung von Herrschaft erforderte und keine unumschränkte Herrschaft, wie Hitler sie wollte, zugelassen hätte.[9]

Die Europäisten im europäischen Widerstand stellten ebenso wenig ein homogenes europäisches Kollektiv dar wie die der Zwischenkriegszeit, aber sie stellten ein Kollektiv dar, indem sie unter Lebensgefahr Vernetzungsstrukturen aufbauten und Fragen eines künftigen einigen Europas diskutierten. Im Vergleich zu der Zeitspanne,

---

8 Als Modellstudie zu Coudenhove-Kalergi und Paneuropa-Union vgl. Ziegerhofer-Prettenthaler (2004).
9 Als Überblick über nationalsozialistische sowie faschistische Europakonzeptionen vgl. Schmale (2000a, Kap. 5.5: »Antieuropa: Nationalsozialistische und faschistische Europapläne«).

die von den Revolutionen von 1848 – diese Revolutionen hatten aufgrund ihres Kausalzusammenhangs eine starke europäische Komponente, führten aber im Endeffekt zu mehr Nationalismus – bis in den Zweiten Weltkrieg reicht, gelang den Mitgliedern der Widerstandsgruppen – ob nun in Frankreich, Italien, Deutschland, dem Londoner Exil, in Genf oder anderswo – eine Überbrückung der weltanschaulichen Differenzen; selbst ein Teil des kommunistischen Widerstands nahm für rund drei Jahre an dieser Überbrückung der Gegensätze teil (Lipgens 1968). Auch wenn nach dem Krieg kein europäischer Bundesstaat entstand und Europa ideologisch in zwei Blöcke geteilt wurde, blieb die Überbrückungs- und Vernetzungsleistung des Widerstands eine historische, die u.a. darin bestand, gegenüber einem rund 150-jährigen Prozess zunehmender Enteinung und Konflikteskalation in Europa eine Alternative aufgezeigt und diese im Rahmen der eng begrenzten Möglichkeiten des Agierens und Lebens im Untergrund oder in der Haft praktiziert zu haben.

Der Europäismus der Nachkriegszeit gründet im Wesentlichen auf den Europäismus des Widerstands, nicht zuletzt in Gestalt zahlreicher personeller Kontinuitäten – man denke nur an Altiero Spinelli –, aber er erreichte immer breitere Kreise in Politik, Wirtschaft, Kultur (im engeren Wortsinn) und bei den Kirchen. Die führende Rolle von Sozialisten bzw. Sozialdemokraten sowie Christdemokraten – nicht zu vergessen die Liberalen – bei der Formulierung von Europakonzepten im Widerstand während des Zweiten Weltkriegs unterstützte die Verankerung des Europäismus bei den entsprechenden großen Volksparteien in der Nachkriegszeit. Gegenüber der Zwischenkriegszeit konnten neue soziale Schichten für das Ziel einer europäischen Einheit gewonnen werden. Ungeachtet der Differenzen, wie die Einheit genau aussehen sollte, entwickelten sich formal betrachtet wieder Bedingungen, wie sie zur Zeit des »Demos der Macht« und des »Demos der Aufklärung« gegolten hatten: Europa selber als Ziel, ein europäisches Kollektiv, das seine Identität mittels Europa definiert. Angestoßen durch den Europarat wurde schließlich ein Identitätsemblem geschaffen, die allseits bekannte Europaflagge mit zwölf goldenen Sternen, im Kreis auf blauem Grund angeordnet. Alle religiösen Konnotationen, die mit der Zahl Zwölf verbunden werden, sind von Seiten des Europarats wie der EU, die das Emblem übernommen hat, offiziell immer Absagen erteilt worden; das Emblem symbolisiere Einheit und Harmonie. Wie dem auch sei, es handelt sich um das heute einzige Identitätsemblem, das sich gegen alle anderen Vorschläge durchgesetzt hat.

Diese Entwicklung bezog sich im wesentlichen auf die demokratischen europäischen Länder. Aber auch im Ostblock überlebte der Europagedanke und formierten sich Personennetzwerke; vor allem die KSZE wirkte sich in dieser Beziehung positiv aus (Schlotter 1999; Schmale 2003b). Die Forschung steht hier allerdings erst am Anfang, so dass es mit diesem allgemeinen Hinweis sein Bewenden haben muss.[10]

7. »Europäischer Demos«?

Es ist hier nicht der Ort, auf die unzähligen Facetten der Wirklichkeit einzugehen und gewissermaßen alle Pirouetten, die das Werden des »Europäischen Demos« nach 1945 begleiteten, nachzuvollziehen. Eingedenk dieser Anmerkung lässt sich sagen, dass in jüngerer Zeit, jedenfalls nach dem Zweiten Weltkrieg, das europäische Kollektiv (offenkundig wieder im Singular) als »Europäischer Demos« neu strukturiert wird. Es sind dies nun *alle* Bürgerinnen und Bürger der EU (die faktisch und zukunfts-perspektivisch inzwischen »ganz« Europa erfasst). Es handelt sich um eine historisch vorbildlose Situation. Vorbildlos, weil es nicht um die Formierung eines nationalstaatlichen Demos geht; ginge es darum, gäbe es genug Vergleichsmaterial. Die EU war in ihren Anfängen nicht als künftiger Nationalstaat geplant, und dies stellt weiterhin nicht das Verfassungsziel dar. Selbst wenn aus der EU irgendwann einmal so etwas wie die schon im 19. Jahrhundert erdachten »Vereinigten Staaten von Europa« würden – im 19. Jahrhundert lehnte sich diese Idee ganz bewusst an die Vereinigten Staaten von Amerika als Vorbild an, die bewundernd als die größte Demokratie der Welt angesehen wurden (Kaelble 2001; Schmidt 1997) –, ergäbe sich aufgrund einer Vielzahl historischer Unterschiede, die hier nicht erörtert werden können, keine Vergleichbarkeit. Vorbildlos auch deshalb, weil die Anerkennung und Förderung von Diversität zu den Verfassungsprinzipien der EU zählt. Vorbildlos, weil im Gegensatz zum »Demos der Macht« und zum »Demos der Aufklärung« keine soziale Schicht oder Gruppe ausgeschlossen wird; nicht einmal die Unterscheidung zwischen volljährig und minderjährig (noch nicht wahlberechtigt) ist zwingend relevant. (Relevant bleibt das Kriterium der Staatsbürgerschaft, so dass Asylanten, Flüchtlinge, lediglich Aufenthaltsberechtigte und Menschen, die unter keinen gesetzlichen Status analog zu den drei genannten fallen, vom »Europäischen Demos« ausgeschlossen werden.) Vorbildlos schließlich, weil im »Europäischen Demos« ca. 450 Millionen Menschen auf einem hohen intellektuellen und technischen Niveau zu einem Demos vernetzt werden, wie es in Ländern höherer Bevölkerungszahl (vor allem China und Indien) bisher nicht gelungen ist. Nicht nur sind dort die sozialen und kulturellen Unterschiede riesig, sondern folgen weite Teile der Bevölkerung wie die Landbevölkerung in China oftmals einer ›Eigengesetzlichkeit‹, die weder durch jährlich Tausende von vollstreckten Todesurteilen noch durch mit Zwang und Gewalt verbundene Akkulturationsmaßnahmen der Zentralgewalt gebrochen werden konnte.

Es wird immer wieder bestritten, dass es diesen europäischen Demos schon gebe. Der historische Vergleich liefert jedoch viele stützende Argumente für die Existenz

10   Vom 3. bis 5. November 2005 fand am Zentrum für Zeithistorische Forschung, Potsdam, ein Symposion zu »Europa im Ostblock« statt, das im Zusammenhang mit dem gleichnamigen, von der VW-Stiftung geförderten Projekt steht (Projektgruppe: José Maria Faraldo, Christian Domnitz, Paulina Gulińska). Die Ergebnisse dieser Tagung werden von der Projektgruppe 2007 veröffentlicht werden.

dieses Demos. Greifen wir den oben bereits gesponnenen Faden wieder auf: Mit den Europabewegungen – es ist besonders an Graf Coudenhove-Kalergi und die Paneuropa-Bewegung der Zwischenkriegszeit zu denken – kam auch die Europapropaganda, die nach dem Krieg zu Zeiten des Marshallplans schon Millionen von Menschen erreichte. Der Europarat arbeitete mit seinen Bildungs-, Kultur- und Jugendprogrammen sowie der Europäischen Menschenrechtskonvention (EMRK) direkt an der Vernetzung der Menschen in Europa zu einem Demos im Singular. Mit der Europäischen Gemeinschaft für Kohle und Stahl (EGKS) begannen die Arbeiterschaft und ihre Gewerkschaften, mit der EWG auch die Bauern erhöhtes Interesse an den sie betreffenden gemeineuropäischen Themen zu finden und dies zu artikulieren, beispielsweise in Gestalt europäischer Demonstrationen in Brüssel. Der Berliner Historiker Hartmut Kaelble hat nicht zuletzt den Nachkriegsmassentourismus im Hinblick auf seinen Beitrag zur Ausbildung einer europäischen Gesellschaft untersucht (Kaelble 2005). Der französische Soziologe Henri Mendras (Mendras 1997) konnte zeigen, wie sich in den Ländern nach einem Beitritt zur EG/EU die für die Bevölkerung maßgeblichen Werte an die der anderen Bevölkerungen in der EG/EU anglichen. Das Wahlrecht zum EU-Parlament, das europaweite kommunale Wahlrecht am Erstwohnsitz, wo immer in der EU, der juristisch definierte Status des EU-Bürgers oder der EU-Bürgerin sind weitere Bausteine des europäischen Demos, ganz zu schweigen von der intensiven Präsenz europäischer Themen und Bilder in den Medien, über die miteinander kommuniziert wird. Man kann auf die Mobilitätsprogramme verweisen, die jedes Jahr Hunderttausende von Menschen mit einem vorgegebenen Europabezug bewegen, oder auf diverse Förderprogramme, mit denen inzwischen jeder landwirtschaftliche Betrieb, die meisten Firmen und Dienstleister zu tun gehabt haben. Einen Nucleus des europäischen Demos stellen all die Menschen dar, die eine spezielle europäische Amtsfunktion in den zahlreichen europäischen Institutionen oder in den nationalen Institutionen an den Stellen, die für die Vernetzung mit den europäischen Institutionen verantwortlich sind, innehaben. Es handelt sich um Personen, die eine typische Vermittlungsfunktion zwischen den verschiedenen lokalen, regionalen, nationalen Identitätsräumen und dem europäischen Identitätsraum einnehmen. Dazu sind alle die Menschen zu rechnen, die ohne spezielle Amtsfunktion eine solche Vermittlerrolle einnehmen. Die meisten Wissenschaftlerinnen und Wissenschaftler sind diesem Nucleus hinzurechnen. Zählt man zusammen, kommt man auf mehrere Millionen menschliche Vermittlerknoten, die die Vernetzung der Bevölkerung Europas zu einem europäischen Demos fördern.[11]

---

11 Solche Aspekte werden auch von Kaelble (2005) angesprochen. Darüber hinaus wendet sich die Forschung in jüngerer Zeit vermehrt dem Feld der Vernetzung von Menschen und den Wirkungen dieser Vernetzungen in der Integration zu. Als Beispiel sei auf den Themenschwerpunkt »Europäische Integration« der Zeitschrift »Historische Mitteilungen der Ranke-Gesellschaft« (HMRG 2005) hingewiesen.

Der »Europäische Demos« hat sich teilweise entwickelt, bevor es europäische Institutionen gab, die wiederum, seit ihrem Bestehen, die Entwicklung des Demos fördern. Die recht weit verbreitete These, Europa sei ein Projekt von Eliten für Eliten, lässt sich kaum halten. Die früheren Europabewegungen hatten viele tausend Mitglieder, waren aber keine Massenbewegungen – manche wie Paneuropa oder die Föderalisten bestehen auch heute noch, werden jedoch in der Öffentlichkeit kaum wahrgenommen, was nicht heißt, dass sie ohne Einfluss wären; sie haben sich durch ihren Idealismus, nicht durch ihre schiere Größe, in den vorderen Reihen der historischen Erinnerung gut sichtbare Plätze reserviert. Dieser Idealismus fehlt heute häufig und sein Fehlen wird beklagt, aber dieser Umstand kann nicht den Blick darauf verstellen, dass gegenwärtig mehrere Millionen Menschen als europäische Mittler tätig sind und die Bevölkerungen zu einem europäischen Demos vernetzen. Dieses Europa von unten, das die These vom Projekt Europas als Projekt von Eliten für Eliten als Gegensatz voraussetzt, existiert, aber nicht zwangsläufig im Gegensatz zu etwas anderem. Man könnte einwenden, dass bei ca. 450 Millionen Menschen einige Millionen europäische Mittler keine große Zahl bedeuten und es sich insofern tatsächlich nur um eine Elite handele. Das hieße aber, die Vielschichtigkeit und Feingliedrigkeit des Bildungsprozesses des Demos nicht zur Kenntnis zu nehmen oder, anders ausgedrückt, mit grobem Werkzeug feinmechanische Arbeiten auszuführen zu wollen.

Die Formierung des »Europäischen Demos« stellt einen anhaltenden, aber sicherlich noch nicht abgeschlossenen Prozess dar. Deshalb kann die Frage nach »Europäischem Demos« und »Europäischer Identität« nicht in derselben Weise beantwortet werden wie in Bezug auf die beiden historischen europäischen Demoi, von denen oben die Rede gewesen war. Es geht eher darum zu analysieren, wie der Identitätsbildungsprozess verläuft, was seine Voraussetzungen sind, was sich historisch fundamental verändert hat.

8. Die Identitätspolitik der EU

Politische und andere Bewegungen haben in der Regel das Ziel, ihre Ideale mittels der Einleitung eines Institutionalisierungsprozesses zu realisieren. Das integrierte Europa hat diese historische Phase gehabt; sie ist weder unendlich prolongierbar noch ist es notwendig, sie zu wiederholen. Es ist daher eher als Zeichen von Normalität zu werten, wenn die EU, die in der Gegenwart »Europa« repräsentiert, eine europäische Identitätspolitik betreibt. Die EU steht gerade auch als Ergebnis vieler Institutionalisierungsprozesse damit durchaus in der Nachfolge von Europabewegungen. Deshalb muss es sich noch nicht um ein »Elitenprojekt« handeln, aber diese Frage ist natürlich zu prüfen.

Die EU-Identitätspolitik muss sich von den vorhandenen historischen Vorbildern an Identitätspolitiken unterscheiden, da die Vorbilder dem Kontext der Konstruktion nationaler Identitäten angehören. Alles was nationale Identitätskonstruktionen der Vergangenheit imitiert, als sei die EU ein großer europäischer Nationalstaat, wird kaum Erfolg haben können. Es ist historisch betrachtet immer der maßgebliche europäische Demos, ganz gleich, ob es sich wie vor Jahrhunderten um einen »Demos der Macht« oder später den »Demos der Aufklärung« und heute den im eigentlichen Wortsinn »Europäischen Demos« handelt, der das europäische Kollektiv darstellt, um dessen Selbstdefinition, sprich Identität, es geht.

Im Vorgehenden wurde versucht die Frage zu beantworten, ob es berechtigt ist, von einem »Europäischen Demos« zu sprechen; die Frage wurde positiv beantwortet, wobei es sich um einen anhaltenden, nicht einen abgeschlossenen Entwicklungsprozess handelt. Offen ist die Frage nach der Identität dieses Demos, dieses europäischen Kollektivs. Unstrittig ist, dass es dabei wiederum um die Analyse eines andauernden Prozesses geht, der jedoch nicht »naturwüchsig« abläuft, sondern durch die Identitätspolitik der EU beeinflusst wird. Als öffentlichen Startschuss der europäischen Identitätspolitik kann man das »Dokument über europäische Identität« ansehen, das auf dem Kopenhagener Gipfel der EG vom Dezember 1973 verabschiedet wurde. Hintergründe und Analyse dieses Dokuments sind nicht Gegenstand dieses Beitrags, es soll hier lediglich zur chronologischen Orientierung dienen, seit wann es die Identitätspolitik gibt.[12] Seit dieser Zeit ist der Faden der Identitätspolitik nicht abgerissen, sie wurde auf eine inzwischen breite Basis gestellt, außerdem hat sie offenbar den Anstoß zur geisteswissenschaftlichen Erforschung europäischer Identität gegeben, als deren Startpunkt der von Werner Weidenfeld 1985 publizierte Band gelten kann (Weidenfeld 1985). Die aktuelle Identitätspolitik der EU weist – in grober Sortierung – sechs Säulen auf:

Zum einen wurden sichtbare Symbole europäischer Zusammengehörigkeit geschaffen (Säule 1): die Flagge als eigentliches Identitätsemblem, die Hymne und der Europatag. Flagge und Hymne wurden vom Europarat übernommen, der 9. Mai als Europatag verweist auf die berühmte Schuman-Erklärung vom 9. Mai 1950 zurück, die mit Recht zu den zentralen Gründungsdokumenten der heutigen EU, des integrierten Europas, gerechnet werden kann. Eine weitere, unmittelbar die Bürgerinnen und Bürger berührende identitätsstiftende Maßnahme (Säule 2) ist die Definition der EU-Staatsbürgerschaft, die vor allem auch Wahlrechte umfasst: Wahlrecht zum Europäischen Parlament mit der Option, die Abgeordneten im Land des Erstwohnsitzes zu wählen, das nicht mit dem Herkunftsland (innerhalb der EU) identisch zu sein braucht, das kommunale Wahlrecht am Erstwohnsitz, wo immer in der EU sich dieser befindet. Dazu kommen die allen gemeinsamen Freiheiten, die Visualisierung der EU-Staatsbürgerschaft über den roten Pass, das Petitionsrecht, die Anerkennung der EMRK sowie die EU-Grundrechtecharta, die Verankerung der »diver-

---

12 Das Dokument wird von der Forschung etwas stiefmütterlich gehandhabt. Eine beim Verfasser angefertigte Diplomarbeit von Lenger (2006) weist rund um das Dokument die Dimensionen der Identitätspolitik der EG aus; eine gründliche Erforschung (die den Rahmen einer Diplomarbeit gesprengt hätte) erscheint immerhin lohnend.

sity« als Verfassungsprinzip.[13] Auch der Euro, die gemeinsame Währung, kann zu den identitätsbildenden Maßnahmen (Säule 3) gezählt werden, selbst wenn er noch nicht in allen EU-Mitgliedsländern eingeführt wurde oder werden konnte.

Als vierte Säule der EU-Identitätspolitik ist auf die gemeinsamen Werte und die EU als Zukunftsprojekt zu verweisen. Grund- und Menschenrechte, Demokratie und Rechtsstaatlichkeit zählen ebenso dazu wie die Sicherung von Wohlstand, das Verständnis der EU als Friedensprojekt, das gemeinsame Ziel, im Globalisierungsprozess als eigenständiger Player zu bestehen. Eng mit Werten verbunden sind die heute schon historisch zu nennenden Gemeinsamkeitsstrategien der EU-Mitgliedstaaten (Säule 5): Gemeinsamer Markt, Gemeinsames Recht, Gemeinsame Sicherheits- und Außenpolitik, Gemeinsamer Bildungs- und Wissenschaftsraum etc.

Schließlich (Säule 6) betreibt die EU im Rahmen ihrer sehr weit gefassten Kulturpolitik Geschichtspolitik, um die identitätsstiftende Rolle von Geschichte zu nutzen. Diese Politik äußert sich in einer Fülle von Maßnahmen: die Europaausstellungen, die Schaffung eines europäischen Museums, die Förderung von Publikationen, die Einrichtung einer Verbindungsgruppe von europäischen Zeithistorikern, die Förderung von geisteswissenschaftlichen und kulturellen Projekten (Europa 2000; Rahmenprogramme), die gemeinsame Aufarbeitung des Holocaust. Einbeziehen lassen sich nicht zuletzt »Textbausteine« (z.B. zu Themen wie »kulturelles Erbe«, historische Wurzeln der europäischen Identität etc.), die in Reden oder EU-Dokumenten Verwendung finden (Quenzel 2005).

Die Berührung mit diesen identitätsstiftenden Faktoren ist bei den einzelnen Bürgerinnen und Bürgern unterschiedlich direkt und intensiv. Die Auswirkungen sind nicht uniform, sondern die gemeinsamen politischen Zielsetzungen bilden – ein ganz normaler Prozess – neue Diversität aus, entweder, weil der Einzelne davon unterschiedlich stark betroffen ist, oder weil die Wahrnehmung der Gemeinsamkeiten einer individuellen willentlichen Bewusstmachung bedarf, die nicht erzwungen werden kann, sondern fakultativ bleibt. Der Gemeinsame Markt z.B. betrifft alle Bürgerinnen und Bürger direkt, aber man kann recht gut leben, ohne sich diese Gemeinsamkeit oder deren Vorteile bewusst zu machen.

Die historisch tradierte Diversität sowie immer neu entstehende Diversitäten sind keine spezifische Erscheinung der EU. Dasselbe lässt sich über die Verhältnisse in den europäischen Nationalstaaten sagen, ob nun im späten 18. Jahrhundert oder heute. Der moderne, das heißt heutige Nationalstaat in Europa anerkennt seine innere Diversität – gewiss: manche beginnen erst, dies zu lernen wie Serbien –, während vor allem im 19. und frühen 20. Jahrhundert versucht worden war, über geschichtsmythologische und rassistische Konstruktionen insbesondere ethnische, sprachliche und kulturelle Diversitäten zu leugnen und nationale Uniformität zu erzeugen. Gewaltsame Maßnahmen wurden nicht gescheut. Identitätspolitik im

---

13 Auch wenn das Projekt des Verfassungsvertrages derzeit stagniert, kann in Bezug auf die EU von der Existenz einer Verfassung gesprochen werden. Kern ist der EU-Vertrag (in der Fassung von Nizza, Dezember 2000).

modernen Nationalstaat oder in der EU hingegen schafft nicht Uniformität, sondern Kohärenz auf der Grundlage von Diversität.

Vorrangig drei Gründe haben dazu geführt, dass Identitätspolitik Kohärenz auf der Grundlage von Diversität zum Ziel hat: (1) Zum einen haben wir es beim modernen Nationalstaat mit einem demokratischen und Rechtsstaat zu tun, der sich auf die Grund- und Menschenrechte gründet. Diese schützen Diversität, wenn auch nicht zwangsläufig jede. Diversitäten, die wie z.B. Ehrenmorde die Grund- und Menschenrechte missachten, können nicht geschützt werden. Dennoch: Mit Diversität nicht konstruktiv umgehen zu wollen, würde die Unterhöhlung der Rechtsstaatlichkeit und der Grund- und Menschenrechte bedeuten. (2) Zum anderen sind alle früheren Versuche, gewaltsam in einem Staat Uniformität zu schaffen, gescheitert. Kulturen, Gesellschaften, Menschen halten nicht still. Ethnisch homogene Nationalgesellschaften, die man glaubte, durch Völkermord, Vertreibung oder »ethnische Säuberung« erzwingen zu können, sind nicht nur unsinnig, sondern auch unmöglich: Migration ist eine Art anthropologischer Konstante, infolgedessen sind die nationalen Gesellschaften in Europa trotz Holocaust, Massenmord und Genozid, Vertreibung und »Säuberung« noch und wieder multiethnisch und multikulturell zusammengesetzt – wenn auch anders als vor dem Zweiten Weltkrieg. (3) Zum Dritten haben sich die Individuen seit 1945 in zunehmendem Maß von bestimmten historischen identitätsstiftenden Rollen und Verhältnissen emanzipiert, sie wurden – zumeist wird das derzeit im Rahmen der Globalisierungsproblematik und der Folgen des Neo-Liberalismus diskutiert – aus einer Reihe historischer Kollektive in der Arbeits- wie der privaten Welt herausgelöst. Individuen werden notgedrungen, wenn nicht aus freien Stücken, fluid, modular, manchmal polymorph oder, wie es ein Teil der Forschung unter dem Eindruck der Rolle von Multiethnizität und Multikulturalität in heutigen Gesellschaften formuliert, hybrid hinsichtlich ihrer Identität. Wir haben es mit einer neuen Qualität von Diversität zu tun: nicht nur mit der Vielfalt von Varianten einer Einheit, wie es die oft gebrauchte europäische Formel von der Vielfalt in der Einheit und der Einheit in der Vielfalt besagt, sondern mit einer Vielfalt, die keineswegs immer auf die eine Einheit – irgendwo im Kern – rückführbar ist. Ulrich Beck hat für diese Zusammenhänge den Begriff der »Zweiten Moderne«, der postnationalen Moderne geprägt (Beck 2000). Das ist ein weiterer Grund, warum es um Kohärenz, um die Kohärenz in der Diversität, nicht um eine essentialistisch konzipierte Uniformität, geht.

9. Geschichte, Identität und »Europäischer Demos«

Kehren wir von diesen Rahmenbedingungen zurück zum Zusammenhang von »Europäischem Demos«, Geschichte und Identität. Dass Geschichte identitätsstiftend ist, ist nicht zu bestreiten, so wie Geschichtspolitik schon immer zur Politik gehörte, ob bei den frühneuzeitlichen Monarchien, den Nationalstaaten des 19. Jahrhunderts oder eben der EU. Es ist aber zur Genüge bekannt, dass Geschichte nicht einfach »ist«, sondern das Resultat durchaus komplexer Kommunikationsprozesse von Erzählen, Erinnern, Vergessen, individueller und kollektiver Aufarbeitung, wissenschaftlicher oder außerwissenschaftlicher Beschäftigung, mythologischer, propagandistischer Konstruktionen, etc. darstellt.

Identitätsstiftend ist letztlich nur kommunizierte Geschichte. Diejenigen, die vom Vorhandensein einer europäischen Identität ausgehen, geben als deren Kern die europäische Geschichte und Kultur (im Singular) bzw. bestimmte Ergebnisse oder Leistungen dieser Geschichte und Kultur aus. In der EU wird kultur- und geschichtspolitisch hier mit der Baummetapher gearbeitet (Quenzel 2005, 201ff.). Die Suche nach Europabewusstsein, europäischem Gemeinschaftsgefühl, gelegentlich auch direkt nach Identität und nach der Idee Europa in früheren Jahrhunderten gestaltet sich intensiv. Nicht ausschließlich, aber wie es scheint vorwiegend, wird dabei nach Kontinuitäten gesucht, nach den »Racines de l'identité européenne«, um den Titel eines von Gérard-François Dumont herausgegebenen Sammelbandes (Dumont 1999) zu zitieren. Meistens wird jedoch nichts Genaues darüber gesagt, welches europäische Kollektiv diese Identität aufweist. Manchmal drängt sich der Eindruck auf, als sei implizit an das klassische Bildungsbürgertum gedacht. Der »Europäische Demos« ist jedoch mehr als das – und anders.

In diesem Zusammenhang hat der amerikanische Historiker Hayden White (White 2001) kürzlich als Ergebnis des politischen wie wissenschaftlichen europäischen Identitätsdiskurses kritisch festgestellt, Europa werde in erster Linie als historische Kultur verstanden, und zwar nicht als eine unter vielen, sondern als die im Kulturvergleich einzige, die sich grundlegend durch Historizität auszeichne. Diese Historizität werde wie eine fundamentale ontologische Kategorie eingesetzt. Darüber hinaus werde die europäische Zivilisation als Inbegriff von Zivilisiertheit verstanden – und nicht nur das, sondern auch als Inbegriff der Zivilisiertheit im Dienst der Menschheit. Gestützt würden diese Ansichten durch kanonisierte Argumentationscluster, die hinter den wohlbekannten Schlagworten von den antiken, jüdischen, christlichen, humanistischen, aufklärerischen und wissenschaftlichen Wurzeln Europas stünden. Besonders herausgehoben werde die Einzigartigkeit der europäischen Wissenschaft. Regelmäßig ausgeblendet würden hingegen die historischen Barbareien, der Holocaust, der Antisemitismus, der Rassismus, religiöse und ethnische Intoleranz. Im Ergebnis könne die Definition von europäischer Identität auf eine einfache Gleichung gebracht werden: Europäische Identität werde als die europäisch-einzigartige Verbindung von Historizität, Wissenschaftlichkeit und Zivilisiertheit verstanden.

Hayden White verortet diese Definition von europäischer Identität im gegenwärtigen Europadiskurs. Untersucht man die einschlägigen kulturwissenschaftlichen Publikationen und politischen Reden zur Frage der europäischen Identität, so überwiegt die Tendenz, diese als gegeben anzunehmen und folglich nach deren historischen Wurzeln zu fahnden und diese freizulegen. Heutige europäische Identität erscheint als das Resultat einer langen Geschichte. Damit wird normalerweise nicht behauptet, dass europäische Identität auch das Ziel europäischer Geschichte gewesen sei, aber doch irgendwie ein unvermeidliches Ergebnis historisch-kultureller Kumulationen seit der Antike.

Selbst in einem Dokument wie dem Brüsseler Pakt vom 17. März 1948, der in erster Linie militärischen Zwecken diente, wurde in der Präambel auf das gemeinsame geschichtliche und kulturelle Erbe Bezug genommen. Gemeint waren »the principles of democracy, personal freedom and political liberty, the constitutional traditions and the rule of law, which are their common heritage«. Der Begriff des gemeinsamen bzw. des kulturellen Erbes zieht sich bis in die Gegenwart durch eine Vielzahl europäischer Dokumente. Parallel dazu erschienen ab den 1940er Jahren zahllose Werke zur europäischen Geschichte, die besonders die kulturelle Einheit oder, analog zur Entstehung der ersten europäischen politischen Institutionen, beispielsweise die Thematisierung einer politischen Einheit in den sogenannten Europaplänen seit dem Spätmittelalter heraushoben. Die allgemeine Grundstimmung in der Politik wie in den historischen Kulturwissenschaften wurde durch den Titel einer berühmt gewordenen Anthologie von Denis de Rougemont »Europa. Vom Mythos zur Wirklichkeit« bestens ausgedrückt (de Rougemont 1962). Gewisse, in der Kulturgeschichtsschreibung der Aufklärung grundgelegte Topoi in Bezug auf die menschheitsgeschichtlichen Vorzüge der europäischen Kultur und Geschichte werden bis heute weiter benutzt. Auch Max Webers Ausführungen zum »okzidentalen Rationalismus« und seiner Einzigartigkeit sind selten Gegenstand von Widerlegungsbemühungen, und wenn man den Text des 2004 vom Europäischen Rat beschlossenen EU-Verfassungsvertrags liest, entsteht leicht der Eindruck, dass die Idee von einer ebenso beispielhaften wie global beispiellosen europäischen Zivilisiertheit mitgeschwungen hat.

Im Europadiskurs lassen sich, folgt man der Argumentation Hayden Whites, wesentliche Elemente wieder finden, die eine typische nationale Meistererzählung ausmachten: die mythologischen Vereinfachungen und Überhöhungen historischer Ereignisse, Personen und Ideen, die ausgiebige Nutzung des Mittels der Exklusion oder Ausblendung »störender« Sachverhalte, die Unterlegung einer schicksalhaften Entwicklung oder eines historischen Logos, die bzw. der zu einem unausweichlichen historischen Ergebnis führen.

Hayden Whites Kritik erscheint in mancher Hinsicht überzogen, so werden die Barbareien keineswegs mehr einfach ausgeblendet. Das gilt in Bezug auf den Holocaust, auf die Aufarbeitung staatlicher Verbrechen im früheren Ostblock, auf Vertreibungen, auf Massenmorde in Kriegen nach dem Zerfall Jugoslawiens. Freilich laufen die Aufarbeitungen sehr unterschiedlich ab, sie unterscheiden sich hinsichtlich Vollständigkeit, Intensität und Aufrichtigkeit. Sie folgen in Ost- und Westeuropa auch unterschiedlichen Erinnerungsmustern, die Stefan Troebst herausgearbeitet hat (Troebst 2005).[14] Das Beispiel der Aufarbeitung der Geschichte des 20. Jahrhunderts zeigt freilich, dass es keine europäische historische Meistererzählung gibt und nicht geben kann. Die Meistererzählung als zentraler Typus historischen Erzählens geht auf die am Beispiel Voltaires evozierte Kultur- und Menschheitsgeschichte des 18. Jahrhunderts zurück. Im 19. Jahrhundert wurde sie national verengt. Angesichts der Einsicht in die Notwendigkeit von Diversität, deren Bewahrung EU-Verfassungsprinzip geworden ist, erscheint der Typus der Meistererzählung überholt, zumal dabei Geschichte stromlinienförmig uniformiert wird. Bestimmte Methoden in der Historiographie wie der Vergleich (Komparatistik), die Erforschung kultureller Transfers (vgl. auch Begriffe wie *histoire croisée* oder *entangled history*) oder von Vernetzungsprozessen haben in den letzten fünfzehn Jahren Wege ausgewiesen, wie die vorhandenen Kohärenzen in der europäischen Diversität herausgearbeitet werden können.[15] Dies ist gewissermaßen der lange gesuchte »dritte Weg«: die typische Meistererzählung uniformierte die Geschichte und tat ihr damit bis zu einem gewissen Grad rhetorische Gewalt an; die andere Methode, man könnte sagen: ein auf Europa bezogener Kulturrelativismus, rückte eine Vielzahl kultureller, voneinander abgegrenzter, häufig mikrohistorischer Einheiten ins Bild, über der makrohistorische Zusammenhänge bzw. Kohärenzen aus dem Blickfeld gerieten.

Es hat wenig Sinn, im Nachhinein den Historikern des 19. Jahrhunderts ihre nationalen Meistererzählungen, die sie schrieben, vorzuwerfen; es war der Blick ihrer Zeit auf die Geschichte, und bekanntlich wird der Blick auf die Geschichte immer von Gegenwartsfragestellungen bestimmt. Die wissenschaftlichen Methoden erbringen eine Objektivierung, aber nicht die Unabhängigkeit von diesen Gegenwartsfragestellungen. Die identitätsstiftende Rolle der Geschichte für den »Europäischen Demos« besteht nicht in der Uniformisierung, die der Meistererzählung zu Grunde liegt, sondern in der Offenlegung der Kohärenz(en) in der historischen Diversität.

Die EU ist in dieser Hinsicht auf einem guten Weg: Sie gibt viel Geld für Vernetzungsprogramme in unterschiedlichen Bereichen und für unterschiedliche Adressatengruppen aus. Dies ermöglicht Erfahrungen, mit Diversität umzugehen, Kohärenzen zu sehen oder herzustellen, ohne alles zu uniformieren. Wie Quenzel (Quenzel 2005) herausgearbeitet hat, operiert die EU eben nicht nur mit der Baummetapher, sondern auch mit der Netzwerkmetapher. Der Begriff der Diversität und ihrer Bewahrung wird auch materiell ernst genommen.

Damit sind in der EU-Identitätspolitik strukturell wesentliche Aspekte, die den werdenden »Europäischen Demos« ausmachen, aufgenommen. Die Hauptschwierigkeit besteht im derzeit ungeklärten Verhältnis von Einheit bzw. Uniformität und Diversi-

---

14 Aus der immer umfangreicheren Literatur zur Gedächtnisforschung bezüglich Ostmitteleuropa sei u.a. auf Cornelißen/Holec et. al. (2005) verwiesen. Die beiden einleitenden Kapitel geben einen Überblick über den Forschungsstand über die drei im Buchtitel genannten Länder (Tschechien, Slowakei, Deutschland) hinaus.

15 Zur Netzwerkforschung vgl. besonders Castells (1996).

tät. Aber das spiegelt die realen Verhältnisse, wie an der Entwicklung des historischen Gedächtnisses in Europa nachvollzogen werden kann. Wie Levy und Sznaider
(Levy/Sznaider 2001) sehr eindrucksvoll analysiert haben, erweist sich – definitiv
seit der Stockholmer Holocaust-Konferenz im Januar 2000 – in der Auseinandersetzung mit dem Holocaust ein transnationales, europäisches historisches Gedächtnis.
Kategorial handelt es sich bis zu einem gewissen Grad um einen Prozess von Ein-
heitsbildung, von Uniformisierung. Auf der anderen Seite entwickeln sich die nach
wie vor national strukturierten historischen Gedächtnisse in den postsozialistischen
bzw. sogenannten Posttransformationsstaaten und in den verschiedenen westeuropäischen Ländern, wo außer der Frage der Kollaboration mit den Nazis auch das
Problem des Kolonialismus nunmehr breiter diskutiert wird, sehr unterschiedlich.
Hier findet ein Diversifizierungsprozess statt, der auf Grund der unterschiedlichen
Geschichten, die sich zeitgleich in Europa abgespielt haben, unvermeidlich ist. Ver-
meidbar sind die groben Provokationen und Geschichtsklitterungen, wie sie am Beispiel des ungarischen »Haus des Terrors« in Budapest von Kovács (Kovács 2005)
untersucht wurden.
Der aktuelle Stand lässt sich folglich so zusammenfassen: Geschichtlich abge-
schlossen können wir zwei europäische Kollektive, den »Demos der Macht« und
den »Demos der Aufklärung«, feststellen, zwei Kollektive, die ihre Identität über
Europa definiert und dieser nicht zuletzt auch einen emblematischen Ausdruck verliehen haben. Beide Demoi entsprachen dem, was man mit Kaelble als »europäische
Gesellschaft« benennen kann, wobei diese »europäische Gesellschaft« der Frühen
Neuzeit nur einen kleinen Teil der Bevölkerung umfasste. Die Masse der Bevölkerung stand außerhalb der »europäischen Gesellschaft«. Die enge Verbindung zwischen Machtausübung bzw. vermittelter Teilhabe an der Ausübung der politischen
Macht erforderte es, den Begriff des Demos einzusetzen. Im Gegensatz zu dieser
abgeschlossenen »Vorgeschichte« europäischer Identität sind heute europäischer
Demos und europäische Gesellschaft aufgrund der Demokratisierungs- und Vernet-
zungsprozesse zunehmend dasselbe. Der heutige europäische Demos befindet sich
im Formierungsprozess. Es gibt normative bzw. demokratiepolitische Rahmenset-
zungen, die den Formierungsprozess unterstützen wie das EU-Wahlrecht zum EU-
Parlament und das kommunale Wahlrecht am Erstwohnsitz auch außerhalb des Her-
kunftslandes etc. Es gibt die Identitätspolitik der EU, die, wie gezeigt werden
konnte, durchaus differenziert ist und sich strukturell auf die Bedingungen der
Gegenwart, der Zweiten Moderne, einlässt. Darüber hinaus bestehen informelle For-
mierungsprozesse, wie kurz anhand der Frage nach einem europäischen historischen
Gedächtnis bzw. der Diversifizierung der historischen Gedächtnisse ausgeführt
wurde. Weitere transnationale politische Grundhaltungen würden sich anfügen lassen wie das »Beharren« der EU-Bürgerinnen und -Bürger auf dem Sozialstaatsprin-
zip oder etwa der Gegnerschaft zu nicht humanitär begründbarem Gewalteinsatz wie
im Fall des Irak-Krieges. Levy und Sznaider (Levy/Sznaider 2001) haben diesbe-
züglich ein deutliches europäisches Denkmuster nachgewiesen, das m. E. dem

»Europäischen Demos« zuzuordnen ist: Humanitär begründbarer Gewalteinsatz ist für diesen Demos dann gegeben, wenn eine Situation besteht, die im Kern einer »Auschwitz-Situation« zu entsprechen scheint. Die Akzeptanz der Intervention im Kosovo-Konflikt 1999 war so ein Fall, der Irak-Krieg war kein solcher Fall.

Europäische Identität entwickelt sich im Wesentlichen aus der Gegenwart und den letzten Jahrzehnten seit Ende des Zweiten Weltkriegs heraus, da sie mit dem Formierungsprozess des »Europäischen Demos« gekoppelt ist. Sie ist eng verbunden mit dem historischen Neuanfang, den der europäische Integrationsprozess darstellt, sie ist eng verbunden mit dem, was in Bezug auf den Holocaust als Zivilisationsbruch empfunden wurde. Die Interpretation des Holocaust als Zivilisationsbruch hat sich ja erst zwei bis drei Jahrzehnte nach dem Kriegsende durchgesetzt, insbesondere die 1970er Jahre waren dabei entscheidend (Uhl 2003).

Im Hinblick auf die weitere Diskussion der historischen Grundlagen europäischer Identität ist es erforderlich, das Gewicht der Entwicklungen nach 1945 einerseits und das Gewicht »Europäischer Geschichte« seit der Antike, das im Großteil der historisch-kulturwissenschaftlichen, aber auch politikwissenschaftlichen Literatur als sehr hoch angesetzt wird, neu abzuwägen.

Literaturverzeichnis

Bartillat, Christian de/Alain Roba (2000): Métamorphoses d'Europe. Trente siècles d'iconographie. Editions Bartillat.

Beck, Ulrich (2000): The Cosmopolitan Perspective: The Sociology of the Second Age of Modernity. In: British Journal of Sociology. Jg. 51, H. 1, S. 79-105.

Braudel, Fernand (1999): Modell Italien 1450-1650 [frz. 1989]. Stuttgart.

Brendel, Thomas (2005): Zukunft Europa? Das Europabild und die Idee der internationalen Solidarität bei den deutschen Liberalen im Vormärz (1815-1848). Bochum.

Burke, Peter (1980): Did Europe exist before 1700? In: History of European Ideas, Jg. 1, S. 21-29.

Castells, Manuel (1996): The Rise of Network Society. Oxford.

Chabot, Jean-Luc (1978): L'idée d'Europe unie de 1919 à 1939. Grenoble (thèse).

Conter, Claude D. (2004): Jenseits der Nation – Das vergessene Europa des 19. Jahrhunderts. Die Geschichte der Inszenierungen und Visionen Europas in Literatur, Geschichte und Politik. Bielefeld.

Conze, Vanessa (2005): Das Europa der Deutschen. Ideen von Europa in Deutschland zwischen Reichstradition und Westorientierung (1920-1970). München.

Cornelißen, Christoph/Roman Holec/Jiří Pešek (2005, Hrsg.): Diktatur – Vertreibung – Krieg. Erinnerungskulturen in Tschechien, der Slowakei und Deutschland seit 1945. Essen.

Dumont, Gérard-François (1999, Hrsg.): Les racines de l'identité européenne. Paris.

Erbesato, Gian Maria (1989): Il Palazzo Te di Giulio Romano. Florenz.

Fisch, Jörg (1992): Art. Zivilisation, Kultur. In: Otto Brunner/Werner Conze/Reinhard Koselleck (Hrsg.): Geschichtliche Grundbegriffe. Band 7. Stuttgart, S. 679-774.

Hanke, Heinz R. (1963): Die Entführung der Europa. Eine ikonographische Untersuchung. Köln.

HMRG (2005): Historische Mitteilungen. Im Auftrage der Ranke-Gesellschaft herausgegeben von Jürgen Elvert und Michael Salewski. Band 18, Themenschwerpunkt »Europäische Integration«. S. 134-198.

Kaelble, Hartmut (2005): Eine europäische Gesellschaft? In: Gunnar Folke Schuppert/Ingolf Pernice/Ulrich Haltern (Hrsg.): Europawissenschaft. Baden-Baden, S. 299-330.

Kaelble, Hartmut (2001): Europäer über Europa. Die Entstehung des europäischen Selbstverständnisses im 19. und 20. Jahrhundert. Frankfurt, New York.

Kovács, Eva (2005): Das Zynische und das Ironische. Zum Gedächtnis des Kommunismus in Ungarn. In: Transit. Jg. 30, S. 88-105.

Lenger, Nina Kathrin (2006): »Declaration on European Identity« – Constructing an Identity for the European Communities? Wien (Diplomarbeit).

Levy, Daniel/Natan Sznaider (2001): Erinnerung im globalen Zeitalter: Der Holocaust. Frankfurt/Main.

Lipgens, Walter (1968, Hrsg.): Europa-Föderationspläne der Widerstandsbewegungen 1940-1945. Dokumentation. München.

Lützeler, Paul Michael (1998): Die Schriftsteller und Europa. Von der Romantik bis zur Gegenwart [zuerst 1992]. 2. Auflage, Baden-Baden.

Marzik, Iris (1986): Das Bildprogramm der Galleria Farnese in Rom. Berlin.

Mendras, Henri (1997): L'Europe des Européens. Sociologie de l'Europe occidentale. Paris.

Quenzel, Gudrun (2005): Konstruktionen von Europa. Die europäische Identität und die Kulturpolitik der Europäischen Union. Bielefeld.

Rougemont, Denis de (1962): Europa. Vom Mythos zur Wirklichkeit. München.

Schlotter, Peter (1999): Die KSZE im Ost-West-Konflikt. Wirkung einer internationalen Institution. Frankfurt u.a.

Schmale, Wolfgang (2005a): Europapropaganda. In: Rainer Gries/Wolfgang Schmale (Hrsg.): Kultur der Propaganda. Bochum, S. 285-304.

Schmale, Wolfgang (2005b): Suche nach europäischer Identität. Schlußfolgerungen aus »Non«, »Nee« und »Honte«. In: Europäische Rundschau. Jg. 33, H. 3, S. 35-45.

Schmale, Wolfgang (2004a): Europa, Braut der Fürsten: Die politische Relevanz des Europamythos im 17. Jahrhundert. In: Klaus Bußmann/Elke Anna Werner (Hrsg.): Europa im 17. Jahrhundert. Ein politischer Mythos und seine Bilder. Stuttgart, S. 241-267.

Schmale, Wolfgang (2004b): Europäische Identität und Europaikonografie im 17. Jahrhundert. In: Wolfgang Schmale/Rolf Felbinger et al. (Hrsg.): Studien zur europäischen Identität im 17. Jahrhundert. Bochum.

Schmale, Wolfgang (2003a): Europa als Topos in der Geschichtsschreibung. In: Georg Michels (Hrsg.): Auf der Suche nach einem Phantom? Widerspiegelungen Europas in der Geschichtswissenschaft. Baden-Baden, S. 45-67.

Schmale, Wolfgang (2003b): Die Europäizität Ostmitteleuropas. In: Jahrbuch für Europäische Geschichte 4 (2003). München, S. 189-214.

Schmale, Wolfgang (2001): Körper – Kultur – Identität. Neuzeitliche Wahrnehmungen Europas – Ein Essay. In: Wiener Zeitschrift zur Geschichte der Neuzeit 1 (2001/1). S. 81-98.

Schmale, Wolfgang (2000a): Geschichte Europas. Wien.

Schmale, Wolfgang (2000b): Europa – die weibliche Form. In: L'Homme. Zeitschrift für Feministische Geschichtswissenschaft. Jg. 11, H. 2, S. 211-233.

Schmale, Wolfgang (1997): Scheitert Europa an seinem Mythendefizit? Bochum.

Schmidt, Alexander (1997): Reisen in die Moderne. Der Amerika-Diskurs des deutschen Bürgertums vor dem Ersten Weltkrieg im europäischen Vergleich. Berlin.

Troebst, Stefan (2005): Postkommunistische Erinnerungskulturen im östlichen Europa. Bestandsaufnahme, Kategorisierung, Periodisierung. Wrocław.

Uhl, Heidemarie (2003, Hrsg.): Zivilisationsbruch und Gedächtniskultur. Das 20. Jahrhundert in der Erinnerung des 21. Jahrhunderts. Innsbruck.

Voltaire (1963): Essai sur les mœurs et l'esprit des nations et sur les principaux faits de l'histoire depuis Charlemagne jusqu'à Louis XIII. Introduction, bibliographie, relevé de variantes, notes et index par René Pomeau, 2 Bände. Paris.

Walkenhorst, Heiko (1999): Europäischer Integrationsprozess und europäische Identität. Die politische Bedeutung eines sozialpsychologischen Konzepts. Baden-Baden.

Weidenfeld, Werner (1985, Hrsg.): Die Identität Europas. Fragen, Positionen, Perspektiven. München.

White, Hayden (2001): The Discourse of Europe and the Search for a European Identity. In: Bo Stråth (Hrsg.): Europe and the Other and Europe as the Other. 2. Auflage, Brüssel, S. 67-86.

Ziegerhofer-Prettenthaler, Anita (2004): Botschafter Europas. Richard Nikolaus Coudenhove-Kalergi und die Paneuropa-Bewegung in den zwanziger und dreißiger Jahren. Wien.

Europas Politik und europäisches Bewusstsein

Josef Janning

Kein Gemeinwesen kommt ohne ein Bewusstsein seiner Menschen für den Zusammenhang von Gesellschaft und Staat aus. Dieses Bewusstsein schließt nicht nur kognitive und konative Elemente ein, sondern wird ebenso durch affektive Formen geprägt: Identität und Loyalität bezeichnen Bindungen und Zugehörigkeit an Gesellschaft und ihre politische Ordnung. Zusammengenommen erzeugen und bewahren sie die Legitimität und Akzeptanz dieser Ordnung.

Weitgehend, wenn auch nicht vollständig unabhängig von der normativen Qualität und der Leistungsfähigkeit staatlichen Handelns sind dabei Schichten der Identität, die auf ethnischer, religiöser oder nationaler Zugehörigkeit beruhen. Der Einzelne beschreibt dabei seinen Zusammenhang über Merkmale, die angeboren oder über primäre Sozialisation erworben wurden und nur über einen markanten Entwicklungsschritt zu verändern wären.[1] Entsprechend gilt für andere Loyalitätsbeziehungen, dass sie Legitimität über die Qualität ihrer Normen und Verfahren sowie über die Qualität der durch sie erbrachten Leistungen erwerben und bewahren müssen. Einwanderungsgesellschaften oder ethnisch wie religiös plurale Gesellschaften benötigen deshalb Verstärkungen ihrer Legitimationsbasis, die vielfach zu einer Betonung der nationalen Identität führen (beispielsweise in der Türkei) oder einen besonderen Gründungs- wie Eintrittsmythos erfordern (beispielsweise in den Vereinigten Staaten). Zumeist speist sich die Legitimität politischer Ordnung jedoch aus dem Zusammenhang verschiedener Faktoren: aus Herkunftsbewusstsein, dessen Reichweite auch das Bewusstsein einer gemeinsamen Zukunft einschließt, aus »diffuser Systemakzeptanz«, d.h. der grundsätzlichen Bejahung der Normen, Strukturen und Prozesse eines politischen Systems sowie aus den Leistungen, dem »Output« politischen Handelns in Bezug auf die grundlegenden Bedürfnisse der Bürger in den Bereichen Sicherheit und Wohlfahrt.

1. Legitimationsprobleme der Europäischen Union

Für die Europäische Union (EU) gelten wegen ihres Entstehungskontexts und ihrer Struktur wie aufgrund ihrer Verknüpfung zu den politischen Systemen der Mitgliedstaaten spezifische Legitimationserfordernisse.[2] Dabei bildet die parallele Existenz

---

1   Dazu grundlegend Gellner (1983).
2   Siehe den Überblick zur Grundproblematik bei Thalmaier (2005); anschaulich, weil noch ungetrübt von den Erfahrungen des Scheiterns europäischer Reformversuche nach Amsterdam die Beiträge bei Maurer/Thiele (1996).

anderer Identifikationsebenen auf nationaler oder binnenstaatlicher Ebene für sich genommen nicht das Kernproblem, denn die Identitätsmuster der meisten Bürger in der heutigen EU weisen mehrere Schichten auf, die nebeneinander bestehen und heute nur selten in Widerspruch zueinander geraten. In fragmentierten Gesellschaften ist die Kehrseite dieser Lage zu beobachten. Die Ethnisierung politischer Prozesse führt in der Krise nicht nur zur Aufladung interethnischer Spannungen, sondern stellt zugleich die Bindung und Zugehörigkeit an die Gesamtgesellschaft in Frage. Dem Legitimationsverlust der politischen Ordnung folgt in der Regel die Perzeption des Staates als Herrschaftssystem einer Ethnie über die anderen, wie die Krisen vom Balkan bis in den mittleren Osten demonstrieren.[3] Nicht zuletzt wegen ihrer schrittweisen Entfaltung hat die europäische Integration die Risiken der Fragmentierung nicht erlebt. Dennoch gehört es zur Charakteristik politischer Legitimation auf EU-Ebene, dass sich die Schichten europäischer und nationaler Identität überlappen und leicht in Konkurrenz zueinander geraten. In dieser Parallelität erweist sich das Europabewusstsein, wie die folgende Skizze zeigt, häufig als nachrangige Größe:

- Die Europäische Union ist kein Staat, sondern eine Ebene in einem Verbundsystem staatlichen Handelns, die ebenfalls staatsspezifische Aufgaben wahrnimmt. Im Vergleich zu den anderen Ebenen in diesem Verbund sind auch ihre Symbole schwächer – weder Fahne und Hymne noch ihre Institutionen genießen den gleichen Rang in der Wahrnehmung der Bürger. Der EU fehlt ein Gründungsmythos, der in der heutigen Lage noch sinnstiftend wirkt. Die Erfahrungen von Krieg, Zerstörung und millionenfachem Leid sind hinter dem Erfolg der letzten Jahrzehnte, hinter Wohlstand und dem rapiden Wandel der Gesellschaften Europas verblasst. Bezeichnend dafür erscheint das Missverständnis, das Helmut Kohl bereits 1995 mit seiner Bemerkung auslöste, die europäische Einigung voranzubringen sei eine Frage von Krieg und Frieden im 21. Jahrhundert. Die politische Sprache der Europapolitik, der Hang europäischer Institutionen zu technokratischer Fokussierung und die mangelnde Strahlkraft der in alle Amtsprachen übertragenen Rechtsgrundlagen und Entscheidungen auf europäischer Ebene verstärken diesen Befund.
- Die Bürger der Europäischen Union bilden keine Nation, obgleich ihre Geschichte, Kultur, soziale und gesellschaftliche Struktur eng verwoben und aufeinander bezogen sind, enger jedenfalls als die Verbindung der meisten europäischen Gesellschaften zu den ihnen am nächsten stehenden nicht europäischen Räumen (siehe Kaelble 1987). Mehr noch: Die EU hat in den zurückliegenden Jahrzehnten maßgeblich dazu beigetragen, den nationalen Bezugsrahmen der Mitgliedstaaten intakt zu halten, indem sie die Erosion nationalstaatlicher Problemlösungsfähigkeit durch Integration signifikant kompensieren konnte. »Eu-

---

3 Vgl. dazu grundlegend die Beiträge bei Hutchinson/Smith (1996); zur Balkanproblematik siehe Williams/Sfikas (1999).

ropa« hat die Kompetenzbehauptung der Politik europäischer Nationalstaaten gedeckt – Integration hat auf diese Weise die Stimmigkeit nationaler Identität bewahrt, damit zugleich aber eine Legitimationschance der EU geschwächt, denn diese Leistung wird im öffentlichen Bewusstsein europäischer Gesellschaften überwiegend nicht wahrgenommen.

• Trotz ihres über die letzten Jahrzehnte substanziell gewachsenen Kompetenzrahmens fehlen der Europäischen Union in der öffentlichen Wahrnehmung wesentliche Souveränitätsmerkmale. Weder die Primärzuständigkeiten in der Außenhandelspolitik oder der Gemeinsamen Agrarpolitik noch die Vorrangstellung des europäischen Rechts oder die Rahmensetzung im EU-Binnenmarkt haben dieses Defizit ausgleichen können. Als wesentliches Merkmal von Souveränität gilt in entwickelten Gesellschaften, die sich nicht unmittelbar von außen bedroht sehen, das Gewaltmonopol des Staates. Justiz- und Innenpolitik sowie die innere Sicherheit bleiben trotz fortschreitender Europäisierung in der öffentlichen Wahrnehmung die Domäne der Mitgliedstaaten.[4]

• Ungeachtet ihres recht breiten Aufgabenspektrums verfügt die Europäische Union nur über wenige direkt zurechenbare »Outputs«. Dies liegt nicht zuletzt an der Politikverflechtung von europäischer und nationaler Ebene, die den Regierungen der Mitgliedstaaten erlaubt, sich die Leistungen von Integration selbst zuzurechnen. Historisch bedeutsame Leistungen des Integrationsprozesses sind dagegen im politischen Bewusstsein vieler Europäer längst konsumiert und zu Selbstverständlichkeiten geworden. Dies gilt für die Friedensleistung der Integration, die Freizügigkeit oder die Wohlstandsgewinne des Binnenmarktes. Historische Schritte büßen ihre bewusstseinsprägende Kraft ein, wenn sie zum Alltag geworden sind.[5]

Diesen Schwächen und Defiziten stehen jedoch auch Chancen eines wachsenden Europabewusstseins und damit einer Entschärfung der Legitimationsprobleme europäischer Integration gegenüber. In dieser Hinsicht fällt zunächst die Erweiterung der Europäischen Union um die neuen marktwirtschaftlichen Demokratien Ostmitteleuropas ins Auge. Im politischen Bewusstsein dieser Europäer verbindet sich der Beitritt zur EU mit der großen politischen Wende zu Freiheit und Selbstbestimmung. Die »Rückkehr nach Europa« – so der von Aleksander Smolar und anderen geprägte Begriff – konnte in den Gesellschaften der neuen EU-Mitglieder zu einer zentralen Chiffre ihrer außenpolitischen Orientierung werden, weil für die Menschen die Werte der neuen Zeit eng mit dem Europabegriff verbunden waren. In den »alten« EU-Staaten ist diese Attraktion ihrer Integrationsleistung allerdings nur begrenzt wirksam geworden – seit etwa zehn Jahren relativiert eine wachsende Sorge vor der Überforderung und vor den Kosten und Folgen der Erweiterung den legitimations-

---

4   Vgl. dazu die jährlichen Analysen zur öffentlichen Meinung in der EU in Weidenfeld/Wessels (1981ff.).
5   Werner Weidenfeld hat dies das »sozialpsychologische Missgeschick« der Integration genannt, vgl. Weidenfeld (1985, 24).

stiftenden Impuls der friedlichen Revolution von 1989. Hinzu kommt, dass die intellektuelle Ausstrahlung Ostmitteleuropas auf den Raum der gesamten Europäischen Union bisher eher gering ausfällt – es ist zweifelhaft, ob sich diese Lage angesichts der demographischen und ökonomischen Relationen auf absehbare Zeit ändern kann.

Eine zweite Dimension europäischer Legitimationschancen liegt in den Möglichkeiten wie den Risiken aus dem Prozess fortschreitender Globalisierung. Die wachsende wirtschaftliche Verflechtung Europas mit den anderen Wirtschaftsräumen der Welt verkürzt auch den Abstand der Gesellschaften und ihrer Kulturen zueinander. Größere Nähe erzeugt ein klareres Bild von Differenz: In der globalen Perspektive verlieren die Unterschiede zwischen den europäischen Gesellschaften an Bedeutung gegenüber den Unterschieden zwischen den politischen und kulturellen Räumen der Welt. Heute ist bereits ein Bedeutungszuwachs regionaler Identifikation als Kompensation der Entgrenzung durch Globalisierung zu beobachten (siehe Czempiel 1999). In den kommenden Jahren könnte die Betonung der EU-Außengrenzen eine ähnliche Funktion einnehmen. Die Erweiterungen der EU haben dazu die Grundlage gelegt – die EU mit ihren 25 Mitgliedstaaten füllt bereits den Raum aus, den Europa im politischen und kulturellen Sinn für viele Europäer besitzt und jenseits dessen grundlegend andere Prägungen dominant erscheinen. Dies schließt weitere Mitgliedschaften – etwa die der Türkei oder der Ukraine oder Georgiens – nicht aus, wird aber jeweils begleitet werden von einer Dramatisierung der Fragen nach den Grenzen und nach den Bestimmungsfaktoren des europäischen Zusammenhangs.

Dem Prozess der Globalisierung vergleichbare Legitimationschancen liegen in der Entwicklung einer europäischen außenpolitischen Handlungsfähigkeit (vgl. dazu Weidenfeld/Janning 1993). Die Plausibilität einer Bündelung außen- und sicherheitspolitischer Fähigkeiten im Urteil der Bürger lässt sich kontinuierlich in den Befragungen des Eurobarometers ablesen – solange die Fragen allgemein und ohne spezifische institutionelle Implikationen formuliert sind. Die Interessen der Europäer in der Welt zu wahren und ihre Sicherheit zu schützen könnte vor allem zu einer Quelle europäischen politischen Bewusstseins werden, wenn es zu einer Zuspitzung der internationalen Machtkonkurrenz oder zu einer gegen Europa gerichteten Bedrohung der äußeren wie inneren Sicherheit kommt. Die stufenweise Entfaltung und Institutionalisierung der früheren »Europäischen Politischen Zusammenarbeit« zur »Gemeinsamen Außen- und Sicherheitspolitik« wie die Entwicklung einer militärischen Handlungsfähigkeit im Rahmen der »Europäischen Sicherheits- und Verteidigungspolitik« – also die Verstärkung der Instrumente und Institutionen – haben diese Wirkung bisher verfehlt. Die Außendimension der EU ist für die Öffentlichkeiten auch deshalb nicht leicht zu erkennen, solange die Prozesse und Strukturen des EU-internen Interessenausgleichs ebenfalls in hohem Maß von den Außenministerien betrieben werden, obgleich sie im Grunde nicht mehr Außenpolitik sind.

2. Chancen der Legitimation in der Reform der Europäischen Union

Legitmationschancen liegen schließlich auch und selbst in den Bereichen der weiter oben umrissenen Defizite und Schwächen. Sie lassen sich an Kernbegriffen politischer Legitimation wie Nation, Verfassung und Demokratie veranschaulichen. Obgleich im heutigen politischen Bewusstsein der Begriff der Nation tief verankert ist, handelt es sich um eine Konstruktion, deren Deutungsmacht durch die »Erfindung« von Nationalgeschichte, -literatur, -musik oder -kunst vertieft wird. Historisch ist nicht entschieden, ob dieser Begriff auf Dauer die Bezeichnung für die größte Ausdehnung kollektiver Identität stehen wird. Wenn es möglich war, in sich stimmige Unterschiede zwischen Sachsen und Bayern, Katalanen und Andalusiern, Walisern und Engländern, Bretonen und Provencalen im Konzept der Nation zu überwölben, warum sollte dann die Herausbildung einer »europäischen Nation« und damit das Konzept eines europäischen Staatsvolks unmöglich sein. Wenn dies gelänge, wären weder Permanenz noch Spannungsfreiheit als gegeben anzunehmen. Die Entwicklung von Föderalstaaten, aber auch die Trends zur Dezentralisierung oder zur »Devolution« belegen, dass der Begriff der Nation trotz seiner überragenden politischen Wirkung die darunter liegenden Schichten des Selbstverständnisses nicht aufgelöst hat. Die Auflösung der tschechoslowakischen Republik, der Zerfall Jugoslawiens, das Wiederentstehen der baltischen Staaten und der Zerfall der Sowjetunion stehen ebenfalls in diesem Kontext. Auch eine Nation Europa wäre diesen Wandlungen des politischen Bewusstseins ausgesetzt – wie im Übrigen auch die Vereinigten Staaten, deren Entwicklung zur amerikanischen Nation angesichts der Vitalität nationaler Identität selbstverständlich erscheinen mag, aber weder historisch noch künftig ist, wie Samuel Huntingtons Analyse der amerikanischen Identität eindrücklich zeigt (Huntington 2004).

Staatsbewusstsein setzt in den westlichen Gesellschaften die verfassungsmäßige Sicherung der Freiheitsrechte, eine strukturierte politische Ordnung, Demokratie und Rechtstaatlichkeit voraus. Der Europäischen Union ist keine dieser Voraussetzungen abzusprechen, doch sie erfüllt zugleich auch keine in dem für einen demokratischen Rechtsstaat hinreichenden Maße (vgl. Böckenförde 1999). Dieses Defizit drückt sich in der Beobachtung aus, dass die EU selbst bei sich nicht Mitglied werden könnte, da sie die politischen Beitrittskriterien verfehlt. Im Längsschnitt der Integrationsentwicklung zeigt sich jedoch, dass sich die EU der Beitrittsfähigkeit in diesem Sinne stetig, wenn auch nicht immer konsequent angenähert hat.

Der Vertrag über die Europäische Verfassung bringt erstmals explizit zum Ausdruck, was über die Entwicklungsphasen der Integration faktisch erreicht wurde – ein nicht unwesentlicher Teil des europäischen Rechts besitzt verfassungsäquivalente Bedeutung. Zugleich übernimmt die Verfassung für die EU die in den Freiheitsrechten der Bürger liegenden Schranken staatlichen Handelns. In der im Vergleich zur bisherigen Lage erkennbareren Abgrenzung der Zuständigkeiten erleichtert die Verfassung die Zurechnung politischer Verantwortung zu politischer Entscheidung. Der weitere Ausbau der Stellung des Europäischen Parlaments schließlich stärkt die demokratische Qualität eines Entscheidungssystems, in dem die Mitgliedstaaten stärker als je zuvor Mehrheitsentscheidungen treffen.

Mehrheitsentscheidungen im europäischen Rahmen wirken allerdings an sich nicht legitimationsfördernd – im Gegenteil, der Übergang von der Einstimmigkeit zur Mehrheitsentscheidung hat das Demokratiedefizit der Europäischen Union erst zu einem ihrer wesentlichen Probleme gemacht. Drei Aspekte kennzeichnen diese Problemlage: Zunächst einmal problematisierte der Übergang zu Mehrheitsentscheidungen die Gestaltungsrolle der Staaten in der Gemeinschaft – gewählte Regierungen mussten sich dem Willen einer Mehrheit unterwerfen, die nicht auf dem Mehrheitswillen des eigenen Volkes beruhte. Die französische Politik des »leeren Stuhls« und der unter den Mitgliedern daraufhin erreichte »Luxemburger Kompromiss« konnte dieses Problem durch den Zwang zur Herstellung von Einstimmigkeit in wichtigen Fragen lösen, die durch die Mehrheitsentscheidung relativierte Gleichrangigkeit aller Mitgliedstaaten als souveräne Staaten war zwar nicht wiederhergestellt, der Anspruch darauf jedoch hinreichend gesichert. Das zweite Problem entstand aus der Relativierung der Rolle nationaler Parlamente, deren Kontrollrecht gegenüber den nationalen Regierungen durch Mehrheitsentscheidungen auf europäischer Ebene im Prinzip gemindert wurde. Diese Sorge vor einer »Entleerung« parlamentarischer Gestaltungsräume hat die Verhandlungen zur EU-Reform seit dem Vertrag von Maastricht kontinuierlich bestimmt und auch in den Vorschlägen zum Konvent zu Überlegungen einer Kammer der nationalen Parlamente beigetragen. Die Verfassung löst diese Sorge nicht auf. Der dritte Aspekt bezog sich auf die Rolle und Stellung des Europäischen Parlaments. Erst mit der schrittweisen Ausdehnung der Rechte des Parlaments, insbesondere durch die Etablierung des Mitentscheidungsverfahrens als dem Regelverfahren in der Balance zwischen Rat und Parlament der EU hat das Konzept, die demokratische Qualität von EU-Entscheidungen durch parlamentarische Kontrolle auf der europäischen Ebene selbst zu sichern, hinreichende Glaubwürdigkeit entfaltet. Notwendig dazu waren vor allem die Präzisierung der Kompetenzabgrenzung zwischen EU und den Mitgliedstaaten sowie die Verbesserung der Mitwirkung des Europäischen Parlaments in der Zusammensetzung der Europäischen Kommission.[6]

Die Reform der Stimmgewichtung im Rat hat dagegen nur scheinbar eine demokratiestärkende Wirkung. Das Prinzip der doppelten Mehrheit stärkt einerseits zwar das Gewicht der demographischen Mehrheit der Unionsbevölkerung, korrigiert damit aber primär die Asymmetrie in der Machtbalance unter den Mitgliedstaaten, die durch die bisherigen Erweiterungen entstanden war. Insofern adressiert die doppelte Mehrheit vor allem das erste der oben genannten Demokratieprobleme. Andererseits schwächt die Betonung der doppelten Mehrheit die Lösung der beiden anderen

---

6 Vgl. dazu und zum Folgenden die von Werner Weidenfeld (1994, 1998, 2001, 2005) seit 1989 herausgegebenen Analyse-Bände der großen Vertragsrevisionen.

Aspekte, wenn sie – wie in den Erläuterungen zahlreicher Regierungen nach der Regierungskonferenz geschehen – die Gleichsetzung der Bürger eines EU-Staates mit der Haltung ihrer Regierung im Rat als Stärkung des Demokratieprinzips vermittelt. Die Kontrolle staatlichen Handelns aus der Perspektive der Staatsbürger durch die nationalen Parlamente sowie aus der Perspektive der Unionsbürger durch das Europäische Parlament wird auf diese Weise verwässert. Konsequenter wäre gewesen, das Europäische Parlament zur gleichberechtigten zweiten Kammer zu entwickeln, ihm über die Mitentscheidung das volle Budgetrecht einzuräumen und seine Zusammensetzung und Wahl eindeutig an den Standards nationaler Parlamente auszurichten.

Gemessen am institutionellen Bestand der Integration im Jahr der ersten Direktwahl des Europäischen Parlaments 1979 hat sich die EU in den Etappen der Reform erheblich verändert. Dabei hat die EU ihr Demokratiedefizit institutionell kontinuierlich vermindert, durch den begleitenden Ausbau der Zuständigkeiten der Union allerdings die fortbestehenden Defizite verschärft. Möglicherweise wird im Rückblick aus der Zukunft die allmähliche Annäherung an die politischen Systeme der Mitgliedstaaten als die wirksamste Quelle formaler Legitimation der EU erscheinen: Die Neuregelungen der Verfassung erlauben es, das europäische politische System in Analogie zu denen der Mitgliedstaaten zu begreifen – mit ihrer verfassungsmäßigen Sicherung der Grundfreiheiten, mit der Abgrenzung der Zuständigkeiten, der Gesetzgebung im Rahmen eines Zwei-Kammer-Systems sowie der Verantwortlichkeit der Exekutive gegenüber dem Parlament. Je stimmiger diese Analogie durch künftige Reformen der politischen Ordnung der EU ausfällt, desto stärker dürfte der Legitimationstransfer von der nationalen auf die europäische Ebene ausfallen.

In diesem Licht erschließt sich die volle Tragweite eines Scheiterns des Verfassungsvertrags – nicht nur, dass die Handlungsfähigkeit und Effektivität der Politik auf europäischer Ebene geschwächt bleibt, sondern auch, dass die Stimmigkeit einer Entwicklungslinie zunehmender Legitimation des europäischen politischen Systems und einer Bindung an dieses System verloren geht. Auf der Basis des Vertrags von Nizza und mit dem Ansehensverlust eines gescheiterten Verfassungsvertrags stellen sich die Folgefragen bzw. »left-overs« der EU-Reform seit dem Epochenwechsel von 1989 eher theoretisch als operativ. Denn auch der Verfassungsvertrag steht unter Legitimationsgesichtspunkten für einen Zwischenschritt. Seine Weiterentwicklung böte die Chance, die Bindung der Bürger Europas an ihr Gemeinwesen zu stärken, wenn sie auf die zuvor umrissenen Defizite und Schwächen Bezug nimmt. Dabei wären folgende Optionen von besonderer Wirkung:

- Voraussetzung für eine stärkere Identifikation des Bürgers mit dem Projekt Europa ist ein nachvollziehbares Grundlagendokument. Dieses sollte die Rechtsstellung wie die demokratischen Mitwirkungsmöglichkeiten der Unionsbürger stärken. Ein Symbol dafür wäre eine lesbare Vertragsvereinfachung. Eine klare Zweiteilung in einen knappen Basistext als Verfassungskern und in ein gesondertes Dokument, das die entsprechenden Ausführungsbestimmungen enthält, käme diesem Ziel eindeutig näher als die jetzige Form mit verschiedenen Verfassungsteilen innerhalb eines Gesamtdokumentes, die 340 Seiten mit rund 450 Vertragsartikeln umfassen.

- Die Verfassung bleibt bei dem Versuch stehen, die Kompetenzen durch eine neue Aufgabensystematik zu entwirren. Künftig wird zwischen ausschließlichen, geteilten und rein unterstützenden EU-Verantwortlichkeiten differenziert. Diese Systematik findet sich im ersten Verfassungsteil; die Regelungen der innerhalb einzelner Politikfelder anzuwendenden Entscheidungsverfahren und Steuerungsinstrumente werden in den dritten Verfassungsteil ausgelagert. Damit geht Trennschärfe verloren, die besser durch die Entwicklung entsprechender Zuordnungskriterien und einem darauf beruhenden Katalog gewahrt werden könnte.
- Anstelle einer echten Wahl des Kommissionspräsidenten durch das Europäische Parlament bleibt es bisher bei einem Letztentscheidungsrecht der Staats- und Regierungschefs. Auch hier besteht mit Blick auf kommende Reformen Nachbesserungsbedarf, obwohl das Europäische Parlament im Zuge des Nominierungsverfahrens der Barroso-Kommission bereits mit erheblich gestärktem Selbstbewusstsein aufgetreten ist.
- Die Verfassung verbessert die seit dem Vertrag von Amsterdam eingeführten Instrumente differenzierter Integration. Diese Möglichkeiten zur »verstärkten Zusammenarbeit« in einer größer und heterogener werdenden Europäischen Union vereinfachen Problemlösungen für besonders integrationswillige und -fähige Teilgruppen von Mitgliedstaaten. Eine Schwäche der entsprechenden Verfassungsbestimmungen bleibt jedoch, dass kein durchgängiger Übergang zu Mehrheitsentscheidungen erreicht werden konnte. Gerade in zentralen Zukunftsfeldern europäischer Politikgestaltung, vor allem in der Außen- und Sicherheitspolitik, wurde an der Einstimmigkeitsregel im Rat festgehalten.

Mit der Verfassung würde sich die Personalisierung europäischer Politik verbessern. Die Weiterentwicklung entlang dieser Linien hätte den Vorsitz im Allgemeinen Rat, die Bündelung der Fachministerräte und die Zusammenführung der europapolitischen Interessenvertretung in den Regierungen der Mitgliedstaaten ebenso zu bedenken wie die Verzahnung der außen- und sicherheitspolitischen Instrumente mit den wirtschafts- und handelspolitischen Kompetenzen der EU, die institutionelle Stärkung der inneren Sicherheit oder die Organisation des gemeinsamen Schutzes der EU-Außengrenzen.

3. Europa als »Mission«

Für lange Zeit wird die große Aufgabe der Integration nicht von ihrer komplementären Rolle zu den Aufgaben staatlicher Politik in Europa zu trennen sein. Bei der Lösung der wesentlichen Problemstellungen der Politik reichen die national verfügbaren Ressourcen und Spielräume vielfach nicht mehr aus. Die klassischen Staatsaufgaben der »Wohlfahrt und Sicherheit« sind als politische Leistungen in Europa nicht mehr rein national zu organisieren und auch nicht mehr gegeneinander zu erreichen. Damit ist das Konzept der Integration zum Überlebensrezept der Nationalstaaten geworden. Die Europäische Union erlaubt der historisch gewachsenen Staatenwelt des kleinen Kontinents, in einer internationalisierten und interdependenten Welt zu bestehen – politisch, kulturell und ethnisch in kleine Räume parzelliert und doch der größte einheitliche Markt der Weltwirtschaft.

Diese Leistung der europäischen Integration für die Nationen Europas wird nicht immer und von allen so verstanden. In der großen Europäischen Union treffen verschiedene politische Entwürfe von Integration als konkurrierende Leitbilder aufeinander. Die Entstehung des Verfassungsvertrags wie seine Krise belegen, dass der Prozess der Einigung ohne eine Bestimmung seiner Zielrichtung offenbar doch nicht auskommt, und dies umso weniger, je mehr sich das Maß politischer Integration wie seine räumliche Reichweite abrundet und komplettiert. Und doch bliebe die EU mit einer Verfassung von unterschiedlichen Leitbildern geprägt. Einerseits verschiebt der Verfassungsvertrag das Koordinatensystem der Finalitätsdebatte in Richtung einer verstärkten Parlamentarisierung und Quasi-Staatsbildung, andererseits unterstreicht er, vor allem mit der Einführung des Europäischen Rats und seines Präsidenten in die Verfassung, die Gestaltungsrolle der Mitgliedstaaten. Der gegenüber den Verträgen von Amsterdam und Nizza weitergehende Ausbau der Optionen vertiefter und strukturierter Zusammenarbeit belegt schließlich die wachsende Relevanz differenzierter Integration als dem dritten großen Leitbildstrang der letzten Jahre. Konzeptionell pendelt die EU auch nach einer Ratifikation der Verfassung zwischen weiterentwickelten Varianten ihrer alten Pole von Bundesstaat versus Staatenbund. Das Konzept der Differenzierung wirkt in diesem Dualismus als situative Synthese: Sie soll Verdichtung ermöglichen und wirkt damit in Richtung bundesstaatlicher Konzepte, doch sie bindet nur den willigen und fähigen Teil der Mitgliedstaaten und wirkt damit in Richtung staatenbündischer Vorstellungen. Umgekehrt könnte gelten, dass eine dauerhafte reform- bzw. vertiefungsunfähige Europäische Union ebenfalls Differenzierungstendenzen kennzeichnen werden. Im Unterschied zur »opt-in«-Logik differenzierter Integration könnten diese Tendenzen zu einem vielfachen »opt-out«, d.h. zu differenzierter Desintegration führen.

Leitbilder streben danach, das Selbstverständnis von Gruppen zu prägen – Leitbilddebatten zielen auf die Veränderung von Identitätsmustern. Nicht nur die Krise des Verfassungsvertrags spricht dafür, dass das Selbstverständnis der Europäer in den kommenden Jahren eher über die großen Fragen des Zusammenhangs Europas und seiner Rolle in der Welt geprägt werden wird als über die institutionelle Konstruktion. Mit der Aufnahme von Beitrittsverhandlungen mit der Türkei stehen die EU-Bürger vor der Perspektive einer neuen, großen Erweiterung ihres Horizonts und ihrer Selbstbeschreibungen. Scheitert dieser Prozess, entfällt auch diese Linie der Entwicklung eines europäischen Bewusstseins zugunsten einer »kleineuropäischen

Orientierung«. Gelänge der Prozess, so könnten andere Staaten wie die Ukraine, Moldova, Georgien und Armenien folgen; Weißrussland wäre nach einer Wende ebenfalls ein Kandidat. Damit reichte die Europäische Union tief in den Raum der ehemaligen Sowjetunion hinein mit Folgen für die Beziehungen zu Russland, sie reichte tief in den Mittleren Osten hinein mit Folgen für die Nahostpolitik und das Verhältnis zur arabischen Welt. Über die Krisendiplomatie und das Handeln der »großen Drei«, Großbritannien, Frankreich und Deutschland, könnte die EU zu einem weltpolitischen Akteur werden, während ihr innerer Zusammenhang möglicherweise stagniert – vor allem dann, wenn der Vertrag über die Europäische Verfassung nicht ratifiziert werden kann.

Nach innen wie nach außen, in der Übertragung von Kompetenzen wie in der Weiterentwicklung der Institutionen steht die Europapolitik heute vor einem elementaren Begründungsbedarf. Über Jahrzehnte wurden die Grundlagen und Entscheidungen der europäischen Integration von breiter Zustimmung getragen. Auf dem erreichten Integrationsniveau gerät jeder Teilschritt unter den Zwang, skeptisch gestimmte Öffentlichkeiten zu überzeugen. Im Erfolg der letzten Jahre entgleitet der Europapolitik ihr Gegenstand: Während die Internationalisierung der Gesellschaften voranschreitet, wächst die Entwicklung paralleler Lösungskompetenzen nicht in gleichem Maße mit und der Konsens über die Notwendigkeiten gemeinsamen Handelns bröckelt. Es erscheint fraglich, ob die EU zu 25 oder mehr auf dieser Basis zusammenhalten kann oder ob nicht die Unterschiede in den Befindlichkeiten, in den Besitzständen und den Nationalitäten schwerer wiegen.

Europa soll leisten, was im gemeinsamen Interesse seiner Staaten liegt. Es sind vor allem Aufgaben der Zukunftssicherung: wirtschaftlicher Wohlstand und internationale Wettbewerbsfähigkeit, Friedensbewahrung und Sicherheit vor den Risiken neuer Konflikte sowie Aufbau einer gesamteuropäischen Gemeinschaft, in der die Bürger Europas ihre Entwicklungsziele verwirklichen können. Dazu muss ein effektives und demokratisches Regierungssystem auf europäischer Ebene neben die politischen Ordnungen der Nationalstaaten treten. Im Innern wird dieses Europa seine Vielfalt nie zugunsten nur technokratisch effizienter Formen aufgeben. Die Vielgestaltigkeit der Regionen und der Nationen, das Entwicklungsgefälle und die unterschiedliche Leistungsdichte werden differenzierte Integrationskonzepte verlangen und nicht das starre Festhalten an alten Strategien.

Die Lebensinteressen der Europäer nach innen wie außen reichen über das Gleichgewichts- und Machtkalkül der Nationalstaaten hinaus. Ihr Bild Europas wird von unterschiedlichen Assoziationen geprägt: Europa ist Wirtschaftsmacht, ist politisches Modell und Zivilisationsträger. In der Wahrnehmung der Welt besitzt jede dieser Assoziationen zugleich auch ein negativ besetztes Gegenbild. In der zusammenwachsenden Welt ist Europa eine Weltmacht im Werden, deren Attraktion nicht nur positiv wirkt. Die exponierten Europäer werden zu Adressaten von Erwartungen, Forderungen und Schuldzuweisungen werden, denen sie nicht ausweichen können.

Diese weltpolitische Verantwortungsrolle europäischer Politik hat sich gegen die gleichen Zweifel zu behaupten wie die innere Konsolidierung eines heterogen gewordenen Raums. Die Leistungen europäischer Politik in beiden Richtungen, ihre Effizienz, entscheiden maßgeblich über die Akzeptanz der EU in den Gesellschaften Europas – wahrscheinlich eher als die normative Qualität ihrer Ordnung oder die formalen Kriterien ihrer Prozesse. Diese Annahme spricht für eine konsequente Nutzung der Optionen differenzierter Integration: Die Leistungen, die integrationsbereite und -fähige EU-Staaten im engeren Verbund erbringen könnten, würden auf den gesamten Bereich der EU ausstrahlen, so wie bereits heute die Währungsunion in den weiteren Bereich der EU hineinwirkt. Ein Mehr an Differenzierung wird jedoch zugleich auch die Transparenz des institutionellen Gefüges schwächen und einen Teil der politischen Energie absorbieren, die zur institutionellen Reform aufzubringen wäre. Ein Europa, das über die funktionale Verdichtung von Integration durch Gruppen von Mitgliedstaaten gesteuert würde, ließe sich schwerlich noch in Analogie zu den politischen Systemen der Mitgliedstaaten beschreiben. So besehen kommt auch eine um Leistungsbereiche und Führungskoalitionen herum gebaute Union nicht ohne eine Weiterentwicklung ihres institutionellen Gefüges aus. Denn selbst der nicht zu differenzierende Kernbereich der Integration, der europäische Binnenmarkt, bedarf zu seiner Regierbarkeit eines von den Bürgern akzeptierten Entscheidungsrahmens.

Literaturverzeichnis

Böckenförde, Ernst-Wolfgang (1999): Staat, Nation, Europa. Studien zur Staatslehre, Verfassungstheorie und Rechtsphilosophie. Frankfurt.
Czempiel, Ernst-Otto (1999): Kluge Macht. Außenpolitik für das 21. Jahrhundert. München.
Gellner, Ernest (1983): Nations and Nationalism. Ithaca.
Huntington, Samuel P. (2004): Who Are We? The Challenges to America's National Identity. New York.
Hutchinson, John/Anthony D. Smith (1996, Hrsg.): Ethnicity. Oxford.
Kaelble, Hartmut (1987): Auf dem Weg zu einer europäischen Gesellschaft. Eine Sozialgeschichte Westeuropas (1880-1980). München.
Maurer, Andreas/Burkhard Thiele (1996, Hrsg.): Legitimationsprobleme und Demokratisierung der Europäischen Union. Marburg.
Thalmaier, Bettina (2005): Die zukünftige Gestalt der Europäischen Union. Integrationstheoretische Hintergründe und Perspektiven einer Reform. Baden-Baden.
Weidenfeld, Werner (2005, Hrsg.): Die Europäische Verfassung in der Analyse. Gütersloh.
Weidenfeld, Werner (2001, Hrsg.): Nizza in der Analyse. Strategien für Europa. Gütersloh.
Weidenfeld, Werner (1998, Hrsg.): Amsterdam in der Analyse. Strategien für Europa. Gütersloh.
Weidenfeld, Werner (1994, Hrsg.): Maastricht in der Analyse, Materialien zur Europäischen Union. Gütersloh.
Weidenfeld, Werner (1985): Europa – aber wo liegt es? In: Ders. (Hrsg.): Die Identität Europas. München, S. 13-41.

Weidenfeld, Werner/Josef Janning (1993, Hrsg.): Europe in Global Change. Gütersloh.
Weidenfeld, Werner/Wolfgang Wessels (1981ff., Hrsg.): Jahrbuch der europäischen Integration. Bonn, Baden-Baden.
Williams, Christopher/Thanasis Sfikas (1999, Hrsg.): Ethnicity and nationalism in East-Central Europe and the Balkans. Aldershot.

Identität zweiter Klasse – Vom Unwillen, Europas Selbstverständnis zu denationalisieren

Michael Weigl

Europäisches Bewusstsein meint ein »reflexives Wissen um die Zugehörigkeit zu (...) Europa« (Wakenhut 1999, 252). Werden solche europabezogenen Bewusstseinsinhalte »als wichtig erlebte Selbst-Beschreibungen bzw. -Interpretationen übernommen und zu Elementen des Selbstbildes« (ebd.), ist dagegen von europäischer Identität zu sprechen. Der Unterschied zwischen europäischem Bewusstsein und europäischer Identität ist demnach vor allem darin zu sehen, dass Identität Orientierung verleiht: Bewusstsein stellt das Wissen bereit, den Identitätskompass lesen zu können.

Der Beitrag geht auf Grundlage dieses Verständnisses von europäischer Identität in einem Dreischritt vor: Er zeigt erstens, dass aktuell von Politik und intellektueller Elite zwar ein europäisches Bewusstsein, kaum aber eine europäische Identität gewollt wird. Er untermauert zweitens, dass die gegenwärtig dominante Vorstellung von Europa als Wertegemeinschaft so unverbindlich bleibt, dass sie mit der Präferenz des Nationalen kompatibel geht. Schließlich wird drittens argumentiert, dass zentrale europäische Identitätsvorstellungen dem zunehmenden Nationalstolz der Mitgliedstaaten Rechnung tragen, in dem sie die historische Grundierung europäischen Selbstverständnisses umdeuten. Nicht die Nationen werden folglich aktuell in die Vision einer europäischen Identität eingebettet. Vielmehr wird Europa zunehmend als Beiwerk des neuen identitären Selbstbewusstseins der Nationalstaaten verstanden. Gelingt es Europa aber nicht, Orientierung zu stiften, gefährdet dies letztlich nicht weniger als seinen eigenen Bestand.

1. Wer will noch Europa?

Europa zu beschreiben, bleibt bis heute ein Wagnis: »Was Europa einschließt und ausschließt, wo und wie seine territorialen Grenzen verlaufen, welche institutionelle Form dieses Europa besitzt und welche institutionelle Architektur es künftig besitzen soll – keiner dieser Punkte ist geklärt« (Beck/Grande 2004, 16). In Jahrtausenden europäischer Geschichte spielte die europäische Idee nur eine marginale Rolle. Selbst Graf von Coudenhove-Kalergi gelang es in der Zwischenkriegszeit trotz prominenter Fürsprecher nicht, seiner paneuropäischen Idee zum Durchbruch zu verhelfen. Stellt man jedoch in Rechnung, dass sich die historische Züricher Rede Winston Churchills, in der er im Angesicht eines Kontinents in Trümmern die »United States of Europe« beschwor (Churchill 1946), inzwischen bereits zum 60. Mal jährt, erscheint die Feststellung, dass sich Europa auch »nach 2500 Jahren seiner Geschichte immer noch im Entwurfszustand« (Beck/Grande 2004, 13) befindet, doch ernüchternd.

Die seit drei Jahrzehnten andauernden Bemühungen der politischen Gemeinschaft und ihrer Mitgliedstaaten um eine inhaltliche Schärfung und profilierte Vermittlung eines Europabildes drängt die Vermutung auf, dass eine europäische Identität gewollt wird. Gleichzeitig jedoch sind diesem Wollen Grenzen gesetzt.

Aus Sicht der Identitätstheorie ist zu formulieren, dass nationalen politischen Akteuren nur bedingt daran gelegen sein kann, eine europäische Identität zu befördern. In dem Moment, in dem Europa in Person der Europäischen Union (EU) auch identitär Orientierung stiftet, beginnen die Nationalstaaten nach der politischen Souveränität auch ihre Identitätssouveränität einzubüßen. Als »imagined communities« (Anderson 1988) bedürfen Nationen der Deutungshoheit über das Selbst zur eigenen Existenzsicherung. Europäische Bewusstseinspolitik ist entsprechend geeignet, ein Fundament zu schaffen, das die eigenen europapolitischen Anstrengungen der Nationalstaaten legitimiert, ohne sie selbst in ihrer Identität in Frage zu stellen. Ein »Zuviel« an europäischer Identität könnte hingegen den eigenen Nationalstaat als legitime politische Handlungseinheit untergraben. Die Frage nach dem Wollen europäischer Identität stellt für die Politik daher zwangsläufig eine nationale Herausforderung dar. Dass eine europäische Identität bislang kaum konsequent supranational gedacht wurde, stattdessen das Prinzip des Nationalstaates weiterhin »unerschütterlich seine Rechte« (Schulze 1999, 70) behauptet, überrascht vor diesem Hintergrund nicht.

Die nationale Bedingtheit des Europagedankens ist seit den 50er Jahren Grundprämisse des Nachdenkens um ein europäisches Selbstverständnis. Als Kitt zwischen regionalen und nationalen Partikular-Identitäten sowie europäischer Gemeinschaftsidentität fungiert dabei der Begriff der Solidarität, der 1986 in der Präambel der »Einheitlichen Europäischen Akte« (EEA) als weiterer Zentraltopoi europäischer Identitätskonstruktion eingeführt wurde. Erneute Zementierung erfuhr diese Unentschlossenheit des »Sowohl-nationalstaatlich-als-auch-europäisch« schließlich mit der Überwindung der Ost-West-Konfrontation. Die ost- und mittelosteuropäischen Anwärter auf eine EU-Mitgliedschaft erwiesen sich mehrheitlich mit einem traditionell ausgeprägten Nationalstolz ausgestattet (vgl. Pollack 2004; Kiss 2004). Die Ereignisse der Jahre 1989/90 deuteten sie als ihre Rückkehr zur nationalen Souveränität frei von sowjetischer Oberherrschaft (Brodský 2001). Möglichen Einschränkungen dieser neuen Freiheit im europäischen Kontext standen und stehen sie mit größter Skepsis gegenüber (vgl. Spohn 2001).

In ihrem europäischen Identitätsangebot zollt die EU solchen nationalen Befindlichkeiten Rechnung, wenn sie die Achtung der nationalen Identitäten der Mitgliedstaaten seit Jahren formelhaft wiederholt. Zusammengefasst findet sich diese Strategie schließlich in dem Motto »In Vielfalt geeint«, das die Staats- und Regierungschefs im 2004 unterzeichneten Vertrag über eine Verfassung für Europa offiziell zum Wahlspruch der Union erhoben (Teil I, Art. I-8). Er suggeriert die »Wesensgleichheit eines Kollektivs«, versucht es derart zu einem »Kollektivsubjekt« zu objektivieren und damit die Vergemeinschaftung voranzutreiben (Kreckel 1994). Eine tatsächliche Auflösung des Spannungsfeldes europäischer, nationaler und regionaler Identitäten ist dagegen bislang weder gelungen, noch scheint sie gewünscht.

Neu ist die Auffassung, die Vielfalt sei wesentliches Charakteristikum Europas, keinesfalls. Schon der liberale Philosoph John Stuart Mill schrieb beispielsweise in seiner 1859 erschienenen Schrift »Über die Freiheit« Europa »eine bemerkenswerte Verschiedenheit an Charakter und Kulturen« (Mill 2004, 100) zu. Allerdings besteht zwischen der Argumentation Mills und gegenwärtigen Vielfaltvorstellungen doch ein zentraler Unterschied. Im Verfassungsvertrag korrespondiert das Motto mit dem festgeschriebenen Grundsatz der Achtung nationaler Identitäten. Die Beschwörung der Vielfalt entpuppt sich damit als Verteidigungsstrategie und Mittel nationaler – bedingt auch regionaler – Selbstbehauptung gegenüber Brüssel. Eine tatsächliche Begründung, warum die Vielfalt für Europa Sinn macht, sie Orientierung verleihen könnte, findet sich nicht. Ganz anders die Ausführungen Mills: »Was hat die europäische Völkerfamilie zu einem fortschreitenden statt stagnierenden Teil der Menschheit gemacht? Nicht einer ihrer überlegenen Vorzüge, der, wenn wirklich vorhanden, als Wirkung, aber nicht als Ursache existiert, sondern die bemerkenswerte Verschiedenheit an Charakter und Kultur. Individuen, Klassen, Völker sind äußerst unähnlich untereinander gewesen, sie haben eine große Mannigfaltigkeit von Wegen eingeschlagen, von denen ein jeder zu etwas wertvollem führte. (. . .) Europa verdankt, meiner Meinung nach, dieser Vielheit der Wege seine fortschrittliche und vielseitige Entwicklung« (ebd.). Vielfalt ist für Mill Bedingung für Fortschritt und daher sinnvoll, für das Europa der Gegenwart dagegen nur Mittel zum Zweck.

An einem europäischen Aushandlungsprozess darüber, wer und was Europa ist, woher seine Vielfalt rührt und wohin sie führt, haben nationalstaatliche Politiker bis heute kaum Interesse. Stattdessen setzen sie auf Vorstellungen von Europa, die in engem Sinnzusammenhang mit dem jeweiligen nationalen Selbstverständnissen konstruiert werden. Eine europäische Identität wird so lange gewünscht, wie sie sich dem nationalen Identitätskonstrukt unterordnet; eine Feststellung, die angesichts der mit der EU-Erweiterung von 2004 eingetretenen größeren Heterogenität der nationalen und europäischen Selbstverständnisse innerhalb der EU umso mehr gilt. Kaum, da die britische Ratspräsidentschaft in der zweiten Jahreshälfte 2005 beendet war, lancierte beispielsweise die britische Regierung eine breite Kampagne, welche unter dem Titel »Ikonen – Ein Portrait Englands« die nationale Identität der eigenen Landsleute stärken sollte (vgl. Thomas 2006). Und Gerhard Schröder propagierte – um ein zweites Beispiel anzuführen – angesichts der umstrittenen Regierungsbeteiligung der FPÖ in Österreich im Jahr 2000 die Wertegemeinschaft Europa in

Abgrenzung zum Nachbarstaat, sah darin aber vornehmlich das Ziel, die eigene nationale Identität zur Geltung zu bringen: »Ich will nicht, dass Haider ein deutsches Problem wird. Denn diejenigen, die uns international betrachten, haben nicht so sehr Angst vor Haider in Österreich als vielmehr davor, dass sich Deutschland von einem wie ihm nicht klar abgrenzt«[1] (vgl. auch Weigl/Colschen 2001, 92).

Die Methode, Europas Identität zu beschwören, de facto aber nationalstaatliche Identitäten nur locker in ein wenig substanzielles europäisches Gewand zu kleiden, erfuhr seine Diskreditierung durch die gescheiterten Referenden zum Verfassungs-vertrag in Frankreich und den Niederlanden. Da eine ernsthafte Konzentration auf Europa für die Nationalstaaten nicht in Frage kommt, drängen sie nun abermals selbst vor. Sogar in Aussagen von europäischen Spitzenpolitikern, beispielsweise des Vize-Präsidenten der Europäischen Kommission, Günter Verheugen, wird der vor den Referenden zaghaft geführte Widerstand gegen die Nationalstaaten ad acta gelegt: »Weder sind die Völker Europas bereit, ihre nationale Identität aufzugeben, noch ist das überhaupt wünschenswert. (. . .) Es gibt keine rein europäische Identität des einzelnen« (Verheugen 2005). Statt – wie im Verfassungsvertrag – den Anspruch zu erheben, die EU sei Brennpunkt der Formulierung eines europäischen Selbstverständnisses, wird diese Kompetenz von Verheugen wieder an die National-staaten zurückgegeben: »Man kann die Verteidigung der europäischen Idee nicht den paar Europainstitutionen und den Mitgliedern der Kommission überlassen. Das ist eine nationale Aufgabe, und sie muss ernst genommen werden« (ebd.).

Unterstützung enthalten die Nationalstaaten in ihrer Präferenz des Nationalen vor dem Europäischen durch die intellektuelle Elite. Von ihnen wird die Frage, wie das Spannungsfeld zwischen regionalen, nationalen und europäischen Identitäten zu lösen ist, zumeist ebenso nebulös beantwortet wie von Seiten der Politik. Nur wenige betonen wie Giovanni Reale (Reale 2004) oder Bassam Tibi die Notwendig-keit eines Europa einigenden Bandes mehr als seine Vielfalt. Tibi beispielsweise prognostiziert einen Verfall der Werte in Europa und führt dies auf einen »unver-ständlichen Selbsthass« der Europäer zurück, der in einer Verleugnung der eigenen Werte münde. Um eine europäische kulturelle Moderne zu begründen, dürfe es aber keine beschädigten kulturellen Identitäten geben. Vielmehr müsste sich Europa im Sinne einer »europäischen Leitkultur« auf einen für alle verbindlichen Normen- und Wertekatalog einigen (vgl. Tibi 2000).

Die große Mehrheit der Intellektuellen hingegen sucht eine in jeder Hinsicht beste-hende Vielfalt Europas zu untermauern, sieht die Nationen als unverzichtbar an und geht auch sonst mit den Identitätsentwürfen der Politik weitgehend konform. Jürgen Habermas und Jacques Derrida (Habermas/Derrida 2003) als zwei ihrer prominen-testen Vertreter unterstützen den Gedanken eines »Europas der zwei Geschwindig-keiten«. Davon würde »eine Sogwirkung ausgehen, der sich die anderen Mitglieder – zunächst in der Eurozone – nicht auf Dauer werden entziehen« können. Dass

---

1   Vgl. Gerhard Schröder. In: Der Spiegel, 8/2000, S. 34-36: »Politik ist härter geworden«.

damit auch das propagierte Kerneuropa eine Dominanz in der Konstruktion europäischer Identität gegenüber den neuen Mitgliedstaaten einnehmen würde, nehmen sie billigend in Kauf: »Vorangehen heißt nicht ausschließen. Das avantgardistische Kerneuropa darf sich nicht zu einem Kleineuropa verfestigen; es muss – wie so oft – die Lokomotive sein.« Den Ausgleich multipler Identitäten scheinen sie stattdessen – quasi nachholend – als Begleiterscheinung in dem von ihnen propagierten Aushandlungsprozess europäischer Identität »in der wilden Kakophonie einer vielstimmigen Öffentlichkeit« einerseits und der betonten Notwendigkeit der Etablierung Europas als Widerpart zum »hegemonialen Unilateralismus der Vereinigten Staaten« andererseits zu begreifen. Zwar konstatieren Gegner dieser Sichtweise, dass ein Projekt Kerneuropa den Befindlichkeiten Ost- und Mittelosteuropas nicht gerecht werde,[2] sondern stattdessen weit davon entfernt sei, »die Auffassungen der anders denkenden Europäer, namentlich die unterschiedliche Weltsicht der Osteuropäer, auch nur ansatzweise verstehend nachzuvollziehen« (Herzinger 2003). Seriöse Vorschläge, wie dieses Defizit überwunden werden könnte, bleiben jedoch Mangelware.

Von den Eliten wurde und wird das »Projekt Europa« mehrheitlich unterstützt. Die Nationen jedoch nehmen auch in ihren Gedankenspielen einen immer festeren Platz ein: »Ein Europa, das beflügelt, kann nicht auf den Ruinen der Nationen erbaut werden« (Beck/Giddens 2005). Nicht mehr die Vision ihrer Überwindung, sondern ihre – wie auch immer geartete – Ergänzung durch ein europäisches Moment steht heute ganz oben auf ihrer Agenda. Ihre Überlegungen treffen sich damit durchaus mit der Grundstimmung zu Europa, wie sie unter der Bevölkerung anzutreffen ist. Die eigene Nation bleibt für die Bürger Maßstab aller Dinge. Europa hingegen erscheint mehr als ein positiver Gedanke, der in seiner konkreten Umsetzung wenig Zustimmung zu erlangen weiß.

Ergebnisse der Eurobarometer-Umfragen seit 1974 offenbaren, dass bezüglich der Einstellungen der Bevölkerung zu Europa und der Europäischen Union nur wenige Brüche über einen Zeitraum von drei Jahrzehnten zu identifizieren und stattdessen die Aussagen von großer Kontinuität gekennzeichnet sind. Auf die Frage, ob die EU »eine gute Sache sei« und die Mitgliedschaft des eigenen Landes in der EU unterstützt werde, ergab sich 2005 unter den Staaten, welche bereits 1973 der EG angehörten, im Mittel eine positive Bewertung der Mitgliedschaft von 62 Prozent der Befragten; ein um lediglich sechs Prozentpunkte höherer Wert als 1973 (Eurobarometer 63/2005, 93). In Frankreich und Deutschland, welche beide beanspruchen, »Motor der Integration« zu sein, offenbart sich sogar eine aktuell schlechtere Bewertung als zu Beginn der 70er Jahre.[3]

---

2 So z.B. Günter Grass; vgl. Grass contra Habermas: Gegen Idee von einem »Kerneuropa«. In: Der Spiegel v. 29.6.2003.
3 Frankreich: 1973: 61 Prozent »gute Sache«, 5 Prozent »schlechte Sache« – 2005: 51 Prozent »gute Sache«, 16 Prozent »schlechte Sache«; Deutschland: 1973: 63 Prozent »gute Sache«, 4 Prozent »schlechte Sache« – 2005: 58 Prozent »gute Sache«, 14 Prozent »schlechte Sache«; vgl. Eurobarometer 12/1979 und 63/2005.

1982, zu Beginn der forcierten identitätspolitischen Bemühungen der EG, stellte das Eurobarometer erstmals die Frage, ob den Befragten bewusst sei, dass sie Bürger Europas seien. Damals erklärten 16 Prozent der Bürger EG-weit (EG10), dass sie sich »häufig« als Bürger Europas fühlten, 37 Prozent gaben als Antwort »manchmal« an und 43 Prozent »nie« (Eurobarometer 17/1982). Zwanzig Jahre später, im Frühjahr 2000 (EU15), antworteten auf die Frage, wie sie sich in naher Zukunft sehen würden, 4 Prozent der Befragten, dass sie sich exklusiv als Europäer betrachten würden, 8 Prozent als »Europäer und Nationalität«, 45 Prozent als »Nationalität und Europäer« sowie 41 Prozent lediglich als Angehörige ihrer Nation (Eurobarometer 53/2000). Auch wenn die Fragestellungen nicht identisch sind, kann damit doch gleichfalls eine Kontinuität des Gefühls der Zugehörigkeit zu Europa konstatiert werden, sowohl was diejenigen betrifft, die ein starkes derartiges Gefühl konstatieren (1982: 16 Prozent, 2000: 12 Prozent), als auch bezüglich derjenigen, die gänzlich in nationalen Kategorien empfinden (1982: 43 Prozent, 2000: 41 Prozent). Kongruent zu diesem Ergebnis ist, dass im Jahr 2000 in allen Mitgliedstaaten mit 83 Prozent die überragende Mehrheit der Bürger erklärte, »sehr stolz oder ziemlich stolz« auf ihre Nationalität zu sein, wobei das Ergebnis ohne das Schlusslicht und den Sonderfall Deutschland (68 Prozent) sogar 88 Prozent betragen hätte. Der von den Bürgern bekundete Nationalstolz hat sich damit seit 1990 (EU12: 70 Prozent) erheblich vergrößert, wobei vor allem in Deutschland (1990: 45 Prozent) ein neues Nationalgefühl entstanden ist. So rangiert Europa auch noch 2005 an letzter Stelle, wenn nach der Stärke des Verbundenheitsgefühls der Bürger mit unterschiedlichen Raumbezügen (Nationalstaat: 91 Prozent, Region: 87 Prozent, Dorf/Stadt: 87 Prozent, Europa: 66 Prozent) gefragt wird.

Schon diese ausgewählten Daten belegen, dass ein europäisches Bewusstsein zwar durchaus zu konstatieren ist, wenn auch in den einzelnen Mitgliedstaaten unterschiedlich stark ausgeprägt. Europa wird in konativen Zusammenhängen wahrgenommen, das reflexive Wissen um die Zugehörigkeit zu Europa ist weitgehend ausgeprägt. Ein affektives Verbundenheitsgefühl mit Europa sowie eine als kognitiv zu charakterisierende europäische (Selbst-)Reflexion und Problemlösungsorientierung, welche gemeinsam eine europäische Identität kennzeichnen, sind dagegen bei der Mehrheit der Bürger nur schwach zu identifizieren. Der Wert von über 50 Prozent von Bürgern, welche sich kontinuierlich in gewissem Maße »europäisch« fühlen, darf dabei nicht täuschen. Es scheint dies vielmehr »ein Lippenbekenntnis« zu sein, das nicht notwendigerweise auf eine bereits etablierte europäische Identität hinweist (Dürr 2005, 19).

Für die Bevölkerung gilt 1989 wie heute, dass »›Europa‹ und der weitere Aufbau Europas (. . .) eher hingenommen, akzeptiert bzw. wohlwollend beurteilt als unterstützt, gefordert, nachdrücklich verlangt oder aktiv vorangetrieben« wird (Eurobarometer 32/1989). Der EU wird von den Bürgern ein materieller Mehrwert zum Nationalstaat zuerkannt, kaum jedoch ein emotioneller. Die politische Gemeinschaft präsentiert sich in den Augen der Bürger als Zweckgemeinschaft, die auf Grund ihrer konkreten alltäglichen Vorteile akzeptiert, aber weniger geliebt wird. Hierfür spricht auch, dass viele Personen zwischen Europa und EU zu trennen wissen und Europa ein weitaus positiveres Image genießt als die Union (z.B. Weigl/Zöhrer 2005): »Die abstrakte Idee ›Europa‹ steht hoch im Kurs; bei der real existierenden EU werden Zweifel sichtbar« (Immerfall 2000, 8). Nicht zuletzt greift hier das Paradoxon, dass die nationalen Regierungen für erhebliche Teile der politischen Entscheidungen in der EU verantwortlich sind, Politiker aber »ein Großteil der Kritik an den Folgen ihrer Entscheidungen auf die EU und ihre Institutionen« abwälzen: »Dass viele Bürger diese Fehlinterpretation in ihrer Wahrnehmung übernehmen, erschwert die Situation zusätzlich« (Kühnhardt 2005, 4).

Das im Verfassungsvertrag festgeschriebene europäische Motto »In Vielfalt geeint« kann vor diesem Hintergrund als durchaus geschickt gewählt verstanden werden. Es begegnet der nur schwach ausgeprägten europäischen Identität der Bürger bei gleichzeitig zu identifizierendem Europabewusstsein, indem eben dieses Europabewusstsein zur Identität erklärt wird. Es bündelt die politische Präferenz des Nationalen und die emotionale Distanz der Bürger zu Europa in einem Identitätsangebot, dem kaum widersprochen werden kann. Der italienische Philosoph und ehemalige Abgeordnete des Europaparlamentes Gianni Vattimo bringt das Gefühl vieler auf den Punkt, wenn er betont, dass es »etwas Besonders« sei, Europäer zu sein, »eine Besonderheit, die Vorrang hat und grundlegender ist als die bloße Zugehörigkeit zur im Bau befindlichen Union« (Vattimo 2003). Die Fraktion derer jedoch, die sich mehr wünschen als ein solch diffuses Zugehörigkeitsgefühl zu Europa unter nationalen Vorzeichen, ist unter Politikern und Intellektuellen ebenso wie unter den Bürgern eher klein. Die Nation bestimmt das Fühlen, ist eine Herzensangelegenheit, Europa dagegen gebilligte Notwendigkeit.

2. Die unverbindliche Wertegemeinschaft

Die ungelöste Problematik des Ausgleichs regionaler, nationaler und europäischer Selbstverständnisse spiegelt sich im inhaltlichen Identitätsangebot zu Europa wider. Um Bewusstsein zu schaffen, bedarf es der Transformation von Wissen über etwas zu einem subjektiven Empfinden dieses Etwas. Zu einem Wissen über Europa muss ein irgendwie geartetes subjektives Gefühl treten, Europäer zu sein. Genau auf diese Transformation zielen letztlich beinahe alle identitätspolitischen Bemühungen hinsichtlich Europas der letzten Jahrzehnte. Informationskampagnen wie beispielsweise zum europäischen Verfassungsvertrag stellen – ohne an dieser Stelle ihren Erfolg bewerten zu wollen – Wissen bereit.[4] Bemühungen um eine verstärkte Teilhabe der Bürger an Europa versuchen diesen zu verdeutlichen, dass sie Europa sind. Symbole wie Flagge oder Hymne schließlich vermitteln ein diffuses Zugehörigkeits-

---

4 Vgl. weiterführend zu Politikvermittlungsstrategien im Verfassungsprozess Seeger (2006).

gefühl. Dass es gerade um diese Aspekte – Wissen und Verbundenheit um und mit Europa – nach Umfragen nicht so schlecht bestellt ist, legt den Schluss nahe, dass hierzu die diesbezüglichen identitätspolitischen Bemühungen ihr Scherflein beigetragen haben. Was allerdings eine europäische Identitätspolitik aktuell nur bedingt bereitzustellen vermag, ist Orientierung, welche europäisches Bewusstsein in europäische Identität münden ließ. Mit Ausnahme des Verfassungsvertrags, dessen identitätspolitische Aussagen eine rasche Relativierung erfuhren,[5] stellen deshalb gegenwärtige Bemühungen um ein europäisches Selbstverständnis einen bemerkenswerten Rückschritt im Vergleich zu den Jahrzehnten vor 1989/90 dar.

Dem Bewusstsein eines den Kontinent traditionell einigenden Bandes gab Winston Churchill Raum: »It is to re-create the European Family, or as much of it as we can, and to provide it with a structure under which it can dwell in peace, in safety and in freedom« (Churchill 1946). Churchill untermauerte seine Argumentation, indem er seiner Skizze der europäischen Tragödie eine Charakterisierung des »noblen« Europas und damit ein europäisches Identitätsangebot gegenüberstellte. Ähnlich argumentierte wenige Jahre später auch Robert Schumann, als er Europa als »Friedensprojekt« definierte. Sein Hinweis, Europa lasse sich »nicht mit einem Schlage herstellen«, lässt im Umkehrschluss darauf schließen, dass er es – zumindest rhetorisch – als gegenwärtig nicht existent begriff: »Der Friede der Welt kann nicht gewahrt werden ohne schöpferische Anstrengungen, die der Größe der Bedrohung entsprechen. Der Beitrag, den ein organisiertes und lebendiges Europa für die Zivilisation leisten kann, ist unerlässlich für die Aufrechterhaltung friedlicher Beziehungen« (Schumann 1950). Die nach dem Zweiten Weltkrieg konstruierte europäische Idee bestand folglich nicht allein aus der Vision des »Friedensprojekts Europa« als befriedetem und demokratischem Kontinent, in dem kein Platz mehr war für Erbfeindschaften. Vielmehr war diesem Traum gleichzeitig ein Identitätskonstrukt beigegeben, das die Wiederherstellung Europas als Wertkontinent anstrebte. Rezivilisiert und rekultiviert sollte Europa wieder anknüpfen an seine – um in den Worten Churchills zu sprechen – Traditionen als Heimat der westlichen Welt, Quelle des christlichen Glaubens und der christlichen Ethik, als Ursprung der Kulturen, Künste, philosophischen Lehren und Wissenschaften. Um das kriegerische Element beraubt sollte Europa auf seinen »guten« Kern zurückgeführt werden.

Zeichnete sich dieses von der Politik unterbreitete europäische Identitätsangebot durch eine stringente Zusammenführung der drei Zeitebenen Vergangenheit, Gegenwart und Zukunft aus, verschwammen seit den 80er Jahren seine scharfen Konturen gerade dadurch, dass eine Notwendigkeit seiner Präzisierung ausgemacht worden war. In der EEA von 1986, welche die bis dato umfassendste Änderung der Gründungsverträge darstellte, deklarierten die Mitgliedstaaten, sich für Demokratie, Menschenrechte, Grundfreiheiten und Grundrechte, »insbesondere Freiheit, Gleichheit und soziale Gerechtigkeit«, einsetzen zu wollen (Präambel). Eine spezifisch

---

5 Vgl. hierzu das Kapitel »Vergangenheit in Umdeutung« dieses Beitrags.

europäische und historisch abgeleitete Begründung für die Zielvorgaben der Gleichheit und sozialen Gerechtigkeit aber blieb aus und ließ sich nur bedingt implizit erschließen.

In den Vertragswerken von Maastricht und Amsterdam erfuhr diese zunehmende Unschärfe und Unverbindlichkeit des Europäischen Gedankens seine Fortsetzung. Der Maastricht-Vertrag von 1992 stellte zwar die politische Gemeinschaft auf eine neue, von drei Säulen getragene Grundlage. Politisch ist dieses Ergebnis durchaus als Erfolg und Beleg eines gestärkten Integrationswillens der Mitgliedstaaten zu bewerten (Weidenfeld 1994). Die Bilanz seiner identitätspolitischen Akzentuierungen muss hingegen kritischer ausfallen, immerhin ließen die sehr knapp gefassten Ausführungen zur den Grundlagen des Identitätsangebots jegliche Innovativität vermissen. Wie schon in den Jahren zuvor bekannten sich die Mitgliedstaaten lediglich zu den nicht weiter europäisch spezifizierten Grundsätzen der Freiheit, der Demokratie, der Achtung der Menschenrechte und Grundfreiheiten sowie der Rechtsstaatlichkeit. Auf eine ansprechende Zukunftsperspektive, welche sich aus diesen Werten ableiten ließ, verzichtete der Maastrichter Vertrag. Als Neukonzeption der Idee Europa, die auf die veränderten Rahmenbedingungen seit dem Ende der Ost-West-Konfrontation angemessen reagiert, ist das Vertragswerk somit ebenso wenig zu charakterisieren wie der Amsterdamer Vertrag von 1997.[6]

Konkretisierung erfuhr das seit dem Ende der Blockkonfrontation in den Vordergrund gerückte Verständnis Europas als Wertegemeinschaft mit der im Jahr 2000 verabschiedeten europäischen Grundrechtecharta, in welcher die »gemeinsamen Werte« als verbindendes Moment angesehen wurden (Charta 2001, 243f.). Im Verfassungsvertrag schließlich definiert sich die EU erstmals explizit in einem Vertragswerk als – zuvor nur postulierte – Wertegemeinschaft: »Die Werte, auf die sich die Union gründet, sind die Achtung der Menschenwürde, Freiheit, Demokratie, Gleichheit, Rechtsstaatlichkeit und die Wahrung der Menschenrechte einschließlich der Rechte der Personen, die Minderheiten angehören. Diese Werte sind allen Mitgliedstaaten in einer Gesellschaft gemeinsam, die sich durch Pluralismus, Nichtdiskriminierung, Toleranz, Gerechtigkeit, Solidarität und die Gleichheit von Frauen und Männern auszeichnet« (Artikel I-2).

Keiner der hier angeführten Werte ist unzweifelhaft als spezifisch europäisch zu charakterisieren oder ohne erklärende Worte auf spezifisch europäische Traditionslinien zurückzuführen. In der Praxis ist es mit ihnen auch keinesfalls zum Besten

---

6   Letzterer wiederholte die Worte der Präambel von Maastricht beinahe unverändert, ließ sein »Mantra« der Identitätsfolie EU jedoch erstmals auch vertragliche Weihen außerhalb einer Präambel zu Teil werden: »Die Union beruht auf den Grundsätzen der Freiheit, der Demokratie, der Achtung der Menschenrechte und Grundfreiheiten sowie der Rechtsstaatlichkeit; diese Grundsätze sind allen Mitgliedstaaten gemeinsam« (Artikel 6 EU-Vertrag). Neu an dieser Formulierung war allein der Zusatz, dass die Grundsätze allen gemeinsam seien. Schon 1993 waren Teile dieses Selbstverständnisses in die auf dem Europäischen Rat in Kopenhagen beschlossenen Kriterien eingeflossen, deren Erfüllung den Beitrittsländern zur Bedingung gemacht worden war, darunter: »institutionelle Stabilität als Garantie für demokratische und rechtsstaatliche Ordnung, für die Wahrung der Menschenrechte sowie die Achtung und den Schutz von Minderheiten«.

bestellt. Als der bundesdeutsche Außenminister Joschka Fischer beispielsweise in seiner Rede an der Humboldt-Universität Berlin vom 12. Mai 2000 in den Mittelpunkt seiner Überlegungen zur Finalität Europas ein »Gravitationszentrum« als »Avantgarde« und »Lokomotive für die Vollendung der politischen Integration« (Fischer 2000) stellte, entsprach dies keinesfalls einem gesamteuropäischen Konsens. Proteststürme der aus dem angedachten »Gravitationszentrum« potenziell ausgeschlossenen Staaten stellten die logische Konsequenz dar.

Im Kern ging es bei Fischers Gedankengängen nicht nur um die Frage der Fortsetzung der Europäischen Integration bei Aufrechterhaltung ihrer Handlungsfähigkeit, sondern auch um eine Neuaufstellung europäischer Identität und der Identifikationsfolie EU. Die Konzeption eines Gravitationszentrums inmitten der EU stand im Widerspruch mit dem von der Union gepflegten Duktus der »gegenseitigen Solidarität« aller Mitgliedstaaten. Indem Fischer außerdem entgegen dem identitätspolitischen Sprachgebrauch der EU die Termini Europa und EU voneinander abgekoppelte, erkannte er gleichzeitig die Deutungsmacht zu Fragen eines europäischen Selbstverständnisses gänzlich und ganz selbstverständlich dem Gravitationszentrum zu. Der Zentrum-Peripherie-Konflikt innerhalb der EU wurde damit auch auf die Formulierung ihrer ideellen Grundlagen übertragen.

Seit Fischers Vorstoß hat sich das Bild nur wenig geändert, immer noch erweist sich das Solidaritätsparadigma europäischer Identitätskonstruktion als wenig selbstverständlich. Besonders augenfällig wurde dieser Umstand in der Debatte um die Pressekonferenz des amerikanischen Verteidigungsministeriums zu einer möglichen US-Invasion im Irak vom Januar 2003. Von einem niederländischen TV-Journalisten nach dem Verhältnis der USA zu den europäischen Staaten befragt, entgegnete Donald Rumsfeld dem Pressevertreter mit den Worten: »Now, you' re thinking of Europe as Germany and France. I don't. I think that's old Europe. If you look at the entire NATO Europe today, the center of gravity is shifting to the east. And there are a lot of new members« (Rumsfeld 2003). Dass diese Aussage in Europa überhaupt als identitäre Provokation aufgefasst wurde, weist auf die Beharrungskräfte der europäischen Identitätskonstruktion von vor 1990 hin. Die Politik des »alten Europa« ist scheinbar nur wenig gewillt, politisches wie identitäres Terrain an die neuen Mitgliedstaaten abzutreten. So wie Europa von Außen kaum als einheitlicher Akteur, sondern in nationalstaatlichen Kategorien begriffen wird, so dominieren auch in seinem Inneren nationalstaatliche Hahnenkämpfe.

Die Reaktionen auf die Aussagen Rumsfeld fielen unterschiedlich aus und sind als Beleg zu werten, wie heterogen sich die Interessen der einzelnen Mitgliedstaaten gestalten und wie unterschiedlich die jeweiligen Regierungen das Spannungsfeld zwischen nationalem und europäischem Selbstverständnis aufzulösen gedenken. Zurückgewiesen wurde des Statement des US-amerikanischen Verteidigungsministers anfangs nicht nur von Politikern der angesprochen Staaten Deutschland und Frankreich, sondern auch von manchen jener Staaten, die nur wenige Tage später in einem mit den übrigen EU-Partnerstaaten nicht abgestimmten »Brief der Acht« die

Solidarität zwischen Europa und den Vereinigten Staaten beschworen.[7] Die EU-Kommission hielt sich dagegen in der Öffentlichkeit mit Ausführungen wie der von Joschka Fischer, dass Europas »Kultur und Staatenbildung« viel älter sei als die der USA,[8] auffällig zurück. Stattdessen kritisierte sie im Zusammenhang mit dem »Brief der Acht« vornehmlich das »Wie« dieser Solidaritätsadresse an die USA, welche der luxemburgische Premierminister Jean-Claude Juncker offen als »in höchstem Maße bedauerlich, skandalös und« – hier eine explizite Bezugnahme auf die Wortwahl der Identitätsfolie EU – »unsolidarisch« bezeichnete.[9]

Gerade die identitär bedeutsame Frage, welche Rolle Europa weltpolitisch spielen und wie es sich dabei gegenüber den Vereinigten Staaten positionieren solle, fördert die große Kluft zwischen verschiedenen europäischen Identitätskonstruktionen zu Tage. Nachdem Jürgen Habermas und Jacques Derrida ihren Wunsch nach einem Europa als Widerpart der USA äußerten (Habermas/Derrida 2003), bescheinigte ihnen der britische Historiker Timothy Garton Ash, einen »europäischen Nationalismus« zu entwerfen. Er selbst plädierte für ein Gegenmodell, in welchem dem nicht europäischen Anderen weniger aus- und abgrenzend begegnet wird: »Ich würde mir eine Situation wünschen, in der Europäer (. . .) beginnen ihre eigenen Debatten über den Rest der Welt zu führen (. . .) Eine Debatte, die bei einer europäischen Analyse über unsere nahen und fernen Nachbarn ansetzt und eine Diskussion darüber einleitet, wie wir mit ihnen umgehen wollen« (Ash 2005).

Ganz ähnlich argumentiert auch der französische Philosoph André Glucksmann, in dessen Augen eine »Europa-Macht«, welche der amerikanischen »Übermacht« ein Ende setzen wolle, »nicht der Traum von einem europäischen Europa« sei (Glucksmann 2005). Wie Ash lehnt auch er eine Strategie der offensiven Abgrenzung als Moment europäischer Identität ab und glaubt an dessen selbstreferentielle Kraft. Im Kern verweist er damit auf ein selbstbewusstes, aber zugleich bedächtiges Europa, für das Václav Havel bereits 1996 die Stimme erhob: »Die Aufgabe Europas besteht nicht und wird nicht mehr darin bestehen, die Welt zu beherrschen, seine Idee vom Wohlergehen und vom Guten dort zu verbreiten oder ihr seine Kultur aufzudrängen, ja noch einmal sie ihr großzügig bereitzustellen« (Havel 1996). Ungeachtet solcher Stimmen plädierten jedoch mit Ulrich Beck und Anthony Giddens zwei weitere intellektuelle Schwergewichte Europas nach den gescheiterten Verfassungsreferenden, dass »sich wir Europäer« darüber verständigen sollten, dass die Europäische Union »zu einem, wenn nicht dem wichtigsten Akteur auf der globalen Bühne im 21. Jahrhundert« werden sollte (Beck/Giddens 2005).

Kritik an solchen Gedankengängen eines weltpolitisch mächtigen Europas als Contrapart zu den USA kommt nicht zuletzt aus den Staaten Ost- und Mittelosteuropas. Abermals fühlen sie sich in solchen Identitätsvorstellungen nicht mit ihren spezifi-

---

7 Vgl. z.B. Süddeutsche Zeitung v. 30.01.2003: »Unsere Stärke ist die Einigkeit«; Der Spiegel, 18/2003: »Polen ist altes Europa«.
8 Vgl. Die Zeit v. 27.01.2003: »Unverschämt, aber nicht falsch«.
9 Vgl. Die Welt v. 31.01.2003: »Der Graben durch Europa«.

schen Traditionen und Befindlichkeiten abgebildet. Ihre tiefe Verunsicherung fasste der ungarische Literaturnobelpreisträger Imre Kertész in Worte: »Wie konnte es kommen, dass der irakische Diktator, dieser späte Schüler Hitlers und Stalins, im Verlauf von pazifistischen Massenerhebungen zu einer fast annehmbareren Figur für Europa wurde als der verfassungsgemäß alle vier Jahre neu wählbare bzw. ablösbare Präsident der USA?« (Kertész 2003)

Solche Gräben im Denken und Fühlen zwischen alten und EU-Mitgliedsstaaten zu beseitigen, wäre der eigentliche Prüfstein europäischer Solidarität. Bislang dagegen werden aktuelle europäische »Identitätsbemühungen« der Orientierungsfunktion, welcher eine tatsächliche europäische Identität nachkommen müsste, nicht gerecht. Stattdessen präsentieren sie eine stichwortartige Aneinanderreihung von Merkmalen vermeintlicher europäischer Identität wie Pluralismus, Toleranz, Gerechtigkeit, Solidarität, Freiheit und Demokratie, ohne sie in einen spezifisch europäischen Sinnzusammenhang zu stellen. So wie die Vielfalt Europas nur in einem unkommentierten Motto mündet, so bleibt die Wertegemeinschaft Europa stumpf. Solange aber europäische »Identitätspolitik« kein Orientierung vermittelndes Sinnangebot unterbreitet, wird sie Bewusstseinspolitik bleiben und nur bedingt Identität zu stiften vermögen.

3. Vergangenheit in Umdeutung

Der Geschichte scheint im Verständnis Europas als Wertegemeinschaft nur noch eine untergeordnete Bedeutung zuzukommen. Die theoretische Vorgabe, dass Identität die drei Zeitebenen Vergangenheit, Gegenwart und Zukunft konstitutiv miteinander in Bezug setzen soll, wird offensichtlich um das historische Begründungsmoment beraubt. Bei genauerer Analyse jedoch wird deutlich, dass unterhalb des ahistorischen »Tarnmantels« eine schleichende Umdeutung der Vergangenheit stattfindet. Die historischen Parameter europäischer Identität verschieben sich langsam, aber merklich und folgenschwer.

Grundbedingung für den Identitätsentwurf eines Europas als Friedensprojekt war die von allen europäischen Staaten geteilte Erfahrung des Zweiten Weltkrieges, aus welchem sich ein Gegenentwurf europäischer Identität für die Zukunft ableiten ließ. Von deutschen wie französischen Akteuren im Besonderen forciert, stand dabei anfangs im Konkreten die Überwindung der gegenseitigen Erbfeindschaft, welche als eine wesentliche Quelle der fatalen historischen Entwicklung ausgemacht worden war, im Mittelpunkt der Bemühungen. Das europäische Identitätskonstrukt jedoch vollzog die geographische Konzentration der Politik niemals nach. Das Selbstverständnis eines Europas der gemeinsamen Traditionen und Werte sowie des Friedens kannte a priori keine Grenzen weder Richtung Osten, noch nach Innen. Dem europäischen Integrationsprozess war damit eine identitäre Zielvorstellung beigegeben, welche die Überwindung der Ost-West-Konfrontation konstitutiv mit einschloss und der Politik die Richtung wies. Mit seiner in den 50er Jahren erstmals formulierten und später oftmals wiederholten Idee eines »Europas vom Atlantik bis zum Ural« (z.B. Lucas 1992) betonte der französische Minister- und Staatspräsident Charles de Gaulle eben diesen Umstand (z.B. Gaulle 1971).

Mit der zunehmenden Konzentration auf die Konstruktion Europas als Wertegemeinschaft traten historische Kontinuitätslinien des eigenen Selbstverständnisses mehr und mehr in den Hintergrund. Die europäische Traditionslandschaft zeigte sich im Zuge von Erweiterungsrunden immer bunter und vielfältiger, die Regionen artikulierten ihre Positionen mit zunehmend mehr Selbstvertrauen. Nicht nur in ihrer 1996 verabschiedeten »Erklärung zum Regionalismus« traten die in der Versammlung der Regionen Europas organisierten Regionen innerhalb der EU für die »Erhaltung und Entfaltung der lokalen und regionalen Traditionen und Identität« ein und wandten sich entschieden gegen Formen »kultureller Gleichmacherei in Europa« (VRE o.J.). Die kulturelle Vielfalt Europas schien sich nicht mehr in einem gemeinsamen Kanon von Traditionen und Geschichten bündeln zu lassen, weshalb mehr und mehr auf den pragmatischen und konfliktärmeren Ansatz, Europa als Wertegemeinschaft zu definieren, abgehoben wurde. Das Ende der Blockkonfrontation änderte an diesem Umstand wenig.

Dass mit der Überwindung des Ost-West-Konflikts auch das Ringen um eine europäische Identität auf eine neue Grundlage gestellt worden war, signalisierten zwar Beobachter der Ereignisse wie der in Prag geborene Historiker Jacques Rupnik frühzeitig: »Wirtschaftlich betrachtet braucht der Osten den Westen, doch kulturell gesehen braucht der Westen den Osten, und zwar genau deshalb, weil dort die ›Seele Europas‹ bewahrt wurde, die Vorstellung von einem Europa als Kultur« (Rupnik 1990). An die Pforte der Europäischen Union klopften nach dem Ende der Blockkonfrontation Staaten, die es nicht nur politisch, sondern auch mit ihren spezifischen Geschichten und Erfahrungen zu integrieren gegolten hätte. Westeuropa jedoch sah im Fall des »Eisernen Vorhangs« die in den 50er Jahren formulierte Magnetwirkung des in der politischen Gemeinschaft gebündelten europäischen Identitätsangebots bestätigt. Getragen von dieser Überzeugung setzte sich der Glaube durch, nur die politische Union fortentwickeln und das althergebrachte Identitätsangebot weiter propagieren zu müssen: »Europa hat die Jahre zwischen 1989 und 1999 nicht genutzt. (. . .) Die Chance zur Westverlängerung – nicht zur Osterweiterung – wurde nicht genutzt. Jetzt tanzen wir alle die Identitätsallüren« (Gruša 2002, 725).

So wie die Westzentrierung europäischer Identitätsangebote zur Revision angestanden hätte, so ließ sich auch die Idee eines Europas als Friedensprojekt mit den Mitte 1991 ausgebrochenen Bürgerkriegen im ehemaligen Jugoslawien nicht mehr unreflektiert aufrechterhalten. Die täglich über den Bildschirm flimmernden Bilder eines mörderischen Krieges mitten in Europa und die Schreckensmeldungen über Vergewaltigungen und andere Verbrechen gegen die Menschlichkeit belasteten die Illusion eines von Werten geleiteten Europas als »Kraft des Friedens« (Jean Monnet).

Der deutsche Philosoph Peter Sloterdijk spricht in diesem Zusammenhang sogar von der »blamablen Widerlegung der ersten Europäischen Gemeinschaft. (. . .) Man könnte geradewegs sagen: Während der Belagerung Sarajewos ging die politische Traumzeit Europas zu Ende« (Sloterdijk 1997, 15).

Die Vision eines friedlichen Europas war – obwohl Frieden gleichzeitig zur Selbstverständlichkeit der eigenen Lebenswelt mutierte (vgl. Ash 2005) – beschädigt, die Vorstellung eines kultivierten Europas in Zweifel gezogen und die in den 50er Jahren beigegebene Zielvorgabe der Überwindung der Ost-West-Konfrontation erfüllt. Trotz dieser Hypotheken stellte die EU-Kommission in Person ihres Präsidenten Jacques Delors allerdings nicht das Suchen nach einer neuen, historisch untermauerten Vision für Europa in das Zentrum ihrer Bemühungen, sondern die Rückbesinnung auf vergangene Tage: »Will man zu dem Spezifischen der Gemeinschaft zurückfinden, so muss man an die beiden Hauptmotive erinnern, die bei ihrer Gründung Pate standen: den Frieden zu sichern und die Entschlossenheit, den Niedergang Europas nicht zuzulassen« (Delors 1992, 75). Als die vier Haupterfordernisse der 90er Jahre benannte Delors entsprechend »Frieden, Solidarität, politische und wirtschaftliche Integration« (ebd., 77). Kritik an dieser Strategie des Festhaltens an Althergebrachtem blieb nicht aus: »Große Dinge sind im Gange, aber Europa schweigt. (. . .) Der Glanz der Samtenen Revolution von 1989 ist überlagert von den Greueln und ›ethnischen Säuberungen‹ der jugoslawischen Nachfolgekriege, denen Europa so lange hilflos zugesehen hat. Was zählen da noch die Europa-Visionen aus glücklicheren Tagen!« (Schlögel 2002, 248). Engagierte Appelle wie die Václav Havels, der »ein neues, aufrichtiges und klares Nachdenken über das, was man europäische Identität nennen mag« (Europa-Union Deutschland 1995, Vorwort), einforderte,[10] verhallten weitgehend ungehört.

Zwar setzte der Europäischen Rat von Laeken 2002 ungewohnte inhaltliche Akzente, als er die Einsetzung des Konvents zur Zukunft Europas mit einer Erklärung begleitete: »Europa als Kontinent der humanitären Werte, der Magna Charta, der Bill of Rights, der Französischen Revolution, des Falls der Berliner Mauer. Kontinent der Freiheit, der Solidarität, vor allem der Vielfalt, was auch die Achtung der Sprachen, Kulturen und Traditionen anderer einschließt. Die einzige Grenze, die die Europäische Union zieht, ist die der Demokratie und der Menschenrechte« (Europäischer Rat Laeken 2001). Letztendlich jedoch entpuppte sich dieser Versuch, das aktuelle Europa aus der Geschichte heraus zu konstruieren, nur als Strohfeuer. Stattdessen blieb es vorerst bei der in den 90er Jahren eingeschlagenen Grundlinie, wonach die Historie in Form der »Kulturen und Traditionen der Völker Europas«

---

10 Václav Havel selbst fasste als kulturelle Grundlagen der Europäische Union das »große Ensemble zivilisatorischer Werte, deren Wurzeln zweifellos auf die Antike und das Christentum zurückgehen und die sich durch zwei Jahrtausende hindurch zu der Gestalt entwickelt haben, die wir heute als die Grundlagen der modernen Demokratie, des Rechtsstaates und der Bürgergesellschaft begreifen« (Europa-Union Deutschland 1995).

112

explizit als Europa trennendes, die »gemeinsamen Werte« hingegen als verbindendes Moment angesehen wurden.[11]

In der Präambel des Verfassungsvertrags wird dieses Verständnis der Geschichte als trennendes Moment zuerst wiederholt, wenn von einem »nach schmerzlichen Erfahrungen nunmehr geeinten Europa« die Rede ist. Im weiteren Verlauf der Ausführungen jedoch dient die Geschichte dazu, ein neues europäisches Selbstbewusstsein zu begründen. Indem auf das »kulturelle, religiöse und humanistische Erbe Europas« verwiesen wird, aus dem sich die Menschenrechte »sowie Freiheit, Demokratie, Gleichheit und Rechtsstaatlichkeit als universelle Werte entwickelt« hätten, erklärt sich Europa selbst – in unmittelbarer Anknüpfung an Winston Churchill – zur Wiege der Zivilisation, die auch künftig »auf Frieden, Gerechtigkeit und Solidarität in der Welt hinwirken« will. Europa erscheint unvermutet als stolzer Kontinent, der seine Bestimmung als »Heilsbringer« historisch ableitet. Er ist nicht mehr nur identitäres Beiwerk der Völker Europas, deren Stolz auf ihre nationale Identität und Geschichte abermals artikuliert wird, sondern gleichberechtigtes Mitglied einer großen Familie multipler Identitäten.

Der Verfassungsvertrag hätte mit diesem Identitätsentwurf tatsächlich zu einem Meilenstein der Herausbildung eines neuartigen europäischen Selbstverständnisses avancieren können. Er ist der erste offiziöse Versuch seit den Wendejahren 1989/90, ein europäisches Identitätsangebot zu formulieren, in dem die Gegenwart aus der Geschichte heraus erklärt und diese Tradition zur Zukunftsverpflichtung erhoben wird. Allerdings scheint es aktuell, als wenn die Kommission Angst vor der eigenen Courage bekommen hätte: »Die europäischen Gesellschaften sind nicht durch Einwanderung entstanden wie die USA. Sie haben jeweils eine gemeinsame Geschichte, Sprache, Kultur. Die Europäische Union wird für lange Zeit ein Verbund von Staaten bleiben. Es kommt darauf an, wie wir diesen Verbund organisieren und was er tun soll« (Verheugen 2005). Wenn Günter Verheugen hier in Folge der gescheiterten Referenden in Frankreich und den Niederlanden von »europäischen Gesellschaften« spricht, welche ihre eigene Geschichte und Kultur hätten, dann ist dies ein Rückschritt hinter den Duktus des Verfassungsvertrags. Ein identitärer Zukunftsentwurf für Europa, der eine historische Kontinuitätslinie zu ziehen und in die Zukunft zu verlängern gedenkt, sieht anders aus.

Die rasche Kehrtwende, welche die Kommission augenscheinlich derzeit vollzieht, ist umso unverständlicher, als dass ihr Konzept eines selbstbewussten Kontinents nach innen wie außen prominente Fürsprache erhält. So sind die Parallelen zwischen dem Identitätsentwurf des Verfassungsvertrags und den Ansätzen von Jürgen Habermas und Jacques Derrida einerseits sowie von Ulrich Beck und Anthony Giddens andererseits auffällig.

Habermas und Derrida formulieren die Zukunftsvision eines »friedlichen, kooperativen, gegenüber anderen Kulturen geöffneten und dialogfähigen Europas«, das sich

---

11 So z.B. in der Grundrechtecharta von 2000, vgl. Charta (2001, 243f.).

zugleich der sozialen Gerechtigkeit und der »Zähmung des Kapitalismus« verpflichtet fühlt. Als Legitimation dieses Entwurfs wie auch als Verpflichtung für das künftige Handeln Europas sehen sie dabei dessen Historie des vergangenen Jahrhunderts an: »Die Erfolgsgeschichte der Europäischen Union hat die Europäer in der Überzeugung bestärkt, dass die Domestizierung staatlicher Gewaltausübung auch auf globaler Ebene eine gegenseitige Einschränkung souveräner Handlungsspielräume verlangt« (Habermas/Derrida 2003). Gerade weil Europa mit zwei Weltkriegen und dem Holocaust fertig geworden sei, könne es sich demnach nunmehr der Herausforderung stellen, »eine kosmopolitische Ordnung auf der Basis des Völkerrechts gegen konkurrierende Entwürfe zu verteidigen und voranzubringen« (ebd.).

Auf eine detaillierte Suche nach den historischen Wurzeln Europas verzichten auch Beck und Giddens, die das 20. Jahrhundert als tatsächliche Grundlage des neuen Europas begreifen. Dadurch, dass dieses »den unheilvollsten Strömungen in der europäischen Geschichte – Nationalismus, Kolonialismus, militärisches Abenteurertum – ein für allemal ein Ende gesetzt« (Beck/Giddens 2005) habe, komme ihm die künftige Rolle und ethische Verpflichtung zu, Exporteur seines zivilisatorischen Erfolgsrezepts seit dem Zweiten Weltkrieg zu sein. Als zweites globales Machtzentrum solle es ihm gelingen, »seinen Verbündeten USA in eine kosmopolitische, das heißt auf der Anerkennung der Andersheit der Anderen basierende Weltordnung einzubinden« (Beck/Grande 2004, 341).

Die Neukonzeption einer europäischen Identität im Sinne eines »kosmopolitischen Europas«, wie hier in Variation propagiert, formuliert durchaus eine Zukunftsvision in historischer Kontinuität. Ihre Stärke liegt darin, dass sie sowohl die aktuelle politische Situation als auch das seit 1990 gestiegene Selbstbewusstsein der europäischen Nationalstaaten und der EU abzubilden weiß. Die Attraktivität des Konzepts belegen nicht zuletzt die weit reichenden Parallelen zum Verfassungsvertrag.

Dem Ansatz konstitutiv ist jedoch ein neues historisches Verständnis, das die Koordinaten europäischen Selbstverständnisses, wie sie zur Zeit des »Kalten Krieges« galten, relativ lautlos, aber doch konsequent verschiebt. Während der Ost-West-Konfrontation stellte sich als wesentlicher historischer Referenzpunkt europäischer Identitätsangebote der Zweite Weltkrieg dar. Nicht nur ist ohne sein Erleben die Formulierung der Idee Europa nach 1945 nicht denkbar. Auch legitimierte sich aus ihm heraus die europäische Zukunftsvision dieser Zeit. Gerade weil Europa Herd zweier Weltkriege gewesen sei, sollte demnach ein abermaliges Aufblitzen seiner kriegerischen Fratze verhindert werden. Im Verständnis eines »kosmopolitischen Europas« ist dagegen nicht mehr der Zweite Weltkrieg selbst der derartige historische Dreh- und Angelpunkt europäischer Identität, sondern dessen demokratische und zivilisatorische Überwindung. Ein »kosmopolitisches Europa« streift die Zweifel am friedlichen europäischen Selbst ab und rückt stattdessen den Glauben in die eigene Stärke in den Mittelpunkt.

Das neue Selbstbewusstsein Europas und seiner Nationalstaaten auf dieses neuartige historische Begründungsmoment zurückzuführen, ist eine bemerkenswerte Leistung. Die Konsequenzen dieser Entwicklung sind jedoch kritisch zu bedenken, tragen sie doch in der Legitimation des Zukunftsentwurfs Europa vermehrt zur Historisierung des Krieges bei. Im Kern des Selbstverständnisses steht nicht mehr die Erfahrung von Krieg, sondern dessen Überwindung. Zielvorgabe Europas ist nicht mehr die Verhinderung von Krieg, sondern der Export von Frieden und Demokratie. Beide aber können nur dann exportiert werden, wenn Kriege existieren. Kriege werden damit zwar noch nicht zwangsläufig wieder zum legitimen Mittel von Politik erhoben, im neuen europäischen Selbstverständnis aber sind Kriege nicht nur akzeptiert, sondern als Notwendigkeit der Bestätigung eigenen Selbstverständnisses implementiert.[12] Hinsichtlich der Konstruktionen europäischer Identität beginnt sich damit abzuspielen, was in Deutschland seit der Wiedervereinigung zu beobachten war. Lautete die Losung früher, dass sich Deutschland nicht an militärischen Aktionen beteiligen dürfe, weil es einen Krieg angezettelt habe, herrscht heute weitgehend Übereinstimmung darüber, dass sich Deutschland beteiligen müsse, weil es aufgrund seiner Historie eine moralische Verpflichtung habe, für Frieden in der Welt zu sorgen (vgl. Weigl/Colschen 2001). Europa folgt Deutschland in den identitären Modellen des Verfassungsvertrags sowie bei Habermas/Derrida und Beck/Giddens nach.

Für die nationalen Identitäten bedeutet dieser europäische Identitätsentwurf ein komfortables Nest, in das zu setzen sich durchaus lohnen kann. Die äußerst vagen historischen Referenzen des Verfassungsvertrags erlauben eine Interpretation in eigener nationaler Sache. Der intellektuelle Verweis auf die Nachkriegszeit als eigentliche historische Grundierung des neuen Europas kommt hingegen ihrem eigenen Selbstbewusstsein entgegen. Historische Belastungen, die man in nationalen Kontexten im Sinne neuen Nationalstolzes langsam abschüttelt, können so nicht mehr durch die »Hintertür« europäischen Selbstverständnisses wieder einfallen. Die Idee Europa wird kompatibel gemacht zu den historisch untermauerten Erfolgsgeschichten, in denen sich immer mehr nationale Identitätsentwürfe unerschrocken sonnen. Der außerdem von vielen Nationen öffentlich artikulierte Anspruch, künftig eine weltpolitisch größere Rolle – notfalls im Verbund mit den anderen EU-Staaten – spielen zu wollen bzw. sich nicht der US-amerikanischen Hegemonie unterordnen zu wollen, erfährt durch die europäischen Identitätsentwürfe eine nachdrückliche Untermauerung und Legitimation. Dass eine derartige europäische Identität eine Konkurrenz zu nationalen Selbstentwürfen darstellen könnte, ist schließlich gleich-

---

12 Seit dem Zweiten Weltkrieg mehren sich Stimmen, welche den Holocaust als eigentlich verbindende historische Erfahrung Europas betrachten. Ohne diese These diskutieren zu wollen (beispielsweise ist zu fragen, ob es sich hierbei nicht mehr um ein kosmopolitisches, denn ein europäisches Gedächtnis handelt; vgl. Levy/Sznaider 2001), bleibt dabei zu konstatieren, dass die Verpflichtung für die Zukunft, welche sich aus einer solchen historischen Grundierung Europas ergeben würde, eine andere ist, als wenn der Zweite Weltkrieg als Referenz des Selbstverständnisses dient. Völkermorde zu verhindern meint nicht, jeden Krieg verhindern zu wollen.

falls ausgeschlossen. Die ausdrückliche Verankerung der Behauptung nationalstaatlicher Identitäten in allen Konzepten macht mehr als deutlich, wer der eigentliche identitäre Herr im europäischen Haus ist.

Noch ist die Auseinandersetzung um die Neuaufstellung der Idee Europa nicht entschieden. Versuche, europäische Gegenwart und Zukunft auf weiter gefasste historische Wurzeln zurückzuführen, finden sich zahlreich. Während beispielsweise für Hans-Ulrich Wehler die Antike, das römische Recht, die Reformation, die Aufklärung, das okzidentale Bürgertum mit seinen autonomen Bürgerstädten, der europäische Adel und das europäische Bauerntum als europäische Tradition gelten (z.B. Wehler 2003), komprimiert der italienische Philosoph Giovanni Reale diesen Kanon europäischer Wurzeln auf die griechische Kultur, die christliche Botschaft und »die große wissenschaftliche Revolution« (Reale 2004, 15). Jedoch führt die Vielstimmigkeit dieser Konzepte verstärkt zu der Erkenntnis, dass Europa nicht zu begreifen sei als »homogen, durch bestimmte Errungenschaften, Programme oder exklusive Werte definiert« (Stourzh 2002, XX). Sogar Stimmen, welche die Notwendigkeit einer kulturellen Identität Europas gänzlich anzweifeln, melden sich verstärkt zu Wort. Da eine kulturelle Identität Europas nicht konstruiert werden könne, sei die Schaffung einer politischen Identität Europas, in der sich die Bürger mittels einer demokratischen Öffentlichkeit dem gleichen politischen Gemeinwesen zugehörig fühlten, einzig Erfolg versprechend (Cerruti/Rudolph 2001).[13] Die Wahrscheinlichkeit, ein anspruchsvoller europäischer Identitätsentwurf könne auf breite Zustimmung stoßen, der Europa auf historische Wurzeln zeitlicher Tiefe zurückführt und der den nationalen Identitäten die Stirn bieten könnte, scheint angesichts derartiger Stimmen äußerst gering. Die Nationalstaaten bleiben auf absehbare Zeit das identitäre Maß der europäischen Dinge.

4. *Am Tropf der Nationen*

Europa war zeitlebens niemals etwas anderes, als eine Idee. Es besaß niemals eine geographische oder politische Realität, sondern immer nur eine geistige (Reale 2004, 13). Auch das Europa der Gegenwart ist entsprechend gleich einer Nation lediglich als »vorgestellte Gemeinschaft« zu begreifen, die auf nichts anderem als dem Willen ihrer Bürger beruht, eine Gemeinschaft zu sein (Sarasin 2003, 151).

Ideen besitzen den Vorteil, dass sie stets neu erfunden, den sich wandelnden politischen und gesellschaftlichen Rahmenbedingungen angeglichen werden können. Macht diese dynamische Flexibilität das Erfolgsgeheimnis von Ideen aus, impliziert sie doch gleichzeitig, dass eine Idee niemals zu Ende gedacht sein kann. Der Idee Europa ist eine außergewöhnliche Wirkungsmacht zu bescheinigen. Gleichzeitig

---

13 Vgl. hierzu auch den Beitrag von Thomas Meyer in diesem Band.

wusste sie sich nur deshalb gegen die Stürme der Zeit zu behaupten, indem sie stets neu gedacht wurde.

Als mit dem Ende des Ost-West-Konflikts Europa politisch neu aufgestellt wurde, hätte die Idee Europa gleichfalls auf den Prüfstand des Zeitenwechsels gehört. Diese Chance wurde versäumt. Stattdessen sind die 90er Jahre des vergangenen Jahrhunderts weitgehend als Stillstand europäischer Identitätsarbeit zu charakterisieren (vgl. Weigl 2006). Fast zehn Jahre dauerte die auf dem Irrglauben fußende Lähmung europäischer Identitätspolitik, bis erkannt wurde, dass 1989/90 weniger die Ausstrahlungskraft der europäischen Identitätspolitik und der EU zum Fall des Warschauer Paktes beigetragen hatte, als vielmehr das auf Dauer nicht zu unterdrückende Nationalbewusstsein der mittel- und osteuropäischen Staaten, welche die – so selbst empfundenen – Fußfesseln kommunistischer Fremdherrschaft abzustreifen gedachten. Erst mit der Jahrtausendwende setzte eine europäische Identitätsoffensive ein, in der sich Politik und Gesellschaft um eine mentale Neuaufstellung Europas bemühen.

Die Notwendigkeit dieser Bemühungen ist offensichtlich. Eine Idee wie Europa bedarf der von ihr überzeugten und andere von ihr überzeugenden Träger. Ohne die affektive und affirmative Verankerung der Idee Europa in der Bevölkerung legitimiert sich die Europäische Union allein durch Sachzwänge. Entfallen diese sachlichen Begründungszusammenhänge oder der Glaube an sie, ist sie in ihrem Bestand gefährdet. Die Etablierung einer europäischen Identität ist demnach nicht als Verdrängungsstrategie der Nationalstaaten zu begreifen, sondern vielmehr notwendig für die Stabilisierung des demokratischen und friedlichen Selbstverständnisses Europas nach dem Zweiten Weltkrieg. Die Idee Europa zu denken, meint in diesem Sinne, die Zukunft zu denken. Eine derartige, stabilisierende Nachhaltigkeit der aktuellen Bemühungen um eine europäische Identität ist jedoch anzuzweifeln.

Die europäische Idee ist mit den Jahren auf dem Boden der Realität angekommen. Die Zeit großer Zukunftsentwürfe und mitreißender Visionen ist vorbei. Europa wird nach wie vor gewollt. Allerdings wird Europa nicht so sehr gewollt, dass damit auch ein unzweideutiges Bekenntnis zu einer europäischen Identität einhergeht.

Mit den gescheiterten Referenden in Frankreich und den Niederlanden fügte sich die Europäische Kommission den Nationalstaaten, welche den Zeitpunkt gekommen sahen, ihre Deutungshoheit über Europa unmissverständlich zu untermauern. Letztendlich aber scheint die Frage nach einer europäischen Identität untrennbar verknüpft mit der Frage nach der Zukunft Europas. Solange die EU ein Staatenverbund bleibt, haften der Vorstellung einer europäischen Identität utopistische Züge an. Die Nationalstaaten werden und können die Deutungshoheit über Europa nicht aufgeben, solange sie ihre eigene nationale Idee zu verteidigen haben. Erst eine europäische Föderation würde der EU die reale Chance bieten, ihre Bewusstseinspolitik in eine tatsächliche Identitätspolitik umzuwandeln. Was gewollt ist, ob eine europäisches Bewusstsein oder eine europäische Identität, hängt vor allem davon ab, was Europa zugestanden wird.

An feierlichen Bekundungen, Europa identitär zu begründen, mangelt es weder von Seiten der Politik noch von Seiten Intellektueller. Sich gegen eine europäische Identität auszusprechen, wagt bislang kaum ein Protagonist. Europa allerdings ist gleichzeitig in den meisten identitären Konzepten ins Hintertreffen geraten. Gewollt wird ein wenig störendes Europabewusstsein in Ergänzung zu den eigentlich handlungsleitenden nationalen Identitäten. Die Europäische Union hingegen, die Interesse haben müsste, dieser Entwicklung entgegenzuwirken, ist derzeit kaum in der Lage, im Ringen um ein europäisches Selbstverständnis »agenda setting« zu betreiben. Der Anspruch der EU, für Europa zu sprechen, schließt auch ein, Europas Identität gestalterisch zu entwerfen. Hierzu fehlen ihr aktuell der Wille, die Mittel wie die notwendigen Fürsprecher aus Reihen der Nationalstaaten.

Die Erwartungen, die in der öffentlichen Diskussion an eine europäische Identität gerichtet werden, sind wenig bescheiden: Sie soll nicht weniger als helfen, politisches Handeln in Brüssel und Straßburg zu legitimieren. Zu befürchten ist dagegen, dass eine europäische Identität, so, wie sie derzeit als realistische Zukunftsperspektive zu betrachten ist, dem Legitimationsdefizit der EU nicht derart entgegenwirken wird können, wie von vielen erhofft.

Identitätstheoretiker werfen im Falle Europas gerne das Stichwort multipler Identitäten in den Raum. Jeder Mensch jongliert tagtäglich mit unterschiedlichen Identitätsbezügen. Warum sollte er nicht auch noch den Ball Europa beherrschen können? Warum sollte neben regionale und nationale Bezüge nicht auch eine ausgereifte europäische Identität treten? Übersehen wird dabei zu leicht, dass die gleichzeitige und gleichberechtigte Existenz verschiedener Identitätsvorstellungen ein hohes Maß von Identitätsautonomie bedingt. Regionale Identitätskonstruktionen in Deutschland funktionieren ohne die Nation, sie stiften für sich alleine Orientierung. Vorstellungen eines deutschen Selbstverständnisses wiederum kommen gut und gerne ohne die Regionen aus. Sie ergänzen sich gerade deshalb, weil sie sich nicht in die Quere kommen. Niemand ist vom anderen elementar abhängig, jeder weiß für sich selbst zu wirken. Beide können gemeinsam oder getrennt in personale Identitäten integriert werden.

Im Falle der gegenwärtig diskutierten und proklamierten Konstruktionen der Idee Europas ist dies anders. Die nationalen Identitäten der Mitgliedstaaten haben Europa nicht nötig. Ein Europa jedoch, das sich wesentlich über seine Vielfalt definiert, hängt am Tropf der Nationalstaaten und/oder Regionen. Es stiftet Orientierung weniger aus sich selbst heraus, sondern vor allem weil es Nationen und Regionen gibt. Diese den gegenwärtigen Vorstellungen von Europa konstitutiv eingewobene Abhängigkeit erschwert es, eine gleichberechtigte europäische Identität neben nationalen und regionalen Identitäten zu denken. Ein »in Vielfalt geeintes« Europa wird den Nationen immerzu auch identitär untergeordnet bleiben. Das affektive Reservoir einer solchen europäischen Identitätskonstruktion ist beschränkt. Sie wird

118

niemanden begeistern und mitreißen, eine Identität zweiter Klasse bleiben. Orientierung kann sie nur bieten, soweit ihr dies von den nationalen Identitäten und ihren Trägern zugestanden wird.

Es scheint an der Zeit, Farbe zu bekennen, wie ernst man es mit Europa und einer europäischen Identität tatsächlich meint. Soll Europa nicht langfristig auf ein Krisenszenario programmiert werden, in dem die Europäische Union als dann »nicht mehr vorgestellte Gemeinschaft« auf der Strecke bleiben oder schwersten Schaden erleiden könnte, erscheint es notwendig, Europas Selbstverständnis durch Denationalisierung zu autonomisieren.

Literaturverzeichnis

Anderson, Benedict (1988): Die Erfindung der Nation. Zur Karriere eines folgenreichen Konzeptes. Frankfurt/Main.

Ash, Timothy Garton (2005): Europäische Herztöne. In: Zeitschrift für Kulturaustausch. H. 2, Online: URL: http://cms.ifa.de/no_cache/info/nachrichten-presseschau/magazin/article/230/176.

Ausschuss der Regionen (2004): Stellungnahme des AdR vom 17.11.2004 zu dem Vertrag über eine Verfassung von Europa, CONST-019, CdR 354/2003 fin (EN) HK/as, Brüssel.

Beck, Ulrich/Anthony Giddens (2005): Ein blau-gelbes Wunder. Die Zukunft der EU und ihrer Nationen. Ein Aufruf zur europaweiten Diskussion. In: Süddeutsche Zeitung, Nr. 227, v. 1./2./3. Oktober, S.13.

Beck, Ulrich/Edgar Grande (2004): Das kosmopolitische Europa. Gesellschaft und Politik in der Zweiten Moderne. Frankfurt/Main.

Brodský, Jií (2001): The Czech Experience of Identity. In: Petr Drulák (Hrsg.): National and European Identities in EU Enlargement. Views from Central and Eastern Europe. Prague, S. 21-38.

Cerutti, Furio/Enno Rudolph (2001, Hrsg.): A Soul For Europe. On the Political and Cultural Identity of the Europeans. Leuven.

Charta der Grundrechte der Europäischen Union (2001). Dokumentiert in: Werner Weidenfeld (Hrsg.): Nizza in der Analyse. Strategien für Europa. (2. Aufl.) Gütersloh, S. 243-262.

Churchill, Winston (1946): Rede vor der Akademischen Jugend, Zürich 19.09.1946. Online: URL: http://www.europa-web.de/europa/02wwswww/202histo/churchil.htm.

Delors, Jacques (1992): Das Programm der neunziger Jahre. In: Bertelsmann Stiftung (Hrsg.): Die Zukunft Europas. Alternativen – Strategien – Optionen. International Bertelsmann Forum 1992. Gütersloh, S. 75-87.

Dürr, Karlheinz (2005): Die Europäisierung der Demokratiebildung. In: Aus Politik und Zeitgeschichte. H. 26, S. 16-20.

Europa-Union Deutschland (1995): Charta der Europäischen Identität. Beschlossen in Lübeck am 28. Oktober 1995 vom 41. Ordentlichen Kongress der Europa-Union Deutschland. Online: URL: http://www.europa-union.de/fileadmin/files_eud/PDF-Dateien_EUD/CHARTA_DER_EUROP_ISCHEN_IDENTIT_T.pdf

Europäischer Rat Laeken (2001): Schlussfolgerungen des Vorsitzes. 14./15.12.2001. SN 300/1/01 REV 1.

Fischer, Joschka (2000): Vom Staatenverbund zur Föderation. Gedanken über die Finalität der europäischen Integration. Rede an der Humboldt-Universität Berlin am 12. Mai 2000. Frankfurt/Main.

Gaulle, Charles de (1971): Memoiren der Hoffnung. Die Wiedergeburt 1958-1962. Wien.

Glucksmann, André (2005): Das Land der Europa-Nihilisten. In: Die Welt v. 01. Juni 2005.

Gruša, Jiî (2002): »Nur Tiere verzeihen nicht.« Gespräch mit Botschafter Jiî Gruša. In: Neue Gesellschaft/Frankfurter Hefte. H. 12, S. 724-727.

Habermas, Jürgen/Jacques Derrida (2003): Nach dem Krieg: Die Wiedergeburt Europas. In: Frankfurter Allgemeine Zeitung v. 31.05.2003.

Havel, Václav (1996): Europa als Aufgabe. Ansprache des Präsidenten der Tschechischen Republik auf dem Karlsplenum in Aachen. Vgl. auch http://www.radio.cz/de/artikel/78724.

Herzinger, Richard (2003): Der ratlose Kontinent. In: Der Tagesspiegel, Nr. 18137, v. 2.6. 2003, S. 21.

Immerfall, Stefan (2000): Europäische Integration und europäische Identität. In: Thomas Henschel/Stephan Schleissing (Hrsg.): Europa am Wendepunkt. Von »Euro-Land« zu einer europäischen Bürgergesellschaft? München, S. 6-12.

Kertész, Imre (2003): Wenn die Freudenfeuer verglimmen. Rede beim Festakt zum Tag der Deutschen Einheit am 3. Oktober 2003 in Magdeburg. In: Neue Zürcher Zeitung, Nr. 230, v. 4./5. Oktober, S. 35.

Kiss, Lázsló J. (2004): Nationale Identität und Außenpolitik in Mittel- und Osteuropa. München.

Kreckel, Reinhard (1994): Soziale Integration und nationale Identität. In: Berliner Journal für Soziologie. H. 4, S. 13-20.

Kühnhardt, Ludger (2005): Quo vadis Europa? In: Aus Politik und Zeitgeschichte. H. 36, S. 3-7.

Levy, Daniel/Natan Sznaider (2001): Erinnerung im globalen Zeitalter: Der Holocaust. Frankfurt/Main.

Lucas, Hans-Dieter (1992): Europa vom Atlantik bis zum Ural. Europapolitik und Europa-denken im Frankreich der Ära Adenauers (1958-1969). Berlin.

Mill, John Stuart (2004): Über die Freiheit. Stuttgart.

Pollack, Detlev (2004): Nationalismus und Europaskepsis in den postkommunistischen Staaten Mittel- und Osteuropas. In: Aus Politik und Zeitgeschichte. H. 38, S. 30-37.

Reale, Giovanni (2004): Kulturelle und geistige Wurzeln Europas. Für eine Wiedergeburt des »europäischen Menschen«. Paderborn.

Rumsfeld, Donald (2003): Secretary Rumsfeld Briefs at the Foreign Press Center, Washington D.C., Wednesday, January 22, 2003, 1.30 P.M. EST. Online: URL: http://www.defense-link.mil/transcripts/2003/t01232003_t0122sdfpc.html.

Rupnik, Jacques (1990): L'autre Europe. Crise et fin du communisme. Paris. Die zitierte Übersetzung folgt der Dokumentation unter http://www.arte.tv/de/geschichte-gesell-schaft/europa/Zitaten_20_20Ballade/Wiederaufbau_20aus_20Ruinen/416660,CmC=416680.html.

Sarasin, Philipp (2003): Die Wirklichkeit der Fiktion. Zum Konzept der »imagined commu-nites«. In: ders.: Geschichtswissenschaft und Diskursanalyse. Frankfurt/Main.

Schlögel, Karl (2002): Die Mitte liegt ostwärts. Europa im Übergang. München u.a.

Schulze, Hagen (1999): Europa: Nation und Nationalstaat im Wandel. In: Werner Weidenfeld (Hrsg.): Europa-Handbuch. Gütersloh, S. 49-75.

Schumann, Robert (1950): Erklärung vom 9. Mai 1950. Online: URL: http://europa.eu.int/abc/symbols/9-may/decl_de.htm.

120

Seeger, Sarah (2006): Die Politikvermittlungsstrategie der Europäischen Kommission im europäischen Verfassungsprozess. Unveröffentlichte Magisterarbeit. München.

Sloterdijk, Peter (1997): Ein anderes Europa? In: EU Magazin, H. 7-8, S. 8-11.

Spohn, Wilfried (2001): The Role of Collective Identities in the Eastern Extension of European Integration – A Western/Eastern European Comparison (Draft 2001). Online: URL: http://www.iue.it/RSCAS/Research/EURONAT/Spohncollid.doc.

Stourzh, Gerald (2002, Hrsg.): Annäherungen an eine europäische Geschichtsschreibung. Wien.

Thomas, Gina (2006): Sehr britisch: Die zwölf Ikonen der Nation. In: Frankfurter Allgemeine Zeitung, Nr. 8, v. 10. Januar, S. 8.

Tibi, Bassam (2000): Europa ohne Identität? Die Krise der multikulturellen Gesellschaft. München.

Vattimo, Gianni (2003): Casa Europa. In: La Stampa v. 31. Mai, S. 23.

Verheugen, Günter (2005): »Europa ist dort stark, wo es gemeinsam handelt«. Rede von Günter Verheugen an der Humboldt Universität Berlin, 30.06.2005. Speech 05/405.

VRE (Versammlung der Regionen Europas) (1996): Erklärung zum Regionalismus in Europa. Beschlossen am 4. Dezember 1996 in Basel, Strasbourg.

Wakenhut, Roland (1999): Nationales und europäisches Bewusstsein. Konzeptionelle Reflexionen und empirische Befunde zum Bewusstsein nationaler und europäischer Zugehörigkeit. In: Heinz Hahn (Hrsg.): Kulturunterschiede. Interdisziplinäre Konzepte zu kollektiven Identitäten und Mentalitäten. Frankfurt/Main, S. 251-270.

Wehler, Hans-Ulrich (2003): Die türkische Frage. Die europäischen Bürger müssen entscheiden. In: Frankfurter Allgemeine Zeitung, Nr. 295, v. 19. Dezember, S. 35.

Weidenfeld, Werner (1994, Hrsg.): Maastricht in der Analyse. Gütersloh.

Weigl, Michael/Lars C. Colschen (2001): Politik und Geschichte. In: Karl-Rudolf Korte/Werner Weidenfeld (Hrsg.): Deutschland Trendbuch. Fakten und Orientierungen. Bonn, Opladen, S. 59-94.

Weigl, Michael/Michaela Zöhrer (2005): Regionale Identität und gegenseitige Wahrnehmung von Deutschen und Tschechen. Ergebnisse eines Forschungsprojektes im bayerisch-böhmischen Grenzraum. München.

Weigl, Michael (2006): Europas Ringen mit sich selbst. Grundlagen einer europäischen Identitätspolitik. Gütersloh.

121

Die Identifikation der Bürger mit der EU und ihre Wirkung für die Akzeptanz von Entscheidungen

Jochen Roose

Als Mitte 2005 erst die Franzosen und kurz darauf die Niederländer die europäische Verfassung in Volksabstimmungen ablehnten, war die Reaktion weniger ein Schock, eher Frustration. Das Problem war nicht primär, dass ein monatelanger, zäher Abstimmungsprozess im Verfassungskonvent vom Tisch gefegt wurde. Auch das Scheitern der dringend für eine weitere Vertiefung gebrauchten Modifikationen der Abstimmungsverfahren war nicht das eigentliche Problem. Was Ratlosigkeit und eben Frustration hervorrief, war das Scheitern des Versuchs, endlich die Bürger stärker an »ihre« Europäische Union (EU) zu binden.

Die europäische Verfassung sollte neben der Reform der Institutionen- und Entscheidungssysteme auch ein Ankerpunkt werden, um die Bürger für die Europäische Union zu gewinnen (Leinen 2001, 61; Moravcsik 2006). Die Verfassung sollte – und auch deshalb trägt sie diesen Namen – emotionaler Bezugspunkt werden, im Idealfall für einen europäischen Verfassungspatriotismus (Habermas 1998). Die intensiv beworbenen Möglichkeiten der Beteiligung von Bürgern und zivilgesellschaftlichen Vertretern, vielfach über das Internet, war nicht zuletzt der Versuch, eine Verfassung nicht nur für, sondern auch mit den Bürgern zu formulieren. Die Stärkung von demokratischen Elementen des Institutionensystems geht in dieselbe Richtung. Umso enttäuschender war dann die Ablehnung in den Volksabstimmungen.

Die Debatte um die Bedeutung dieser Ablehnung ist vielschichtig und zielt nur zum geringeren Teil auf die Inhalte des Verfassungstextes. Stattdessen wird auf den Einfluss von nationalen Politikkonstellationen hingewiesen oder die Verbindung der Abstimmung mit anderen europapolitischen Fragen, die unabhängig sind von der Verfassung. Zu denken wäre hier an die Frage des Türkei-Beitritts und die zum Abstimmungszeitpunkt intensiv diskutierte Dienstleistungsrichtlinie (Europäische Kommission 2005a, 2005b; Gerhards 2006). Diese Verschiebung der Debatte vom eigentlichen Verfassungsentwurf weg auf andere Themen gibt allerdings keinen Grund zur Beruhigung. Im Gegenteil: Es unterstreicht die geringe Eigenbedeutung, die der EU beigemessen wird. Dominantes Entscheidungskriterium für die Menschen scheint eben nicht die EU zu sein, sondern entscheidend sind nationale Belange und die Folgen von EU-Entscheidungen für die nationale Situation. Damit ist die Ablehnung des Verfassungsentwurfs vor allem ein Problem einer fehlenden oder gering ausgeprägten europäischen Identität. Die Feststellung von geringer

Identifikation mit Europa und der EU in einer starken Form ist als solche nicht neu (vgl. z.B. Meyer 2004; Weidenfeld 1985). Sie ist im Falle der Abstimmungen über den Verfassungsentwurf aber besonders relevant, auch für die Befürworter einer vertieften europäischen Integration besonders ärgerlich, weil die Verfassung mit einer Annahme durch Volksabstimmung gerade den Ausgangspunkt bilden sollte für eine Stärkung dieser Identität. Die europäische Identität hat sich, wie Weidenfeld bereits vermutete, als »Achillesferse der Europäischen Union« erwiesen (Weidenfeld 1999, 20). Die »Denkpause« nach dem Nein gegen den Verfassungsentwurf ist daher auch Gelegenheit, sich der Frage nach einer europäischen Identität und möglichen Wegen ihrer Stärkung wieder neu zu widmen.

Diskussionen um Identität, gerade kollektive Identität, führen in einen Bereich der Sozialwissenschaft, der nicht nur vielfältig ist, sondern auch mit sehr unterschiedlichen Definitionen und Konzepten arbeitet.[1] Eine Begriffsklärung ist deshalb wichtig um herauszustellen, mit welchem Verständnis von Identität hier argumentiert wird (1.). Davon ausgehend lässt sich genauer bestimmen, wofür eine europäische Identität dienen kann und soll. Was genau macht eine europäische Identität überhaupt erforderlich (2.)? Zur Einschätzung der Verbreitung einer europäischen Identität liegen international vergleichende Umfragedaten vor. Trotz einiger Schwächen vermitteln sie uns einen guten Eindruck davon, wie viele Menschen sich mit Europa identifizieren und wie sich die Verbreitung einer europäischen Identität in den letzten Jahren verändert hat. Zudem soll empirisch untersucht werden, ob eine europäische Identifikation in der Tat die Effekte hat, die theoretisch vermutet werden (3.). Abschließend folgen kurze Überlegungen, wie eine europäische Identität möglicherweise gestärkt werden könnte (4.). Der Beitrag schlägt damit einen recht weiten Bogen. Ein fundamentaler Aspekt wird hier aber nicht bearbeitet: die Frage, ob eine vertiefte europäische Integration, der die europäische Identität dienen soll, überhaupt erstrebenswert ist. Diese Frage zu erörtern, würde einen weit umfangreicheren Artikel erfordern. Unwichtig ist sie dennoch keineswegs.

1. Identität und europäische Identität

»Identität [ist] einer der schillerndsten Begriffe in den Sozialwissenschaften« (Kohli 2002, 111; ebenso Deschamps/Devos 1998, 1). Seinen Siegeszug hat der Identitätsbegriff aus zwei unterschiedlichen Traditionen angetreten. Zum einen spielt der Identitätsbegriff in der Soziologie der Chicago-Schule eine wichtige Rolle. George Herbert Mead hatte in seinem für die Chicago-Schule sehr einflussreichen Konzept von »I«, »Me« und »Self« eine Identitätstheorie entworfen (Mead 1934). Bei Mead wird bereits die soziale (Mit-)Prägung von Identität deutlich. Insbesondere Erving

---

1 In einer solchen Situation der wissenschaftlichen Debatte lässt natürlich auch der Vorschlag nicht lange auf sich warten, den Begriff – hier Identität – ganz aus der Debatte zu streichen. So Kreckel (1994), Niethammer (1994, 2000).

Goffman hat die Bedeutung und das Management von Identität sowie ihre Präsentation intensiv verfolgt (u.a. Goffman 1959, 1963). Ein zweiter Ursprung liegt bei Freuds Psychoanalyse. Erik H. Erikson hat die Ideen von Freud aufgenommen und entwickelte ein Konzept von Identitätskrisen (Erikson 1966). Die Wurzeln der Identitätsdiskussion liegen demnach weit zurück und entsprechend schwierig ist eine präzise begriffliche Bestimmung, die den unterschiedlichen Traditionen und Argumentationen gerecht wird. Hier geht es daher nicht um eine historische Rekonstruktion[2], sondern um eine brauchbare Definition, die uns festen Boden gibt für die weiteren Überlegungen. Dass dabei die Gedanken aus den genannten Diskussionen einfließen, dürfte selbstverständlich sein.

Identität ist zunächst ein Konzept, das sich auf Personen bezieht. Die Identität eines Menschen, sein *Selbstkonzept*, ist also gewissermaßen die Urform des Begriffs. Es bezeichnet eine Konzeption, die eine Person von sich selbst hat. Straub spricht in seiner Darstellung von Erikson von der »Einheit und Nämlichkeit einer Person« (Straub 1998, 75). Es macht in der Selbstwahrnehmung einer Person das Konstante und Kohärente aus über unterschiedliche zeitliche und soziale Kontexte hinweg. Das Selbstkonzept gibt der Person Halt und Orientierung in ihrem Handeln in ganz verschiedenen Lebenssituationen (Frey/Haußer 1987, 6; Straub 1998, 83ff.).[3]

Das Selbstkonzept ergibt sich nicht allein aus natürlich feststehenden Eigenschaften des Menschen, es ist eine Syntheseleistung des Einzelnen und damit eine Konstruktion. »The reflexive project of the self, which consists in the sustaining of coherent, yet continuously revised, biographical narratives, takes place in the context of multiple choice as filtered through abstract systems« (Giddens 1991, 5).[4] Die Festlegung, was »eigentlich« der Person selbst entspricht und sie ausmacht, erfolgt als Auswahl von vielen Möglichkeiten. Die Möglichkeiten mögen nicht beliebig sein und es steht der Person ein begrenztes Repertoire an Möglichkeiten zur Verfügung, dennoch ist eine Auswahl daraus erforderlich, die eben auch anders ausfallen kann.

Das Selbstkonzept setzt sich nun aus zwei Komponenten zusammen: der personalen und der sozialen Identität. Diese Unterscheidung ist angelehnt an die Trennung von »I« und »Me« bei Mead (1934) und geht auf die »Social Identity Theory« von Tajfel und Mitarbeitern zurück (Tajfel 1978; vgl. auch Abrams/Hogg 1990, 1999; Ellemers/Spears et al. 1999; Worchel/Morales et al. 1998). Die personale Identität bezeichnet die »idiosynkratischen Aspekte einer Person« (Mummendey 1985, 199;

---

2 Vgl. dazu in Bezug auf Mead, Piaget und Kohlberg etwa Garz (2006), für die von Erikson geprägte Linie Straub (1998), für eine historisch weiter zurückreichende Analyse Henrich (1979).

3 Was hier Selbstkonzept genannt wird in Anschluss z.B. an Deschamps/Devos (1998, 2ff.), Mummendey (1985, 199), nennt Straub personale Identität. Das Selbstkonzept ist strikt zu trennen von Individualität. Es geht bei der Identität bzw. dem Selbstkonzept nicht um das Einmalige, sondern nur um das für die Person Konstante. Vgl. Nunner-Winkler (1985).

4 Ebenso Straub in seiner Erikson-Rekonstruktion: Identität »bezeichnet gewisse Merkmale des personalen Selbstverhältnisses, die niemand einfach *hat*, sondern für die jede und jeder *sorgen* muß« (Straub 1998, 87, Herv.i.Orig.).

Deschamps/Devos 1998, 3). Sie erhält kaum Aufmerksamkeit in der Theorietradition und dient gewissermaßen als Restkategorie. Dem gegenüber steht die soziale Identität. Sie ergibt sich aus den Gruppenzugehörigkeiten einer Person. Soziale Identität ist »that *part* of an individual's self-concept which derives from his knowledge of his membership of a social group (or groups) together with the value and emotional significance attached to that membership« (Tajfel 1978, 63).

Für die soziale Identität gibt es genau wie für das Selbstkonzept insgesamt einen Definitionsspielraum für das Individuum, und zwar auf zweierlei Weisen.[5] Zum einen wählt jeder Mensch in seinem Leben eine Vielzahl von Mitgliedschaften in Kollektiven. Wir können Vereinen und Clubs beitreten, wir können soziale Rollen übernehmen oder meiden, wir können diesen oder jenen informellen Gruppen zugehören. Diese Wahlen sind keineswegs beliebig, nicht in jeder Gruppe finden wir Aufnahme und nicht jede Mitgliedschaft lässt sich erreichen oder meiden. Dennoch bleibt hier ein Spielraum. Dazu ergibt sich ein Spielraum für die Intensität, mit der eine Gruppenzugehörigkeit in das Selbstkonzept eingebunden wird. Die Zugehörigkeit zur Berufsgruppe der Soziologen kann für mich von großer Wichtigkeit sein in meiner Selbstbeschreibung, ich kann sie andererseits auch als eine Formalie abtun ohne jede weitere Bedeutung für mich. Stattdessen mag dann wichtig sein, einer bestimmten Religionsgemeinschaft anzugehören – oder eben nicht. Die Faktizitäten der Gruppenmitgliedschaft allein *ermöglichen* die Einbindung von Charakteristika der Gruppe in die soziale Identität, in welchem Maße dies erfolgt, hängt von weiteren Einflüssen ab.[6]

Der Begriff der Identität in der Version des Selbstkonzepts wurde nicht nur auf Individuen, sondern auch auf Gruppen angewendet als kollektive Identität. Analog zum Selbstkonzept gibt die kollektive Identität an, welche Eigenschaften eines Kollektivs seine Spezifik ausmachen, wie es charakterisiert ist. Die Anmerkungen zum Selbstkonzept, also der Identität einer Person, gelten auch für die kollektive Identität. So hat ein Kollektiv viele Eigenschaften und es ist keineswegs naturgegeben, welche Eigenschaften nun für das Kollektiv charakteristisch sind. Hier kommt es wiederum zu einem sozialen Konstruktionsprozess. In Bezug auf diesen Konstruktionsprozess ist allerdings zu klären, wer die Deutung übernimmt, wem es also gelingt, die wesentlichen Eigenschaften des Kollektivs zu bestimmen und so die kollektive Identität festzulegen. Anders als im Fall des Selbstkonzepts gibt es eben nicht das eine denkende Wesen, das für sich selbst eine Identität entwirft und aufrechterhält. Zudem sind Gruppen, insbesondere Großgruppen wie Nationen oder gar Europa, an sich so heterogen, dass sich keine charakteristischen Eigenschaften ausmachen las-

5   Dieser Definitionsspielraum ist nicht zu verstehen als freie Entscheidungsmöglichkeit. Gemeint ist damit lediglich, dass hier keine Automatismen vorliegen, die eine bestimmte soziale Identität direkt verursachen. Stattdessen kommt es zu einem Konstruktionsprozess, der wiederum eine eigene soziologische Erklärung erfordert. Das Verhältnis von Wahlfreiheit und Strukturdeterminismus in Bezug auf Identität ist eine eigene Diskussion, vgl. Jamieson (2002, 519ff.).
6   Mühler/Opp et al. haben beispielsweise Hypothesen aufgestellt, unter welchen Bedingungen regionale und überregionale Identifikation stärker bzw. weniger stark ausgeprägt sein dürfte (2004, 23ff.).

sen. Dies hat Kreckel zu dem Schluss gebracht: »Nur Individuen können Identität ausbilden. Gruppen können dies nicht. Auch Gesellschaften (oder ›Nationen‹) haben keine eigene Identität« (Kreckel 1994, 14).

Dieser Schluss unterschätzt allerdings den konstruktivistischen Charakter kollektiver Identitäten. Es sind eben nicht *tatsächliche* Gruppeneigenschaften, die eine kollektive Identität ausmachen, sondern von Menschen *geglaubte* Eigenschaften.[7] Die Forschung zu Vorurteilen und Stereotypen hat deutlich gemacht, dass zwischen tatsächlichen Eigenschaften und geglaubten Eigenschaften ein erheblicher Unterschied besteht (vgl. u.a. Lilli 1982; Stangor 2000). Entscheidend ist weder das tatsächliche Vorhandensein der Eigenschaften noch die tatsächliche Übereinkunft, sondern allein der Glaube daran. Empirische Bestätigungen für die behaupteten charakteristischen Eigenschaften werden sich vermutlich fast immer finden lassen – sie ließen sich allerdings auch für das Gegenteil finden.

Kollektive Identitäten legen zunächst einmal nahe, dass es sich um geteilte Identitäten handelt. Straub setzt einen Konsens voraus für kollektive Identitäten: »Sie sind in (. . .) Übereinkünften, in konsensfähigen Selbst- und Weltbeschreibungen und gemeinsamen Praktiken begründet« (Straub 1998, 103). Allerdings wirft eine solche Setzung sofort die Frage auf, wie verbreitet dieser Konsens sein muss, um von kollektiver Identität zu sprechen. Reicht es, wenn eine bestimmbare Untergruppe, etwa eine Elite, eine solche geteilte Vorstellung hat?[8] Und wie groß muss eine Gruppe sein, unter der die Annahme kollektiver Eigenschaften konsensuell ist, um von einer kollektiven Identität zu sprechen? Diese Fragen zu stellen, heißt, die willkürliche Setzung etwaiger Antworten zu verdeutlichen, denn andererseits ist ein vollständiger Konsens in modernen Gesellschaften kaum vorstellbar.[9]

Der Vorstellung von einer geteilten kollektiven Identität wird hier eine Alternative entgegengestellt, die auf ein geteiltes Konzept auf der definitorischen Ebene komplett verzichtet. Entscheidend wäre demnach nicht, dass die dem Kollektiv zugerechneten Eigenschaften geteilt werden. Es reicht, dass Personen, im Extremfall eine Person, dem Kollektiv diese Eigenschaften zurechnet und für relevant hält. Gleichwohl dürfte das Ausmaß, in dem die Zurechnung von Eigenschaften auf Kollektive geteilt wird, nicht völlig unerheblich sein. Es lässt sich plausibel vermuten, dass verfügbare Annahmen über Kollektive auch eine höhere Chance haben, von einer Einzelperson übernommen zu werden. »Verfügbar« lässt sich auf zwei unterschiedliche Weisen vorstellen. Zum einen kann Verfügbarkeit basieren auf der verbreiteten Meinung anderer Leute, die eine solche Meinung äußern, vielleicht auch (ihren) Kindern ansozialisieren (Green 1990; Nevola 2001). »Verfügbar« kann aber

---

7 Diesen konstruktivistischen Aspekt unterschätzt Straub, wenn er meint: »Der Ausdruck der kollektiven Identität stellt eine Chiffre für dasjenige dar, was bestimmte Personen in der einen oder anderen Weise miteinander verbindet« (Straub 1998, 104, auch 103).
8 Vgl. dazu auch die Diskussion bei Smith (2002) in Bezug auf die Nationalstaatsbildung.
9 Die Identität einer Person, also ihr Selbstkonzept, ist ja ebenfalls nicht feststehend und immer faktisch einheitlich. Identitätskrisen verweisen auf Uneinheitlichkeiten auf der Ebene des Individuums; vgl. u.a. Frey/Haußer (1987), Nunner-Winkler (1987).

auch bedeuten, dass die Zurechnungen von Eigenschaften auf Kollektive durch Massenmedien verbreitet werden und damit verfügbar sind. Gerade über Massenmedien könnten Eliten einen erheblichen Einfluss auf die Ausbildung von (bestimmten) kollektiven Identitäten haben.

Kollektive Identitäten erlangen ihre Bedeutung in der Weise und in dem Ausmaß, wie sie in die soziale Identität von Personen eingebunden werden. Die soziale Identität einer Person ist das Bindeglied zwischen kollektiver Identität und Selbstkonzept. Kollektive Identitäten, die von einer Person als wichtig in die eigene soziale Identität und damit als Komponente in das eigene Selbstkonzept eingebaut werden, können dann für das Denken und Handeln der Person wirksam werden. Diese Wirkung ist wiederum graduell zu verstehen. Von einer kollektiven Identität, die für eine Person ein sehr wesentlicher Teil der sozialen Identität ist, dürfte ein weit stärkerer Effekt ausgehen, als von einer sozialen Identität, die nur marginal in das Selbstkonzept eingebunden ist (ebenso z.B. Mühler/Opp et al. 2004).

Kollektive Identitäten können sich auf sehr unterschiedliche Kollektive beziehen, das war oben bereits angeklungen. Ein Freizeitverein kann genauso eine kollektive Identität ausbilden wie eine politische Partei, ein Milieu oder eine Stadt. All diese kollektiven Identitäten können für einen kleinen oder großen Personenkreis Teil ihrer sozialen Identität werden, ggf. auch ein wesentlicher Teil. Kollektive Identitäten, die der Bevölkerung von geographischen Einheiten zugeschrieben werden, sind also nur eine Variante. Gleichwohl hat die Identifikation mit geographischen Einheiten ein großes Interesse auf sich gezogen. Dies dürfte vor allem zusammenhängen mit der enormen Wirkungsmächtigkeit von Nationalgefühlen (vgl. z.B. Blank 2003; Hutchinson/Smith 1994). Aber auch die Identifikation mit anderen geographischen Einheiten hat erhebliches Forschungsinteresse erhalten, darunter auch eine mögliche europäische Identität.[10] Eine europäische Identität ist eine Form von kollektiver Identität. Dementsprechend gelten die Kriterien einer kollektiven Identität analog für die europäische Identität.

Ein Mensch hat immer mehrere soziale Identitäten, bindet also mehrere kollektive Identitäten in sein Selbstkonzept ein. Ein Mensch kann sich als Vater bzw. Mutter fühlen und gleichzeitig als Deutsche/Deutscher und dazu noch als Anhängerin/ Anhänger eines Fußballvereins. All diese sozialen Identitäten können parallel wichtig und in unterschiedlichen Situationen von unterschiedlicher Dominanz sein. Dementsprechend müssen sich auch mehrere geographische Identitäten nicht gegenseitig ausschließen. Die empirische Forschung hat gezeigt, dass eine starke Identifikation mit etwa der eigenen Nation eine starke Identifikation mit Europa nicht zwingend ausschließt (Duchesne/Frognier 1995; Jiménez/Górniak et al. 2004; Westle 2003).

---

10 Die Literatur zu einer möglichen europäischen Identität ist mittlerweile ausgesprochen umfangreich und vielfältig. Vgl. zur aktuellen Diskussion u.a. Bruter (2006), Donig/Winkler (2005), Herrmann/ Risse et al. (2004), Karolewski/Kaina (2006), Kutz/Weyland (2000), Mayer/Palmowski (2004), Meyer (2004), Robyn (2005), Viehoff/Segers (1999), Westle (2003) und weitere, hier zitierte Beiträge.

Andererseits sind Konflikte zwischen nationaler und europäischer Identifikation durchaus denkbar, vielleicht sogar wahrscheinlich. Divergierende Ansprüche an Menschen und der Umgang mit solchen widersprüchlichen Erwartungen sind allerdings eine Selbstverständlichkeit. Die Rollentheorie hat zum Umgang mit widersprüchlichen Erwartungen umfangreiche Überlegungen angestellt (vgl. z.B. Dahrendorf 1959; Goffman 1959, 1963). Damit sind die Widersprüche nicht entschärft, die Überlegungen machen aber deutlich, dass der Umgang mit gegensätzlichen Erwartungen nicht allein bei konkurrierenden Identitäten auftritt.

Fassen wir also kurz die hier eingeführten Begriffe zusammen: Das Selbstkonzept bezeichnet die von einem Menschen entwickelte Sicht auf sich selbst, die Bestimmung als über Zeit und Kontexte identisch. Das Selbstkonzept besteht aus zwei Teilen, der personalen und der sozialen Identität. Die personale Identität ist bestimmt durch Eigenschaften, die der Person selbst zugerechnet werden. Die soziale Identität ergibt sich aus der Zugehörigkeit zu Kollektiven, wobei Eigenschaften, die für das Kollektiv gelten, auch sich selbst zugerechnet werden. Die kollektive Identität schließlich besteht aus Eigenschaften, die einem Kollektiv zugerechnet werden. Die soziale Identität besteht also aus verschiedenen kollektiven Identitäten, die in das Selbstkonzept eingebunden werden. Eine europäische Identität ist eine kollektive Identität, nämlich die kollektive Identität, die Europa und den Europäern zugerechnet wird. All diese Identitäten ergeben sich nicht unmittelbar aus faktischen Eigenschaften, sondern sind insofern konstruiert, als es immer eine Auswahl aus sehr verschiedenen Möglichkeiten ist, für die jeweils eine empirische Stützung möglich ist.

2. Wozu eine europäische Identität?

Die Europäische Union bzw. ihre Vorgänger, die Europäische Gemeinschaft und die Europäische Gemeinschaft für Kohle und Stahl, verfolgen bereits seit geraumer Zeit das Projekt, die europäischen Staaten zu integrieren. Die Zustimmung zu diesem politischen Großprojekt hielt sich über lange Zeit in Grenzen, ohne die Bemühungen wesentlich zu beeinträchtigen. Wozu braucht also die EU eine europäische Identität? Was muss eine europäische Identität leisten, um den Integrationsprozess zu ermöglichen oder zumindest zu unterstützen?

Ob die EU wirklich die Identifikation ihrer Einwohner (oder Bürger?) mit Europa braucht, ist durchaus umstritten (Kohli 2002). Lindberg und Scheingold (1970) hatten vor nun schon langer Zeit angesichts der recht moderaten Bevölkerungszustimmung zum Integrationsprojekt von einem permissiven Konsens gesprochen, also einem wohlwollenden Desinteresse.

Im Wesentlichen werden vier Gründe angeführt, warum eine europäische Identität für die EU wichtig, wenn nicht unerlässlich sei.[11]

11 Zu den ersten drei der vier Argumente vgl. Gerhards (2003) und Kohli (2002).

1. Zunächst wird ein normatives, demokratietheoretisches Argument ins Feld geführt. Demnach leidet die EU an einem Demokratiedefizit (vgl. Follesdal/Hix 2006). Dieses ergibt sich nicht allein aus institutionellen Schwächen, etwa der unzureichenden Beteiligung des europäischen Parlaments, oder aus dem Fehlen einer europäischen Öffentlichkeit (Gerhards 2002). An der Basis des Demokratiedefizits wird das Fehlen eines europäischen Demos diagnostiziert (Fuchs/Klingemann 2002; Habermas 1998; Thalmaier 2005; Zürn 1996). »A viable European democracy requires a European demos that conceives of itself as a collectivity, considers itself represented by the Parliament, and makes the latter the addressee of relevant demands« (Fuchs/Klingemann 2002, 19). Ein europäisches Volk, das sich selbst als Einheit sieht, in dem sich also die Menschen mit dieser Einheit identifizieren, steht am Anfang des normativen Problems. Die »Identitätsbedingung« (Zürn 1996) ist nicht erfüllt, weshalb die EU keine demokratische Legitimität für sich reklamieren kann.

Die Schwierigkeit von normativen Argumenten liegt darin, dass sie Maßstäbe auswählen und anlegen müssen, die als solche nicht wissenschaftlich-empirisch belegbar sind. Nun genießt die Demokratie als Staatsform innerhalb Europas praktisch konsensuelle Zustimmung (vgl. z.B. Fuchs 2003) und die EU selbst hat sich der Demokratie verschrieben. Dennoch bleibt erheblicher Spielraum in der konkreten Ausgestaltung von Demokratien. Gerade für ein neuartiges Gebilde wie die EU, das sich als Mischung aus internationalen und supranationalen Institutionen konstituiert, gelten möglicherweise andere, neue Kriterien der Demokratie.[12] Es ließe sich also einwenden – und es wird auch eingewendet (Walkenhorst 1999, 223) – eine europäische Identität sei bei einer für die EU angemessenen Demokratievorstellung verzichtbar.

2. Eng mit dem normativen hängen aber die empirisch orientierten Argumente zusammen, die sich auf die Akzeptanz von politischen Entscheidungen durch die Bürger beziehen. Die EU, so die Grundannahme, ist langfristig auf die Zustimmung, zumindest die hinnehmende Akzeptanz (bzw. den permissiven Konsens) der Bürger angewiesen (z.B. Immerfall/Sobisch 1997; Gerhards/Hölscher 2005, 14). Diese Akzeptanz ist insbesondere bei Mehrheitsentscheidungen problematisch. Schrittweise wurden in den Vertragsrevisionen die Politikbereiche erweitert, in denen nach Mehrheitsprinzip entschieden wird. Bei Mehrheitsentscheidungen muss nun aber die jeweils unterlegene Minderheit die Entscheidung dennoch akzeptieren. Diese Akzeptanz wird schwieriger, wenn keine akzeptierte gemeinsame Identität verfügbar ist. »Das ist mit dem gleichen Argument normativ zu begründen wie empirisch zu erklären: Nur wenn alle Entscheidungsbetroffenen sich als an einer gemeinsamen, übergreifenden politischen Identität teilhabend begreifen, wird die Unterscheidung zwischen dem zustimmungsfähigen Entscheidungsrecht der Mehrheit und der

---

12 Genau diese Fragen diskutieren die Beiträge über das Demokratiedefizit der EU – mit durchaus unterschiedlichem Ergebnis z.B. Kielmansegg (1996), Scharpf (1998, 1999), Thalmaier (2005), Zürn (1996).

nicht zustimmungsfähigen Fremdherrschaft möglich« (Kielmansegg 1996, 54; ebenso Scharpf 1998, 232).

3. Während sich die Problematik von Mehrheitsentscheidungen ohne kollektive Identität auf die Entstehung von politischen Entscheidungen bezieht, führen andere ein ganz ähnliches Argument für die Effekte von Entscheidungen ins Feld. Die Entscheidungen der EU sind in zunehmendem Maße Umverteilungsentscheidungen. Beschlüsse der EU haben Wirkungen auf die Lebenschancen der Einwohner Europas. Dabei sind mehrere Arten von Entscheidungen relevant. Zunächst fällt die EU direkt Entscheidungen zur Umverteilung von Mitteln. Zwar gibt es auf europäischer Ebene keine Sozialpolitik, die individuell Fördermittel zuweist (ähnlich der wohlfahrtsstaatlichen Leistungen in den Nationalstaaten), über die Regional- und Strukturfonds werden aber erhebliche Mittel umverteilt (Mau 2004; Schaub 2000). Zudem hat die negative Integration (Scharpf 1999), also die Beseitigung von Barrieren, mit der Durchsetzung der vier Freiheiten des Binnenmarktes (Freiheit für Waren, Kapital, Dienstleistungen und Arbeit) erhebliche Folgen für Einkommenschancen. Einerseits ergeben sich ökonomische Möglichkeiten, andererseits sind die Menschen neuen Konkurrenzen ausgesetzt.[13] Schließlich haben die wirtschaftspolitischen Entscheidungen vermittelt über Zins- und Währungspolitik Effekte auf die wirtschaftliche Lage in den europäischen Ländern. Hier spielt die Einführung einer gemeinsamen Währung eine wichtige Rolle (Vobruba 1999). Vobruba zieht aus diesen Überlegungen den Schluss, dass die EU aufgrund der weiteren Vertiefung der Integration eine »umverteilungsfeste Identität« benötige. Die Europäisierung weiterer politischer Kompetenzen, aber auch die bereits erfolgte Politikintegration wird langfristig nur akzeptiert, wenn sich die Bevölkerung Europas als Einheit versteht und daher Umverteilungen als gerecht ansieht (ebenso Habermas 1998, 149f.).

4. Die bisher genannten Argumente, warum die EU eine europäische Identität brauche, beziehen sich stark auf das politische System. Sie haben jeweils die Legitimität und Akzeptanz politischer Entscheidungen im Blick. Ein anders gelagertes Argument kommt aus der soziologischen Richtung und betrachtet die Voraussetzungen einer *sozialen* Vertiefung. Die EU hat sich dieses Ziel selbst gesetzt. Mit dem Vertrag von Maastricht macht sich die EU zum Ziel, »den wirtschaftlichen und sozialen Zusammenhalt und die Solidarität zwischen den Mitgliedstaaten zu fördern« (konsolidierter Vertrag zur Gründung einer Europäischen Gemeinschaft, Art. 2). Die EU strebt demnach nicht nur eine ökonomische, sondern auch eine soziale Integration an (vgl. Delhey 2004). Nun sind sowohl die Kriterien für sozialen Zusammenhalt oder gar für eine europäische Gesellschaft als auch die Mechanismen zur Erreichung eines solchen Zustands alles andere als eindeutig.[14] Eine gemeinsame Identität kann bei den unterschiedlichen Herangehensweisen aus zwei

---

13 Vgl. zu den Werthaltungen der europäischen Bürger bezüglich dieser Freiheiten Gerhards (2006).
14 Vgl. nur als Beispiele Delhey (2004), Hettlage/Müller (2006), Kaelble (1987, 2005) oder Smith (2002).

Gründen bedeutsam sein. Zum einen wird eine gemeinsame Identität als Definitionskriterium für Gesellschaft herangezogen (so z.B. bei Kaelble 1987; Parsons 1971). Zum anderen ist eine gemeinsame Identität förderlich für Interaktionsverdichtungen, die von anderen als Kriterium herangezogen werden (z.B. Delhey 2004; Kaelble 1987). Eine gemeinsame Identität ist demnach Bestandteil oder zumindest fördernder Einfluss für eine soziale Integration.

Vier Gründe unterstreichen die Wichtigkeit einer europäischen Identität für den weiteren Integrationsprozess: das Erfordernis eines Demos für legitime Herrschaft, die Förderung der Akzeptanz von Mehrheitsentscheidungen, die Förderung der Akzeptanz von Umverteilungsentscheidungen und die Unterstützung einer sozialen Integration. Nimmt man diese Argumente zusammen, erscheint die europäische Identität zum Allheil-Mittel des Integrationsprozesses zu werden. Ein solcher Eindruck macht sofort misstrauisch und wirft die Frage auf, ob eine europäische Identität überhaupt die Aufgaben leisten kann. Für das normative Argument, dass ein Demos Voraussetzung für legitime Herrschaft ist, ergibt sich eine Bejahung aus der Setzung. Die anderen drei Argumente müssten empirisch plausibilisiert werden. Daher soll die Frage nach der Bedeutung von europäischer Identität noch einmal umgedreht werden. Statt zu fragen, ob die EU eine europäische Identität braucht, soll nun gefragt werden, was eine europäische Identität zu leisten im Stande ist. Oder anders und näher an dem oben entwickelten Begriffsverständnis formuliert: Welche Folgen lassen sich plausibel erwarten, wenn eine europäische Identität als wesentlicher Aspekt der sozialen Identität in das Selbstkonzept eines Menschen eingeht?

Eine empirisch gut bewährte Untermauerung der Zusammenhänge zwischen Identifikation und den aufgezählten erhofften Wirkungen kann hier weder zitiert noch präsentiert werden. Es lässt sich aber aus der experimentell recht gut gestützten Sozialen Identitätstheorie (SIT) ein für unseren Zusammenhang wesentliches Argument ableiten, wonach eine europäische Identifikation generell die Akzeptanz von Zumutungen wahrscheinlicher macht. Unter Zumutungen fällt dann, sich Mehrheitsentscheidungen unterwerfen zu müssen oder Umverteilungen zum eigenen ökonomischen Nachteil zu akzeptieren.

Ausgangspunkt des Arguments ist die Beobachtung, dass Menschen zu einer positiven Selbstwahrnehmung streben. »Individuals tend to maintain or increase their self-esteem; they try to reach a positive self-concept« (Tajfel/Turner 1979, 34). Dieses positive Selbstkonzept können die Individuen erreichen durch positiv bewertete Aspekte der personalen Identität, es kann sich aber auch auf Aspekte von sozialen Identitäten stützen. Die SIT hat nun vielfältig die Differenzen bei der Bewertung von Eigengruppen (also Gruppen, denen eine Person zugehört) und Fremdgruppen (also Gruppen, denen eine Person nicht zugehört) untersucht mit dem Ergebnis, dass die Eigengruppe positiver bewertet wird (z.B. Ellemers/Spears et al. 1999; Worchel/Morales et al. 1998). Auch die Intensität, mit der eine Person eine Gruppenmitgliedschaft in die eigene soziale Identität einbindet, wird davon beeinflusst, wie positiv die Gruppe in ihren Eigenschaften wahrgenommen wird (z.B. Mühler/Opp et al. 2004).

Diese recht gut belegten Befunde der SIT lassen sich für unsere Frage umgekehrt interpretieren. Wenn eine Person eine Gruppenzugehörigkeit in ihre soziale Identität eingebunden hat und damit das eigene Selbstkonzept positiv stützt, ist diese Gruppenzugehörigkeit wichtig für das Selbstwertgefühl. Eine Ablösung von der Gruppe oder auch eine negativere Bewertung dieser Gruppe würde die Bewertung des Selbstkonzepts verschlechtern. Zur Erhaltung des Selbstwertgefühls ist, wenn die Gruppenmitgliedschaft ein wesentlicher Teil der sozialen Identität geworden ist, die Aufrechterhaltung dieser Mitgliedschaft erforderlich. Dies gilt wohlgemerkt nicht allein für formale Mitgliedschaften, sondern auch – und hier wesentlich bedeutsamer – für die eigene emotionale Zurechnung zu dieser Gruppe. Die innere Emigration bzw. die emotionale Distanzierung von einer faktisch gegebenen Mitgliedschaft wird erschwert, wenn sie einen wichtigen Aspekt der eigenen sozialen Identität ausmacht.

Damit wird die Mitgliedschaft belastbar, sie wird auch bei Belastungen oder empfundenen Verschlechterungen aufrechterhalten. Wem es also etwas bedeutet, Europäer zu sein, wer einen Teil seines Selbstwertgefühls daraus zieht, überzeugter Europäer und Unterstützer des Integrationsprozesses zu sein, der wird diese Bindung nicht sofort aufgeben, wenn sie Nachteile mit sich bringt. Zumutungen sind möglich, weil es für das Individuum möglicherweise eine noch größere Zumutung für das Selbstwertgefühl wäre, sich zu distanzieren.

Die Einbindung einer Gruppenmitgliedschaft in die eigene soziale Identität führt zu Loyalität gegenüber der Gruppe. Es ist die Loyalität, deren Wirkung Hirschman in seinem Essay zu »Exit, Voice and Loyalty« diskutiert (Hirschman 1970).[15] Verschlechterungen werden eher akzeptiert, wenn Loyalität gegeben ist, genauso steigt die Wahrscheinlichkeit von Widerspruch (Voice) gegenüber Abwanderung (Exit). Abwanderung wird auch umso unwahrscheinlicher je schwieriger eine Substitution ist. Dies müsste auch für die Bedeutung der Gruppenmitgliedschaft für die soziale Identität gelten. Wenn also das eigene Selbstwertgefühl leicht durch eine alternative Gruppenmitgliedschaft gestützt werden kann, ist den Mitgliedern bzw. Bürgern vermutlich weniger zumutbar (ebenso Lilli 1998).

Was allgemein für Gruppenmitgliedschaften gilt, ist auch für die Identifikation mit Europa relevant. Die emotionale Bindung an Europa mit einem positiven Einfluss auf das eigene Selbstwertgefühl macht auch Zumutungen akzeptabel. Dieser Mechanismus müsste recht allgemein für unterschiedlichste Zumutungen gelten, nicht nur für die Akzeptanz von Mehrheitsentscheidungen bei eigener Unterlegenheit oder die Akzeptanz von Umverteilung. Eine starke Identifikation mit einem Gemeinwesen kann dazu führen, dass ganz erhebliche Belastungen hingenommen werden – bis hin zu der Bereitschaft, für sein Land zu sterben (Anderson 1991).[16]

---

15 Vgl. zu dieser Verbindung auch Mühler/Opp et al. (2004, 17f.).
16 Calhoun (1991) erklärt mit diesem Mechanismus, warum sich die Studierenden in China bei den Demonstrationen im Sommer 1989 auf dem Platz des Himmlischen Friedens lieber erschießen ließen, als die Flucht zu ergreifen.

Für den weiteren europäischen Integrationsprozess und damit immer wieder verbundene Belastungen für Teile der europäischen Bevölkerung wäre demnach eine starke Identifikation der Bürgerinnen und Bürger mit Europa eine verlässliche und wichtige Basis.

3. Situation der europäischen Identifikation

Nachdem theoretisch argumentiert wurde, dass eine Identifikation der Bürger mit Europa für den Integrationsprozess wichtig wäre, soll nun geklärt werden, wie es tatsächlich mit dieser Identifikation aussieht. Dabei sind zwei Fragen zu klären, die sich aus der bisherigen Argumentation ergeben. Zum einen soll das derzeit vorfindbare Niveau von europäischer Identifikation und ihre Entwicklung geklärt werden. Ist vielleicht die Identifikation mit Europa bereits weit vorangeschritten oder lässt sich zumindest eine Entwicklung in diese Richtung feststellen? Zum anderen wurde argumentiert, dass eine europäische Identifikation, wenn sie denn vorliegt, generell die Akzeptanz von Zumutungen erhöht und damit verbunden die Zustimmung zum Integrationsprojekt insgesamt. Auch dieser Frage soll hier exemplarisch nachgegangen werden.

3.1 Stand und Entwicklung der europäischen Identifikation

Seit 1970 führt die Europäische Union regelmäßig Umfragen in ihren Mitgliedsländern durch (Reif 1991). Darin werden vielfältige Fragen mit Europabezug behandelt. Die Frage nach einer europäischen Identifikation kommt wiederholt und in unterschiedlichen Formulierungen vor.[17]

Über viele Jahre hat der Eurobarometer gefragt, ob man sich in Zukunft eher als Europäer oder eher als Angehöriger der eigenen Nationalität sieht. Auch die Mischformen in unterschiedlicher Reihenfolge waren vorgesehen. Tabelle 1 präsentiert die Ergebnisse für das Jahr 2004, in dem die Frage in dieser Weise das letzte Mal gestellt wurde.[18]

Etwas mehr als die Hälfte der Bürger in der EU identifiziert sich unter anderem mit Europa. Das ist die (aus Sicht der Integrations-Befürworter) günstige Lesart des Ergebnisses. 57,9 Prozent der Befragten geben an, sich mindestens auch als Europäer zu sehen. Bei näherer Betrachtung ist das Ergebnis weniger günstig. Wenn sich die Bürger mit Europa identifizieren, dann ganz überwiegend nachrangig. Ausschließlich als Europäer sehen sich gerade mal 3,1 Prozent der Befragten.

---

17 Die Daten sind beim Zentralarchiv in Köln verfügbar und wurden vielfach analysiert. Vgl. unter anderem Duchesne/Frognier (1995), Hewstone (1986), Immerfall/Sobisch (1997), Nissen (2004), Noll/Scheuer (2006), Pichler (2005) und Westle (2003).
18 In dieser Welle wurde für einen Teil der Stichprobe eine etwas modifizierte Frage gestellt, die auch später wieder aufgenommen wurde. Die neue Frageformulierung enthält nicht vier, sondern fünf Antwortmöglichkeiten, weshalb sie mit den Ergebnissen vergangener Jahre nicht vergleichbar ist.

Tabelle 1:   *Identifikation mit Nation und EU*

	Europäer	Europäer und Nationalität	*Nationalität* und Europäer	*Nationalität*	Anzahl Befragte (N)*
EU 25	3,1 %	7,0 %	47,7 %	42,1 %	12217
EU 15 (alte Mitgliedsländer)	3,5 %	7,7 %	48,2 %	40,6 %	7630
Neue Mitglieds- länder (ab 2004)	1,5 %	3,6 %	45,0 %	49,5 %	4545
Deutschland	5,1 %	9,2 %	49,1 %	36,6 %	756
Österreich	3,6 %	4,5 %	49,2 %	42,7 %	483
Griechenland	1,4 %	3,7 %	37,4 %	57,5 %	498
Frankreich	4,3 %	9,5 %	55,7 %	30,5 %	485
Luxemburg	17,7 %	9,0 %	38,3 %	35,0 %	253
Ungarn	0,7 %	2,0 %	32,3 %	65,0 %	507
Slowakei	4,4 %	8,7 %	48,8 %	38,1 %	604

Daten: EB 62.0, Okt.-Nov. 2004,
*   Aufgrund einer Aufteilung der Befragten in zwei Gruppen, denen unterschiedliche Frageformulie- rungen präsentiert wurden, beträgt die Anzahl der Befragten nur die Hälfte der üblichen Größe.

Die Ergebnisse variieren erheblich zwischen den Ländern. In den alten Mitglieds- ländern ist die europäische Identifikation etwas höher als in den zehn neuen Län- dern. In Deutschland ist die nationale Identifikation leicht unterdurchschnittlich, Österreicher identifizieren sich mit ihrer Nation ohne Europa überdurchschnittlich. Unter den alten Mitgliedsländern hat Frankreich den höchsten Anteil von Bürgern, die sich mindestens auch europäisch identifizieren. Ein Ausreißer ist Luxemburg, wo 17,7 Prozent der Bevölkerung angeben, sie fühlen sich ausschließlich als Euro- päer. Die geringste Identifikation mit Europa findet sich unter den alten EU-Mit- gliedern in Griechenland. Bei den acht mittelosteuropäischen Ländern, die 2004 der EU beigetreten sind, belegen Ungarn und die Slowakei die Extreme.
Um die Verbundenheit mit Europa zu erheben, wurde noch eine weitere Frage- formulierung angeboten. Die Menschen wurden gefragt, wie stark sie sich mit Europa, ihrem Land, ihrer Region und schließlich ihrer Stadt bzw. ihrem Dorf verbunden fühlen. Da die Verbundenheit getrennt abgefragt wird, könnten sich die Befragten hier allen geographischen sehr oder allen gar nicht verbunden fühlen, was durchaus zu unseren obigen Überlegungen passt. Auch in dieser Formulierung liegt der Natio- nalstaat vorn. 92 Prozent der EU-Bürgerinnen und -Bürger fühlen sich mit ihrem Nationalstaat sehr oder zumindest ziemlich verbunden.[19] Es folgen praktisch

19 Die alternativen Antwortkategorien waren »nicht sehr verbunden« und »überhaupt nicht verbun- den«.

gleichauf Region und Stadt/Dorf (88 Prozent bzw. 87 Prozent). Das Schlusslicht bildet wiederum die EU, immerhin noch mit 69 Prozent der Befragten, die sich Europa verbunden fühlen. Doch auch hier gilt: durchweg fühlen sich die Menschen Europa ziemlich verbunden, die stärkste Verbundenheit mit Europa (»sehr verbunden«) wählten 20 Prozent der Befragten.

Nun ist Identifikation vermutlich ein Gefühl, das erst mit der Zeit wächst. Möglicherweise hat erst die langsam entstehende und zusammenwachsende Europäische Gemeinschaft bzw. Union Anlass gegeben für eine stärkere Identifikation mit Europa.[20] In der Tat ist die Identifikation mit Europa bei den Jüngeren (allerdings nicht der jüngsten Gruppe) leicht überdurchschnittlich (Duchesne/Frognier 1995; Immerfall/Sobisch 1997). Die Entwicklung der Identifikation mit Europa insgesamt lässt aber keinen Trend hin zu mehr »bewussten Europäern« erkennen (Abb. 1). Die Identifikation mit Europa schwankt über die Jahre ohne deutliche Tendenz.[21] In den 1990er Jahren hat sich zumindest die europäische Identität nicht deutlich weiter verbreitet.

In früheren Wellen des Eurobarometers wurde gefragt nach dem Bewusstsein, Europäerin/Europäer zu sein. Diese Frage zielt nicht eigentlich auf Identifikation im obigen Sinne, kann aber zumindest als Hinweis dienen, denn eine Identifikation mit Europa setzt das Bewusstsein, Europäer zu sein, zumindest voraus. Der Vergleich wird durch nicht ganz exakt identische Frageformulierungen erschwert (Duchesne/Frognier 1995, 197ff.). Zum Teil wurde gefragt, ob die Menschen sich oft, selten oder nie als Europäer sehen, andere wurden gefragt, ob sie sich als Bürger Europas sehen. Da die Frageformulierungen auch zwischen den Ländern variieren, lässt sich das Problem nicht lösen.

Das Niveau der Europaorientierung ist höher als bei der Frage nach der Identifikation (Tab. 2). Dies ist wenig überraschend, denn sich von Zeit zu Zeit als Europäer zu fühlen, ist weit weniger anspruchsvoll im Vergleich zu einer Selbstsicht als Europäer. Auch die Länderunterschiede fallen deutlich anders aus. Bei der Frage der Selbsteinschätzung war Frankreich das Beispiel für ein Flächenland mit hoher europäischer Identifikation, Griechenland ein Beispiel für geringe europäische Identifikation (Tab. 1). Ist die Frage dagegen, ob man sich von Zeit zu Zeit als Europäer fühlt (Tab. 2), befinden sich beide Länder im Mittelfeld (Duchesne/Frognier 1995, 198), wechseln im Vergleich zueinander aber die Position. Die Griechen sind es, die sich häufiger als Europäer fühlen, auch wenn sie sich in ihrer Selbsteinschätzung seltener als Europäer definieren. Deutschland macht über die Zeit den größten Sprung. Anfänglich waren hier Europagefühle am häufigsten zu finden, es kommt dann aber zu einem deutlichen Rückgang, der bereits vor der deutschen Vereinigung ansetzt.

---

20 Kaelble hat allerdings darauf hingewiesen, dass eine Identifikation mit Europa weit älter ist als die EU bzw. ihre Vorgängerinnen (Kaelble 2001, 2005).
21 Um Vergleichbarkeit über die Zeit zu gewährleisten, sind hier ausschließlich die 15 Länder berücksichtigt, die bis 2003 die EU ausmachten.

Abbildung 1: *Identifikation mit Nation und EU, 1992-2004, EU-15.*

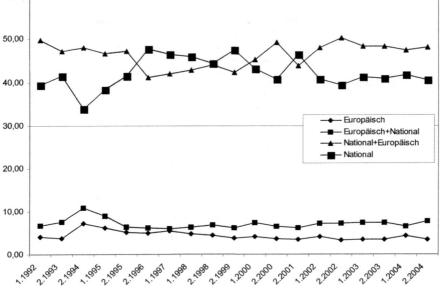

Daten: Eurobarometer Trendfile und weitere Wellen, EU 15, gewichtet.

Der für uns wichtigste Befund entspricht aber der obigen Identifikationsfrage. Es lässt sich kein Trend feststellen hin zu einer häufigeren Wahrnehmung als Europäer. In den zehn hier betrachteten alten EU-Mitgliedsländern hat sich 1982 ein knappes Fünftel der Bevölkerung häufig als Europäer gefühlt, 23 Jahre später ist der Anteil identisch. Von einer entstehenden europäischen Identität kann demnach – weder in der einen noch in der anderen Art der Messung – die Rede sein.

3.2 Wirkung der europäischen Identifikation

Die oben unterstellte Wirkung von europäischer Identifikation ist eine sehr allgemeine. Zumutungen, so war das Ergebnis der Überlegungen, werden im Zusammenhang mit der EU und dem europäischen Integrationsprojekt eher akzeptiert, wenn die Menschen sich mit Europa identifizieren. In dieser Breite ist die These nicht prüfbar, wohl aber lassen sich einige Ausschnitte herausgreifen. Wir wollen hier drei Bereiche kurz betrachten: die Akzeptanz des europäischen Integrationsprozesses,

Tabelle 2:   *Wie oft kommt es vor, dass Sie sich als Europäerin/Europäer fühlen?*

		oft	selten	nie	Anzahl Befragte (N)
EU 10	1982	17,1 %	38,7 %	44,2 %	9281
	1992	13,4 %	33,0 %	53,6 %	9617
	2005	18,5 %	36,4 %	44,5 %	9799
West-Deutschland	1982	27,0 %	54,1 %	18,9 %	987
	1992	9,0 %	31,7 %	59,4 %	1027
	2005	16,9 %	44,1 %	39,0 %	997
Griechenland	1982	28,0 %	34,8 %	37,2 %	935
	1992	22,3 %	38,8 %	38,9 %	989
	2005	25,4 %	38,0 %	36,5 %	999
Frankreich	1982	19,5 %	42,4 %	38,0 %	975
	1992	15,1 %	38,3 %	46,7 %	995
	2005	22,1 %	35,7 %	42,2 %	1007
Luxemburg	1982	36,4 %	46,2 %	17,4 %	283
	1992	22,4 %	42,0 %	35,6 %	484
	2005	37,9 %	34,2 %	27,9 %	508

Daten: EB 17 (1982), EB 37.0 (1992) und EB 64.2 (2005).

die Zustimmung zur Europäisierung von Politikbereichen und das Vertrauen in EU-Institutionen..

Die Einstellungen zu diesen drei Bereichen werden durch eine Vielzahl von Faktoren beeinflusst. Andere Untersuchungen sind dem nachgegangen (Anderson/Kaltenthaler 1996; Dalton/Eichenberg 1998; Fuchs 2003; Gabel/Palmer 1995; Hewstone 1986; Niedermayer 2003; Niedermayer/Sinnott 1995). Unser Interesse richtet sich allein auf den Einfluss von europäischer Identifikation. Dennoch sollten die übrigen Einflüsse mit berücksichtigt, also kontrolliert werden. Nur so können wir sicher sein, dass tatsächlich die Identifikation als solche einen Einfluss hat und nicht etwaige andere Variablen, die sowohl die Einstellungen zur EU und gleichzeitig die europäische Identifikation beeinflussen. Daher haben wir zu allen drei Bereichen eine lineare Regression gerechnet.[22] Die so errechneten Koeffizienten geben dann jeweils den Einfluss einer unabhängigen Variablen auf die abhängige Variable unter Kontrolle aller übrigen unabhängigen Variablen an.

---

22 Die lineare Regression wird in Standardlehrbüchern zur Statistik erklärt. Vgl. z.B. Diaz-Bone (2006).

Die Akzeptanz des europäischen Integrationsprozesses wird hier gemessen durch eine Zusammenfassung von vier Standardfragen im Eurobarometer (vgl. Niedermayer 1995a). Die Befragten werden gefragt, ob sie die Einigung Europas befürworten (ja/nein), ob sie eine Abschaffung der EU bedauern würden (ja/nein), ob die EU-Mitgliedschaft für das eigene Land ein Vorteil ist (ja, weder noch, nein) und schließlich ob die Mitgliedschaft des eigenen Landes in der EU eine gute Sache sei (ja, weder noch, nein). Die vier Variablen wurden zu einem Summenindex zusammengefasst und bilden gemeinsam den Indikator für die Akzeptanz des Integrationsprozesses.[23]

Wir haben eine Reihe von verfügbaren, erklärenden Variablen eingeführt, die im Wesentlichen die Soziodemographie betreffen. Die Eurobarometer-Befragung ist in Bezug auf soziodemographische Variablen relativ dünn, d.h. es sind nur wenige Angaben verfügbar. Besonders schmerzlich ist das fehlende Haushaltseinkommen, das bei vielen soziologischen Fragestellungen einen erheblichen Erklärungsbeitrag hat. Da unser Ziel hier aber nicht primär ein gutes Gesamterklärungsmodell ist, sondern die Prüfung des Einflusses von europäischer Identifikation unter Kontrolle anderer Variablen, muss uns diese Schwäche nicht übermäßig beunruhigen.[24]

Die soziodemographischen Variablen weisen die Einflüsse auf, die wir aus anderen Untersuchungen erwarten können (Tabelle 3, Modell 1). Hoch Gebildete befürworten die EU überdurchschnittlich, ähnliches gilt für die Jüngeren, Arbeitslose unterstützen die EU unterdurchschnittlich.

Unser primäres Interesse gilt der Identifikation mit der EU. Wir prüfen die vier getrennt abgefragten Versionen von nationaler und europäischer Identifikation jeweils für sich. Unsere Referenzkategorie ist die ausschließlich nationale Identifikation, d.h. die Werte für die drei anderen Typen geben die Veränderung relativ zur Gruppe an, die sich nur national identifiziert. Erwartungsgemäß führt jede Art der Identifikation mit der EU, gleich ob in Kombination mit einer nationalen Identifikation oder nicht, zu einer höheren Akzeptanz des europäischen Integrationsprozesses. Am stärksten ist dieser Effekt – und das muss verwundern – bei den Menschen, die sich zunächst national und dann europäisch identifizieren. Aber auch die anderen Formen der Identifikation mit der EU führen zu einer höheren Akzeptanz der Integration. Der Einfluss der Identifikation ist weit stärker als der Einfluss irgendeiner anderen Variablen. Die hohe Bildung hat unter den Kontrollvariablen den höchsten Einfluss, der Einfluss der ausschließlich europäischen Identifikation ist mehr als doppelt so stark. Dieser Befund darf allerdings nicht überbewertet werden. Der Einfluss von soziodemographischen Variablen auf Einstellungen ist oft nicht sehr hoch

---

23 Die Frageformulierungen sind im Internet verfügbar bei den Study Profiles des Eurobarometer: www.gesis.org/en/data_service/eurobarometer/standard_eb_profiles/indexframe_profiles.htm. Die Antwort zu Gunsten des Integrationsprozesses erhielt den Wert 3, die eventuelle Mittelkategorie den Wert 2 und die Antwort gegen den Integrationsprozess den Wert 1. Der Index bildet sich als Mittelwert über die Variablen mit Werten zwischen 1 und 3 bei mindestens zwei gültigen Angaben.
24 Auch unberücksichtigt bleiben hier die ganz erheblichen Länderdifferenzen.

Tabelle 3: *Regressionsmodelle zur Akzeptanz des europäischen Integrationsprozesses (Modell 1), Zustimmung zur Europäisierung von Politikbereichen (Modell 2) und Vertrauen in EU-Institutionen (Modell 3)*

	Modell 1 Akzeptanz des europ. Integrationsprozesses		Modell2 Zustimmung zur Europäisierung von Politikbereichen		Modell 3 Vertrauen in EU-Institutionen	
	stand. β	t-Wert	stand. β	t-Wert	stand. β	t-Wert
Alter in Jahren	-,064**	-6,292	,002	0,173	,034**	3,350
Bildung (Ref. niedrige Bild.)						
hoch (>19 bei Bildungsende)	,069**	5,549	-,017	-1,188	,036**	2,786
mittel (16-19 bei Bildungsende)	-,001	-,111	,003	0,187	,026*	2,101
Geschlecht weibl. (Ref. männlich)	-,014	-1,504	,035**	3,380	,025**	2,642
arbeitslos	-,033**	-3,554	,038	3,615	-,011	-1,193
Politische Orientierung (links=1, rechts=10)	-,015	-1,608	-,022*	-2,133	,007	0,709
Einstellungen zur EU						
Mitgliedschaft gut			,056**	3,999	,161**	12,580
eigenes Land profitiert			,098**	7,290	,207**	16,965
Vereinigung gut			,162**	12,860	,199**	17,206
Bedauern bei Abschaffung der EU			,076**	10,412	,130**	10,975
Identifikation (Ref. nur nationale Identifikation)						
National und europäisch	,356**	35,281	,126**	10,412	,126**	11,353
Europäisch und national	,234**	23,985	,114**	9,997	,038**	3,649
nur europäisch	,149**	15,725	,088**	8,173	,021*	2,127
Konstante		69,823		87,211		11,397
korr. r²		,166		,155		,370
N		9945		8073		7272

Daten: EB 64.0, 2004. Daten für alle 25 EU-Mitgliedsländer, gewichtet.

Aufgrund der Erhebung der Identifikation nach dem Split-Half-Verfahren steht hier nur die Hälfte der üblichen Fallzahl zur Verfügung. Das Gesamtmodell, die Konstante und alle mit ** gekennzeichneten Regressoren sind jeweils hoch-signifikant auf dem 1 %-Niveau. Mit * gekennzeichnete Regressoren sind signifikant auf dem 5 %-Niveau.

(vgl. z.B. Deth 2004).[25] Auch hat die Identifikation einen direkten Bezug zum erklärten Phänomen, beides bezieht sich auf Europa. Die politische Rechts-Links-Einschätzung oder andere Kontrollvariablen sind vom zu erklärenden Phänomen weiter entfernt, was gewöhnlich zu einem geringeren Einfluss führt. Dennoch können wir festhalten, dass die europäische Identifikation erwartungsgemäß einen positiven Effekt hat auf die Akzeptanz des europäischen Integrationsprozesses.

Als zweiten Aspekt betrachten wir, in welchem Ausmaß die europäische Entscheidungsebene für verschiedene Politikbereiche befürwortet wird (vgl. auch Weßels 2004). Gefragt wurde für 17 Politikbereiche, ob hier jeweils ausschließlich die nationale Regierung entscheiden soll oder eine gemeinsame Entscheidung innerhalb der EU präferiert wird.[26] Der prozentuale Anteil von Politikbereichen, für die sich ein Befragter eine EU-Zuständigkeit wünscht, ist die abhängige Variable im Modell.

Das Regressionsmodell ist gegenüber dem ersten Modell in einem wichtigen Aspekt verändert. Neben den soziodemographischen Variablen und der Links-Rechts-Orientierung gehen hier Fragen zur Befürwortung bzw. Ablehnung der EU mit ein. Die vier Fragen, die den Index zur Akzeptanz des europäischen Integrationsprozesses gebildet haben (vgl. Modell 1), gehen hier als erklärende Variablen mit ein.

Die Einflussstärken der Kontrollvariablen ändern sich in diesem zweiten Modell. Variablen, die in Modell 1 noch signifikant waren, werden nun insignifikant (Alter, hohe Bildung), andere zunächst insignifikante Variablen sind nun signifikant (Geschlecht, politische Orientierung). Diese Veränderung dürfte zurückgehen auf die Einstellungen zur EU und dem Nutzen der EU für das eigene Land, die nun in das Modell mit eingehen. Alle vier Einstellungsfragen haben einen starken Einfluss. Überraschend ist diese Einflussstärke nicht, denn es geht bei der Europäisierung von Politikbereichen ja gerade um Fragen der europäischen Integration. Wir erklären also einen Sachverhalt, die Zustimmung zur Europäisierung von Politikbereichen, mit Einstellungen, die unmittelbar in diesen Themenbereich gehören. Daher ist ein stärkerer Einfluss zu erwarten als bei den soziodemographischen Variablen.

---

25   Dies lässt sich leicht am Beispiel der Variable Geschlecht verdeutlichen. Wir gehen nicht davon aus, dass die unterschiedliche Chromosomenausstattung von Männern und Frauen einen Effekt auf politische Einstellungen hat. Das Geschlecht ist vielmehr ein Indikator für unterschiedliche Arten der Sozialisation. Die tatsächliche geschlechtsspezifische Sozialisation hängt aber zusätzlich noch von vielen weiteren Faktoren ab, z.B. der Vorstellungen über Geschlechterverhältnisse der Eltern und anderer Sozialisationsinstanzen, vom Bildungsstand der Eltern und der Personen selbst und so weiter. All dies wird nicht erfasst, sondern lediglich das Geschlecht. Entsprechend ist der Einfluss vom Geschlecht als Indikator für tendenziell unterschiedliche Sozialisation relativ schwach. Die unterschiedliche Sozialisation hat nun wieder tendenziell, aber eben nicht direkt Einfluss auf politische Einstellungen und die politischen Einstellungen sind wiederum tendenziell verbunden mit der Einstellung zur EU. Der statistische Effekt zwischen dem abgefragten Geschlecht und der Einstellung zur EU kann daher nur recht klein sein.

26   Bei den Politikbereichen handelt es sich um: Verteidigung, Umweltschutz, Währungspolitik, humanitäre Hilfe, Gesundheits- und Sozialwesen, Medienpolitik, Politik gegen Armut und soziale Ausgrenzung, Bekämpfung von Arbeitslosigkeit, Landwirtschafts- und Fischereipolitik, Unterstützung wirtschaftlich schwacher Regionen, Bildungs- und Erziehungswesen, Forschung, Information über die EU, Außenpolitik gegenüber Nicht-EU-Ländern, Kulturpolitik, Einwanderungspolitik und Justiz.

Umso überraschender ist der nach wie vor deutliche Einfluss der europäischen Identifikation. Wichtiger als die Frage, ob die Mitgliedschaft des eigenen Landes für gut befunden wird, ist die Identifikation mit Europa. Allein die Unterstützung der Vereinigung Europas hat einen stärkeren Einfluss auf die Zustimmung zur Europäisierung von Politikbereichen als die Identifikation. Diese Stärke kann kaum überraschen, fragen beide Aspekte doch fast nach demselben, einmal abstrakt und das andere mal konkret für bestimmte Politikbereiche. Ansonsten bleibt die Identifikation mit der EU ein starker Einflussfaktor.

Das dritte Modell widmet sich dem Vertrauen in Institutionen der EU (vgl. Niedermayer 1995b; Schmitt 2003). Für neun verschiedene Institutionen der EU sollten die Befragten angeben, ob sie ihnen eher vertrauen oder eher nicht vertrauen.[27] Diese wurden hier wiederum zusammengefasst zu einem Gesamtvertrauen, das sich aus gleichen Teilen aus dem Vertrauen (bzw. Nicht-Vertrauen) in die einzelnen Institutionen ergibt.

Zur Erklärung des Vertrauens in EU-Institutionen tragen die generalisierten Einstellungen zur europäischen Integration am stärksten bei. Wer die Integration befürwortet, scheint auch eher bereit, den Institutionen zu trauen. Daneben bleibt aber die Identifikation mit der EU einflussreich. Im Falle der kombinierten Identifikationen (europäisch und national bzw. national und europäisch) ist der Einfluss durchweg stärker als der Einfluss von soziodemographischen Variablen.

Im Falle des Vertrauens ist der relative Einfluss der Identifikation im Vergleich zu den soziodemographischen und den Einstellungsvariablen am geringsten. Dies könnte damit zusammenhängen, dass Vertrauen am ehesten nach der tatsächlichen Durchführung der politischen Arbeit fragt. Hier wird also die konkrete Arbeit der Institutionen beurteilt, während die generelle Präferenz für die Integration oder die Europäisierung von Politikbereichen abstrakter bleibt.

Unsere oben theoretisch hergeleitete Annahme, dass eine europäische Identifikation Zumutungen eher akzeptabel macht, wird durch die empirischen Ergebnisse untermauert. Wer sich europäisch identifiziert, unterstützt den europäischen Integrationsprozess stärker, unterstützt in höherem Maße die Europäisierung von politischen Kompetenzen und vertraut den europäischen Institutionen stärker. Dieser Befund ist aus zwei Gründen alles andere als trivial. Zum einen sollte man sich klar machen, dass bei der Identifikation nicht nach einer Unterstützung der EU gefragt wurde. Gefragt wurde, ob man sich zukünftig als Europäer bzw. Angehöriger der eigenen Nation sehe. Die Verbindung zur EU ist vielleicht nahe liegend, sie ist aber keineswegs zwingend. Die emotionale Verbundenheit mit einem Kontinent und seinen Bewohnern lässt eigentlich nicht direkt schließen auf höheres Vertrauen in europä-

---

27 Im Einzelnen sind dies: Das Europäische Parlament, die Europäische Kommission, der Ministerrat der EU, der Europäische Gerichtshof, der Europäische Ombudsmann, die Europäische Zentralbank, der Europäische Rechnungshof, der Ausschuss der Regionen und der Wirtschafts- und Sozialausschuss. Berücksichtigt wurden nur Befragte, die zu mindestens 3 der Institutionen eine Angabe gemacht haben.

ische Institutionen oder die Regelung von politischen Fragen auf europäischer Ebene. Dennoch zeigt sich dieser Zusammenhang. Zum anderen wurden zumindest in Modell 2 und 3 die Einstellungen zur EU kontrolliert. Wer für eine politische Vereinigung Europas ist, dürfte auch die europäische Regelung politischer Fragen unterstützen. Das überrascht kaum. Dass *zusätzlich*, unter Kontrolle dieser Einstellung, die Identifikation mit Europa einen eigenen Effekt hat, kann dann schon überraschen. Gleiches gilt für die Frage nach Vertrauen. Die generellen Einstellungen haben erwartbar einen Effekt auf die konkreteren Präferenzen. Der darüber hinausgehende Effekt der europäischen Identität zeigt die Kraft, die eine Identifikation entwickeln kann.

4. *Wege zu einer europäischen Identität*

Unsere Analyse hat den Bedarf einer europäischen Identität festgestellt – freilich nicht als erste. Oben wurde, ausgehend von einer Begriffsdifferenzierung, argumentiert, dass der europäische Integrationsprozess von einer Einbindung einer kollektiven europäischen Identität in die soziale Identität ihrer Bürger profitieren würde. Die Identifikation der Bürger mit Europa ergibt sich einerseits aus demokratietheoretischen Überlegungen. Hier wurde aber stärker abgestellt auf die Wirkung für die Akzeptanz von Zumutungen, die eine solche Identifikation hätte. Wenn die Menschen sich mit Europa, dem Kontinent, den Bewohnern, den politischen Institutionen, identifizieren und diese Identität ihr Selbstwertgefühl mit stützt, dann müssten sie in höherem Maße bereit sein, Zumutungen zu akzeptieren. Diese Zumutungen können ganz unterschiedlicher Art sein. Die Identifikation wäre »umverteilungsfest«, wie Vobruba es gefordert hat, sie wäre vermutlich auch geeignet, Niederlagen bei Mehrheitsentscheidungen akzeptabel zu machen – nicht nur normativ, sondern auch empirisch. Die empirischen Analysen von Eurobarometerdaten stützen diese theoretischen Überlegungen. Wenn die Menschen sich nicht nur als Angehörige ihrer Nation, sondern dazu oder ausschließlich als Angehörige Europas fühlen, so unterstützen sie den europäischen Integrationsprozess mehr, befürworten häufiger die Europäisierung von politischen Zuständigkeiten und haben mehr Vertrauen in die EU-Institutionen – selbst wenn Einstellungen zur EU kontrolliert werden.

Umso dramatischer ist da der Befund, dass nur vergleichsweise wenige Bürger sich mit Europa identifizieren und ein Trend hin zu stärkerer Identifikation mit Europa nicht erkennbar ist. Was gilt es also zu tun? Wie kann eine wachsende Identifikation mit Europa, mit der EU erreicht werden?

Das Problem zu erkennen, heißt in diesem Falle keineswegs, es bannen zu können. Wenn man sich insbesondere die Bemühungen der EU in den letzten Jahren um die Stärkung einer europäischen Identität ansieht, dann sind schon viele Wege beschritten worden ohne durchschlagenden Erfolg. Der Verfassungsprozess, von dem in der

Einleitung die Rede war, ist das letzte, wohl auch ehrgeizigste Beispiel. Von der Einführung des Euros, dem Programm der europäischen Kulturhauptstadt, von Austauschprogrammen für Jugendliche, von der Einführung einer europäischen Hymne und einem Europatag wurden sich ebenfalls identitätsfördernde Wirkungen versprochen (Quenzel 2005). Der Ertrag bleibt, wie wir gesehen haben, gering, sofern er überhaupt besteht. Aus den hier vorgelegten Überlegungen lassen sich für die Debatte zwei Schlussfolgerungen ziehen, eine Warnung und ein Vorschlag.

Verschiedentlich wurde vorgeschlagen, zur Stärkung der EU eine soziale Dimension in die EU-Politik einzuführen, konkret die Sozialpolitik europäisch zu gestalten (vgl. z.B. Meyer 2004, 189ff.). Für die Nationalstaaten hat sich die Einführung des Wohlfahrtsstaates als Segen erwiesen, denn scheinbar wurden die Bürgerinnen und Bürger mittels dieser Sozialleistungen und der sozialen Absicherung auch emotional an ihren Staat gebunden. Der Nationalstaat wurde nicht zuletzt in seiner Rolle als Wohlfahrtsstaat zum Erfolgsmodell. Die Überlegungen hier legen eine solche Forderung nicht nahe, ganz im Gegenteil. Die europäische Identität ist, wenn sie vorliegt, ein Mechanismus, mittels dessen Zumutungen akzeptiert werden. Die Einführung eines europäischen Wohlfahrtsstaates würde aber für viele erst einmal Zumutungen bedeuten. Die Bürger wünschen sich von ihren Staaten durchweg umfangreiche Sozialleistungen (Gerhards/Hölscher 2005, 173ff.). Dieses Wohlfahrtsniveau könnte die EU auf absehbare Zeit nicht gewährleisten, vielmehr müssten die Bürger zahlreicher Länder mit erheblichen Einschnitten rechnen. Die Begeisterung für einen europäischen Sozialstaat ist daher bei den Bürgern der EU äußerst gering (Mau 2003). Eine Identifikation mit Europa, die dieses Missfallen und vor allem die erwartbaren Zumutungen abfedern könnte, besteht bislang nicht. Der Unmut würde die EU weitgehend ungebremst von Loyalitätsgefühlen treffen.

Eine zweite Überlegung zielt auf einen konstruktiven Vorschlag, der allerdings in der Realisierung keineswegs einfach ist. Wir hatten oben gesehen, dass kollektive Identitäten für die Individuen verfügbar sein müssen, damit sie Teil der sozialen Identität und damit Teil des Selbstkonzepts werden können. Verfügbar bedeutet zum einen, dass die Menschen Mitglied sein oder werden können müssen im Kollektiv. Zum anderen müssen den Menschen ihre Mitgliedschaft und attraktive Eigenschaften des Kollektivs bewusst sein. Hier hat die EU eine Aufgabe, die sich nicht in intellektuellem Argumentieren erschöpfen darf.[28] Es kommt vermutlich nicht darauf an, dass die EU ein komplexes Zukunftsmodell entwirft und den Bürgern schmackhaft macht. Die EU muss auch nicht für etwas stehen, dass andere Kollektive nicht für sich verbuchen können, etwa Werte, die niemand anderes so vertritt.[29] Identität heißt eben nicht Individualität. Wohl aber muss das Kollektiv für *etwas* stehen. Die Assoziationen, die bereits heute verbreitet sind, bieten nahe liegende Anknüpfungs-

---

28 So die Forderung von Schwaabe (2005).
29 Dies wendet zum Beispiel Thalmaier (2005, 12) ein. Es hat aber den deutschen Verfassungspatriotismus nicht erschüttert, dass sich junge Demokratien bei ihrer Verfassung am Grundgesetz orientiert, es also kopiert haben.

punkte. Einem Drittel der EU-Bürger kommt Frieden in den Sinn, wenn sie an die EU denken, ein Viertel denkt an Demokratie, eine knappes Drittel assoziiert kulturelle Vielfalt (EB 62.0, 2004). Dies sind durchaus Eigenschaften, mit denen die EU für sich werben könnte. Sie müsste diese Eigenschaften gleichwohl präsent halten, also den Menschen als Identifikationsmöglichkeit anbieten. Die Nationalstaaten haben dafür fest etablierte Wege gefunden. Sie bringen sich nicht nur durch Schulerziehung, sondern auch durch Rituale und öffentliche Ereignisse mit ihren (vermeintlichen) Eigenschaften immer wieder ins Gedächtnis (Giesen 1999). Die EU ist in dieser Weise schwach. Die politischen Repräsentanten der EU machen in Brüssel ihre politische Arbeit, die Nationalstaaten stellen dagegen durchweg einen Präsidenten ab, um die Ganzheit zu repräsentieren. Für die langfristige Stärkung einer europäischen Identität könnte die häufige, gegebenenfalls auch ritualisierte Erinnerung an Eigenschaften der EU, zum Beispiel als Friedens- und Demokratieprojekt, hilfreich sein. Ob dies gewünscht wird, ob die Mitgliedsländer sich darauf einlassen wollen und ob eine weitere Vertiefung der EU mit der Stärkung einer europäischen Identität gestützt werden *soll* – das steht auf einem anderen Blatt.

Literaturverzeichnis

Abrams, Dominic/Michael A. Hogg (1990, Hrsg.): Social Identity Theory. Constructive and Critical Advances. New York u.a.

Abrams, Dominic/Michael A. Hogg (1999, Hrsg.): Social Identity and Social Cognition. Oxford.

Anderson, Benedict (1991): Imagined Communities. Reflection on the Origin and Spread of Nationalism. London; New York.

Anderson, Christopher J./Karl C. Kaltenthaler (1996): The dynamics of public opinion toward european integration. 1973-1993. In: European Journal of International Relations. Jg. 2, H. 2, S. 175-199.

Blank, Thomas (2003): National Identity in Europe. Special Issue of Political Psychology, Jg. 24, H. 2.

Bruter, Michael (2006): Citizens of Europe? The emergence of a mass European identity. Basingstoke.

Calhoun, Craig (1991): The Problem of Identity in Collective Action. In: Joan Huber (Hrsg.): Macro-Micro Linkages in Sociology. Thousand Oaks; London; New Delhi, S. 51-75.

Dahrendorf, Ralf (1959): Homo sociologicus. Ein Versuch zur Geschichte, Bedeutung und Kritik der Kategorie der sozialen Rolle. Opladen.

Dalton, Russel J./Richard C. Eichenberg (1998): Citizen Support for Policy Integration. In: Wayne Sandholtz/Alec S. Sweet (Hrsg.): European Integration and Supranational Governance. Oxford, S. 250-282.

Delhey, Jan (2004): European Social Integration. From Convergence of Countries to Transnational Relations Between People. WZB-Discussion Paper SP I 2004-201. Berlin.

Deschamps, Jean-Claude/Thierry Devos (1998): Regarding the Relationship Between Social Identity and Personal Identity. In: Stephen Worchel/J. Francisco Morales et al. (Hrsg.): Social Identity. International Perspectives. London; Thousand Oaks; New Delhi, S. 1-12.

Deth, Jan van (2004): Deutschland in Europa. Ergebnisse des European Social Survey 2002-2003. Wiesbaden.

Diaz-Bone, Rainer (2006): Statistik für Soziologen. Konstanz.

Donig, Simon/Christiane Winkler (2005, Hrsg.): Europäische Identitäten – Eine europäische Identität? Baden-Baden.

Duchesne, Sophie/André-Paul Frognier (1995): Is there a European Identity? In: Oskar Niedermayer/Richard Sinnott (Hrsg.): Public Opinion and Internationalized Government. Oxford, S. 193-226.

Ellemers, Naomi/Russel Spears et al. (1999, Hrsg.): Social Identity. Context, Commitment, Content. Oxford.

Erikson, Erik H. (1966): Identität und Lebenszyklus. Frankfurt/Main.

Europäische Kommission (2005a): The European Constitution. Post-referendum survey in France. http://ec.europa.eu/public_opinion/flash/fl171_en.pdf.

Europäische Kommission (2005b): The European Constitution. Post-referendum survey in The Netherlands. http://ec.europa.eu/public_opinion/flash/fl172_en.pdf.

Follesdal, Andreas/Simon Hix (2006): Why there is a Democratic Deficit in the EU. A Response to Majone and Moravcsik. In: Journal of Common Market Studies. Jg. 44, H. 2, S. 533-562.

Frey, Hans-Peter/Karl Haußer (1987, Hrsg.): Identität. Entwicklungen psychologischer und soziologischer Forschung. Stuttgart.

Fuchs, Dieter (2003): Das Demokratiedefizit der Europäischen Union und die politische Integration Europas: Eine Analyse der Einstellungen der Bürger in Westeuropa. In: Frank Brettschneider/Jan van Deth et al. (Hrsg.): Europäische Integration in der öffentlichen Meinung. Opladen, S. 29-56.

Fuchs, Dieter/Hans-Dieter Klingemann (2002): Eastward Enlargement of the European Union and the Identity of Europe. In: West European Politics. Jg. 25, H. 2, S. 19-54.

Gabel, Matthew/Harvey D. Palmer (1995): Understanding variation in public support for European integration. In: European Journal of Political Research. Jg. 27, H. 1, S. 3-19.

Garz, Detlef (2006): Sozialpsychologische Entwicklungstheorien. Von Mead, Piaget und Kohlberg bis zur Gegenwart. Wiesbaden.

Gerhards, Jürgen (2006): Europäische versus nationale Gleichheit. Die Akzeptanz der Freizügigkeitsregel für Arbeitskräfte in den Mitglieds- und Beitrittsländern der Europäischen Union. In: Martin Heidenreich (Hrsg.): Die Europäisierung sozialer Ungleichheit. Zur transnationalen Klassen- und Sozialstrukturanalyse. Frankfurt/Main; New York, S. 253-276.

Gerhards, Jürgen (2003): Identifikation mit Europa. Einige begriffliche Vorklärungen. In: Jutta Allmendinger (Hrsg.): Entstaatlichung und soziale Sicherheit. Teil 1. Opladen, S. 467-474.

Gerhards, Jürgen (2002): Das Öffentlichkeitsdefizit der EU im Horizont normativer Öffentlichkeitstheorien. In: Hartmut Kaelble/Martin Kirsch et al. (Hrsg.): Transnationale Öffentlichkeiten und Identitäten im 20. Jahrhundert. Frankfurt/Main, S. 135-158.

Gerhards, Jürgen/Michael Hölscher (2005): Kulturelle Unterschiede in der Europäischen Union. Ein Vergleich zwischen Mitgliedsländern, Beitrittskandidaten und der Türkei. Wiesbaden.

Giddens, Anthony (1991): Modernity and Self-Identity. Cambridge.

Giesen, Bernhard (1999): Kollektive Identität. Die Intellektuellen und die Nation 2. Frankfurt/Main.

Goffman, Erving (1963): Stigma. Notes on the Management of Spoiled Identity. Englewood Cliffs, New Jersey.

Goffman, Erving (1959): The Presentation of Self in Everyday Life. New York u.a.

Green, Andy (1990): Education and State Formation. London.

Habermas, Jürgen (1998): Die postnationale Konstellation und die Zukunft der Demokratie. In: Jürgen Habermas (Hrsg.): Die postnationale Konstellation. Politische Essays. Frankfurt/Main, S. 91-169.

Henrich, Dieter (1979): Identität. Begriffe, Probleme, Grenzen. In: Odo Marquard/Karlheinz Stierle (Hrsg.): Identität. Poetik und Hermeneutik, Band 8. München, S. 133-186.

Herrmann, Richard K./Thomas Risse et al. (2004, Hrsg.): Transnational Identities. Becoming European in the European Union. Lanham.

Hettlage, Robert/Hans-Peter Müller (2006, Hrsg.): Die europäische Gesellschaft. Konstanz.

Hewstone, Miles (1986): Understanding attitudes to the European Community. A social-psychological study in four member countries. Cambridge.

Hirschman, Albert O. (1970): Exit, Voice, and Loyalty. Responses to Decline in Firms, Organizations, and States. Cambridge, Mass.

Hutchinson, John/Anthony D. Smith (1994, Hrsg.): Nationalism. Oxford; New York.

Immerfall, Stefan/Andreas Sobisch (1997): Europäische Integration und europäische Identität. Die Europäische Union im Bewusstsein ihrer Bürger. In: Aus Politik und Zeitgeschichte. Jg. 47, H. 10, S. 25-37.

Jamieson, Lynn (2002): Theorising Identity, Nationality and Citizenship. Implications for European Citizenship Identity. In: Sociologia. Jg. 34, H. 6, S. 507-532.

Jiménez, Antonia M. Ruiz/Jaroslaw J. Górniak et al. (2004): European and National Identities in EU's Old and New Member States: Ethnic, Civic, Instrumental and Symbolic Components. In: European Integration online Papers. Jg. 8, H. 11.

Kaelble, Hartmut (2005): Eine europäische Gesellschaft? In: Gunnar F. Schuppert/Ingolf Pernice et al. (Hrsg.): Europawissenschaft. Baden-Baden, S. 299-330.

Kaelble, Hartmut (2001): Europäer über Europa. Die Entstehung des europäischen Selbstverständnisses im 19. und 20. Jahrhundert. Frankfurt/Main; New York.

Kaelble, Hartmut (1987): Auf dem Weg zu einer europäischen Gesellschaft. Eine Sozialgeschichte Westeuropas 1880 – 1980. München.

Karolewski, Ireneusz P./Viktoria Kaina (2006, Hrsg.): European identity. Theoretical perspectives and empirical insights. Berlin; Münster.

Kielmansegg, Peter Graf (1996): Integration und Demokratie. In: Markus Jachtenfuchs/Beate Kohler-Koch (Hrsg.): Europäische Integration. Opladen, S. 47-71.

Kohli, Martin (2002): Die Entstehung einer europäischen Identität: Konflikte und Potentiale. In: Hartmut Kaelble/Martin Kirsch et al. (Hrsg.): Transnationale Öffentlichkeiten und Identitäten im 20. Jahrhundert. Frankfurt/Main; New York, S. 111-134.

Kreckel, Reinhard (1994): Soziale Integration und nationale Identität. In: Berliner Journal für Soziologie. Jg. 4, S. 13-20.

Kutz, Martin/Petra Weyland (2000, Hrsg.): Europäische Identität? Versuch, kulturelle Aspekte eines Phantoms zu beschreiben. Bremen.

Leinen, Jo (2001): Eine europäische Verfassung. Grundlage einer föderalen und demokratischen Ordnung der EU. In: Heiner Timmermann (Hrsg.): Eine Verfassung für die Europäische Union. Beiträge zu einer grundsätzlichen und aktuellen Debatte. Opladen, S. 57-66.

Lilli, Waldemar (1998): Europäische Identität: Chancen und Risiken ihrer Verwirklichung aus einer sozialpsychologischen Grundlagenperspektive. In: Thomas König/Elmar Rieger et al. (Hrsg.): Europa der Bürger? Voraussetzungen, Alternativen, Konsequenzen. Mannheimer Jahrbuch für Europäische Sozialforschung Band 3. Frankfurt/Main, S. 139-158.

Lilli, Waldemar (1982): Grundlagen der Stereotypisierung. Göttingen; Toronto; Zürich.

Lindberg, Leon N./Stuart Scheingold (1970): Europe's Would-Be Polity. Englewood Cliffs, New Jersey.

Mau, Steffen (2004): Transnationale Transfers der EU-Regionalpolitik. Die institutionelle Bearbeitung eines verteilungspolitischen Problems. In: Stefan Liebig/Holger Lengfeld et al. (Hrsg.): Verteilungsprobleme und Gerechtigkeit in modernen Gesellschaften. Frankfurt/Main; New York, S. 331-360.

Mau, Steffen (2003): Wohlfahrtspolitischer Verantwortungstransfer nach Europa? Präferenzstrukturen und ihre Determinanten in der europäischen Bevölkerung. In: Zeitschrift für Soziologie. Jg. 32, H. 4, S. 302-324.

Mayer, Franz C./Jan Palmowski (2004): European Identities and the EU. The Ties that Bind the Peoples of Europe. In: Journal of Common Market Studies. Jg. 42, H. 3, S. 573-598.

Mead, George H. (1934): Mind, Self, and Society from the Standpoint of a Social Behaviorist. Chicago; London.

Meyer, Thomas (2004): Die Identität Europas. Der EU eine Seele? Frankfurt/Main.

Moravcsik, Andrew (2006): What Can We Learn from the Collaps of the European Constitutional Project? In: Politische Vierteljahresschrift. Jg. 47, H. 2, S. 219-241.

Mühler, Kurt/Karl-Dieter Opp et al. (2004): Region und Nation. Zu den Ursachen und Wirkungen regionaler und überregionaler Identifikation. Wiesbaden.

Mummendey, Amélie (1985): Verhalten zwischen sozialen Gruppen. Die Theorie der sozialen Identität. In: Dieter Frey/Martin Irle (Hrsg.): Theorien der Sozialpsychologie, Band 2: Gruppen- und Lerntheorien. Bern, S. 185-216.

Nevola, Gaspare (2001): Education and Political Socialisation between National Identity and European Citizenship. In: Max Haller (Hrsg.): The Making of the European Union. Contributions of the Social Sciences. Heidelberg, S. 331-359.

Niedermayer, Oskar (2003): Die öffentliche Meinung zur zukünftigen Gestalt der EU: Bevölkerungsorientierungen in Deutschland und den anderen EU-Staaten. Bonn.

Niedermayer, Oskar (1995a): Trends and Contrasts. In: Oskar Niedermayer/Richard Sinnott (Hrsg.): Public Opinion and Internationalized Governance. Oxford, S. 53-72.

Niedermayer, Oskar (1995b): Trust and Sense of Community. In: Oskar Niedermayer/Richard Sinnott (Hrsg.): Public Opinion and Internationalized Governance. Oxford, S. 227-245.

Niedermayer, Oskar/Richard Sinnott (1995, Hrsg.): Public Opinion and Internationalized Government. Beliefs in Government, Vol. 2. Oxford.

Niethammer, Lutz (2000): Kollektive Identität. Heimliche Quellen einer unheimlichen Konjunktur. Reinbek bei Hamburg.

Niethammer, Lutz (1994): Konjunkturen und Konkurrenzen kollektiver Identität. Ideologie, Infrastruktur und Gedächtnis in der Zeitgeschichte. In: Prokla. Zeitschrift für kritische Sozialwissenschaft. Jg. 24, S. 378-399.

Nissen, Silke (2004): Europäische Identität und die Zukunft Europas. In: Aus Politik und Zeitgeschichte. Jg. 54, H. 38, S. 21-29.

Noll, Heinz-Herbert/Angelika Scheuer (2006): Kein Herz für Europa. Komparative Indikatoren und Analysen zur europäischen Identität der Bürger. In: Informationsdienst Soziale Indikatoren. Jg. 35, S. 1-5.

Nunner-Winkler, Gertrud (1987): Identitätskrise ohne Lösung: Wiederholungskrisen, Dauerkrise. In: Hans-Peter Frey/Kark Haußer (Hrsg.): Identität. Stuttgart, S. 165-178.

Nunner-Winkler, Gertrud (1985): Identität und Individualität. In: Soziale Welt. Jg. 36, S. 466-482.

Parsons, Talcott (1971): The System of Modern Societies. Englewood Cliffs, New Jersey.

Pichler, Florian (2005): Affection to and exploitation of Europe European identity in the EU. http://www.ihs.ac.at/publications/soc/rs71.pdf.

Quenzel, Gudrun (2005): Konstruktionen von Europa. Die europäische Identität und die Kulturpolitik der Europäischen Union. Bielefeld.

Reif, Karlheinz (1991): Organisatorische Randbedingungen und Probleme empirischer Sozialforschung aus europäischer Perspektive. Das Eurobarometer der EG-Kommission. In: Heinz Sahner (Hrsg.): Sozialforschung im vereinten Deutschland und in Europa. München, S. 43-53.

Robyn, Richard (2005, Hrsg.): The changing face of European identity. London.

Scharpf, Fritz W. (1999): Regieren in Europa. Effektiv und demokratisch? Frankfurt/Main; New York.

Scharpf, Fritz W. (1998): Demokratie in der transnationalen Politik. In: Ulrich Beck (Hrsg.): Politik der Globalisierung. Frankfurt/Main, S. 228-253.

Schaub, Marco (2000): European Regional Policy. The Impact of Structural Transfers and the Partnership Principle since the 1988 Reform. Chur, Zürich.

Schmitt, Lars (2003): Vertrauenskrise in der EU? Ausmaß, Struktur und Determinanten des Vertrauens in die zentralen Institutionen der EU unter besonderer Berücksichtigung des Europäischen Parlaments. In: Frank Brettschneider/Jan van Deth et al. (Hrsg.): Europäische Integration in der öffentlichen Meinung. Opladen, S. 57-82.

Schwaabe, Christian (2005): Politische Identität und Öffentlichkeit in der Europäischen Union. Zur Bedeutung der Identitätsdiskurse im »post-abendländischen« Europa. In: Zeitschrift für Politik. Jg. 52, H. 4, S. 421-447.

Smith, Anthony D. (2002): When is a Nation? In: Geopolitics. Jg. 7, H. 2, S. 5-32.

Stangor, Charles (2000, Hrsg.): Stereotypes and Prejudice. Philadelphia.

Straub, Jürgen (1998): Personale und kollektive Identität. Zur Analyse eines theoretischen Begriffs. In: Aleida Assmann/Heidrun Friese (Hrsg.): Identitäten. Erinnerung, Geschichte, Identität 3. Frankfurt/Main, S. 73-104.

Tajfel, Henri (1978): Differentiation Between Social Groups. London.

Tajfel, Henri/Jonathan H. Turner (1979): An Integrative Theory of Intergroup Conflict. In: William G. Austin/Stephen Worchel (Hrsg.): The Social Psychology of Intergroup Relations. Chicago, S. 33-47.

Thalmaier, Bettina (2005): Braucht die EU eine eigene Identität. CAP-Studie 1/2005. München.

Viehoff, Reinhold/Rien T. Segers (1999, Hrsg.): Kultur. Identität. Europa. Über die Schwierigkeiten und Möglichkeiten einer Konstruktion. Frankfurt/Main.

Vobruba, Georg (1999): Währungsunion, Sozialpolitik und das Problem einer umverteilungsfesten europäischen Identität. In: Leviathan. Jg. 27, H. 1, S. 78-102.

Walkenhorst, Horst (1999): Europäischer Integrationsprozeß und europäische Identität. Die Bedeutung eines sozialpsychologischen Konzepts. Baden-Baden.

Weidenfeld, Werner (1999): Europa – aber wo liegt es? In: Werner Weidenfeld (Hrsg.): Europa-Handbuch. Bonn, S. 19-48.

Weidenfeld, Werner (1985, Hrsg.): Die Identität Europas. Bonn.

Weßels, Bernhard (2004): Staatsaufgaben: gewünschte Entscheidungsebene für acht Politikbereiche. In: Jan van Deth (Hrsg.): Deutschland in Europa. Wiesbaden, S. 257-273.

Westle, Bettina (2003): Europäische Identifikation im Spannungsfeld regionaler und nationaler Identitäten. Theoretische Überlegungen und empirische Befunde. In: Politische Vierteljahresschrift. Jg. 44, H. 4, S. 453-482.

Worchel, Stephen/J. Francisco Morales et al. (1998, Hrsg.): Social Identity. International Perspectives. London; Thousand Oaks; New Delhi.

Zürn, Michael (1996): Über den Staat und die Demokratie im europäischen Mehrebenensystem. In: Politische Vierteljahresschrift. Jg. 37, H. 1, S. 27-55.

Identität stärken – Strategien einer europäischen Identitätspolitik

Die Stärkung der sozialen Dimension: Auf dem Weg zu einer politischen Identität der EU

Thomas Meyer

1. Politische Identität

Wie für jedes andere politische Gemeinwesen auch, so ist für die Europäische Union (EU) ein ausreichend ausgebildeter Sinn gemeinsamer Bürgeridentität eine notwendige Bedingung sowohl für die Legitimität ihres politischen Handelns wie auch für die Solidarität ihrer Bürger. Obgleich die EU kein Staat in demselben Sinne ist wie die modernen Nationalstaaten und dies wohl auch nicht werden wird, kann kein Zweifel darüber bestehen, dass sie eine Reihe der wichtigsten Merkmale von Staatlichkeit teilt, insbesondere eine Form der staatsähnlichen Institutionalisierung mit demokratisch legitimierten Souveränitätsrechten in definierten politischen Entscheidungsbereichen. Es gibt gleichwohl einen weit reichenden Konsens sowohl in den akademischen wie den politischen Debatten, dass die Europäische Union heute weit davon entfernt ist, sich auf ein ausreichendes Maß politischer Bürgeridentität stützen zu können. Eine politische Identität der EU als Gemeinwesen ist erst in Ansätzen ausgebildet und noch nicht in der Lage, die wesentlichen Funktionen zu erfüllen, die ihr zukommen. Dieses häufig beklagte Defizit ist eine der Hauptursachen für die gegenwärtige politische Vertrauenskrise in der Union und eines der Haupthindernisse für weitere Integrationsfortschritte. Diese Krise hat sich im Laufe des Ratifizierungsprozesses der Europäischen Verfassung in zwei Dimensionen entfaltet, als Krise der Identität des politischen Projekts der EU und, darauf bezogen, als Krise des politischen Bürgerbewusstseins der Menschen, die ihr zugehören.

Europäische Identität, die Identität der Europäischen Union, kann aus einer Reihe zwingender Gründe nur als ein politisches Konzept verstanden werden und nicht als eine kulturelle Substanz oder Erbschaft, die es lediglich aufzudecken und für aktuelle Zwecke zu reformulieren gilt. Weil die Europäische Union sich vor allem als eine liberale, partizipatorische und soziale Demokratie versteht, würde das Bestehen auf kulturellen Identitätsformeln, die über die politische Kultur der Demokratie hinausreichen, in ernsthaftem Widerspruch zur ihrer verfassungsmäßigen Identität treten und ihre wesentlichen Legitimitätsnormen unterminieren (Cerutti 2001). Gewiss, auch eine Diskussion über die allgemein-kulturellen Grundlagen der politischen Kultur der Demokratie ist notwendig und fruchtbar, aber es gibt keine Rechtfertigung in den vertraglichen und verfassungsmäßigen Grundlagen der EU, für das

Einigungsprojekt eine kulturelle Identität ihrer Bürgerinnen und Bürger vorauszusetzen oder anzustreben. Das ist der Hauptgrund, warum die Vorstellung, die christliche Tradition und ihren Gottesbezug in der europäischen Verfassung privilegiert zu verankern, von Anfang an zum Scheitern verurteilt war. Die 2004 verabschiedete Europäische Verfassung trägt diesem Vorrang der politischen Identität in angemessener Form Rechnung.

2. Die Rolle der kulturellen Unterschiede

Die Normen, die eine rechtsstaatliche Demokratie braucht, um auf die Dauer lebensfähig zu sein, sind Normen der politischen Kultur. Die rechtsstaatliche Demokratie würde in dem Maße mit sich selbst in Widerspruch geraten, wie sie über diejenigen Normen hinaus, die die autonomen lebensweltlichen Entfaltungsspielräume der in ihr Lebenden sichern sollen, auch noch kulturelle Regeln der Lebensweise selbst verbindlich machen wollte. Ein solcher Übergriff wäre der erste Schritt in ein fundamentalistisches Kulturverständnis, das nicht nur die Regeln der Moral und des Rechts für alle verbindlich machen will, sondern darüber hinaus der spezifischen Ethik eines der miteinander lebenden Kollektive Verbindlichkeit auch für die anderen zusprechen möchte. Die normative Theorie der rechtsstaatlichen Demokratie schließt jede Forderung als illegitim aus, die kulturelle Werte über das für ihre Bestandssicherung erforderliche qualitative und quantitative Maß hinaus verbindlich machen will.

Natürlich ist die politische Kultur ein mit der allgemeinen Kultur verwobener Teil der Gesellschaft, sie ist, wie Habermas sagt, ethisch imprägniert (Habermas 1997, 178). Sie ist aber in ihrer Reichweite und ihren Ansprüchen spezifisch begrenzt, denn sie umfasst nur diejenige Teilmenge der Einstellungen, Orientierungen, Emotionen, Werturteile, Kenntnisse und Verhaltensdispositionen der allgemeinen Kultur, die sich speziell auf politische Objekte beziehen (Almond/Verba 1963). Sie schließt freilich einen gemeinsamen Entwurf dessen ein, was die Staatsnation als ihre politische Identität und als das gemeinsame Sinnzentrum ihres politischen Handelns betrachtet, nämlich ihr in direkter oder indirekter Form konstitutionalisiertes politisches Projekt.[1]

Zur Klärung dieser Zusammenhänge sind zunächst einige notwendige Differenzierungen angebracht. Kulturen sind nämlich durch zählebige, aber stets auch im Wandel befindliche Festlegungen, Normen, Überzeugungen, Gewohnheiten auf drei deutlich zu unterscheidenden Ebenen bestimmt, die zwar miteinander in Wechselwirkung stehen, aber dennoch ein erhebliches Maß an Unabhängigkeit, bis hin zur vollständigen Verselbständigung gegeneinander entwickeln können (Meyer 2002).

---

[1] Vgl dazu weiter unten die Erörterungen über die politische Projektidentität.

1) Die Ebene der metaphysischen Sinngebungen und Heilserwartungen (*ways of believing*). Bei diesen Orientierungen handelt es sich um das, was im Kern aller Weltanschauungen und Religionen steht, nämlich ein Angebot an Wegen für individuelle und kollektive Lebens- und Heilsgewissheiten.[2]
2) Die Ebene der individuellen und kollektiven Lebensführung, also der Lebensweisen und der alltäglichen Lebenskultur (*ways of life*). Dabei handelt es sich insbesondere um Praktiken, Gewohnheiten, Ethiken der Lebensweise, Rituale der Lebensführung, Umgangsformen, Lebensästhetiken, Essgewohnheiten und vieles andere mehr, also um Orientierungen der praktischen Lebensführung und deren expressiven Symbole, mithin all das, was in aller Regel zuerst an einer anderen Kultur ins Auge sticht und häufig besonders nachhaltig die Gewohnheit der Menschen prägt, die mit den entsprechenden Praktiken und Routinen aufgewachsen sind.
3) Die Ebene der sozialen und politischen Grundwerte des Zusammenlebens mit anderen (*ways of living together*). Hierbei handelt es sich vor allem um die Grundwerte für das Zusammenleben verschiedenartiger Menschen in derselben Gesellschaft und demselben politischen Gemeinwesen, also um die sozialen politischen Grundwerte im engeren Sinne, wie etwa die Bevorzugung von Gleichheit oder Ungleichheit, Individualismus oder Kollektivismus.

Es zeigt sich nun in der empirischen Betrachtung aller zeitgenössischen Kulturen, dass Individuen und Kollektive, die die kulturellen Orientierungen der Ebene 1 miteinander teilen, äußerst unterschiedlicher Einstellung auf den Ebenen 2 und 3 sein können, ebenso wie Menschen aus tief liegender Überzeugung die Normen der Ebene 3 teilen können, ohne auf den anderen beiden Ebenen Gemeinsamkeiten miteinander zu haben.

Es liegt auf der Hand und wird vor allem von der neueren Alltagskultur- und Milieuforschung immer aufs Neue bestätigt, dass etwa zwei gläubige protestantische Christen (Ebene 1) in unserer eigenen Gesellschaft extrem unterschiedliche alltagskulturelle Lebensweisen wählen können, der eine z.B. eine »kleinbürgerliche«, der andere eine »alternative«, in ihren sozialen und politischen Grundwerten dann aber wieder übereinstimmen könnten, z.B. in einer egalitären-liberal Position oder auch entgegengesetzte Positionen vertreten können, der eine z.B. egalitär-liberal, der andere antiegalitär-illiberal (Flaig/Meyer et al. 1993). Die bisher vorliegenden empirischen Studien belegen, dass diese Art der Entkoppelung der drei kulturellen Ebenen in allen großen Kulturkreisen der Gegenwart zu beobachten ist, wobei der Islam dabei keineswegs eine Ausnahme bildet.

In empirische Betrachtung sind Kulturen dynamische soziale Diskursräume, die sich je nach Erfahrungen, Krisen, sozialen Konfliktlagen und Außeneinflüssen intern hochgradig ausdifferenzieren, so dass unterschiedliche Kollektive bzw. Milieus dieselben Traditionen jeweils in ganz unterschiedlicher, mitunter sogar ent-

---

2 Also um das, was in der Terminologie Max Webers »Sotereologie« genannt wird.

gegengesetzter Weise weiter führen. Der Prozess der Differenzierung findet auf allen drei kulturellen Ebenen statt, obgleich die allgemeinste Ebene der Sinn- und Heilserwartungen häufig besonders kontinuierlich ihren, wenn auch mit der Zeit ausgedünnten, Vorrat an Identitätsangeboten, Symbolen und Ritualen zur Verfügung stellt. In diesem dynamischen Prozess spielen auch in der Gegenwart, wie im Übrigen ja in der Geschichte immer schon, kulturelle Außeneinflüsse und infolgedessen Formen der Synthese zwischen der ursprünglichen Überlieferung einer Kultur und Elementen des »Anderen« eine beträchtliche Rolle. Der kulturelle Differenzierungsprozess ist unvermeidlich immer auch ein Vorgang der voranschreitenden Hybridisierung (Welsch 1994).

Der normative Anspruch der rechtsstaatlichen Demokratie besteht also darin, die Festlegungen auf der dritten Ebene (Institutionen sowie soziale und politische Grundwerte) so zu treffen, dass ein möglichst großer Spielraum der Entscheidungsfreiheit auf den Ebenen 1 (Religion) und 2 (Lebenskultur) entsteht. Diese beiden Ebenen der privatautonomen Handlungsfreiheit sind der Entscheidung und Verantwortung der Individuen und gesellschaftlichen Kollektive vorbehalten. Die politische Kultur der Demokratie kann sich demnach legitimerweise explizit nur auf Übereinstimmungen auf der Ebene 3 beziehen, also auf die sozialen und politischen Grundwerte des Zusammenlebens und des Schutzes der Individuen und Minderheiten. Der Funktionssinn der rechtsstaatlichen Demokratie verlangt mithin in Festlegung desjenigen Minimums auf der Ebene 3, das das Maximum an Differenz auf den Ebenen 1 und 2 gewährleisten und nachhaltig verbürgen kann. Diese Garantien kann die rechtsstaatliche Demokratie allerdings nur geben, weil und solange die Grundwerte der dritten Ebene durch die Art und Weise der kulturellen Identitätsbildung und Praxis auf den anderen beiden Ebenen nicht in Frage gestellt wird.

Fundamentalistische oder essentialistische Formen kultureller Identität verträgt die rechtsstaatliche Demokratie daher prinzipiell nicht. Diese können aber auch in der empirischen Realität keiner der kulturell-religiösen Traditionen der Gegenwart den Anspruch erheben, die authentische, geschweige denn allein legitime Form der kulturellen Selbstbehauptung derjenigen Kultur zu sein, in deren Namen sie sprechen. Alle großen kulturell-religiösen Traditionen differenzieren sich seit langem u.a. in einen traditionalistischen und einen liberalen/modernisierenden Zivilisationsstil der Interpretation der Überlieferung, gegen die der Fundamentalismus als dritte Hauptströmung sich wendet. Kulturelle Identität gibt es aus diesen Gründen auch innerhalb der großen kulturell-religiösen Traditionen empirisch immer nur im Plural.

In den rechtsstaatlichen Demokratien der Gegenwart sind es nicht nur die von allen zu achtenden Regeln der universalistischen Moral der Gleichheit der Person, ihrer psychischen und physischen Integrität, ihrer Würde und ihrer wechselseitigen Anerkennung, die den Raum für die Selbstbehauptung divergenter Lebensführung und Glaubensüberzeugung, also für die Entfaltung der konkurrierenden Zivilisationsstile und der Aktualisierung gemeinsam geteilter kultureller Orientierungen, erst schaffen. Auch die wesentlich weitergehenden konkreten Werte und Normen der politischen Kultur der Demokratie in einer gegebenen Gesellschaft, also ein wichtiger Teil ihrer gelebten Sittlichkeit, gehören zu den ermöglichenden Bedingungen des kulturellen Pluralismus. Weil sie die Bedingung für Autonomie und Selbstbehauptung der unterschiedlichen Identitäten sind, können beide nicht ohne Selbstwiderspruch von diesen partikulären Identitäten her selbst wieder in Frage gestellt werden. Eine partikulare Kollektiv-Ethik bzw. Weltanschauung an die Stelle von Moral, Recht und der Sittlichkeit der politischen Kultur des demokratischen Rechtsstaates zu setzen, die für alle gelten, definiert gerade den Kern des modernen Fundamentalismus und schließt ihn darum als legitimen Teilhaber am kulturellen Pluralismus aus (Meyer 1989, 2002; Marty/Appleby 1996; Tibi 2000).

Sobald nun aber der Anspruch auf eine allen gemeinsame kulturelle Identität im Sinne einer Leitkultur innerhalb der Demokratie erhoben wird, die Festlegungen auf den Ebenen 1 oder 2 für alle Bürgerinnen und Bürger treffen will, die über das für die gemeinsame politische Kultur Unerlässliche hinausgehen, werden die Ansprüche der rechtsstaatlichen Demokratie verletzt und damit im Kern schon der fundamentalistischer Übergriff auf die Rechte und anerkennungsfähigen Identitäten anderer von Seiten der Mehrheitskultur selbst vollzogen. Die »Leitkultur«, die eine rechtsstaatliche Demokratie von Rechts wegen für alle Bürgerinnen und Bürger als Orientierung verbindlich machen kann und auf deren Verankerung in der Gefühls- und Denkwelt ihrer Bürgerinnen und Bürger sie u.a. im Bildungssystem hinwirken muss, um die Voraussetzungen ihres eigenen institutionellen Bestands zu sichern, darf daher den Kernbestand der politischen Kultur, also der Ebene 3, nicht überschreiten. Auch empirisch gesehen werden nicht begründungsfähige Überschreitungen der dritten Ebene gerade Distanz und Entfremdung der betroffenen Gruppen gegenüber der Demokratie schaffen und damit deren Stabilität und Existenzbedingungen untergraben. Die rechtsstaatliche Demokratie bedarf keiner Übereinstimmungen auf den Ebenen 1 und 2, sondern nur deren prinzipielle Verträglichkeit mit der Ebene 3, und sie beschädigt ihre eigenen Legitimationsbedingungen, wenn sie darüber hinausgehende Forderungen erhebt.

Die Menschen- und Bürgerrechte, die den Raum für die Privatautonomie auf den Ebenen 1 und 2 konstituieren und die auf der Ebene 3 begründet und garantiert werden, können nur individuelle Rechte sein und keine kollektiven, für deren Vermittlung und Verwaltung kulturelle oder religiöse Kollektive benannt werden, in deren Namen Repräsentanten Inhalte definieren, Grenzen ziehen und Kontrollfunktionen wahrnehmen. Nur die einzelne Person kann die Verbindlichkeiten, Praktiken und Zugehörigkeiten, die auf diesen Ebenen eine Rolle spielen, letztinstanzlich für sich selbst entscheiden. Sie muss jederzeit das Recht und die gesicherte soziale Chance haben, ihre Personenrechte gegebenenfalls gerade auch gegen unerwünschte Zumutungen von Repräsentanten des »eigenen« ethno-kulturellen bzw. kulturell-religiösen Kollektivs behaupten zu können, dem sie zugerechnet wird oder dem sie sich selbst zurechnet. Einen »Artenschutz« für bestimmte Gestaltungen kultureller Lebensweisen, unabhängig von dem, was die unterschiedlichen Individuen in ihrer Lebenspraxis daraus machen möchten, kann es in der rechtsstaatlichen Demokratie darum nicht geben (Habermas 1997, 171ff).

3. Zwei Säulen europäischer Identität: Akzeptanz und Zugehörigkeit

Wie wir aus der Geschichte der Herausbildung der Nationalstaaten und des auf sie bezogenen Bürgerbewusstseins wissen, muss die politische Identität eines Gemeinwesens, um wirksam zu werden, auf zwei Säulen beruhen:

1) einem Bewusstsein seiner Bürgerinnen und Bürger, das sie zu einem gemeinsamen Gemeinwesen gehören, das die Macht hat, bindende Entscheidungen über sie alle zu treffen und
2) die Bürgerinnen und Bürger müssen das politische Projekt ihres Gemeinwesens akzeptieren, das in Form von politischen Grundwerten und Staatszielen in der geschriebenen oder ungeschriebenen Verfassung niedergelegt ist.

Obgleich in dieser Hinsicht immer ein erheblicher Spielraum für Interpretationen und Entwicklungen besteht, vor allem, was das aktuelle Verständnis politischer Grundwerte und Ziele eines Gemeinwesens anbetrifft, ist ein Mindestmaß deutlich bestimmter Vorstellungen ihres Inhalts und ihrer Zielrichtungen eine der notwendigen Bedingungen dafür, dass sich unter demokratischen Bedingungen politische Identität ausbilden und stabilisieren kann. Die konkrete Bedeutung dieser Vorstellungen hingegen kann in gegebener Lage stets umstritten bleiben, solange die gemeinsamen Bezugspunkte der politischen Debatte für alle erkennbar bleiben. Für die Ausbildung politischer Identität ist es bedeutsam, dass die im politischen Projekt des Gemeinwesens beschriebenen Grundwerte und Ziele eine bindende Qualität haben, also im Kern unumstritten bleiben und faktische Geltung erlangen.

Obgleich in einer weichen und abgeleiteten Form politische Identität in der globalisierten Gegenwartswelt auch postmoderne Elemente politischer Zugehörigkeit enthalten kann, die die Grenzen jedes gegebenen Nationalstaates und jeder gegebenen regionalen politischen Zugehörigkeit überschreiten, hängt die politische Kernidentität der Bürgerinnen und Bürger doch von einem institutionellen Rahmen ab, dem sie sich gemeinsam einfügen, weil er die für alle verbindlichen Entscheidungen hervorbringt und legitimiert. In diesem Sinne kommt der politischen Identität der EU in der voraussehbaren Zukunft weiterhin eine moderne statt eine von Institution unabhängige postmoderne Qualität zu.

Die beiden Säulen der institutionellen Zugehörigkeit und der Akzeptanz eines gemeinsamen politischen Projekts sind notwendige Bedingungen für eine politische Bürgeridentität, die ihre Funktionen erfüllen kann. Wie für jedes andere politische Gemeinwesen gilt dies auch für die EU.

158

4. *Zwei Ebenen der politischen Identität: Skript und die politische Sozio-Kultur*

Damit die gemeinsame Identität im politischen Prozess eines Gemeinwesens wirksam werden kann, muss sie darüber hinaus auf zwei Realitäts-Ebenen ausgebildet sein: dem institutionalisierten Skript und der politischen Sozio-Kultur (Meyer/Boli et al. 1997). Die erste Bedingung ist erfüllt, sobald ein politisches Projekt mit den notwendigen Grundwerten und Zielsetzungen in der Verfassung des Gemeinwesens oder in anderer geeigneter Weise institutionalisiert ist. Im Falle der Europäischen Union handelt es sich dabei in erster Linie um die relevanten Verträge der EU als politischer Union sowie die Europäische Verfassung (Gerhards 2005). Die Europäische Verfassung fasst in dieser Hinsicht im Wesentlichen nur zusammen, was in den gültigen Verträgen der politischen Union in Kraft gesetzt worden war. Er enthält eine Reihe klar beschriebener Grundwerte und politischer Ziele, die die europäische politische Identität auf der Skript-Ebene sehr viel präziser fassen als dies für viele der Mitgliedstaaten der Union gilt. Die entscheidende Frage ist aber, ob es eine ausreichende Übereinstimmung zwischen der auf der Skript-Ebene beschriebenen politischen Identität und der politischen Sozio-Kultur des europäischen Demos gibt, also der Gesamtheit der Bürgerinnen und Bürger der Union. Diese Übereinstimmung müsste beides umfassen, einen Sinn für die institutionelle Zugehörigkeit zu ihr als Bürger und eine Akzeptanz der Grundwerte und Ziele des Skripts.

Das Skript nennt als Schlüsseldimensionen der politischen Identität der EU ihre Eigenschaften als liberale und partizipative Demokratie, als Sozialunion, als kulturell-pluralistisches Gemeinwesen, als eine friedliche Weltmacht und als eine vom Subsidiaritätsprinzip geprägte politische Organisation. Das bezieht sich auf den objektiven Teil der politischen Identität der EU, das politische System. Auf der subjektiven Seite, der politischen Sozio-Kultur, beobachten wir die langsame, in den einzelnen Mitgliedsländern und zwischen ihnen höchst ungleichzeitige Herausbildung einer neuen fragilen europäischen Identitätsschicht, die der Bürgeridentität in den verschiedenen Mitgliedsländern hinzugefügt wird und die noch immer deutlich substanzielleren nationalen und mikro-regionalen Schichten ihrer politischen Identitäten ergänzt (Magnette 2005; Meyer 2004).

Die objektive und die subjektive Seite der europäischen politischen Identität klaffen gegenwärtig noch weit auseinander. Die Gründe dafür sind bekannt und seit langem im Zentrum der Debatte: Der Mangel an politischer Qualität der Entscheidungsprozesse in der Europäischen Union und die Defizite der europäischen Öffentlichkeit sind dabei von entscheidender Bedeutung.

5. *Die sieben Dimensionen der europäischen Projektidentität*

Die Analyse der grundlegenden Verträge der Europäischen Union in Verbindung mit den Debatten ihres Entstehungsprozesses und ihre Auslegung durch die Kommission, besonders die Verträge von Maastricht (1993) und Amsterdam (1997) in Verbindung mit der Europäische Verfassung von 2004, manifestieren in deutlicher Form, dass die Projektebene der europäischen Identität im Wesentlichen über sieben unterscheidbare Dimensionen verfügt.

Die EU versteht sich nämlich als

1. eine liberale, rechtsstaatliche Demokratie auf der Basis der universellen Grundrechte,
2. eine partizipative Demokratie ihrer Bürgerinnen und Bürger,
3. eine Mehrebenendemokratie auf Grundlage des Prinzips der Subsidiarität,
4. ein sozialer Raum auf der Basis universeller, sozialer und ökonomischer Grundrechte,
5. ein kulturell vielfältiges Gemeinwesen,
6. eine zivile Weltmacht und
7. ein politisches Gemeinwesen, das sich zur Äquivalenz der internen und externen Dimension seiner Grundwerte und politischen Ziele bekennt.

Obgleich sich diese Dimensionen gewiss auch auf andere Weise ausdifferenzieren oder bündeln lassen, markieren sie in ihrem Gesamtinhalt ohne Zweifel den wesentlichen Kern der in den gültigen Vertragstexten niedergelegten Projekt-Identität der EU.

6. Produktionsprozess der Identität

Aus vergleichenden Studien zur politischen Identitätsbildung in den europäischen Nationalstaaten im Verlaufe des 19. Jahrhunderts ist bekannt, dass es vor allem drei zentrale Faktoren waren, von denen der soziale Prozess der politischen Identitätsbildung abhing (Castells 2002): (a) Ein gemeinsames Erziehungssystem, das drauf hinwirkt, (b) die allgemeine Wehrpflicht und (c) eine gut funktionierende landesweite Öffentlichkeit, die beständig eine gemeinsame Aufmerksamkeit für die politischen Entscheidungsfragen des Gemeinwesens erzeugte, die für alle Bürgerinnen und Bürger von Bedeutung sind.

Die Europäische Union hat bereits eine Reihe ernsthafter Versuche unternommen, das Projekt der EU-Identität als einheitliches Ziel in den Curricula der Bildungssysteme der einzelnen Mitgliedsländer zu verankern. Ein gemeinsamer Militärdienst für alle jungen EU-Bürger erscheint aus einer Reihe unterschiedlicher Gründe weder möglich noch wünschenswert. Daher kommt der Herausbildung einer vereinigten europäischen Öffentlichkeit besonderes Gewicht zu, die in der Lage ist, die politischen Grundfragen im Entscheidungsprozess der EU für alle sichtbar und die entscheidenden Faktoren des politischen Prozesses erkennbar zu machen und eine große Zahl von Bürgerinnen und Bürgern in allen Mitgliedsländern gleichermaßen für die politischen Grundfragen der Union zu fesseln oder wenigstens zu interessieren.

In der Demokratietheorie ist es unumstritten, dass auf nationalstaatlicher Ebene die Ausbildung einer Öffentlichkeit, die im Stande ist, eine breite Palette politischer Funktionen auszuüben – informative, deliberative und kontrollierende – eine unabdingbare Voraussetzung für die Qualität des demokratischen Prozesses und die Herausbildung politischer Bürgeridentität eines jeden Gemeinwesens darstellt. Ohne eine funktionierende politische Öffentlichkeit kann es keine Demokratie geben, die ihrem Anspruch gerecht wird. Dies gilt im Kern auch für die EU, trotz ihres Ausnahme-Charakters als eines politischen Gemeinwesens sui generis. Nur im Maße der Ausbildung einer europaweiten politischen Öffentlichkeit kann die Entwicklung europäischer Bürgeridentität erwartet werden. Freilich darf europäische Öffentlichkeit in ihrer Struktur und ihrer genauen Funktionsweise nicht mit den nationalen politischen Öffentlichkeiten gleichgesetzt werden, da sie, wie ihr Entstehungsprozess schon jetzt erkennen lässt, entsprechend dem spezifischen Charakter der EU selbst eine neuartige, besondere Form ausbilden wird. Die Unterschiede dürfen am Ende freilich nicht so weit gehen, dass die das demokratische Leben notwendigen Funktionen dabei verloren gehen oder bis zur Unkenntlichkeit transformiert werden (Meyer 2005a).

Im Hinblick auf die europäische Öffentlichkeit müssen auf zwei Fragen überzeugende Antworten gefunden werden. Es geht erstens um die Struktur: Die Frage ist noch offen, wie sich eine europaweite Öffentlichkeit organisieren muss, die ihre demokratischen Funktionen wahrzunehmen vermag. Sie wird sicher fragmentierter, vielgestaltiger, diskontinuierlicher und differenzierter sein, aber auf überwölbende Grundstrukturen nicht ganz verzichten können. Eine zweite offene Frage betrifft die Funktionen: welche Grundfunktionen eine europaweite Öffentlichkeit in jedem Falle erfüllen muss und wo die funktionalen Differenzen gemessen an den dichteren Formen nationalstaatlicher Öffentlichkeit beginnen können, ohne die demokratische Qualität des Ganzen in Frage zu stellen.

In diesem Zusammenhang ist das Argument vorgebracht worden, dass es in Wahrheit weder eine funktionierende europäische Öffentlichkeit geben kann, die ihren Namen verdient, noch eine europäische Bürgeridentität im strikten Sinne, da die wesentliche Voraussetzung für beides, ein einheitlicher europäischer Demos, im europäischen Falle für immer eine Leerstelle bleiben muss. Jürgen Habermas hat überzeugend dargelegt, dass es sich hierbei um ein schwaches Argument handelt (Habermas 2001). Ein Demos im strukturellen, objektiven Sinne als politische Bürgerschaft ist ja bereits durch die Wirksamkeit der politischen Institutionen etabliert, mit denen die EU ihre souveräne Hoheitsgewalt ausübt. Die Entstehung eines EU-Demos im subjektiven, politisch-kulturellen Sinne ist nur als schrittweise realisiertes Ergebnis einer gut funktionieren europäischen Öffentlichkeit denkbar, und zwar in Form eines zirkulären Kausalprozesses, in dem beide, die Demos und die Öffentlichkeit aufeinander einwirken, sich gegenseitig stärken und hervorbringen. Ein Demos im Sinne der politischen Kultur kann ja selbst nichts anderes sein, als politische Bürgeridentität im aktiven Sinne.

7. Die soziale Identität der Europäischen Union

Es gibt aber auch hartnäckige Hindernisse auf dem Weg der Herausbildung einer politischen Bürgeridentität der Europäer, die aus den Besonderheiten der Institutionalisierung der EU als solcher hervorgehen. Eines davon ist in der besonderen Rolle der unterschiedlichen *modes of governance* zu sehen, wie sie von den verschiedenen Institutionen der Europäischen Union praktiziert werden. Die »Methode Monnet« mit ihrer Vorliebe für Führungsentscheidungen hinter verschlossenen Türen hat eine europäische Bürgeridentität weder vorausgesetzt noch gefördert. Die für die EU heute verlangte Form des Netzwerk-Governance und noch mehr des partizipatorischen Regierens, das die europäische Zivilgesellschaft einschließt, hängen in stärkerem Maße von der Voraussetzung einer funktionierenden europäischen Öffentlichkeit ab und sind auch ein Erfolg versprechender Weg zur Herstellung politischer Identität. Das hatte der Vertrag von Amsterdam im Sinn mit seiner Idee eines öffentlichen europäischen Dialogs als Methode der Konsensbildung auf dem Wege der institutionellen Reform. Gleichermaßen bedeutungsvoll ist die Stärkung und Ausweitung von Mehrheitsentscheidungen und offenen Debatten im Rat. Auch die politischen Parteien innerhalb und außerhalb der Institutionen und ihre Wechselbeziehungen mit der Zivilgesellschaft und anderen sozialen Akteuren spielen eine wichtige Rolle in diesem Prozess.
Es wäre ein grobes Missverständnis, würde man diese Dimension der Öffnung im Prozess europäischer politischer Entscheidungsfindung, die sich als Grundvoraussetzung einer funktionierenden Öffentlichkeit erweist, lediglich als eine Angelegenheit besserer Information der Bürgerinnen und Bürger über Strukturen, Funktionen und Kompetenzen der europäischen Institutionen verstehen, also als eine Sache verbesserter PR. Vielmehr muss die gesamte Methode des Regierens selbst eine neue Qualität annehmen, indem sie ihren Fokus zunehmend von der Output- zur Input-Legitimation verschiebt und auf diese Weise Identität durch Partizipation fördert (Scharpf 1999).
Ein vielleicht noch hartnäckigeres Hindernis auf dem Weg der Herausbildung europäischer Bürgeridentität ist in der prinzipiellen Asymmetrie der Institutionalisierung auf zwei entscheidenden Politikfeldern zu sehen, die beide im institutionellen Skript und in der politischen Sozio-Kultur der EU einen entscheidenden Beitrag zur politischen Identitätsbildung leisten: die Außenpolitik und die Sozialpolitik. Beide Politikbereiche sind auf der normativen und strategischen Ebene der EU mit einem hohen Anspruch versehen, aber äußerst schwach ausgestattet, wenn es um die Mittel und Wege ihrer institutionellen Durchsetzung geht. Es besteht kaum ein Zweifel, dass die unklare Rolle der sozialen Dimensionen europäischer Identität in der Europäischen Verfassung bzw. deren Wahrnehmung in der Öffentlichkeit eine wesentliche Rolle für den negativen Ausgang der Verfassungs-Referenden in Frankreich und den Niederlanden gespielt hat und in einer Reihe anderer EU-Mitgliedsstaaten zur Ursache verbreiteter Euro-Skepsis zu werden droht.

Natürlich haben auch grundlegende Missverständnisse über den tatsächlichen Inhalt und die Rolle der EU-Verfassung im politischen Diskussions- und Entscheidungsprozess über die Europäische Verfassung ihren Beitrag zum Scheitern geleistet. Ungeachtet all dessen muss festgestellt werden, dass die soziale Dimension im Spektrum der Teilbereiche europäischer Identität einen hohen Rang einnimmt, sowohl im Skript wie auch in der politischen Kultur der Mitgliedsländer. Dazu stehen die faktischen Ergebnisse der EU-Sozialpolitik, und besonders der Beschäftigungspolitik, in einem von den Bürgern aufmerksam und mit Widerwillen registrierten Spannungsverhältnis.

Im Skript, beispielhaft in der Europäischen Verfassung, ist die soziale Dimension der europäischen Identität auf fünf Anspruchsebenen zur Sprache gebracht, die ihr insgesamt eine sehr starke Position zumessen:

Im Kapitel »Definition und Ziele der Union« werden eine »soziale Marktwirtschaft, die nach Vollbeschäftigung und sozialem Fortschritt strebt«, beschworen, der Kampf gegen »soziale Exklusion und Diskriminierung«, die Förderung von »sozialer Gerechtigkeit und sozialem Schutz« sowie schließlich ein »sozialer und territorialer Zusammenhalt und Solidarität unter den Mitgliedstaaten« (Artikel I-3). Sowohl die Sozialpolitik im weiteren Sinne wie auch die Beschäftigungspolitik sind als Felder gemeinsam ausgeübter Kompetenz zwischen der EU und den Mitgliedsländern normiert, auf denen die EU Rahmenrichtlinien erlassen kann und die nationalen Politiken ergänzen darf (Artikel IV-14). Die Rolle der Sozialpartner und des Sozialen Dialogs werden als Grundzüge des demokratischen Lebens in der Union beschrieben (Artikel I-48). Die wesentlichen sozialen Grundrechte sind in der in dem Vertrag aufgenommenen Charta der grundlegenden Rechte der Union aufgelistet (Artikel II-74ff.). Im entscheidenden operativen Kapitel über »Die Politikbereiche und die Arbeitsweise der Union« wird ein breites Spektrum präzise formulierter sozialpolitischer Aktivitäten genannt, für die der Union legitime Entscheidungsrechte zukommen (Artikel III-210). Die Liste enthält u.a. Arbeitsbedingungen einschließlich der Arbeitnehmermitbestimmung, sozialen Schutz und seine Modernisierung, den Kampf gegen soziale Exklusion, also die wichtigsten Zentralfelder einer modernen vorbeugenden Sozialpolitik.

Um den Charakter und die Reichweite der sozialpolitischen Kompetenzen zu beurteilen, die die Europäische Union sich auf der Skriptebene zuschreibt, ist die Typisierung von Edeltraud Roller informativ (Roller 2000). Die Autorin schlägt vor, zwischen vier verschiedenen Sozialstaatstypen zu unterscheiden, die in Europa von unterschiedlichen politischen Akteuren verfolgt und durch unterschiedliche Kulturen innerhalb der Europäischen Union repräsentiert sind:

1) Liberaler Sozialstaat (lediglich soziale Grundsicherung),
2) Christdemokratischer Sozialstaat (zuzüglich der Verbesserung der Chancengleichheit),
3) Sozialdemokratischer Sozialstaat (zuzüglich Beschäftigungspolitik und Ergebnisgleichheit) sowie

4) Sozialistischer Sozialstaat (zuzüglich staatlicher Kontrolle der Löhne und Preise).

Offensichtlich kommt das EU-Skript dem sozialdemokratischen Modell des Sozialstaats sehr nahe, besonders im Hinblick auf seine Forderungen nach Mitbestimmung und Vollbeschäftigungspolitik.

Aktuelle empirische Untersuchungen, die alle Mitgliedsstaaten der Europäischen Union umfassen, zuzüglich die Türkei und Bulgarien, haben erneut gezeigt, dass für einen sehr hohen Prozentsatz der Bevölkerung in all diesen Ländern die soziale Dimension der modernen Demokratie zu den obersten Prioritäten gehört (Gerhardt 2005). In fast allen Ländern unterstützt eine überwältigende Mehrheit (70 bis 90 Prozent) entweder das sozialdemokratische oder sozialistische Modell des Sozialstaates. In keinem der Länder gibt es eine Mehrheit für das libertäre (residualistische) oder liberale Sozialstaatsmodell (Meyer 2006a, 2006b). Die stärkste Unterstützung findet das sozialistische Modell (70 bis 80 Prozent) mit verhältnismäßig geringen Unterschieden in den osteuropäischen Mitgliedsländern.

Obgleich die Fragestellung dieses Forschungsprojektes nicht direkt die EU-Dimension der politischen Sozio-Kultur einschloss, sondern nur nach dem Stellenwert der Sozialpolitik als solcher fragte, ist das Ergebnis eindeutig. Überraschend große Mehrheiten unterstützen das sozialdemokratische Modell des Sozialstaates. Die Idee sozialer Bürgerschaft ist ein konstituierender Bestandteil der politischen Identität dieser Bürgerinnen und Bürger und es ist im höchsten Maße unwahrscheinlich, dass sie davon absehen, wenn es um die Frage der Qualität ihrer europäischen Bürgerschaft geht. Offensichtlich gibt es also eine stark ausgeprägte Korrespondenz zwischen den beiden Ebenen europäischer Identität: dem hohen sozialpolitischen Anspruch auf der Ebene des EU-Skripts und der politischen Sozio-Kultur der europäischen Bürger.

Wie aber steht es um die Institutionen und Instrumente, die die Verträge und die Europäische Verfassung zur Verfügung stellen, um diese Ansprüche auch in der Praxis der europäischen Politik einlösen zu können?

8. *Das Problem der asymmetrischen Institutionalisierung*

Die Ursachen der Defizite bei der Implementation im Bereich der Sozialpolitik sind gut analysiert (Scharpf 1999). Sie bestehen hauptsächlich in der unzureichenden Art der Institutionalisierung der Entscheidungsmöglichkeiten zur Umsetzung der normativen Ansprüche auf diesem Gebiet. Während die marktschaffenden Politiken durch supranationale Institutionen realisiert werden können, sind die marktkorrigierenden und ergänzenden Politiken, also der wesentliche Teil der Sozial- und Beschäftigungspolitik auf intergovernementale Entscheidungsverfahren, nämlich Konsens- und in weniger Fällen Mehrheitsentscheidungen des Rates angewiesen (Scharpf 1999). In diesem Verfahren ist die Einigung äußerst schwierig und in hohem Maße

von jeweiligen nationalen Regierungsinteressen abhängig. Aus einer Reihe von Gründen sind die meisten Regierungen der Mitgliedsländer höchst zurückhaltend, wenn es darum geht, auf europäischer Ebene sozialpolitische Entscheidungen zu treffen. Das liegt nicht allein an ideologischen und ökonomischen Gründen, sondern auch daran, dass gerade die Sozialpolitik besonders geeignet erscheint, Legitimität und Wahlunterstützung in der nationalen politischen Arena zu gewinnen – nämlich dort, wo die Mitglieder der nationalen Regierungen gewählt werden.
Obgleich die Liste der sozialpolitischen Handlungsfelder, für die die Mehrheitsregel gilt, schrittweise ausgeweitet worden ist, besteht die beträchtliche Lücke zwischen den deklarierten Ansprüchen und den institutionellen Möglichkeiten in der Gesamtarchitektur der Europäischen Union weiterhin. Die meisten sozial- und beschäftigungspolitischen Maßnahmen der Union verlangen noch immer Konsensentscheidungen und nur eine geringe Anzahl, darunter die Geschlechtergleichheit sowie Gesundheit und Sicherheit am Arbeitsplatz, sind für Mehrheitsentscheidungen freigegeben. Folglich liegt die letzte Entscheidung über die Implementation der konstitutionellen sozialpolitischen Ansprüche, was immer die Verträge versprechen mögen, letztlich in der Hand der Regierungen der Mitgliedsländer.
Die Einlösung der sozialpolitischen Versprechen ist in der Architektur der Europäischen Union aus diesem Grunde sehr viel schwerer zu erreichen als die Einlösung der libertären Ansprüche eines offenen Marktes.[3] Unter dem gegenwärtig herrschenden institutionellen Regime gibt es wenig Druck für bindende Entscheidungen auf sozialem und beschäftigungspolitischem Gebiet, das meiste davon ist verschiedenen Methoden der Koordination, dem weichen Teil des europäischen Gesetzgebungsprozesses überlassen. Die Art der Institutionalisierung der Instrumente, die aus dem sozialpolitischen Identitätsanspruch der EU eine Realität in den Mitgliedsländern machen könnten, erweist sich also als Achillesferse für die Erlangung eines Einklangs zwischen europäischer Projektidentität und Bürgerbewusstsein. Das Identitätskonzept der EU selbst leidet in dieser Hinsicht an einem empfindlichen Mangel.
Im Ganzen gesehen gilt für den Anspruch sozialer Identität der EU daher ein doppeltes Paradox, das auch einige der Schwierigkeiten im Ratifikationsprozess der Europäischen Verfassung erklären kann:
• Obwohl die soziale Dimension im Skript der EU hohen Rang einnimmt, ist nicht für die institutionellen Vorkehrungen gesorgt, die diesen Anspruch realisieren könnten.
• Obgleich die soziale Dimension der Demokratie in den politischen Kulturen aller Mitgliedsländer tief verankert ist, am stärksten in den osteuropäischen Ländern, zögern die meisten Regierungen, gerade auch die osteuropäischen, aus einer Reihe unterschiedlicher Gründe auf europäischer Ebene die entsprechenden Konsequenzen daraus zu ziehen.

3   Vgl. im Einzelnen das Europakapitel in Meyer (2005b).

Die EU ist daher im Hinblick auf die Bedingungen der Ausbildung ihrer politischen Identität von zwei hartnäckigen Widersprüchen geprägt:

- Zwischen programmierter sozialer Identität und der Wirklichkeit ihrer gemeinschaftlichen sozialpolitischen Programme sowie
- zwischen der Erwartung der großen Mehrheit ihrer Bürger in dieser Hinsicht und den Erfahrungen, die sie mit dem Output der EU-Politik machen.

Diese Widersprüche spiegeln sich natürlich umso deutlicher im Bewusstsein der europäischen Bürger wider, wenn der soziale Schutz auf der nationalen Ebene nicht mehr ausreichend gewährleistet werden kann und die Union gleichzeitig eine immer weitergehende Liberalisierung zu verlangen scheint.

9. *Bleibende Legitimationsprobleme*

Widersprüche dieser Art haben natürlich die Tendenz, die Krise der Legitimation und der Identitätsbildung in der EU zu vertiefen, wenn die Bürger den Eindruck gewinnen, dass die Union zur Verschärfung ihrer sozialen Probleme beiträgt, statt ein zusätzliches Sicherheitsnetz zur Verfügung zu stellen. Bislang ist kein Erfolg versprechender Ausweg aus diesem Dilemma in Sicht. Notwendig sind gleichwohl Schritte zur Verbesserung der Lage auch unter den fortbestehenden institutionellen Bedingungen. Sie könnten in einer zweiseitigen Strategie bestehen. Zunächst bedarf es einer öffentlich wirksame Klarstellung der Teilung der Zuständigkeiten zwischen der Union und den Mitgliedstaaten, die von den Bürgerinnen und Bürgern wirklich verstanden werden kann und ihnen erlaubt, die Verantwortung für erfahrene Defizite in der Sozial- und Beschäftigungspolitik, den beteiligten Akteuren zutreffend, also in der Hauptsache ihrer eigenen nationalen Regierungen zuzuschreiben. Auf der EU-Ebene selbst kann nachdrücklicher für die Durchsetzung der Mindeststandards sozialer Sicherung und Teilhabe gesorgt werden, damit dem Konzept der Sozialunion eine greifbare Substanz zuwachsen kann. Die Details und Formen der notwendigen Einlösung dieser Ansprüche kann und muss dann weiterhin den Mitgliedsländern selbst überlassen bleiben. Falls nicht wenigstens dieses gelingt, würden vermutlich Unbehagen und Misstrauen einer wachsenden Anzahl der Bürger der Union weiterhin die Herausbildung eines europäischen Bürgerbewusstseins, einer europäischen politischen Identität der Bürgerinnen und Bürger behindern.

Eine EU, die nicht in der Lage ist, die soziale Dimension ihres Identitätsanspruchs auf der Ebene der Implementation so ernst zu nehmen, wie es ihre Bürgerinnen und Bürger tun, wird kaum zum Objekt ihrer evaluativen und emotionalen Identifikation werden. Die Kommission muss den Ministerrat stärker drängen, in der Praxis seiner Entscheidungen deutlich zu machen, dass die EU wirklich eine soziale Union ist, die diesen Teil ihrer Grundwerte genauso ernst nimmt, wie die Prinzipien des gemeinsamen Marktes.

Im Hinblick auf die beiden Säulen der politischen Identität, die Existenz einer ent-
scheidungsfähig institutionalisierten politischen Gemeinschaft mit Souveränitätsrechten, die bindende Entscheidungen für ihre Bürgerinnen und Bürger fällen kann,
sowie die Existenz eines ausreichend ausformulierten politischen Projekts auf der
Skript-Ebene, erfüllt die EU alle notwendigen Bedingungen für die Ausbildung
einer politischen Identität.

Die politische Projektidentität der EU ist klar umrissen und findet in der politischen
Sozio-Kultur der europäischen Bürgerinnen und Bürger offenbar eine weit reichende Entsprechung.

Der Mangel an europäischer Bürgeridentität ist in der gegebenen Situation eine
Folge der Wirksamkeit von drei Faktoren:

- ein Mangel an offener und partizipationsfördernder Regierungsweise in der EU,
- der bisher nur schwachen Ausbildung einer europäischen Öffentlichkeit und
- der institutionell bedingt geförderten starken Diskrepanz zwischen dem sozialpolitischen Identitätsanspruch der EU und ihren für die Bürgerinnen und Bürger
  erfahrbaren Output in dieser Hinsicht.

Damit ist zugleich der Weg markiert, den die Union beschreiten muss, wenn sie die
Entwicklung einer europäischen Identität ihrer Bürgerinnen und Bürger voranbrin-
gen will.

Literaturverzeichnis

Almond, Gabriel/Sidney Verba (1963): The Civic Culture. Political Attitudes and Democracy
    in Five Nations. Princeton, New Jersey.
Castells, Manuel (2002): The Construction of European Identity. In: Maria Joan Rodriguez
    (Hrsg.): The Knowledge Economy in Europe. Cheltenham, Northampton.
Cerutti, Furio (2001): Towards the Political Identity of the Europeans. In: Furio Cerutti/Enno
    Rudolph (Hrsg.): A Soul for Europe. A Reader. 2 Vols. Leuven.
Gerhards, Jürgen (2005): Kulturelle Unterschiede in der Europäischen Union. Ein Vergleich
    zwischen Mitgliedsländern, Beitrittskandidaten und der Türkei. Wiesbaden.
Flaig, Bertold Bodo/Thomas Meyer et al. (1993): Alltagsästhetik und politische Kultur. Zur
    ästhetischen Dimension politischer Bildung und politischer Kommunikation. Bonn.
Habermas, Jürgen (2001): Why Europe Needs A Constitution. In: New Left Review. Sept/
    Oct. 01.
Habermas, Jürgen (1997): Anerkennungskämpfe im demokratischen Rechtsstaat. In: Charles
    Taylor (Hrsg.): Multikulturalismus und die Politik der Anerkennung. Mit einem Beitrag
    von Jürgen Habermas. Frankfurt/Main.
Magnette, Paul (2005): Citizenship – The History of an idea. ECPR-Press Essex.
Marty, Martin, E./Scott R. Appleby (1996): Herausforderung Fundamentalismus. Radikale
    Christen, Moslems und Juden im Kampf gegen die Moderne. Frankfurt, New York.
Meyer, John W./John Boli et al. (1997): World Society and the Nation State. American Socio-
    logical Review. H. 103, S. 144-181.
Meyer, Thomas (2006a): Praxis der Sozialen Demokratie. Wiesbaden.

Meyer, Thomas (2006b): Actorship and political identity in the European Union. In: Rene Cuperus/Karl Duffek et al. (Hrsg.): The EU – A global player? Wien, Münster.

Meyer, Thomas (2005a): The European Public Sphere. A Background Paper for the Social Sciences and Humanities Advisory Group of the European Commission. Bruxelles.

Meyer, Thomas (2005b): Theorie der Sozialen Demokratie. Wiesbaden.

Meyer, Thomas (2004): Die Identität Europas – Der EU eine Seele? Frankfurt/Main.

Meyer, Thomas (2002): Identitätspolitik. Vom Missbrauch kultureller Unterschiede. Frankfurt/Main.

Meyer, Thomas (1989): Fundamentalismus. Aufstand gegen die Moderne, Reinbeck.

Roller, Edeltraud (2000): Ende des sozialstaatlichen Konsenses. Zum Aufbrechen traditioneller und zur Entstehung neuer Konfliktstrukturen in Deutschland. In: Oscar Niedermayer/ Bettina Westle (Hrsg.): Demokratie und Partizipation. Festschrift für Max Kaase. Opladen, S. 88-114.

Scharpf, Fritz (1999): Governing in Europe. Effective and Democratic? Oxford, New York.

Soroush, Abdolkarim (2000): Reason, Freedom and Democracy in Islam. Oxford, New York.

Tibi, Bassam (2000): Die fundamentalistische Herausforderung. Der Islam in der Weltpolitik. München.

Welsch, Wolfgang (1994): Transkulturalität – Die veränderte Verfassung heutiger Kulturen. In: Stiftung Weimarer Klassik (Hrsg.): Sichtweisen. Die Vielheit in der Einheit. Frankfurt/ Main.

Möglichkeiten und Grenzen einer europäischen Identitätspolitik

Bettina Thalmaier

1. Identität als Legitimationsfaktor

Die zunehmende politische Bedeutung des Identitätsthemas im europäischen Kontext resultiert aus der allgemeinen Befürchtung, der europäische Einigungsprozess könne am Negativvotum der Bürger scheitern. Die gegenwärtige Orientierungskrise der Europäischen Union (EU), die maßgeblich durch die Erweiterung von 2004 ausgelöst und durch die beiden negativen Referenden in Frankreich und den Niederlanden im Frühsommer 2005 verstärkt worden ist, hat nicht zuletzt mit einer nur diffus ausgebildeten europäischen Identität zu tun. Abnehmende Akzeptanzwerte müssen die EU beunruhigen, da die Union wie jedes (demokratisch verfasste) politische System auf Anerkennung und Legitimation angewiesen ist.

Zwar verfolgt die EU bereits seit mehreren Jahrzehnten eine identitätsstiftende Politik (vgl. Walkenhorst 1999, 160-207, 212ff.; Weigl 2006). Bislang haben diese Bemühungen zur Konstruktion einer europäischen Identität jedoch nicht dazu geführt, dass sich ein europäisches »Wir-Gefühl« mit einem annähernd vergleichbaren Dichtegrad wie bei den nationalen Identitäten entwickelt hat. Die noch schwach ausgeprägte europäische Identität steht hinter der nationalen Identität deutlich zurück.[1] Bei allen vergangenen und zukünftigen Versuchen zur Stärkung der europäischen Identität sehen sich die politischen Akteure mit mehreren spezifischen Gründen konfrontiert,[2] die eine ausgeprägte Identifikation mit der EU erschweren. Zum einen weist die institutionelle Struktur der Union seit ihrer Gründung gemessen an nationalstaatlichen Standards ein demokratisches Defizit auf (vgl. dazu zusammenfassend Misch 1996; Höreth 1999, 42-52; Peters 2001, 662-670). Neben diesem institutionellen Demokratiedefizit[3] besteht aber auch ein strukturelles Demokratiedefizit (vgl. dazu Grande 1996; Höreth 1999, 52-64; Grimm 1995; Kielmannsegg 1996), das sich insbesondere im Mangel intermediärer Vermittlerstrukturen (Medien, Parteien, Verbände etc.) sowie in einer nur schwach ausgeprägten Europäisierung nationaler Teilöffentlichkeiten und einer noch schwächeren gesamteuropäischen Öffentlichkeit äußert. Aber auch die Andersartigkeit der EU gegenüber den herkömmlichen internationalen Organisationen einerseits sowie

---

1 Hierüber besteht in den Europawissenschaften weitgehend Einigkeit.
2 Im Rahmen dieses Beitrags wird kein Anspruch auf Vollständigkeit erhoben.
3 Zu den beiden Varianten des Demokratiedefizits, die »Standardvariante« und die »substanzielle Variante«, vgl. Grande (1996, 341-346).

Nationalstaaten andererseits und das Beharrungsvermögen des nationalstaatlichen Prinzips können als Gründe identifiziert werden, warum sich die europäischen Bürger trotz des beinahe 50-jährigen Bestehens der EU mit ihr nicht sehr stark identifizieren.

Gleichwohl ist die EU auf eine eigene kollektive Identität angewiesen. Ein politisches Gemeinwesen – und damit auch die EU – wird von seinen Bürgern nur dann (faktisch) akzeptiert und damit legitimiert, wenn sie sich mit diesem identifizieren. Erachten die Bürger die für alle verbindlichen Entscheidungen nicht für legitim, verfügt das Gemeinwesen nur über eine prekäre Existenz. Die faktische Akzeptanz einer politischen Ordnung durch die Bürger ist daher ein wesentlicher Faktor für deren Stabilität (vgl. dazu und zum Folgenden Hurrelmann 2005, 103-106). Dabei lassen sich nach Easton zwei Formen von tatsächlicher Anerkennung unterscheiden (Easton 1965, 267-277): Die sogenannte *spezifische Unterstützung* beruht darauf, dass das politische System Politikergebnisse hervorbringt, die den eigenen Interessen der Bürger entsprechen. Die sogenannte *diffuse Unterstützung* ist hingegen gerade unabhängig von den gegenwärtigen oder für die Zukunft zu erwartenden Leistungen des Systems, bleibt also auch bestehen, wenn die eigenen partikularen Interessen nicht zum Zuge kommen.

Eine einseitige Fokussierung auf die Erlangung von spezifischer Unterstützung lässt befürchten, dass eine zu große Abhängigkeit von erbrachten Politikergebnissen geschaffen wird. Handelt die Politik aus Sicht der Bürger in deren Interesse, wird Zustimmung erteilt, andernfalls bleibt sie aus. Nur wenn ein politisches System auch über eine diffuse Unterstützung verfügt, so die Schlussfolgerung, kann ein grundsätzliches Vertrauen in die Institutionen und deren Handeln generiert werden, das unabhängig von konkreten Ergebnissen des politischen Tagesgeschäfts und partikularen Interessenkonstellationen besteht und auch erhalten bleibt. Die EU kann sich daher »nicht allein durch die Politik, die sie [be]treibt, ausreichend (...) legitimieren (...). Kosten-Nutzen-Kalküle sind keine dauerhafte, belastbare Grundlage eines politischen Systems. Die EU braucht nicht nur specific support, sondern auch diffuse Unterstützung« (Schwaabe 2005, 423f.).[4] Auch die Europäische Union sollte daher bestrebt sein, bei den Bürgern eine diffuse Unterstützung zu generieren. Als Lehre aus den gescheiterten Referenden kann es für die Europäische Union folglich nicht *allein* darauf ankommen, verstärkt Output zu produzieren und eine »Politik der Ergebnisse« zu verfolgen.[5] Zwar erfüllt die Union vielfach nicht die Erwar-

---

4   Dagegen für eine Legitimation der EU durch effiziente Aufgabenerfüllung ohne die Notwendigkeit an zusätzlicher Input-Legitimation insbesondere Majone (1999, 1998), Scharpf (2004, 1999, 1998a, 1998b).

5   So aber die Ansicht vieler Politiker und Experten, wonach sich die EU mehr auf die Inhalte und weniger auf die Strukturen ihrer Politik konzentrieren müsse, da den Bürger in erster Linie interessiere, was ihm die Europäische Union an konkreten Nutzen und Vorteilen bringe. Die Union müsse alle ihre verfügbare Energie auf das derzeit wichtigste Problem richten, das chronisch schwache Wirtschaftswachstum und die hohe Arbeitslosigkeit in der Mehrzahl der Mitgliedstaaten. Nur auf diese Weise könne die Akzeptanz europäischer Politik bei den Bürgern gesteigert werden.

tungen der Bürger, insbesondere im Bereich der Wirtschafts- und Sozialpolitik,[6] was auch daran liegt, dass diese Politikbereiche weitgehend nicht von der EU, sondern von den einzelnen Mitgliedstaaten verantwortet werden. Die Bürger sind sich nicht mehr sicher, ob die Mitgliedschaft in der Europäischen Union ihnen Prosperität und einen hohen Lebensstandard verschafft. Wohlstand ist derzeit das wichtigste öffentliche Gut der EU, und die Unfähigkeit, dies in angemessenem Umfang bereitzustellen, unterminiert die Legitimation der europäischen Institutionen. Eine Stärkung des Outputs europäischer Politik kann jedoch nur *ein*, wenn auch äußerst wichtiger Schritt sein.[7] Neben dem Inhalt sind *auch* die Strukturen europäischer Politik zu verbessern, um die Unterstützung der Bevölkerung für das europäische Projekt auf eine demokratischere und solidere Grundlage zu stellen (Hix 2006, 3f.).[8]

Um eine diffuse Unterstützung der Bürger für ein politisches Gemeinwesen aufzubauen, ist die Herausbildung einer kollektiven Identität und damit die Identifikation der Bürger mit der Gemeinschaft erforderlich.[9] Die Ausbildung einer europäischen Identität soll allerdings von vornherein nicht die Schaffung einer europäischen Nationalidentität bezwecken (vgl. zum Folgenden auch Thalmaier 2005a). Bei der Forcierung einer europäischen Identitätsbildung geht es nicht um den Versuch, nach dem Vorbild des modernen Nationalstaates ein europäisches Kollektivbewusstsein zu konstruieren, unabhängig davon, ob dies überhaupt erfolgreich möglich wäre, d.h. die notwendigen gesellschaftspolitischen, machtpolitischen und sozialpsychologischen Voraussetzungen dafür vorliegen würden. Denn das Ziel des Integrationsprozesses ist nicht die Errichtung eines europäischen (National-)Staates, der die Auflösung der Mitgliedstaaten beinhalten würde. Vielmehr ist von einem offenen Integrationsprozess, der vom Charakter der EU als Herrschaftsverband eigener Art bestimmt wird, als Zielvorstellung auszugehen.[10] Die EU ist nicht als in einem permanenten Übergangszustand befindlich zu begreifen, sondern es ist von einem Szenario auszugehen, das mit »Maastricht als Dauerzustand« umschrieben wird (Jachtenfuchs/Kohler-Koch 1995, 6). Folglich sollen die nationalen Identitäten nicht zu einer »Nation Europa« verschmelzen, die nationalen Identitäten also nicht durch eine europäische Identität ersetzt werden. Die Homogenisierung der europäischen

---

6   Vgl. Europäische Kommission: Eurobarometer. Die öffentliche Meinung in der Europäischen Union – Bericht Nr. 64, Dezember 2005, und Nr. 63, Juli 2005, abrufbar unter http://ec.europa.eu/public_opinion/index_en.htm: 43/47 Prozent der EU-Bürger erachten den Kampf gegen Arbeitslosigkeit und 44/44 Prozent gegen Armut und soziale Ausgrenzung als vordringlichste Aufgabe der EU. Freilich fallen die Erwartungen in den einzelnen Mitgliedsländern zum Teil sehr unterschiedlich aus.

7   In den folgenden Ausführungen des Beitrags bleibt die Stärkung der Output-Legitimität der EU unberücksichtigt.

8   Für ein gleichberechtigtes Zusammenspiel von Output- und Input-Legitimität ebenfalls Rumler-Korinek (2003) und Schäfer (2006).

9   Zur Existenz einer kollektiven Identität als Bedingung für die faktische Akzeptanz einer politischen Ordnung und damit deren diffuser Unterstützung vgl. Hurrelmann (2005, 122-131).

10 Das traditionelle Integrationsziel »Europäischer Bundesstaat« wird ebenso wie eine »Europäische Konföderation« aus analytischen und normative Gründen abgelehnt, vgl. dazu Thalmaier (2005b, 223ff.).

Bürger im ethno-kulturellen oder auch sozio-kulturellen Sinne ist daher gar nicht erforderlich, weil nicht angestrebt. Ein europäisches »nation building« ist zudem auch nicht erstrebenswert, da die Konstruktion nationaler Identitäten vor allem durch gewaltsame Abgrenzung nach außen und Unterdrückung nationaler Minderheiten nach innen vonstatten ging. Im Ergebnis ist daher ein vergleichbar hohes Maß an Gemeinsamkeiten und Übereinstimmungen wie bei nationalen Identitäten nicht erforderlich, unabhängig davon, welche Dichte an Gemeinsamkeiten man zu ihrer Verwirklichung verlangt.

Geht man davon aus, dass kollektive Identitäten nicht naturwüchsig oder vorhistorisch vorhanden sind, sondern in sozialen Prozessen konstruiert werden, und sich daher auch eine europäische Identität durch die demokratische Praxis herausbilden kann (vgl. Utzinger 2005; Giesen 1999), so stellt sich die Frage, wie diese Erfolg versprechend befördert werden kann. Im folgenden Beitrag sollen zunächst die Gründe für die nur schwach ausgeprägte Identifikation der Bürger mit der EU näher erläutert und – darauf aufbauend – ausgelotet werden, inwieweit Möglichkeiten, aber auch Grenzen zur Stärkung der europäischen Identität bestehen.

2. Die Gründe für die nur schwach ausgeprägte europäische Identität

2.1. Die Andersartigkeit der EU

Die Einzigartigkeit der EU als Staatenverbindung eigener Art (vgl. Jachtenfuchs 1997; Kohler-Koch/Jachtenfuchs 1996) ist der spezifischen Gründungslogik des europäischen Integrationsprozesses geschuldet. Ihr offener und dynamischer Charakter erweist sich als positiv, ist doch eine flexible Antwort auf externe Herausforderungen in einem solchen Umfeld grundsätzlich leichter möglich. Dieser Vorteil erweist sich allerdings bei der Frage der Identifikation als Nachteil. So braucht Identität einen festen und vorstellbaren Bezugsrahmen, auf den sie sich beziehen kann (Walkenhorst 1999, 135). Bei der Union fehlt aber das klar umrissene und dauerhaft fixierte Identifikationsobjekt. Auch der hohe Grad an systemischer Komplexität erschwert die Identifikation.

Die Einzigartigkeit der EU als »Herrschaftsverband eigener Art« äußert sich vor allem in dem fehlenden Bezugsrahmen der Union. Erstens versteht sich die EU als dynamisches Gebilde, das einem stetigen Wandel unterliegt (vgl. Jachtenfuchs/Kohler-Koch 1995). Europa ist kein geographisch eindeutig definierter Raum, der quasi eine natürliche Grenze hat. Angesichts ständiger Erweiterungsrunden handelt es sich bei der EU vielmehr um ein territorial nicht dauerhaft fixiertes Objekt von Identifikation (Gerhards 2003, 471). Neben dem Bezugsraum unterliegt auch der rechtliche und politische Rahmen einer stetigen Veränderung, wird das europäische Primärrecht doch alle paar Jahre – zum Teil auch grundlegend – geändert. Zentrales Charakteristikum des Integrationsprozesses ist zudem seine unbestimmte Finalität (vgl. Schneider 1998; Schmuck 2001). Die Entwicklung der EU ist zu keinem Zeitpunkt einem bestimmten Bauplan oder einer bestimmten Integrationstheorie gefolgt, so dass kein vorgegebenes Integrationsziel besteht, das – wenn auch über einen langen Zeitraum – einfach angesteuert werden müsste.

Zweitens sind die Organ- und Entscheidungsstrukturen der EU als sehr komplex und intransparent anzusehen (vgl. Mähring 1998; Sobotta 2000). Das liegt zum einen an der unüberschaubaren Anzahl an Entscheidungs- und Rechtssetzungsverfahren, aber auch an der Vielzahl der beteiligten Institutionen und Akteure. Das politisch-administrative System der EU ist von einem polyzentrischen Charakter gekennzeichnet, der sich durch ein nicht-hierarchisches System des Neben- und Miteinanders mehr oder weniger gleichrangiger institutioneller Akteure auszeichnet. Es existiert kein Agenda-setzendes Zentrum und keine eindeutige Gewaltenteilung. Stattdessen sind die Beziehungen zwischen den Akteuren von gegenseitigen Abhängigkeiten und Verflechtungen geprägt. Alle wichtigen Entscheidungen werden nur im Verbund der verschiedenen Systemebenen mittels Verhandlungslösungen getroffen. Statt Befehlsmacht oder Mehrheitsentscheid dominiert eine konsensorientierte Entscheidungsfindung. Die Ausgestaltung der institutionellen Ordnung der EU als Politikverflechtungs-, Verhandlungs- und Konkordanzsystem (vgl. Grande 1995, 2000; Benz 1998; Scharpf 1985) über verschiedene territoriale und funktionale Ebenen hat zur Folge, dass es an einer klaren Kompetenzabgrenzung zwischen der Union und den Mitgliedstaaten (und auch Regionen) mangelt. Eine eindeutige Zurechenbarkeit von Erwartungen und Verantwortung ist kaum möglich (Lepsius 1997, 952). Insbesondere die Politikverflechtung zwischen europäischer und nationaler Ebene erlaubt es den Regierungen der Mitgliedstaaten, sich Leistungen der Integration selbst zuzurechen, obgleich es sich um Erfolge auf europäischer Ebene handelt. Aus demselben Grund ist auch leicht, die Verantwortung für das »Versagen« nationaler Politik auf die europäische Ebene zu schieben, d.h. die EU wird für Dinge haftbar gemacht, für die nicht die Union, sondern eigentlich die nationale Ebene verantwortlich ist.

2.2. *Das Beharrungsvermögen des nationalstaatlichen Prinzips*

Umfragen zeigen auch 50 Jahre nach dem Beginn des europäischen Einigungsprozesses die anhaltend starke Bindungskraft der Nation und auch teilweise der Region (vgl. Walkenhorst 1999, 120-133). Gerade im Zeitalter der Globalisierung ist ein verstärkter Rückzug auf die nationale Scholle zu beobachten. Hierfür lassen sich im wesentlichen zwei Gründe anführen, nämlich zum einen die besondere Gestalt der Union und zum anderen der Mangel an einem überzeugenden Narrativ für das europäische Integrationsprojekt.

Erstens spielt das »Wesen« der EU eine entscheidende Rolle. Da es sich bei der Union um eine – wenn auch sehr enge – Kooperation souveräner Staaten handelt, gilt der Grundsatz von den Mitgliedstaaten als »Herren der Verträge«, der eine starke Stellung der Mitgliedstaaten innerhalb des institutionellen Systems der EU aufgrund deren rechtlicher – und auch faktischer – Letztentscheidungsbefugnis beinhaltet. Der Nationalstaat ist auch innerhalb der Union der maßgebliche Akteur, hat doch die EU selbst dazu beigetragen, dass gerade durch den Kompetenzverzicht der beteiligten Staaten deren Souveränität gestärkt werden konnte. Mit der EU haben sich die Mitgliedstaaten einen neuen zusätzlichen Handlungsrahmen geschaffen, den sie bewusst für ihre Zwecke nutzen und beeinflussen können (vgl. Moravcsik 1993). Der erweiterte Handlungsspielraum ermöglicht es den beteiligten Staaten, ihre Durchsetzungs- und Problemlösungsfähigkeit zu steigern und Ziele zu verfolgen, die ohne Rückendeckung durch das regionale Regime gar nicht erreichbar wären (Kaufmann 1997, 205). Die Union konnte – und kann – die Erosion nationalstaatlicher Steuerungs- und Problemlösungsfähigkeit durch zwischenstaatliche Kooperation signifikant kompensieren. Obgleich die EU damit einen entscheidenden Beitrag dazu leistet, die europäischen Nationalstaaten funktionsfähig zu erhalten, wird diese Leistung im öffentlichen Bewusstsein kaum wahrgenommen.

Die Eigenart der EU kommt auch darin zum Tragen, dass diese über die Jahrzehnte ihres Bestehens hinweg vor allem ein Projekt der Wirtschaftsintegration gewesen ist, das kaum Identität zu stiften vermag, weil alle Bereiche, in denen einen solche Identitätsstiftung stattfinden könnte, wie Außen- und Innenpolitik oder Sozialpolitik, größtenteils auch bis heute nicht der Gemeinschaftsmethode unterworfen sind. Zwar verfügt die EU bereits seit ihrer Gründung über eine politische Dimension und reichen die Aufgaben der EU mittlerweile in zentrale Gebiete klassischer Staatsaufgaben hinein. Der Schwerpunkt der Tätigkeit der EU, in der sie zu einer eigenständigen Rechtsetzung befugt ist, liegt aber auch heute noch bei den regulativen Politiken, d.h. der Regelung wirtschaftlicher Sachverhalte im mikroökonomischen Bereich (»low politics«), im Gegensatz zu den redistributiven Politiken. Da Sozial- und Arbeitsmarktpolitik oder Fragen der inneren und äußeren Sicherheit (»high politics«) aufgrund der dabei auftretenden Verteilungsfragen und Wertekonflikte wesentlich »politischer« sind, vermögen sie auch eher, eine Identifikation hervorzurufen. Die Kompetenzverteilung zwischen den Mitgliedstaaten und der EU hat aber vor allem auch deswegen einen nicht unerheblichen Anteil am Beharrungsvermögen des Nationalbewusstseins, weil der Bildungs- und Erziehungsbereich – von einzelnen Fragestellungen mit grenzüberschreitenden wirtschaftlichen Charakter abgesehen – in die Zuständigkeiten der Mitgliedstaaten fällt. Identitätsstiftende Politik findet in modernen Gesellschaften aber vor allem über Erziehungs- und Bildungspolitik statt (vgl. Walkenhorst 1999, 83-96). So wird das Nationalbewusstsein vorrangig in diesen Bereichen vermittelt und stets neu konstruiert bzw. bestätigt. Dabei reproduzieren die nationalen Bildungssysteme und die nationalen Medien vornehmlich das jeweilige Nationalbewusstsein, nicht aber ein europäisches Bewusstsein (Walkenhorst 1999, 142).

Zweitens fehlt es nach der Überwindung der Teilung des Kontinents an einem überzeugenden Narrativ für die Europäische Union. Die alten Motive für das europäische Integrationsprojekt, insbesondere die Versöhnung Europas, Sicherheit und
Wohlstand in Europa, wirtschaftlicher Wohlstand und Mobilität, wirken zwar weiterhin und sind weiterhin von Bedeutung. Sie haben aber viel von ihrer Überzeugungskraft verloren, weil die ursprünglichen Integrationsziele heute weitgehend
gelebte Realität sind. Historisch bedeutsame Leistungen des Integrationsprozesses
sind im Bewusstsein vieler Europäer längst konsumiert und zu Selbstverständlichkeiten geworden. Dabei steckt Europa in einer mentalen Orientierungskrise:
»Orientierungslosigkeit ist kein europäisches Phänomen, doch es betrifft Europa in
besonderem Maße. Im Zeitalter der globalisierten Moderne haben sich weltweit
vorgefundene tradierte Interpretationsordnungen aufgelöst. Durch ein bisher
beispielloses Maß an Mobilität, Pluralität und Flexibilität sind alte Identifi-
kationsmöglichkeiten zerbrochen. Dem modernen Menschen fehlt es an wirtschaftlicher, gesellschaftlicher und politischer Orientierung. Der Bedarf an gemeinsamen
Umweltbeschreibungen und Zuordnungen ist entsprechend hoch. Die Europäische
Union als ein unvollendetes politisches System im Werden ist unter diesen
Bedingungen besonders gefordert, Antworten auf den Verlust an Orientierung zu
bieten« (Weidenfeld/Emmanouilidis et al. 2006, 19). Die Erbringung einer Orientierungsleistung von Seiten der europäischen Ebene wird jedoch durch den allgemeinen Vertrauensverlust der Bürger in die Gestaltungs- und Steuerungsfähigkeit der
Politik erschwert. Die zunehmende Skepsis der Bürger gegenüber den eigenen politischen Eliten hat auch – negative – Auswirkungen auf deren Einstellung zur EU. Da
die europäische Integration vornehmlich als Projekt des politischen Establishments
angesehen wird, wirkt sich nationale Politikverdrossenheit auch negativ auf die
Union aus.

2.3. Das institutionelle Demokratiedefizit und die nur schwach ausgeprägte euro-päische Öffentlichkeit

Zur Förderung einer europäischen Identitätsbildung kann insbesondere auch eine
Demokratisierung politischer Entscheidungsverfahren und eine Ausweitung von
Partizipationsmöglichkeiten auf europäischer Ebene beitragen (vgl. Hurrelmann
2005, 153, 156; Thalmaier 2005b, 337-353). Angesichts der unzureichenden unmittelbaren demokratischen Legitimation der EU (vgl. Kohler-Koch/Conzelmann et al.
2004, 195-200; Follesdal/Hix 2005) besteht grundsätzlich ein großer Handlungsbedarf. Das institutionelle Demokratiedefizit[11] bestimmt seit dem Vertrag von Maastricht die politische wie wissenschaftliche Debatte um die Reform der Europäischen

---

11 Die Ansicht, ein Demokratiedefizit existiere gar nicht, vertreten hingegen die in der Fußnote 4
Genannten sowie Autoren, die einen eigenständigen Legitimationsbedarf der EU ablehnen, weil
diese mittelbar über die Mitgliedstaaten demokratisch legitimiert sei, insbesondere Moravcsik (2002,
2004), Bundesverfassungsgericht (1993), Kaufmann (1997) mit weiteren Nachweisen.

Union. Auch die Bürger erachten die Union als nicht ausreichend legitimiert, weil sie – zu Recht – ein demokratisches System auch auf EU-Ebene erwarten. Daher können sie sich auch kaum mit ihr identifizieren. Die heutige Europaskepsis vieler Unionsbürger beruht denn auch vor allem auf der Einschätzung, dass »ihre Stimme in der Europäischen Union nicht zählt«. Immerhin 59 Prozent der EU-Bürger sind dieser Ansicht.[12] Obwohl die Bevölkerung die Abgeordneten des Europäischen Parlaments alle fünf Jahre wählt, bietet Brüssel aus ihrer Sicht zu wenige Partizipationsmöglichkeiten, da wichtige Vorhaben wie die Einführung des Euro oder die Osterweiterung im Jahre 2004 ohne eine unmittelbare Mitsprache erfolgt sind. Die Bürger fühlen sich als bloßes Objekt europäischer Entscheidungen, die sie nicht beeinflussen können und nachträglich – beispielsweise in ex-post-Referenden wie denen zum Europäischen Verfassungsvertrag – »abzunicken« haben.

Seit Beginn der 90er Jahre wurden immer wieder Forderungen laut, die EU müsse bürgernäher werden und den Menschen mehr Möglichkeiten der Beteiligung an der europäischen Politik einräumen. Bis heute ist dies jedoch trotz mehrerer Reformen des Primärrechts nicht in ausreichendem Maße gelungen. Auch der im Oktober 2004 unterzeichnete Verfassungsvertrag enthält zwar einige Neuerungen zur Verbesserung der demokratischen Legitimation der Europäischen Union, sein demokratischer Zugewinn ist allerdings zu Recht als »nicht sehr groß« eingestuft worden (Kohler-Koch/Conzelmann et al. 2004, 221). Es besteht daher auch dann weiterhin Handlungsbedarf, wenn der Vertrag in seiner jetzigen Form tatsächlich in Kraft treten sollte, was derzeit allerdings ohnehin unwahrscheinlich ist.

Eng verknüpft mit dem institutionellen Demokratiedefizit ist das Öffentlichkeitsdefizit der EU (vgl. Kantner 2004, 61-110), das für viele den Kern des europäischen Demokratiedefizits darstellt (Kielmannsegg 1996; Grimm 1995; Habermas 1996; Gerhards 2002, 154; Eder/Hellmann et al. 1998, 321). Auch wenn eine europäische Kommunikationsgemeinschaft als im Entstehen begriffen angesehen werden kann,[13] so ist sie gleichwohl bislang nur schwach ausgeprägt. Nur die Herausbildung einer europäischen Öffentlichkeit vermag jedoch zu bewirken, dass sich tatsächlich bestehende und/oder konstruierte Gemeinsamkeiten zwischen den Bürgern auch in der subjektiven Wahrnehmung umsetzen können (Fuchs 2000, 232). So ist eine der Funktionen von Öffentlichkeit die Identitätsbildung der Gesellschaft, indem Bürger – über die Öffentlichkeit vermittelt – dauerhaft die Gesellschaft beobachten, an ihr teilhaben und sie als die ihre begreifen (Gerhards 1993, 98). Die Ausbildung einer europäischen Identität hängt daher entscheidend von der Entstehung einer europäischen Öffentlichkeit ab (Schwaabe 2005, 441f.; Meyer 2004, 56).

---

12 Vgl. Europäische Kommission: Eurobarometer. Die öffentliche Meinung in der Europäischen Union – Bericht Nr. 64, Dezember 2005, abrufbar unter http://ec.europa.eu/public_opinion/index_en.htm. Im Bericht Nr. 63, Juli 2005, waren es noch 53 Prozent.
13 Neuere empirische Studien legen diese Annahme nahe und widersprechen der pauschalen Annahme eines Öffentlichkeitsdefizits, vgl. Risse (2004, 2002). Einen ausführlichen Überblick über den empirischen Forschungsstand gibt Kantner (2004, 130-162). Aktuell auch Tresch/Jochum (2005), Trenz (2005).

Ein maßgeblicher Grund[14] für die nur schwach ausgeprägte europäische Öffentlichkeit ist die institutionelle Ausgestaltung der EU als Verhandlungs- und Konkordanzsystem (Meyer 2004, 171; Neidhardt/Koopmanns et al. 2000, 285f.). Das europäische Governance-System ist bei der Entscheidungsfindung seiner Organe strukturell auf Konsens angelegt. Als eine nicht-majoritäre Demokratieform steht sie im Gegensatz zur Konkurrenzdemokratie, die Konflikte im Wesentlichen mit Hilfe des Mehrheitsprinzips bewältigt.[15] So dominiert im Rat die Einstimmigkeitsregel.[16] Im Europäischen Parlament ergibt sich ein Zwang zur Bildung einer großen Koalition, da bei den entscheidenden Abstimmungen im legislativen Bereich mehr als 50 Prozent der Stimmen erforderlich sind und keine der beiden großen Fraktionen diese Mehrheit alleine zu Stande bringt. Und schließlich werden die Vorschläge der Kommission – dem Kollegialitätsprinzip folgend – von der Kommission nach außen als Ganzes vertreten. Auch die europäischen Organe untereinander entwickeln nur in geringem Maße langfristige und für den Bürger deutlich erkennbare eigene – und damit auch unterschiedliche – Standpunkte, sind sie doch im Rahmen des »institutionellen Gleichgewichts« zu einem von Kompromissen bestimmten Zusammenwirken bei der Gesetzgebung gezwungen. Der Charakter der Union als Verhandlungssystem führt außerdem zu einem weitgehenden Ausschluss der Öffentlichkeit bei der Rechtssetzung. Von den drei insoweit maßgeblichen Organen tagt nur das Europäische Parlament öffentlich. Hinzukommt das Selbstverständnis der EU-Institutionen und ihrer Mitglieder sowie vieler Experten. Diese begreifen die Europäische Union noch immer vor allem als technokratisches, apolitisches Regime zur effektiven Lösung europäischer Probleme, die frei wären von politischen Wertvorstellungen.

Die »geheime Kabinettsdiplomatie« im Rat sowie der notwendige Konsens zwischen den Organen führen dazu, dass bestehende politische Konflikte nicht offen und argumentativ ausgetragen und alternative politische Konzepte, Ansätze und Lösungsmöglichkeiten dem Publikum vorenthalten werden (vgl. dazu und zum Folgenden Meyer 2004, 61f.). Auch wird nicht erkennbar, dass die Entscheidungen, die getroffen werden, alle Bürger in der Europäischen Union betreffen. Damit verbirgt die europäische Politik ihren Entscheidungscharakter und ihre Entscheidungen erscheinen als alternativlos. Und mangels öffentlicher Kontroversen über die Politik der Union wird der Debatte die lebensnotwendige Nahrung vorenthalten. Die Dominanz der konsens- und verhandlungsorientierten Entscheidungsfindung in der EU führt daher zu einer systematischen Entpolitisierung europäischer Politik. Der institutionellen Bearbeitung von europäischen Themen wird gerade jene Kon-

---

14 Auf andere diskutierte Gründe für das Öffentlichkeitsdefizit wie insbesondere die mangelnde Transparenz des europäischen Entscheidungsprozesses, die Sprachenvielfalt in der EU oder das Fehlen gemeinsamer europäischer Medien wird hier nicht eingegangen.
15 Zur EU als Konkordanzsystem vgl. Schmidt (2000), Peters (2003), Costa/Magnette (2003).
16 Zwar ist der Anwendungsbereich von Mehrheitsentscheidungen im Rat, dem wichtigsten Entscheidungsgremium, über die Jahre kontinuierlich ausgeweitet worden, gleichwohl wird davon in der Praxis kaum Gebrauch gemacht, vgl. Maurer (2003, 30).

fliktsstruktur vorenthalten, die die öffentlichen Meinungsbildungsprozesse in Gang hält und die an Konfliktkonstellationen interessierten Medien bedienen könnten (Neidhardt/Koopmanns et al. 2000, 285). Unter solchen Bedingungen findet die Europäische Union selbst nur ein begrenztes Maß an Aufmerksamkeit bei den *Bürgern*. Umgekehrt haben die *politischen Akteure* nur ein vermindertes Interesse daran, an der Herstellung öffentlicher Meinungen mitzuwirken. Dasselbe gilt für die *Medien*, fehlt es doch am Anreiz, über Europa im Allgemeinen und Europapolitik im Besonderen zu berichten, wenn kein hinreichend großes Publikum vorhanden ist.[17]

Europäische politische Kommunikation zeichnet sich durch ein »Zuwenig an Streitkommunikation aus« (Trenz 2006, 117): Das europäische Öffentlichkeitsdefizit besteht »in einer mangelnden Dynamik europapolitischer Kommunikation und ihrer Schwerfälligkeit, die latent vorliegenden Streitthemen in eine Debatte zwischen den Europäern zu überführen. (. . .) Öffentlich [massenmedial] inszenierte Konflikte können insofern einen zentralen Beitrag zur Deckung des gegenseitigen Beobachtungsbedarfs eines funktional differenzierten und territorial segmentierten Mehrebenensystems des Regierens leisten (. . .). Eine polarisierte öffentliche Meinung verstärkt sogar die Dynamik von Öffentlichkeit, weil sie auf Seiten der herrschenden Zuordnungsprobleme aufwirft und damit Anlass gibt, öffentliche Meinungskonflikte auszutragen. [Es kann deshalb erwartet werden], dass erst durch die generelle Konfliktorientierung einer europäischen Öffentlichkeit und ihrer Akteure die europäischen politischen Zusammenhänge für eine massenmediale Präsentation zugeschnitten werden, um damit den vielfach beklagten Defiziten einer medialen Infrastruktur zur Vermittlung europäischer Politik auf wirksame Weise entgegenzutreten« (Trenz 2006, 126). Eine stärkere Politisierung europäischer Politik ist folglich Voraussetzung für die Herausbildung einer europäischen Öffentlichkeit (Risse 2004, 146).

3. Möglichkeiten europäischer identitätsstiftender Politik

3.1. Eindämmung von Systemdynamik und -komplexität

Anerkennung von »Maastricht als Dauerzustand«

Wie ausgeführt, erschwert die Andersartigkeit der EU gegenüber Nationalstaaten und herkömmlichen Staatenverbindungen die Identifikation. Dem Handlungsspielraum beim Abbau der damit verbundenen Systemdynamik und -komplexität sind jedoch enge Grenzen gesetzt. Die Dynamik des politischen Systems wird auch in

---

17 Vgl. zur Interaktion der drei Akteursgruppen Sprecher, Medien und Publikum ausführlich Neidhardt/Koopmanns et al. (2000, 275-288), Gerhards (2002, 150-154).

Zukunft ein konstitutives Merkmal der EU bleiben. Auch der Vertrag über eine Verfassung von Europa bedeutet wie alle vorangegangenen Verträge nur eine weitere Wegmarke und wird – sofern eine Ratifizierung durch alle Mitgliedstaaten überhaupt stattfinden wird – nicht die letzte Primärrechtsänderung in der Geschichte der europäischen Integration gewesen sein. Auch intendiert der Vertrag keinen finalen Grundlagentext über die Ausgestaltung des politischen Systems der EU. Daneben sieht es nicht so aus, dass der fundamentale Dissens zwischen den Mitgliedstaaten über die Zielperspektive und damit über die Tiefe und Richtung des Integrationsprozesses in absehbarer Zeit überwunden werden könnte. Die endgültige Gestalt der EU wird daher unbestimmt bleiben. Zwar können die Referenden in Frankreich und den Niederlanden als Negativ-Votum gegen weitere Erweiterungen gewertet werden (vgl. Jopp/Kuhle 2005) und bestehen auch in anderen EU-Staaten große Vorbehalte hinsichtlich der Aufnahme neuer Mitglieder, insbesondere bezüglich der Türkei. Die bereits beschlossenen Erweiterungen um Rumänien und Bulgarien werden aber langfristig nicht die letzten sein, sondern vom Einzelfall abhängen. Allerdings erscheint es angesichts der starken Vorbehalte der Bürger ratsam, – zumindest vorerst – keine neuen Beitrittsperspektiven (über Kroatien, die Türkei und die Balkan-Staaten hinaus) zu eröffnen und attraktive Alternativkonzepte jenseits einer EU-Vollmitgliedschaft zu entwickeln. Eine abschließende Definition der EU-Grenzen ist aber weder politisch durchsetzbar noch sinnvoll im Hinblick auf die Handlungs- und Gestaltungsfähigkeit der Union.

Allerdings könnte der fehlende Bezugsrahmen vom Ansatz her dadurch abgemildert werden, in dem der »Baustellencharakter« der EU als positives Strukturmerkmal der EU anerkannt wird. Von der EU sollte mehr das Bild von einem flexiblen Gebilde, das gerade aufgrund seiner Systemdynamik über mehr Handlungsfähigkeit als die starren Nationalstaaten verfügt, vermittelt und damit ein vermeintliches Defizit positiv gewendet werden. In diesem Zusammenhang gilt es zudem, »Maastricht als Dauerzustand« anzuerkennen, da zukünftig keine grundsätzlichen Änderungen an der politischen Ordnungsform der EU zu erwarten sind (vgl. Thalmaier 2005b, 133ff., 150ff.). Die Besonderheit der Union als Herrschaftsverband eigener Art wird sich nicht in einer Staatswerdung auflösen, sondern trotz Veränderungen im institutionellen Gefüge und in der Aufgabenstellung fortbestehen. Insbesondere bleiben die Mitgliedstaaten die »Herren der Verträge«. Folglich sollte von der Vorstellung Abschied genommen werden, zur Erhaltung des dynamischen Prozesses sei es erforderlich, immer neue Gemeinschaftsaufgaben zu formulieren. Stattdessen darf es Kompetenzen der EU nur geben, wenn ein konkreter europäischer Mehrwert erkennbar ist, d.h. dass konkrete Aufgaben besser und effektiver auf europäischer als auf nationaler Ebene erfüllt werden können. Das gilt auch als Maßgabe für die Überarbeitung des Finanzrahmens ab dem Jahr 2014.

Klare Kompetenzordnung

Aber auch an der grundsätzlichen Systemkomplexität der EU lässt sich nur schwerlich etwas ändern. Die Union wird allein schon auf Grund ihrer Größe ein komplexes Verhandlungssystem mit einer Vielzahl von staatlichen und privaten Institutionen sowie Netzwerken, die an der Entscheidungsfindung beteiligt sind, bleiben. Darin wird weiterhin das Konsensprinzip vorherrschen, die EU also auch weiterhin als Konkordanzsystem zu charakterisieren sein. Die Dominanz des Einstimmigkeitsprinzips kann als Ausdruck der Notwendigkeit angesehen werden, angesichts eines hochgradig fragmentierten Gemeinwesens ein hohes Maß an Machtteilung und Autonomie der einzelnen Mitgliedstaaten und deren nationalen Gesellschaften zu gewährleisten. Als eine Vereinigung heterogener Gesellschaften, die noch keine gemeinsame Identität als politische Gemeinschaft herausgebildet hat, ist die EU auch zukünftig auf die integrierenden Effekte einer prinzipiell konsensualen Entscheidungsfindung angewiesen.[18] Da es noch an den Voraussetzungen für eine umfassende Anwendung des Mehrheitsprinzips fehlt, sind einer Ausweitung enge Grenzen gesetzt (Merkel 1999, 33f.). Auch weiterhin werden daher die meisten Entscheidungen auf Grund der notwendigen Einstimmigkeit eine Kompromisslösung erfordern, welche die verantwortlichen Akteure nur schwerlich erkennen lässt.

Die Systemkomplexität könnte aber durch eine klarere Abgrenzung und Zuordnung der Kompetenzen zwischen EU und Mitgliedstaaten zumindest etwas entschärft werden. Dann wäre es ist für den Bürger erkennbarer, welche Ebene für welche Entscheidungen zuständig ist und wen er daher für Erfolge wie Misserfolge politisch verantwortlich machen kann. Erforderlich ist dafür eine transparente und verständliche Kompetenzverteilung. Dies gestaltet sich allerdings von vornherein schwierig angesichts der Tatsache, dass die Kompetenzverteilung der EU seit Beginn nicht dem Trennprinzip, sondern dem Politikverflechtungs-Modell folgt, so dass die meisten Kompetenzen nicht getrennt sind, sondern sich überlagern (Scharpf 1994, 133). Zu denken wäre an eine bipolare Kompetenzordnung mit Primär- und Partialkompetenzen (vgl. Fischer/Schley 1999, 79-82).[19] Zudem können der EU bestimmt Kompetenzen ausdrücklich vorenthalten werden, in dem positive Kompetenzzuweisungsnormen an die Union um negative Kompetenzbestimmungen ergänzt werden, welche faktisch wie ausschließliche Zuständigkeiten der Mitgliedstaaten wirken

---

18 Vgl. dazu ausführlich Thalmaier (2005b, 189f., 379-382) mit weiteren Nachweisen, insbesondere Peters (2001, 758f.), Grande (1997, 10-13).
19 Eine strikte bipolare Kompetenzordnung, nämlich eine klare Trennung der Kompetenzbereiche in dem Sinne, dass keine konkurrierenden bzw. gemeinsamen Zuständigkeiten von EU und den Mitgliedstaaten bestehen, und eine Entkoppelung der politischen Willensbildung beider Ebenen, d.h. jede Ebene hat eine eigene Verwaltung und Gerichtsbarkeit, ist keine realistische Option, weil praktisch nicht umsetzbar und auch politisch kaum durchsetzbar. Außerdem ist eine völlige Trennung der derzeit überwiegend geteilten Kompetenzen aufgrund der Interdependenzen öffentlicher Aufgaben und Problemlagen als nicht effektiv und problemlösungsorientiert anzusehen. Vgl. dazu ausführlich Thalmaier (2005b, 297f., 369-375) mit weiteren Nachweisen.

würden (vgl. dazu und zum Folgenden Mayer 2001, insbes. 611f., 597f.; Hetmeier/ Richter 2001, 305-308; Magiera 2002, 274-277). Daneben könnte die Aufstellung eines übersichtlichen Kompetenzkatalogs, in dem die Tätigkeitsfelder der EU aufgeführt und um die Bereiche zu ergänzen sind, in denen die Union keine Zuständigkeit hat, die Arbeitsteilung zwischen der EU und den Mitgliedstaaten sichtbar machen. Die Auflistung der Kompetenzen würde die eigentlichen (funktional ausgerichteten) Kompetenznormen, die präziser und enger zu fassen sind, um weitere Zentralisierungseffekte zu vermeiden, jedoch nicht ersetzen, sondern auf diese verweisen. Eine Umstellung des derzeitig aufgabenorientierten Kompetenzsystems auf allein sachgebietsbezogene Zuständigkeitsabgrenzungen in einem Kompetenzkatalog ohne konkrete Einzelermächtigungen ist abzulehnen, weil reine Kompetenzkataloge im Gegensatz zu differenzierten Kompetenzregelungen eine extensive Kompetenzausübung stärker begünstigen. Dabei wäre eine Definition und Systematisierung der Kompetenzen nach klaren Kategorien und anschließend eine eindeutige Zuordnung der einzelnen Befugnisnormen zu einer bestimmten Kompetenzkategorie vorzunehmen.

3.2. *Abschwächung der Geltung des nationalstaatlichen Prinzips*

Strategien zur Abschwächung der Geltung des nationalstaatlichen Prinzips müssten einerseits bei der Kompetenzverteilung zwischen den Mitgliedstaaten und der EU ansetzen und andererseits eine neue Begründungslogik für den europäischen Einigungsprozess anbieten. Wie bereits angesprochen, geht es dabei nicht darum, die Identifikation mit dem Nationalstaat aufzulösen, sondern das Zugehörigkeitsgefühl zur EU zu stärken. Nationale und europäische Identität schließen sich nicht aus, sondern können – wie andere Identitäten auch – nebeneinander bestehen. Die europäische Identität würde nicht zwingend auf Kosten der nationalen Identität wachsen, sondern es würde eine Identitätserweiterung stattfinden (Peters 2001, 711). Dies liegt darin begründet, dass Identität kein Nullsummenspiel ist. Jeder Mensch bildet als Mitglied des politischen Gemeinwesens mehrere Identitäten aus, so dass multiple soziale Identitäten möglich sind (vgl. Westle 2003, 120f.; Kohli 2002, 125). So wie lokale, regionale und nationale Bindungen bestehen, kann das Identitätsbewusstsein um eine weitere – die europäische Dimension – ergänzt werden, ohne dass die anderen Bezüge dadurch verschwinden.

Nationale Bildungspolitik

Potenziellen Strategien, die das nationale Prinzip abmildern, sind allerdings von vornherein erhebliche Grenzen gesetzt. Denn auch wenn angesichts stetig wachsender globaler Herausforderungen zukünftig von einer immer engeren Kooperation der Mitgliedstaaten im Bereich der Außenpolitik und der inneren Sicherheit auszugehen ist, erscheint eine Vergemeinschaftung dieser »harten« Souveränitätsbereiche

181

in der nahen Zukunft als nicht realistisch.[20] Ebenso werden die Mitgliedstaaten auf absehbare Zeit ihre Kompetenzen im Bereich der Bildungspolitik behalten. Angesetzt werden kann daher nicht auf der europäischen, sondern allenfalls der nationalen Ebene. Insbesondere der Bereich der nationalen Schul- und Bildungspolitik steht hier im Mittelpunkt der Diskussion (vgl. dazu und zum Folgenden Beierwaltes 2000, 241f.).[21] Diese muss sicherstellen, dass alle ihre Bürger die Kenntnisse und Fähigkeiten haben, vollumfänglich am demokratischen Leben der EU auf nationaler und europäischer Ebene teilzunehmen. Andernfalls laufen die bestehenden Partizipationsmöglichkeiten weitgehend ins Leere. Ziel muss es insbesondere sein, das immense Wissensdefizit der Bürger über die EU abzubauen und die Relevanz der auf europäischer Ebene getroffenen Entscheidungen für den einzelnen Bürger zu vermitteln. Nur so lässt sich auch den vielfach verbreiteten Fehlvorstellungen und Vorurteilen über die Union die Grundlage entziehen. Erst die Kenntnis vom Entstehungsprozess der Entscheidungen europäischer Politik ermöglicht auch die Erkennbarkeit der Einwirkungsmöglichkeiten, die den Bürgern und ihren Vertretern jeweils zur Verfügung stehen. Letztendlich geht es aber auch darum, die EU als fester und dauerhafter Bestandteil des politischen Systems des eigenen Nationalstaates und dessen nationaler Gesellschaft und Öffentlichkeit zu begreifen, und nicht als etwas »Fremdes«, das außerhalb des jeweiligen Mitgliedstaates liegt. Um diese Ziele zu erreichen, spielt die Vermittlung ausreichender Kenntnisse über das politische System der EU, über gemeinsame europäische Wertgrundlagen sowie kultureller Unterschiede ebenso eine entscheidende Rolle wie die Vermittlung des Verständnisses von den politischen und wirtschaftlichen Interdependenzen und Problemlagen, denen sich jeder europäische Staat im Verhältnis zu den anderen EU-Staaten und auch anderen Staaten und Regionen außerhalb Europas ausgesetzt sieht. Die Lehrpläne müssen so ausgerichtet sein, dass auch jeweils die europäische Dimension in den Bereichen Politik, Geschichte, Geographie, Religion und Sprachen herausgestellt wird. Gefordert ist daher eine Europäisierung der Bildungsinhalte (vgl. Beck/Grande 2004, 164-168), insbesondere die »Einübung eines gemeinsamen europäischen Geschichtsbildes (. . .), [das] den Kampf um die Vergangenheit der kriegerischen europäischen Geschichte methodisch auflöst – dies allerdings gerade nicht, indem europäische Geschichte neben der oder zusätzlich zur jeweiligen Nationalgeschichte dargestellt, sondern indem sie in nationale und regionale Identitäten und Geschichten integriert wird« (Beck/Grande 2004, 165). Außerdem gilt es, die Erlernung anderer europäischer Sprachen, insbesondere von Englisch als europäische Verkehrssprache, noch stärker als bisher zu forcieren, um die Kommunikationsfähigkeit der Bürger zu stärken und damit auch die europäischen Öffentlichkeit zu befördern. Freilich werden alle diese Maßnahmen, selbst wenn man sie sofort umsetzen würde, frühestens in vielen Jahren Wirkung zeigen können.

20 Zur Sozialpolitik vgl. Fußnote 23.
21 Vgl. dazu auch den Beitrag von Eva Feldmann-Wojtachnia in diesem Band.

Zusätzlich benötigt die EU einen neuen – oder genauer ergänzenden – Begründungszusammenhang, der den elementaren Bedarf an Orientierung abdeckt. Die EU als Friedensprojekt bleibt auch zukünftig das zentrale Motiv für die europäische Einigung. Die alten Begründungen sind aber nicht mehr ausreichend und müssen daher ergänzt werden, um den Bürgern den konkreten Mehrwert des Integrationsprojekts zu vermitteln. Heute erscheint es für die Bürger, aber auch für viele Eliten unklar, wofür die EU überhaupt gebraucht wird. Das Projekt Europa gilt vielen Bürgern nicht als Antwort auf die vielseitigen Herausforderungen einer sich globalisierenden Welt, sondern vielmehr als Teil des Problems. Angesichts von grenzüberschreitenden Problemlagen und Bedrohungen für die Sicherheit aller europäischer Staaten, bei denen nationale Alleingänge keine wirkungsvolle Lösung versprechen, Sachproblemen, die ihrem Wesen nach nur geo-regional gelöst werden können oder bei denen der Aufwand der Problemlösung für einen einzelnen Staat unverhältnismäßig hoch ist, und angesichts wirtschaftlicher Inderdependenzen und eines weltweiten Wettbewerbs, gepaart mit einem Verlust an politischer Steuerungsfähigkeit aufgrund weltweit agierender ökonomischer Akteure sowie einer schwindenden geopolitischen Bedeutung Europas seit Beginn der 90er Jahre bietet eine verstärkte Nationalisierung und Abschottung nach außen, wie sie von vielen gefordert und zum Teil auch verstärkt praktiziert wird, allerdings keine wirkungsvolle Strategie, um die Folgen der Globalisierung adäquat auszugleichen. »Die Antwort auf [die Frage nach einer neuen Begründungslogik] liegt in den neuen Konstellationen und Bedingungen der Weltpolitik: Es geht um die künftige Gestaltungskraft Europas in einer neuen globalen Ordnung. Nach dem Ende des Kalten Krieges, mit dem Aufkommen neuer wirtschaftlicher und politischer Mächte in Asien und Südamerika und durch die Globalisierung von Ökonomie und Sicherheit wird die Zukunft Europas zunehmend durch Entwicklungen außerhalb des alten Kontinents entschieden. Es droht erneut die Gefahr einer schleichenden Marginalisierung des europäischen Kontinents. Europa muss nicht nur auf diese Entwicklungen reagieren, es hat vielmehr das Potenzial, die Regeln der neuen ökonomischen und politischen Weltordnung nach seinen Vorstellungen mitzugestalten« (Weidenfeld/Emmanouilidis et al. 2006, 8). Die europäische Einigung als wirtschaftliches, politisches und sicherheitspolitisches Projekt in einer sich rasant verändernden Welt, die das Potenzial hat, diese nach den eigenen Vorstellungen mitzugestalten – dies gilt es, den Bürgern zu vermitteln. In diesem Zusammenhang dürfte ein neues europäisches Großprojekt hilfreich sein, das die Notwendigkeit der Existenz der Union zu unterstreichen vermag und ihren Mehrwert für den Bürger konkret deutlich macht. Zu denken wäre hier an den Themenkomplex Sicherheit, der die äußere wie innere Sicherheit umfasst und zivile wie militärische Aspekte beinhaltet. Insbesondere in der Außen- und Sicherheitspolitik ist die Erwartungshaltung der EU-Bürger an die EU hoch, was entsprechende Umfragen von Eurobarometer zeigen.[22] Auch ist eine engere sicherheitspolitische Kooperation für die Mitgliedstaaten und ihre Bürger mit Vorteilen verbunden, welche die Nationalstaaten alleine nicht zu erzielen vermögen. Der europäische Mehrwert liegt nahezu auf der Hand, was sich auch daran zeigt, dass in den letzten Jahren gerade im Bereich der inneren und äußeren Sicherheit eine engere Kooperation der EU-Staaten stattgefunden hat. Diese besteht allerdings bislang noch weitgehend aus Einzelmaßnahmen, die ohne überwölbendes Konzept lose nebeneinander stehen.[23]

Auch insoweit ist allerdings zu konstatieren, dass die Vermittlung eines neuen Narrativs ein schwieriges und langfristig angelegtes Unterfangen sein dürfte. Im Gegensatz zu den Zeiten des Ost-West-Konflikts sind die aktuellen Herausforderungen und Bedrohungen nur diffus und oftmals nicht unmittelbar erkenn- und erfahrbar. Gleichwohl ist das Potenzial der Legitimation der EU durch ihr Verständnis als Gestaltungsmacht in einer globalen Perspektive bislang bei weitem nicht ausgeschöpft worden.

3.3. Mehr Partizipation

In der seit Jahren andauernden Debatte um eine Behebung oder wenigstens Reduzierung des Demokratiedefizits der EU sind eine Vielzahl an Reformvorschlägen auf der Basis unterschiedlicher Demokratisierungskonzepte gemacht worden.[24] Eine Ausweitung der Partizipationsmöglichkeiten der Bürger am politischen Entscheidungsprozess in der EU versprechen sich viele von einer Aufwertung des Europäischen Parlaments, insbesondere durch die Einräumung des Rechts zur Bestellung der Kommission (z.B. Holzinger/Knill 2001; Emmanouilidis 2005). Anstelle einer solchen Parlamentarisierung der Union sollte die derzeitige duale Legitimation der Europäischen Union allerdings um Strategien ergänzt werden, die sich nicht am Modell einer rein repräsentativen, parlamentarischen Mehrheitsdemokratie orientieren, wie insbesondere der präsidentielle Demokratisierungsansatz.[25] Dieser plädiert

22 Vgl. Europäische Kommission: Eurobarometer. Die öffentliche Meinung in der Europäischen Union – Bericht Nr. 64, Dezember 2005, und Nr. 63, Juli 2005, abrufbar unter http://ec.europa.eu/public_opinion/index_en.htm: 77/77 Prozent der EU-Bürger sind für eine gemeinsame Sicherheits- und Verteidigungspolitik und 68/67 Prozent für eine gemeinsame Außenpolitik.
23 Der Themenkomplex Wirtschaft und Soziales erscheint dagegen – abgesehen von Einzelmaßnahmen – als Großprojekt nicht geeignet, auch wenn – was Eurobarometer-Umfragen zeigen – die EU die Erwartungen der Bürger in der Wirtschafts- und Sozialpolitik nicht erfüllt und das Votum der Franzosen im Referendum über den europäischen Verfassungsvertrag als »Nein« gegen das angeblich neoliberale Wirtschaftsmodell der EU gewertet werden kann. Dies deswegen, weil aufgrund der Heterogenität der nationalen Wirtschafts- und Sozialmodelle, denen zum Teil völlig andere normative Wertungen hinsichtlich der Sozialstaatlichkeit zu Grunde liegen, eine europäisches Wirtschafts- und Sozialunion unrealistisch ist. Es ist nicht davon auszugehen, dass die Mitgliedstaaten wichtige Teile des letzten Horts ihrer nationalen Souveränität, der Sozialpolitik, an Brüssel abgeben werden. Zudem ist der europäische Mehrwert einer einheitlichen europäischen Sozialpolitik höchst fraglich. Siehe hierzu auch Weidenfeld/Emmanouilidis et al. 2006, 23.
24 Vgl. dazu die ausführliche Übersicht bei Janowski (2005, 796-808).
25 Vgl. dazu ausführlich Thalmaier (2005b, 353-364) mit weiteren Hinweisen. Ebenso Hix (2003, 174-176), Janowski (2004, 234-239, 250), Decker (2003, 20f., 2000, 616-619).

dafür, den Kommissionspräsidenten im Wege einer Direktwahl durch die Unionsbürger zu bestimmen.[26] Daneben wären auch europaweite Referenden[27] bei Änderungen des europäischen Primärrechts und Beitritten denkbar. Auch wenn es gelingen würde, ein Referendum in jedem Land der EU am selben Tag abzuhalten, um zu verdeutlichen, dass Gegenstand der Abstimmung europäische und nicht nationale Politik ist, blieben es jedoch gleichwohl nationale Abstimmungen von rein konsultativem Charakter, da andernfalls die Staatlichkeit der Mitgliedstaaten angetastet werden würde, weil die Mitgliedstaaten nicht mehr »Herren der Verträge« wären. Aufgrund der Komplexität von Änderungsverträgen und mangels Alternativangebot bei einer entsprechenden Abstimmung wäre es ohnehin vorzuziehen, nach Schweizer Vorbild Referenden allenfalls zu einzelnen konkreten Maßnahmen oder Projekten der EU durchzuführen. Außerdem könnte die europäische Bürgerinitiative, die im europäischen Verfassungsvertrag in Artikel I-47 Absatz 4 vorgesehen ist, [28] auch ohne dessen Ratifizierung umgesetzt werden.

Während die vorgenannten Vorschläge darauf abzielen, das Demokratiedefizit durch eine Ausweitung der unmittelbaren Einflussmöglichkeiten der europäischen Bürger auf den Politikprozess der europäischen Institutionen zu beheben, sehen andere in der nationalen die maßgebliche Ebene, wo Reformen anzusetzen haben. Insbesondere eine Stärkung der Rolle der nationalen Parlamente im europäischen Entscheidungsprozess wird gefordert (vgl. Pernice 2001; Huber 2001). Im Verfassungsvertrag ist insoweit die Etablierung eines Frühwarnmechanismus vorgesehen, der den nationalen Parlamenten die Möglichkeit bietet, einen Einspruch gegen Vorschläge der Kommission zu erheben, wenn sie das Subsidiaritätsprinzip verletzt sehen. Die entsprechenden Regelungen könnten auch ohne eine Änderung des Primärrechts und daher unabhängig von einer Ratifizierung des Verfassungsvertrags in Kraft treten. Dadurch würden die nationalen Parlamente bei der Kontrolle der nationalen Regierungen gestärkt und ihre direkte Beteiligung am EU-Gesetzgebungsprozess ausgeweitet (vgl. Maurer 2004). Außerdem wäre auch eine bessere »Verzahnung« der nationalen und europäischen Ebene zu empfehlen.

3.4. *Politisierung europäischer Politik*

Institutionelle Reformen

Wie oben ausgeführt ist der Mangel an Politik institutionell-strukturell bedingt. Man wird daher eine stärkere Politisierung auch nur auf diesem Wege erreichen können. Nur wenn sich die entsprechende »institutionelle Anreizstruktur« ändert, wird sich

---

26 Vgl. dazu auch die Ausführungen in 3.4.
27 Für europaweite Referenden beispielsweise Beck/Grande (2004, 352f.), Zürn (1996, 49f.), Merkel (1999, 32f.), Abromeit (1998).
28 Danach können mindestens eine Million Bürger aus einer »erheblichen Anzahl von Mitgliedstaaten die Kommission zu Vorschlägen für bestimmte Rechtsakte auffordern«. Die näheren Einzelheiten bleiben einem Europäischen Gesetz vorbehalten.

auch das Verhalten der Akteure – gezwungenermaßen – ändern und sich die europäische Öffentlichkeit entscheidend weiterentwickeln (ebenso Fuchs 2000, 232; Meyer 2004, 169-175). Es bedarf folglich institutioneller Reformen, und zwar solcher, welche eine »Streitkommunikation« befördern und darüber hinaus die Entscheidungsträger unmittelbar an die betroffenen Bürger koppeln (Gerhards 1993, 108).

Änderungen der institutionellen Ordnung können dann relevante Impulse für die Herausbildung einer europäischen Öffentlichkeit liefern, wenn die auf der europäischen Ebene handelnden Akteure stärker als bisher dazu gezwungen werden, für ihre Positionen in der Öffentlichkeit Unterstützung zu erlangen, und das europäische Publikum stärker als bisher dazu bewegt wird, sich für die europäische Politik zu interessieren (Hurrelmann 2002, 15). Denn Öffentlichkeit wird für Entscheidungsträger erst dann bedeutsam, wenn sie über eine Sanktionsmacht verfügt, die politischen Akteure also von der Meinung des Publikums abhängig sind (vgl. dazu und zum folgenden Gerhards 1993, 108). Ist dies der Fall, werden sie um die Bürger in der Öffentlichkeit werben müssen. Für die Bürger gilt umgekehrt, dass sie sich erst dann mehr für die über Öffentlichkeit vermittelte Politik interessieren, wenn die relevanten Institutionen für sie maßgebliche Entscheidungen treffen und sie auf deren Politik auch Einfluss nehmen können. Ein solcher Zusammenhang ist in Demokratien insbesondere dadurch institutionalisiert, dass die Besetzung politischer Ämter durch Wahlen erfolgt. Gleichzeitig kann damit auch die stärkere Ausbildung eines europäischen Kommunikationsraums befördert werden, in dem politische Argumente ausgetragen und Debatten über zu treffende europäische Entscheidungen geführt werden, und über den die Bürger mittelbar am europäischen Entscheidungsprozess beteiligt werden und diesen kontrollieren können.

Entsprechend dem präsidentiellen Demokratisierungsansatz sollten die Partizipationsmöglichkeiten der Bürger aber nicht dadurch ausgebaut werden, dass das Europäische Parlament aufgewertet wird und das Recht zur Wahl des Kommissionspräsidenten erhält, sondern dieser sollte direkt von den Bürgern gewählt werden.[29] Außerdem sollte das Wahlsystem zum Europäischen Parlament europäisiert werden (Piepenschneider 2004, 245; Wolf 2000, 736-740). Zu denken ist insbesondere an die Einführung transnationaler Wahllisten, wobei beispielsweise zehn Prozent der Sitze nicht national vergeben werden, sondern europaweit über einheitliche europäische Parteilisten. Die Zuteilung der übrigen Mandate an die einzelnen Mitgliedstaaten erfolgt wie bisher aufgrund einer nationalen Kontingentierung.

Beide Vorschläge würden eine Reihe miteinander zusammenhängender Folgewirkungen haben: Neben einem unmittelbaren Einfluss auf die Bestellung der Exekutive bewirkt die Direktwahl des Kommissionspräsidenten eine stärkere Personalisierung europäischer Politik, mit der bislang kaum ein konkretes Gesicht verbunden wird. Indem er einen substanziellen Teil des europäischen Gemeinwesens repräsen-

29 Zu den Gründen vgl. die Nachweise in Fußnote 25.

tiert, könnte der Kommissionspräsident verkörpern, was die politische Einheit der EU in der Praxis ausmacht. Die Aufstellung von Spitzenkandidaten für das Amt des Kommissionspräsidenten sowie transnationaler Wahllisten durch die europäischen Parteibündnisse bieten die Möglichkeit der Etablierung eines europäischen Parteiwesens als Bestandteil einer europäischen Öffentlichkeit und Zivilgesellschaft. Die europäischen Parteien in ihren Funktionen als Mittler zwischen Politik und Öffentlichkeit (Artikulations- und Vermittlungsfunktion im Prozess der Willensbildung und Politikentscheidung) sowie in ihrer Rekrutierungsfunktion (Zurverfügungstellung von politischem Personal) auf europäischer Ebene könnten gestärkt werden (vgl. Piepenschneider 2004). Der Wahlkampf wäre transnational ausgerichtet, denn die Politiker der einzelnen Parteien müssten sich gleichermaßen in allem Mitgliedstaaten den Wählern stellen und nicht nur in ihren jeweiligen Heimatländern. Die Wahlen zum Europäischen Parlament würden damit ihren rein nationalen Charakter verlieren. Anstelle der bislang – jedenfalls aus der Sicht der Bürger – vorherrschenden »Propaganda« einer alternativlosen Politik durch Technokraten würde die Profilierung unterschiedlicher politischer Konzepte und Lösungsansätze für europäische Problemlagen durch Politiker und Parteien treten. Streit, Polarisierung und kontroverse Debatten als Wesensmerkmale einer lebendigen demokratischen Öffentlichkeit würden die Aufmerksamkeit und das Interesse an europäischer Politik bei den Bürgern erhöhen, aber auch bei den politischen Akteuren und den Medien. Durch die auf Grund von institutionellen Reformen ausgelöste »Streitkommunikation« wäre das elementare Interesse aller drei Akteursgruppen am gemeinsamen Interaktionszusammenhang gegeben.

Dagegen ist durch eine – vielfach geforderte – Öffentlichkeit von Ratssitzungen das Transparenzdefizit der Legislativ- und Administrativverfahren der EU nur bedingt behebbar. Die Staats- und Regierungschefs der EU haben auf ihrem Gipfel im Juni 2006 beschlossen, dass insbesondere sämtliche Sitzungen der Ministerräte im Mitentscheidungsverfahren inklusive der Erklärungen der Ratsmitglieder zur Stimmabgabe zukünftig öffentlich sein werden, wie dies auch in Artikel I-24 Absatz 6 des Verfassungsvertrags vorgesehen ist. Es ist jedoch fraglich, ob sich dies in der Praxis bewähren wird. Es ist zu befürchten, dass die Ratstagungen zu bloßen Showveranstaltungen degenerieren und die wirklichen Entscheidungen in informellen Gesprächen außerhalb der offiziellen Ratssitzungen getroffen werden. Bei der Forderungen nach öffentlichen Ratssitzungen (so z.B. Meyer 2004, 170) wird übersehen, dass der Ausschluss der Öffentlichkeit in Verhandlungssystemen wie der EU eine der Grundvoraussetzungen ist, um überhaupt zu Verhandlungslösungen zu kommen (vgl. dazu und zum Folgenden Peters 2001, 697f.; Grande 1997, 15). Das Aushandeln inklusive der bekannten Tauschgeschäfte und Paketlösungen funktioniert grundsätzlich besser ohne Öffentlichkeit, da diese die agierenden Vertreter faktisch zur Verhärtung ihrer Standpunkte zwänge und damit Problemlösungen durch Kompromisse erschwert werden würden. Eine Umstellung auf öffentliche Sitzungen des Rates würde dessen Handlungsfähigkeit deshalb erheblich schwächen. Die Auflösung des

Spannungsverhältnisses zwischen Öffentlichkeit und Effizienz könnte nur durch ein Abgehen vom Verhandlungsmodus erfolgen, indem gleichzeitig die prinzipielle Anwendung des Mehrheitsprinzips im Ministerrat eingeführt wird. Damit ist in den nächsten Jahren aber nicht zu rechnen.

Mehr Dialog und Debatte

Zur Herausbildung einer »Streitkommunikation« ist aber auch etwas erforderlich, was mit »mehr Dialog und Debatte« bezeichnet werden kann. Entgegen der Vorstellung vieler Eurokraten, insbesondere der EU-Kommission, ist politische Öffentlichkeit in erster Linie keine »Angelegenheit besserer Information über die Organisation des politischen Europas und die Zuständigkeit seiner Institutionen, sondern die Wortmeldung der europäischen Bürger zu den Angelegenheiten, die sie nach dem eigenen Urteil unbedingt angehen« (Meyer 2004, 170). In dem aktuellen Weisbuch der Europäischen Kommission über eine europäische Kommunikationspolitik vom Februar 2006 erkennt diese nun auch ausdrücklich an, dass in der Vergangenheit mehr ein *Monolog hin zum Bürger* stattgefunden hat anstelle des notwendigen *Dialogs mit dem Bürger* (vgl. Kurpas/Brüggemann et al. 2006). Eine neue Kommunikationsstrategie aller europäischen Institutionen sollte dabei vor allem beinhalten, den notwendigen Austausch über »Für« und »Wider« eines neuen europäischen Projekts oder einer Einzelmaßnahme bereits *während* des EU-Entscheidungsverfahrens auf nationaler und europäischer Ebene zu organisieren. Ein positives Beispiel stellt hier die sehr umstrittene Dienstleistungsrichtlinie dar, wo eine breite, sogar europaweite Debatte schon im Stadium der Entscheidungsfindung zwischen den europäischen Institutionen, d.h. bevor der Ministerrat über eine Sache entscheidet, stattgefunden hat, und nicht erst im Zeitpunkt der nationalen Umsetzung, wenn an den auf EU-Ebene beschlossenen Verordnungen oder Richtlinien nichts mehr zu ändern ist. Zudem gilt es, bei den Bürgern kontinuierlich um Zustimmung für die europäische Politik zu werben, und zwar durch detaillierte Begründung jedes einzelnen Projekts in einem öffentlichen Interaktionsprozess. Gerade dies ist bei der Osterweiterung im Jahr 2004 versäumt worden, über die unter Ausschluss der breiten Öffentlichkeit entschieden worden ist. Die europäischen Institutionen haben darauf vertraut, dass die Bürger diesem Projekt schon ihre faktische Zustimmung erteilen werden. Stattdessen sieht sich die EU mit einer weit verbreiteten Ablehnungshaltung konfrontiert, die von diffusen Ängsten dominiert wird. Zur Behebung des »Kommunikationsdefizits« (Kurpas/Meyer et al. 2004) der EU müssten aber auch die jeweiligen Alternativen zu einzelnen Vorhaben der EU dargelegt sowie die politischen und wirtschaftlichen Kosten und Nutzen einzelner Optionen aufgezeigt werden. Nur so kann dem derzeitigen Eindruck entgegengewirkt werden, europäische Politik sei alternativlos und jede Debatte sei eigentlich zwecklos, da das Ergebnis ohnehin schon feststehe. Ziel muss es daher sein, ein differenziertes Bild von Europa zu vermitteln, das unterschiedliche politische Optionen und kritische Aspekte zulässt.

Außerdem sollten neue Wege beschritten werden, um den Dialog mit den Bürgern zu generieren und zu organisieren.[30] Zentral sind die Diskussion wichtiger EU-Initiativen in den nationalen Parlamenten und die Weiterleitung der Ergebnisse der nationalen Debatten an die EU-Gremien *vor* der entsprechenden Entscheidung des Rates. Nationale Parlamente sind als unmittelbar legitimierte Repräsentanten der Völker der EU am besten geeignet, eine Debatte unter einer breiteren Öffentlichkeit anzustoßen und das Medieninteresse auf ein spezielles Thema zu lenken. Damit könnte auch stärker als bisher verhindert werden, dass nationale Akteure die europäische Gesetzgebung als »illegitimen Akt« der Brüsseler Bürokratie darstellen. Auch eine verstärkte Einbeziehung europäischer Akteure in nationale Debatten wäre von Vorteil, um den Bürgern einen besseren Einblick in die Arbeit der europäischen Institutionen und deren Kompetenzen zu vermitteln. Zu denken ist insbesondere an regelmäßige Besuche von Abgeordneten des Europäischen Parlaments und Kommissaren in den Mitgliedstaaten, vor allem in den nationalen Parlamenten. Es sollten darüber hinaus nationale Bürgerforen organisiert werden, in denen öffentliche Debatten zu europäischen Fragestellungen unter Beteiligung von Politikern und Vertretern der Zivilgesellschaft stattfinden. Als Modell kann hier das »National Forum on Europe« in Irland dienen, das nach dem Scheitern des ersten irischen Referendums über den Vertrag von Nizza im Jahr 2001 gegründet worden ist. Das Forum versteht sich nicht als Förderer bestimmter Positionen wie beispielsweise der irischen Regierung oder der EU-Institutionen. Vielmehr soll in den Foren ein offener, unzensierter Dialog geführt werden. Außerdem ist an eine regelmäßigere Vermittlung politischer Prioritäten und Standpunkte der nationalen Regierungen in ihren nationalen Parlamenten, an ein jährliches Treffen nationaler und europäischer Parlamentarier zur Stärkung der öffentlichen Aufmerksamkeit für europäische Belange sowie die Herausgabe nationaler Informationsbulletins in regelmäßigen Abständen, die Informationen über die neuesten Vorschläge und Beschlüsse der EU enthalten und über die nationalen Medien möglichst weiträumig verbreitet werden, zu denken.

4. *Fazit*

Die Bilanz fällt damit unterschiedlich aus. An manchen Gründen für die nur schwach ausgeprägte europäische Identität wird sich nur schwerlich etwas ändern lassen, bei anderen besteht ein größerer Handlungsspielraum. Angesichts seiner fehlenden Stabilität und Dauerhaftigkeit sowie seiner Komplexität wird sich das politische System der EU auch in Zukunft als wenig identitätsstiftend erweisen. Allenfalls

---

30 Zu den nachfolgenden Vorschlägen vgl. insbesondere European Policy Institutes Network (2005).

eine Anerkennung des »Baustellencharakters« der EU als positives Strukturmerkmal und eine transparentere Abgrenzung der Kompetenzen zwischen der EU und den Mitgliedstaaten versprechen hier etwas Abhilfe. Strategien zur Stärkung der europäischen Identität im Bereich der nationalen Schul- und Bildungspolitik sowie die Vermittlung einer neuen Begründungslogik für den europäischen Integrationsprozess werden erst langfristig Wirkungen zeigen.

Das größte Potenzial liegt im Bereich institutioneller Änderungen, mit denen eine stärkere Partizipation am europäischen Entscheidungsprozess verbunden ist und die eine Reduzierung des seit langem beklagten Demokratiedefizits beinhalten. Eine vermehrte Einbeziehung der Bürger kann zu einer stärkeren Auseinandersetzung mit dem Gemeinwesen anregen, somit die gegenseitige Anerkennung der Bürger als legitime Teilnehmer am kollektiven Willensbildungsprozess befördern und auch weiter gehende Identitätsbildungsprozesse in Gang setzen (Hurrelmann 2005, 156). Der Ausbau der Partizipationsmöglichkeiten kann außerdem auch einer Ausweitung der Handlungsstrukturen politischer Öffentlichkeit dienen und zu einer Intensivierung der intermediären Vermittlungsstrukturen (insbesondere Medien, Parteien, Verbände) beitragen. Erst die verstärkte Ausbildung eines europäischen Kommunikationsraums, der den europäischen Bürgern die Wahrnehmung von Gemeinsamkeiten erlaubt, wird bei diesen ein belastbares Gemeinschaftsgefühl als Grundlage für eine stabile europäische Unterstützung des europäischen Projekts generieren.

Maßgeblich sind insoweit eine stärkere Politisierung europäischer Politik (Follesdal/ Hix 2005; Hix 2006) und der Aufbau einer europäischen »Streitkommunikation«. Dabei gilt es zu verdeutlichen: »Es gehört zu den kaum hinterfragten Grundüberzeugungen europäischer Eliten – sei es in der Politik, sei es in der Wirtschaft –, dass kontroverse Debatten über Europa, die EU oder über einzelne europäische Politikthemen zu vermeiden sind, weil sie angeblich zur Herausbildung populistischer Strömungen und zur Gefährdung des europäischen Integrationsprozesses führen. Das Gegenteil ist der Fall! Streit und Politisierung sind konstitutiv für demokratische Meinungsbildung im öffentlichen Diskurs. Europa und die EU bilden hier keine Ausnahme. Eine stärkere Politisierung europäischer Themen würde die Aufmerksamkeit für Europa durch die nationalen Medien erhöhen und damit zu einer europäischen Öffentlichkeit und gleichzeitig zum Abbau des Demokratiedefizits der EU beitragen. Je mehr wir über nationale Grenzen hinweg über Fragen des europäischen Gemeinwesens als Europäer/innen streiten, desto mehr entsteht europäische Öffentlichkeit und eine kollektive europäische Identität« (Risse 2004, 250f.).

Literaturverzeichnis

Abromeit, Heidrun (1998): Ein Vorschlag zur Demokratisierung des europäischen Entscheidungssystems. In: Politische Vierteljahresschrift, Jg. 39, H. 1, S. 80-90.

Beck, Ulrich/Edgar Grande (2004): Das kosmopolitische Europa. Frankfurt/Main.

Beierwaltes, Andreas (2000): Demokratie und Medien. Der Begriff der Öffentlichkeit und seine Bedeutung für die Demokratie in Europa. Baden-Baden.

Benz, Arthur (1998): Politikverflechtung ohne Politikverflechtungsfalle – Koordination und Strukturdynamik im europäischen Mehrebenensystem. In: Politische Vierteljahresschrift. 39. Jg., H. 3, S. 558-589.

Bundesverfassungsgericht (1993): Urteil vom 12.10.1993. In: Neue Juristische Wochenschrift. H. 47, S. 3047-3058.

Costa, Oliver/Paul Magnette (2003): The European Union as a Consociation? In: West European Politics. Vol. 26, No. 3, S. 1-18.

Decker, Frank (2003): Parlamentarisch, präsidentiell oder semi-präsidentiell? In: Aus Politik und Zeitgeschichte. H. 1-2, S. 16-23.

Decker, Frank (2000): Demokratie und Demokratisierung jenseits des Nationalstaates: Das Beispiel der Europäischen Union. In: Zeitschrift für Politikwissenschaft. Jg. 10, H. 2, S. 585-629.

Easton, David (1965): A Systems Analysis of Political Life. New York.

Eder, Klaus/Kai-Uwe Hellmann et a. (1998): Regieren in Europa jenseits öffentlicher Legitimation? Eine Untersuchung zur Rolle von politischer Öffentlichkeit in Europa. In: Beate Kohler-Koch (Hrsg.): Regieren in entgrenzten Räumen. Opladen, S. 321-344.

Emmanouilidis, Janis A. (2005): Overcoming the Constitutional Crisis. München.

European Policy Institutes Network (2005): A Citizens Compact: Reaching out to the Citizens of Europe. Working Paper No. 14, Brussels.

Fischer, Thomas/Nicole Schley (1999): Europa föderal organisieren. Ein neues Kompetenz- und Vertragsgefüge für die Europäische Union. Bonn.

Follesdal, Andreas/Simon Hix (2005): Why There is a democratic Deficit in the EU: A Response to Majone and Moravcsik. European Governance Papers No. C-05-02, http://www.connnex-network.org/eurogov/pdf/egp-connex-C-05-02.pdf.

Fuchs, Dieter (2000): Demos und Nation in der Europäischen Union. In: Hans-Dieter Klingemann/Friedhelm Neidhardt (Hrsg.): Zur Zukunft der Demokratie. Herausforderungen im Zeitalter der Globalisierung. Berlin, S. 215-236.

Gerhards, Jürgen (2003): Identifikation mit Europa. Einige begriffliche Vormerkungen. In: Jutta Allmendinger (Hrsg.): Entstaatlichung und soziale Sicherheit. Verhandlungen des 31. Kongresses der Deutschen Gesellschaft für Soziologie in Leipzig 2002, Teil 1. Opladen, S. 467-474.

Gerhards, Jürgen (2002): Das Öffentlichkeitsdefizit der EU im Horizont normativer Öffentlichkeitstheorien. In: Hartmut Kaelble/Martin Kirsch et al. (Hrsg.): Transnationale Öffentlichkeiten und Identitäten im 20. Jahrhundert. Frankfurt/Main, S. 135-158.

Gerhards, Jürgen (1993): Westeuropäische Integration und die Schwierigkeiten der Entstehung einer europäischen Öffentlichkeit. In: Zeitschrift für Soziologie. Jg. 22, H. 2, S. 96-110.

Giesen, Bernhard (1999): Kollektive Identität. Die Intellektuellen und die Nation 2. Frankfurt/Main.

Grande, Edgar (2000): Multi-Level Governance: Institutionelle Besonderheiten und Funktionsbedingungen des europäischen Mehrebenesystems. In: Edgar Grande/Markus Jachtenfuchs (Hrsg.): Wie problemlösungsfähig ist die EU? Regieren im europäischen Mehrebenensystem. Baden-Baden, S. 11-30.

Grande, Edgar (1997): Post-nationale Demokratie – Ein Ausweg aus der Globalisierungsfalle? Institut für Sozialwissenschaften, Working Paper Nr. 2. München.

191

Grande, Edgar (1996): Demokratische Legitimation und europäische Integration. In: Leviathan. Jg. 24, H. 3, S. 339-360.

Grande, Edgar (1995): Regieren in verflochtenen Verhandlungssystemen. In: Renate Mayntz/ Fritz W. Scharpf (Hrsg.): Gesellschaftliche Selbstregelung und politische Steuerung. Frankfurt/Main u.a., S. 327-368.

Grimm, Dieter (1995): Braucht Europa eine Verfassung? In: Juristenzeitung. Jg. 50, H. 12, S. 581-591.

Habermas, Jürgen (1996): Braucht Europa eine Verfassung? Eine Bemerkung zu Dieter Grimm. In: Ders.: Die Einbeziehung des Anderen, Frankfurt/Main, S. 185-191.

Hetmeier, Heinz/Andrea V. Richter (2001): Kompetenzabgrenzung in der Europäischen Union. In: Zeitschrift für Gesetzgebung, Jg. 16, H. 4, S. 295-327.

Hix, Simon (2006): Why the EU needs (Left-Right) Politics? Policy Reform and Accountability are Impossible without it. In: Simon Hix/Stefano Bartolini: Politics: The Right or the Wrong Sort of Medicine fort he EU? Notre Europe, Policy Paper No. 19, S. 1-28.

Hix, Simon (2003): Parteien, Wahlen und Demokratie in der EU. In: Markus Jachtenfuchs/ Beate Kohler-Koch (Hrsg.): Europäische Integration. 2. Auflage, Wiesbaden, S. 151-180.

Holzinger, Katharina/Christoph Knill (2001): Institutionelle Entwicklungspfade im Europäischen Integrationsprozess: Eine konstruktive Kritik an Joschka Fischers Reformvorschlägen. In: Zeitschrift für Politikwissenschaft. Jg. 15, H. 4, S. 987-1010.

Höreth, Marcus (1999): Die Europäische Union im Legitimationstrilemma. Zur Rechtfertigung des Regierens jenseits der Staatlichkeit. Baden-Baden.

Huber, Peter M. (2001): Die Rolle der nationalen Parlamente bei der Rechtssetzung der Europäischen Union. Zur Sicherung und zum Ausbau der Mitwirkungsrechte des Deutschen Bundestages. Hans-Seidel-Stiftung, Aktuelle Analysen Nr. 24. München.

Hurrelmann, Achim (2005): Verfassung und Integration in Europa. Wege zu einer supranationalen Demokratie. Frankfurt/Main, New York.

Hurrelmann, Achim (2002): Verfassungspolitik als Konstruktion von Lernprozessen? Konstitutionalisierung und Identitätsbildung in der Europäischen Union. Mannheimer Zentrum für Europäische Sozialforschung, Arbeitspapiere Nr. 51. Mannheim.

Jachtenfuchs, Markus (1997): Die Europäische Union – ein Gebilde sui generis? In: Klaus Dieter Wolf (Hrsg.): Projekt Europa im Übergang. Probleme, Modelle und Strategien des Regierens in der Europäischen Union. Baden-Baden, S. 15-35.

Jachtenfuchs, Markus/Beate Kohler-Koch (1995): Regieren im dynamischen Mehrebenensystem. Mannheimer Zentrum für Europäische Sozialforschung, Arbeitspapiere Arbeitsbereich III/12, Mannheim.

Janowski, Cordula (2005): Demokratie in der EU gemäß der Europäischen Verfassung: parlamentarisch, post-parlamentarisch oder beides? In: Zeitschrift für Politikwissenschaft. Jg. 15, H. 3, S. 793-824.

Janowski, Cordula (2004): Die nationalen Parlamente und ihre Europa-Gremien. Legitimationsgarant der EU? Baden-Baden.

Jopp, Mathias/Gesa-S. Kuhle (2005): Wege aus der Verfassungskrise – die EU nach den gescheiterten Referenden in Frankreich und den Niederlanden. In: Integration. Jg. 28, H. 3, S. 257-261.

Kantner, Cathleen (2004): Kein modernes Babel. Kommunikative Voraussetzungen europäischer Öffentlichkeit. Wiesbaden.

Kaufmann, Marcel (1997): Europäische Integration und Demokratieprinzip. Baden-Baden.

Kielmannsegg, Peter Graf (1996): Integration und Demokratie. In: Markus Jachtenfuchs/ Beate Kohler-Koch (Hrsg.): Europäische Integration. Opladen, S. 47-71.

Kohler-Koch, Beate/Thomas Conzelmann et al. (2004): Europäische Integration – Europäisches Regieren. Wiesbaden.

Kohler-Koch, Beate/Markus Jachtenfuchs (1996): Regieren in der Europäischen Union – Fragestellungen für eine interdisziplinäre Europaforschung. In: Politische Vierteljahresschrift. Jg. 37, H. 3, S. 537-556.

Kohli, Martin (2002): Die Entstehung einer europäischen Identität: Konflikte und Potentiale. In: Hartmut Kaelble/Martin Kirsch et al. (Hrsg.): Transnationale Öffentlichkeiten und Identitäten im 20. Jahrhundert. Frankfurt/Main, S. 111-134.

Kurpas, Sebastian/Michael Brüggemann et al. (2006): Mapping a Way to a European Public Sphere. Centre für European Policy Studies, CEPS Policy Brief, No. 101. Brussels.

Kurpas, Sebastian/Christoph Meyer et al. (2004): After the European Elections, before the Constitutions Referenda: Can the EU Communicate Better? Centre für European Policy Studies, CEPS Policy Brief, No. 55. Brussels.

Lepsius, M. Rainer (1997): Bildet sich eine kulturelle Identität in der Europäischen Union? In: Blätter für deutsche und internationale Politik. Jg. 42, H. 8, S. 948-955.

Mähring, Matthias (1998): Das Transparenzdefizit der Europäischen Union. In: Staatswissenschaften und Staatspraxis. Jg. 9, H. 3, S. 315-342.

Magiera, Siegfried (2002): Zur Kompetenzneuordnung zwischen Europäischer Union und den Mitgliedstaaten. In: Integration. Jg. 25, H. 4, S. 269-284.

Majone, Giandomenico (1999): The Regulatory State and its Legitimacy Problems. In: West European Politics. Vol. 22, No. 1, S. 1-24.

Majone, Giandomenico (1998): Europe's »Democratic Deficit«: The Question of Standards. In: European Law Journal. Vol. 4, No. 1, S. 5-28.

Maurer, Andreas (2004): Die nationalen Parlamente im Europäischen Verfassungsvertrag. Anforderungen für eine proaktive Ausgestaltung der Parlamente. Stiftung Wissenschaft und Politik, Diskussionspapier. Berlin.

Maurer, Andreas (2003): Auf dem Weg zur Staatenkammer. Die Reform des Ministerrates der EU. Stiftung Wissenschaft und Politik, SWP-Studie 6. Berlin.

Mayer, Franz C. (2001): Die drei Dimensionen der Europäischen Kompetenzdebatte, in: Zeitschrift für ausländisches öffentliches Recht und Völkerrecht. Vol. 61, H. 2-3, S. 576-638.

Merkel, Wolfgang (1999): Legitimitätsüberlegungen zu einem unionsspezifischen Demokratiemodell. In: Claus Giering/Josef Janning et al. (Hrsg.): Demokratie und Interessenausgleich in der Europäischen Union. Gütersloh, S. 27-37.

Meyer, Thomas (2004): Die Identität Europas – Der EU eine Seele? Frankfurt/Main.

Misch, Axel (1996): Legitimation durch Parlamentarisierung?, Das Europäische Parlament und das Demokratiedefizit der EU. In: Zeitschrift für Politikwissenschaft. Jg. 6, H. 4, S. 969-995.

Moravcsik, Andrew (2004): Is there a »Democratic Deficit« in World Politics? A Framework for Analysis. In: Government and Opposition. Vol. 39, No. 2, S. 336-363.

Moravcsik, Andrew (2002): In Defense of the »Democratic Deficit«: Reassessing the Legitimacy of the European Union. In: Journal of Common Market Studies. Vol. 40, No. 4, S. 603-634.

Moravcsik, Andrew (1993): Preferences and Power in the European Union. A Liberal Intergouvernemental Approach. In: Journal of Common Market Studies. Vol. 31, No. 4, S. 437-524.

Neidhardt, Friedhelm/Ruud Koopmanns et al. (2000): Konstitutionsbedingungen politischer Öffentlichkeit: Der Fall Europa. In: Hans-Dieter Klingemann/Friedhelm Neidhardt (Hrsg.): Zur Zukunft der Demokratie. Herausforderungen im Zeitalter der Globalisierung. Berlin, S. 263-293.

Pernice, Ingolf (2001): The Role of National Parliaments in the European Union. Walter-Hallstein-Institut für Europäisches Verfassungsrecht, Paper No. 5. Berlin.

Peters, Anne (2003): A Plea for a European Semi-Parliamentary and Semi-Consociational Democracy, European Integration online Papers. Vol. 7, No. 3, <http://eiop.or.at/eiop/texte/2003-003a.htm>.

Peters, Anne (2001): Elemente einer Theorie der Verfassung Europas. Berlin.

Piepenschneider, Melanie (2004): Die Rolle der europäischen Parteien. In: Claudio Franzius/Ulrich K. Preuß (Hrsg.): Europäische Öffentlichkeit. Baden-Baden, S. 237-246.

Risse, Thomas (2004): Auf dem Weg zu einer europäischen Kommunikationsgemeinschaft: Theoretische Überlegungen und empirische Evidenz. In: Claudio Franzius/Ulrich K. Preuß (Hrsg.): Europäische Öffentlichkeit. Baden-Baden, S. 139-153.

Risse, Thomas (2002): Zur Debatte um die (Nicht-)Existenz einer europäischen Öffentlichkeit. Was wir wissen und wie es zu interpretieren ist. In: Berliner Debatte Initial. Jg. 13, H. 5/6, S. 15-23.

Rumler-Korinek, Elisabeth (2003): Kann die Europäische Union demokratisch ausgestaltet werden? In: Europarecht. Jg. 38, H. 2, S. 327-342.

Schäfer, Armin (2006): Die demokratische Grenze output-orientierter Legitimation. In: Integration. Jg. 29, H. 3, S. 187-200.

Scharpf, Fritz W. (2004): Legitimationskonzepte jenseits des Nationalstaats. Max-Planck-Institut für Gesellschaftsforschung, Working Paper Nr. 6. Köln.

Scharpf, Fritz W. (1999): Regieren in Europa: Effektiv und demokratisch? Frankfurt/Main.

Scharpf, Fritz W. (1998a): Demokratie in der transnationalen Politik. In: Wolfgang Streeck (Hrsg.): Internationale Wirtschaft, nationale Demokratie: Herausforderungen für die Demokratietheorie. Frankfurt/Main, S. 151-174.

Scharpf, Fritz W. (1998b): Demokratische Politik in der internationalisierten Ökonomie. In: Michael Th. Greven (Hrsg.): Demokratie – eine Kultur des Westens? Opladen, S. 81-103.

Scharpf, Fritz W. (1994): Autonomieschonend und gemeinschaftsverträglich: Zur Logik einer europäischen Mehrebenenpolitik. In: Fritz W. Scharpf: Optionen des Föderalismus in Deutschland und Europa. Frankfurt/Main, S. 131-155.

Scharpf, Fritz W. (1985): Die Politikverflechtungsfalle: Europäische Integration und deutscher Föderalismus im Vergleich. In: Politische Vierteljahresschrift. Jg. 26, H. 4, S. 323-356.

Schmidt, Manfred G. (2000): Der konsoziative Staat. Hypothesen zur politischen Struktur und zum politischen Leistungsprofil der Europäischen Union. In: Edgar Grande/Markus Jachtenfuchs (Hrsg.): Wie problemlösungsfähig ist die EU? Regieren im europäischen Mehrebenensystem. Baden-Baden, S. 33-58.

Schmuck, Otto (2001): Die Diskussion um die europäische Verfassung. In: Zeitschrift für Politikwissenschaft, Jg. 11, H. 1, S. 105-124.

Schneider, Heinrich (1998): Zukunftsperspektiven der Europäischen Union. In: Waldemar Hummer (Hrsg.): Die Europäische Union nach dem Vertrag von Amsterdam. Wien, S. 331-382.

Schwaabe, Christian (2005): Politische Identität und Öffentlichkeit in der Europäischen Union. Zur Bedeutung der Identitätsdiskurse im »post-abendländischen« Europa. In: Zeitschrift für Politik. Jg. 52, H. 4, S. 421-447.

Sobotta, Christoph (2000): Transparenz in den Rechtsetzungsverfahren der Europäischen Union. Stand und Perspektiven des Gemeinschaftsrechts unter besonderer Berücksichtigung des Grundrechts auf Zugang zu Informationen. Baden-Baden.

Thalmaier, Bettina (2005a): Braucht die EU eine eigene Identität? In: Helmut Heit (Hrsg.): Die Werte Europas. Verfassungspatriotismus und Wertegemeinschaft in der EU? Münster, S. 215-230.

Thalmaier, Bettina (2005b): Die zukünftige Gestalt der Europäischen Union – Integrationstheoretische Hintergründe und Perspektiven einer Reform. Baden-Baden.

Trenz, Hans-Jörg (2006): Europäische Öffentlichkeit und die verspätete Politisierung der EU. In: Internationale Politik und Gesellschaft. H. 1, S. 117-133.

Trenz, Hans-Jörg (2005): Europa in den Medien. Die europäische Integration im Spiegel nationaler Öffentlichkeit. Frankfurt/Main, New York.

Tresch, Anke/Margit Jochum (2005): Europäisierung der Öffentlichkeit als Legitimationsbedingung der EU. In: Francis Cheneval (Hrsg.): Legitimationsgrundlagen der Europäischen Union. Münster, S. 375-392.

Utzinger, André (2005): Mythen oder Institutionen? Zur Bildung kollektiver Identitäten im postnationalen Europa. In: Francis Cheneval (Hrsg.): Legitimationsgrundlagen der Europäischen Union. Münster, S. 235-251.

Walkenhorst, Heiko (1999): Europäischer Integrationsprozess und europäische Identität. Die politische Bedeutung eines sozialpsychologischen Konzepts. Baden-Baden.

Weidenfeld, Werner/Janis A. Emmanouilidis et al. (2006): Die strategischen Antworten Europas. Centrum für angewandte Politikforschung, CAP-Analyse Nr. 4. München.

Weigl, Michael (2006): Europas Ringen mit sich selbst. Grundlagen einer europäischen Identitätspolitik. Gütersloh.

Westle, Bettina (2003): Universalismus oder Abgrenzung als Komponente der Identifikation mit der Europäischen Union. In: Frank Brettschneider/Jan van Deth et al. (Hrsg.): Europäische Integration in der öffentlichen Meinung. Opladen, S. 115-152.

Wolf, Sebastian (2000): Ein Vorschlag zur Beseitigung von Repräsentations- und Legitimationsdefiziten in Rat und Europäischem Parlament. Überlegungen zur Debatte über die institutionelle Reform der EU. In: Politische Vierteljahresschrift. Jg. 41, H. 4, S. 730-741.

Zürn, Michael (1996): Über den Staat und die Demokratie im europäischen Mehrebenensystem. In: Politische Vierteljahresschrift. Jg. 37, H. 1, S. 27-55.

Über die Rolle von Bildung und bürgerschaftlichem Engagement für eine europäische Identitätskonstruktion

Eva Feldmann-Wojtachnia

Die lebhafte Diskussion um die Europäische Verfassung hat eines deutlich gemacht: europäische Politik findet nicht nur in Brüssel oder Strassburg statt. Nicht nur spektakuläre Ereignisse wie die Referenden in Frankreich und den Niederlanden weisen darauf hin, dass eine umfassende Europäisierung der verschiedensten Lebenszusammenhänge stattgefunden hat. Doch ohne eine entsprechende mentale Vorbereitung kann dies leicht zu Überforderung, Orientierungslosigkeit oder einer diffusen Ablehnung bei den Bürgerinnen und Bürgern führen – wie der negative Ausgang der Referenden zeigt. Und noch etwas ist deutlich geworden: Europäische Identität entsteht nicht von selbst, sie ist eine Bildungsfrage. Oder umgekehrt ausgedrückt: Wer die europäische Identität stärken möchte, sollte sich bewusst sein, dass sich die schulische und außerschulische Bildung wesentlich stärker als bisher mit der Europäisierung auseinander setzen und interkulturelles Lernen ermöglichen muss. Dies ist eine der wichtigsten Grundvoraussetzungen für das Entstehen einer aktiven europäischen Bürgergesellschaft.

1. Historischer Rückenwind

Die Erweiterung der Europäischen Union (EU) am 1. Mai 2004 bildet den Auftakt für eine einzigartige Veränderung des sozioökonomischen, historischen und geographischen Profils der Europäischen Union. Anders als ein Italiener oder ein Schwede assoziiert ein Tscheche oder Pole die Vollmitgliedschaft als Sinnbild eines über zehn Jahre währenden Prozesses der Befreiung und der Rückkehr nach Europa. »Europäer zu sein« bedeutet für die Menschen in den neuen Mitgliedstaaten der Europäischen Union weit aus mehr als nur eine geographische Herkunftsbezeichnung, sondern steht für die bewusste Identifikation mit der politischen Ordnung und den gemeinsamen europäischen Werten. Was in den neuen Mitgliedstaaten als selbstverständlich gilt, bereitet den Menschen der »alten« EU offenbar mehr Schwierigkeiten: die Herausbildung einer kollektiven europäischen Identität. Dennoch prägt der Begriff die gegenwärtige Diskussion in Gesellschaft und Politik kaum mehr als ein anderer, gerade wenn es im Zusammenhang mit der deutschen EU-Ratspräsidentschaft um die Finalität des politischen Europas geht. Offenbar wird die europäische Identität als eine notwendige Grundbedingung für die Legitimation der Europäischen Union und als Motivationsbegründung für eine aktive Bürgergesellschaft angesehen.[1]

Im Jahr 2007 begeht die Europäische Union feierlich den 50. Jahrestag der Unterzeichnung der Römischen Verträge, der Geburtsstunde der heutigen Europäischen Union. Politikerinnen und Politiker werden angesichts einer solchen historischen Stunde nicht müde, die großen Errungenschaften und weit reichenden Erfolge der EU Revue passieren zu lassen: Das europäische Einigungswerk sollte unter dem Eindruck der verheerenden Folgen des Zweiten Weltkrieges verhindern, dass Europa jemals wieder von Krieg und Zerstörung heimgesucht wird. In den Anfangsjahren waren die Sicherung von Frieden und Freiheit oberstes politisches Ziel der Integration. Die Zusammenarbeit bezog sich vorrangig auf den Handel und die Wirtschaft. Heute umfasst die Europäische Union mit dem EU-Beitritt Bulgariens und Rumäniens nunmehr 27 Mitgliedstaaten mit über 480 Millionen Einwohnern. Die Grundwerte Demokratie, Freiheit und soziale Gerechtigkeit haben sich seit Bestehen des europäischen Einigungsprozesses nicht geändert, der Bezugsrahmen ist jedoch um einiges komplexer, unüberschaubarer und vielfältiger geworden. Obwohl es in unserer zunehmend durch globale Verflechtungen gekennzeichneten Welt des 21. Jahrhunderts für jeden europäischen Bürger immer wichtiger wird, mit Menschen aus anderen Ländern im Geist der Aufgeschlossenheit, Toleranz und Solidarität zusammenzuleben und zu arbeiten, ist die empfundene Kluft zwischen der Union und ihren Bürgerinnen und Bürgern so groß wie nie zuvor. In einer solchen Stunde der Krise wird kritisch gefragt, wie groß die Identifikation der Bürgerinnen und Bürger tatsächlich mit der Europäischen Union, wie nah oder fern ist Europa für jeden Einzelnen und ob die europäische Identität nicht nur ein Elitenprojekt ist.

2. *Europäische Identität als politischer Begriff*

»Europäische Identität« eignet sich nicht als ein schneller Ausweg aus der Verfassungskrise. Nicht nur, dass Identitätsbildungsprozesse eher langfristig ablaufen und auf weit reichende Erfahrung aufbauen. Auch ist der Begriff der europäischen Identität nicht selbst erklärend, er muss über einen stark kognitiven Zugang erschlossen (und vermittelt) werden. Das beinhaltet eine mindestens doppelte Aufgabe der Begriffsklärung:

- einerseits nach einer Definition von Europa und seiner Identität und
- andererseits nach dem ganz persönlichen Bezug eines jeden Einzelnen, also nach der Bestimmung der europäischen Bezugspunkte für die jeweils individuelle Identität.

---

1 Zur Legitimitätsdiskussion siehe ausführlicher Thalmaier (2005).

Damit stellt sich sogleich ein doppelter definitorischer Anspruch: zum einen die Bestimmung eines multinationalen sowie multikulturellen europäischen Identitätsbegriffs als solchen und zum anderen die individuelle Adaption dieser Dimension für die kollektive Identitätsentwicklung. Das bedeutet auch die sinnvolle Einpassung in regionale und nationale Zugehörigkeiten und kulturelle Identitätshintergründe. Dies sind jedoch nicht die einzigen Hürden, mit denen sich eine Reflexion des Begriffs auseinander zu setzen hat.[2] Bereits die persönliche Identitätsfindung des Individuums ist ein äußerst vielfältiger, nie wirklich abgeschlossener Prozess. Das Individuum muss sich in Identifikation und Abgrenzung zu seiner Herkunft, seinem Umfeld und seinen Wertüberzeugungen kritisch, aber letztlich auch handlungsleitend auseinandersetzen.[3] Kommt als Bezugsobjekt nun Europa hinzu, wird es um ein Vielfaches schwieriger: Denn Europa ist alles andere als eindeutig zu definieren. Aber selbst wenn – wie in der aktuellen Debatte um die europäische Identität – implizit die politische Dimension gemeint ist, so wird es hierdurch nicht einfacher. Denn nur ein Bruchteil der Menschen verfügt tatsächlich über eine ausgeprägte und klar umrissene politische Identität, der Mehrzahl sind soziale, kulturelle und geographische Zugehörigkeiten letztlich wichtiger. Zudem ist die Europäische Union als politischer Rahmen für die individuelle Identitätsbildung zu komplex, nicht konstant genug und zu sehr von einem entsprechenden, umfangreichen Wissen abhängig.

3. *Europa – ein (Lern-)Projekt*

Unterschiedlichste Umstände haben einen Einfluss darauf, ob Menschen im Laufe ihrer Sozialisation politisch und demokratisch werden.[4] Vor dem Anspruch auf die freie Entfaltung des Individuums ist ein solcher Prozess auch nur bedingt steuerbar und muss prinzipiell ergebnisoffen bleiben. Das, was die große europäische Politik vormacht, gilt im Prinzip auch als Identität stiftende Strategie im Kleinen: Europa nicht als fertiges Objekt zu verstehen, sondern als einen konstruktiven Lernprozess, der von der aktiven Mitwirkung lebt. Politische, europäische Identität ist in diesem Sinne in letzter Instanz immer nur als Projekt möglich, da sie prinzipiell an einen konkreten Handlungs- und Entscheidungsrahmen mit anderen gebunden ist (vgl. Cerutii 2001). Im Unterschied zur kulturell begründeten Identität entsteht politische Identität aus gesellschaftlichem Diskurs heraus und aus praktischem kollektivem Handeln in der Gegenwart, welches – vor dem Hintergrund allgemein anerkannter Werte – eine verbindliche Gültigkeit für die Zukunft einfordert. Da eine so verstandene politische Identität nicht zwingend eine kulturelle gemeinsame

---

2 Eine ausdifferenzierte Begriffsdiskussion findet sich bei Meyer (2004, 10-71); speziell zum Zusammenhang von kultureller und politischer Identität siehe ebenfalls Meyer (ebd., 63ff.).
3 Zu einer ausführlicheren soziokulturellen Identitätsdefinition siehe beispielsweise Feldmann (2000, 22ff.).
4 Zur politischen Sozialisation im biographischen Kontext siehe ausführlicher Schröder (2006, 158-166).

Identifikation oder Übereinstimmung voraussetzt, kommt Toleranz als Maxime[5] im demokratischen Umgang miteinander eine hervorgehobene Rolle zu. In diesen Zusammenhang von kultureller und politischer Identität lässt sich auch die Leitidee der Europäischen Union, gleichzeitig das Motto der Verfassung, einordnen: (kulturelle) *Vielfalt in der* (politischen) *Einheit*. Allerdings setzt sich die europäische Einheit in der modernen, globalisierten Welt aus einer Vielzahl von Einzelkomponenten zusammen, die von regionalen bis zu weltpolitischen Bezügen reichen. Vor dem Hintergrund dieser umfassenden Voraussetzungen wird deutlich, wie sehr die europabezogene Bildungsarbeit als ein maßgeblicher Faktor der Identitätsstiftung einzuschätzen ist.

4. *Die europäische Bürgergesellschaft – Ort der politischen Identität*

Die Idee der gezielten Stärkung der europäischen Identität, verbunden mit der spezifischen Förderung eines europäischen Bewusstseins und der Entwicklung einer europäischen Bürgergesellschaft ist keinesfalls ein Ergebnis der aktuellen Debatte über die Zukunft der EU. Die Diskussionen hierüber reichen weit in die achtziger Jahre des letzten Jahrhunderts zurück, wo der Begriff vom »Europa der Bürger« geprägt wurde. Alltagsrelevanz und persönlicher Mehrwert wurden bereits damals als Schlüsselelemente der Identifikation erachtet.

Die zentralen Ansatzpunkte fasste damals ein erster Bericht für das Europa der Bürger im Zusammenhang mit der Sitzung des Europäischen Rats in Mailand im Juni 1985 zusammen. Hierzu zählten vor allem ein für alle Mitgliedstaaten einheitliches Verfahren bei den Wahlen zum Europäischen Parlament sowie die Transparenz von bürokratischen Entscheidungen, eine Stärkung des Petitionsrechts sowie die Vereinheitlichung der Bürgerrechte. Im Hinblick auf die Herausbildung einer europäischen Identität erachtete bereits damals der Ausschuss Fragen der Kultur und Kommunikation als maßgeblich. Ein erheblicher Nachholbedarf wurde insbesondere bei der gezielten Information der Bürgerinnen und Bürger über die Europäische Gemeinschaft gesehen. Besonderes Augenmerk richtete der Ausschuss hier auf die Zielgruppe Jugend, wobei die Notwendigkeit der verbesserten Information und einer höheren Qualität der Bildung herausgestellt wurde. Hier wurden sowohl Verbesserungsvorschläge für die formalen Bildungszusammenhänge wie die Verbesserung der schulischen Curricula (beispielsweise bezüglich der Förderung der Fremdsprachenkenntnisse und der Verdeutlichung der europäischen Dimension verschiedener Lerninhalte) oder die Verbesserung der Hochschulmobilität angedacht, sowie für Aktivitäten im außerschulischen, nicht formalen Bereich des Lernens, wie beispielsweise freiwillige europaweite Workcamps.

---

5 Zur theoretischen Grundlegung des Toleranzbegriffs siehe Feldmann/Ulrich et al. (2000).

Um die gemeinsame Identität zu stärken, schlug der Ausschuss dem Rat zudem vor, eine europäische Flagge und die »Ode an die Freude« von Ludwig van Beethoven als Hymne einzuführen sowie eine Reihe von weiteren symbolischen Vereinheitlichungsvorschlägen. Dies war der erste konstruktive (und erfolgreiche) Versuch, in positiver Weise zu einer europäischen Selbstdefinition zu gelangen und eine emotionale Identifikationsebene einzubeziehen – auch wenn noch immer die Hymne nicht gesungen, sondern nur musiziert wird, weil die Worte fehlen.

Was die weitere, äußere Rahmensetzung für die Herausbildung der europäischen Identität betrifft, sind mit der Einführung des Euros und anderen Vereinheitlichungsmaßnahmen bereits zahlreiche konkrete Schritte getan worden, die über einen rein symbolischen Charakter weit hinausgehen. Hierzu zählen sicherlich die Charta der Grundrechte und die Europäische Sozialagenda (Vertrag von Maastricht, 1992/Vertrag von Nizza, 2000), wobei eine enge Zusammenarbeit mit der Zivilgesellschaft und der Austausch und Dialog mit der Bürgerschaft als zentrale Elemente zur Umsetzung der Sozialagenda eingestuft werden. Die Sozialagenda ist als eines der ersten Ratsdokumente zu erachten, bei der die Bürger in die Entscheidungsfindung zumindest ansatzweise einbezogen werden. Eine explizite Fortführung findet dieser Ansatz zur Förderung der Bürgerbeteiligung in der Erklärung von Laeken zur Zukunft der Europäischen Union (2001). Hier wird die Notwendigkeit erkannt, die Union so zu reformieren, dass sie in ihrer Struktur und Entscheidungsfindung für die Bürgerinnen und Bürger einfacher nachzuvollziehen und transparenter ist. In der Erklärung wird auch der Versuch unternommen, die europäische Identität zu stärken und eine doppelte Identifikation der Menschen mit ihren Heimatregionen und zusätzlich mit der EU zu erreichen.

Um die Kluft zwischen der Europäischen Union und ihren Bürgern abzubauen, wurde in der Erklärung die Einberufung eines Konvents zur Zukunft Europas beschlossen. Dieser hatte zum Ziel, eine Verfassung für Europa zu entwerfen, um durch dieses gemeinsame Projekt den Bürgerinnen und Bürgern die europäischen Organe näher zu bringen und die weiteren Reformprozesse nicht den Staats- und Regierungschefs zu überlassen. Das Ergebnis wurde am 18. Juli 2003 als Entwurf eines Verfassungsvertrags in Rom dem Europäischen Rat vorgelegt. Hier wurde die Charta der Grundrechte der Europäischen Union im zweiten Teil aufgenommen und an dieser, wie auch an anderer Stelle die bereits bestehenden Regelungen zur Unionsbürgerschaft und die damit verbundenen Rechte und Pflichten bestätigt. Als Grundsätze der partizipativen Demokratie wird im Verfassungsvertrag (Art I-47 bis I-50) explizit festgehalten, dass den Bürgerinnen und Bürgern und ihren repräsentativen Verbänden die Möglichkeit gegeben wird, »ihre Ansichten in allen Bereichen des Handels der Europäischen Union öffentlich bekannt zu geben und auszutauschen.« Ebenfalls wurde festgehalten, dass die Unionsorgane mit der Zivilgesellschaft und ihren repräsentativen Verbänden einen »offenen, transparenten und regelmäßigen Dialog« führen.

Trotz dieser intensiven politischen Bemühungen sind sowohl die europäische Bürgergesellschaft wie die europäische Identität noch immer keine selbstverständlichen Bezugsgrößen für den Einzelnen geworden. Es fehlt an einem öffentlichen europäischen Raum und an einer wirklich europäischen Medienlandschaft (vgl. Ash 2005). Im Gegenteil, mit den Referenden über den Verfassungsvertrag haben in Frankreich und den Niederlanden die Bürgerinnen und Bürger dem Nationalstaat den höchsten Rang zugesprochen und einem wichtigen europäischen Zukunftsprojekt eine klare Absage erteilt. Offenbar reichen politische Initiativen und administrative Maßnahmen bei weitem nicht aus. Hier ist eine veränderte Partizipationskultur und gesellschaftliches Engagement vonnöten, welches sich offenbar nicht »von oben« allein initiieren lässt.

5. Zielgruppe: die junge Generation

Seit der Erweiterung leben ca. 75 Millionen Jugendliche zwischen 15 und 25 Jahren in der EU. Letztlich sind sie es, die doppelt von den aktuellen europapolitischen Entwicklungen betroffen sind: Sie müssen sich gleichermaßen heute zurechtfinden und werden im Europa von Morgen leben und es weitergestalten. Der Ratifizierungsprozess der Europäischen Verfassung, der sogenannte Bologna-Prozess um die Angleichung der Studienabschlüsse in der Europäischen Union und der Lissabon-Prozess mit der Forderung, die Union zum wissensdynamischsten Standort der Welt zu machen, werfen Fragen der zukünftigen gesellschaftspolitischen, ökonomischen und bildungspolitischen Zukunft der Union auf. Offenbar ist die große Politik nun auch dort angekommen, was in der Bildungsarbeit längst kein Insider-Wissen mehr ist: Europa lebt von der aktiven Mitwirkung der Zivilgesellschaft. Allerdings ist diese nicht ohne entsprechende interkulturelle Kompetenzen und die nötige Bereitschaft zur Toleranz zu erreichen.

Mit Blick auf die aktuelle, 15. Shell Jugendstudie zeigt sich, dass junge Menschen in Deutschland im Alter von 15 bis 25 Jahren zu Europa eine wenig differenzierte, wenn auch nicht ablehnende Haltung haben (Shell 2006, 159-163). 94 Prozent, also fast alle der befragten Jugendlichen verbinden mit Europa in erster Linie Freizügigkeit. Sie meinen damit die Möglichkeit, in andere europäische Länder zu reisen, dort zu studieren oder zu arbeiten. 87 Prozent verbinden gleichzeitig mit Europa die kulturelle Vielfalt und nur 31 Prozent der Befragten sehen in Europa den Verlust der eigenen Heimatkultur. 82 Prozent assoziieren mit Europa Frieden und 72 Prozent mehr Möglichkeiten zur Mitsprache in der Welt. Gefolgt wird diese positive Liste von einer eher europakritischen Sichtweise: 73 Prozent verbinden Europa mit Bürokratie und 64 Prozent mit Geldverschwendung. Aktuellen Problemen wie nicht ausreichende Grenzkontrollen, Arbeitslosigkeit und Kriminalität sieht etwa die Hälfte der Jugendlichen ins Auge, Vorteile wie Wohlstand (47 Prozent) oder soziale Sicherung (33 Prozent) schreiben der EU deutlich weniger junge Menschen zu. Diese

Ergebnisse zeigen deutlich eine Ambivalenz gegenüber Europa mit – im Vergleich zu den Vorjahren – einer gewissen positiven Note. Es wäre aber übertrieben, von Europa als einer fest verankerten Größe für die eigene Identitätsbildung zu sprechen. Hierzu fehlt es an einem tiefer gehenden Verständnis der europäischen, politischen Grundwerte als solcher und einer eindeutigen Identifikation mit diesen (Shell 2006, 38ff.).[6] Dennoch ist ein solches demoskopisches Ausgangsbild, besonders mit Blick die meist genannte Äußerung der Freizügigkeit, als ein hervorragender Anknüpfungspunkt für die Bildungsarbeit anzusehen. Denn hier wird die Erfahrungsebene des eigenen Reisens und die dahinter liegende Frage »Was bringt mir Europa eigentlich?« angesprochen.

6. *Zentrale Bedeutung der Bildung für bürgerschaftliches Engagement*

Zahlreiche Studien (vgl. beispielsweise Fuß, 2003) belegen die Bedeutung der formalen Bildung und der europäischen Identität. Wer über Fremdsprachenkenntnisse oder Auslandserfahrungen verfügt, politische Themen diskutiert und ein höheres Bildungsziel anstrebt, fühlt sich deutlich stärker mit Europa verbunden. Dennoch wäre es übertrieben, diese generelle Verbundenheit als ausgeprägte, stabile europäische Identität zu bezeichnen. Dazu wird Europa bei Jugendlichen viel zu abstrakt und eher inhaltsleer wahrgenommen. Damit sich ein nachhaltiges europäisches Gemeinschaftsgefühl etablieren kann, muss Europa den Bürgerinnen und Bürgern mehr bedeuten als nur der geographische Rahmen und das politisches System, es muss für die Menschen auch erfahrbar werden und Mitwirkungsmöglichkeiten eröffnen.

Der europäische Integrationsprozess ist hierbei als eine interessante Ausgangsbasis einzustufen, da die Einigung Europas auch in besonderer Weise von gesellschaftlichen und kulturellen Faktoren abhängt und nicht nur als eine rein wirtschaftliche und politische Aufgabe gesehen werden kann. Allerdings setzt dies ein reflektiertes Grundverständnis voraus, bei dem sich die europäische Identität auf Vielfalt gründet, die Einigung Europas also nicht zu einer Homogenisierung der nationalen bzw. regionalen Mentalitäten und Kulturen führt. Somit ist der konstruktive Umgang mit Vielfalt als ein Schlüsselelement der Identifikation zu betrachten. Hinzu kommt die konkrete Erfahrung von Vielfalt. Um diese auch wertschätzen zu können, bedarf es vor allem des persönlichen Austauschs zwischen den Menschen aus verschiedenen europäischen Ländern und konkreter gemeinsamer Projekte. Hier kommt insbesondere der Schule eine zentrale Rolle zu, wenn es um die frühe Sprachförderung und erste Auslandskontakte geht. Allerdings ist vorrangige Bildungsaufgabe, das Inter-

---

6   Die aktuelle Studie beschreibt die in erster Linie individuell und auf das persönliche Fortkommen ausgerichteten Lebenswelten und Werteorientierungen der neuen Generation. »Unpolitische« Werte wie Freundschaft, Partnerschaft, Familie und Kontakte nehmen hier einen sehr hohen Stellenwert ein.

esse für Europa zu wecken und die Möglichkeiten, die Europa dem Einzelnen im Bezug auf die persönliche Lebensgestaltung bietet, aufzuzeigen. Schließlich identifizieren sich Jugendliche dann stärker mit Europa, wenn sie von einem persönlichen Mehrwert der EU überzeugt sind. Wer eine starke europäische Identität aufweist, ist auch eher bereit, Menschen anderer Herkunft in seinem Umfeld zu tolerieren und als Bereicherung und Partner wahrzunehmen.

7. *Was bedeutet die europäische Integration für junge Menschen?*

Die zunehmende Europäisierung der Politik, Wirtschaft und Kultur führt zu einer Intensivierung der Kommunikation und einer größeren Dichte der Austauschbeziehungen. Nationale Souveränität und überwiegend national geprägte Identitäten verlieren immer mehr an Bedeutung. Die Lebenswelt Jugendlicher wird zunehmend durch gleiche Modestile, weltweite Trends der Jugendkultur und die neuen Kommunikationsmedien geprägt. Die offenen Grenzen der Europäischen Union werden von Jugendlichen mittlerweile als europäische Selbstverständlichkeit betrachtet. Der Binnenmarkt ermöglicht die Arbeitsaufnahme in den europäischen Mitgliedstaaten – wenn auch die tatsächliche Mobilität hinter den Möglichkeiten weit zurückbleibt (ausführlicher siehe Feldmann-Wojtachnia 2005, 158). Europäische Entwicklungen und die damit verbundenen interkulturellen Lehr- und Lernräume finden sich zusehends »vor Ort«. In Konsequenz dessen werden europäisches Lernen und der interkulturelle Austausch immer bedeutsamer für die erfolgreiche Sozialisation und die Ausbildung von jungen Menschen.

Es liegt auf der Hand, dass der Vermittlung Europas in der Schule – und entsprechend innerhalb der Lehrerfortbildung – die Schlüsselrolle zufällt. Zum einen können in schulischen Zusammenhängen praktisch alle Jugendliche erreicht werden, zum anderen spiegelt sie die Multikulturalität der Gesellschaft wider und eröffnet so auch gewisse Möglichkeiten zur Rückwirkung auf den gesellschaftspolitischen Kontext (vgl. Röhrs 1992, 137). Die Verankerung der europäischen Dimension erfolgt vor allem in den sozialwissenschaftlichen Fächern. Sie ermöglicht den kognitiven Zugang, ist emotional-kulturell auf die Vermittlung europäischer Werte ausgerichtet und soll Jugendlichen die Alltagsrelevanz vermitteln. Der Beschluss der Kultusministerkonferenz »Die Europäische Dimension im Unterricht« (1990) hat dabei u.a. folgende Lernziele festgelegt:

- die Bereitschaft zur Verständigung zum Abbau von Vorurteilen und zur Anerkennung des Gemeinsamen unter gleichzeitiger Bejahung der europäischen Vielfalt und
- eine kulturübergreifende Aufgeschlossenheit, die die eigene kulturelle Identität wahrt (Mickel 1993, 85).

Praktische Erfahrungen zeigen jedoch erhebliche Defizite in der Umsetzung der europäischen Dimension – es mangelt oft an entsprechenden innovativen Methoden.

Auch scheinen die Angebote nicht immer jugendgerecht zu sein: Nach Untersuchungen der Kommission wünschen sich über zwei Drittel der Jugendlichen in den Mitgliedstaaten mehr Informationen über die EU und gleichzeitig bessere Möglichkeiten, den Integrationsprozess mitzugestalten. Deswegen bedarf es einer intensiven Strategie für eine verbesserte Partizipation Jugendlicher in der Europäischen Union.[7]

8. *Interkulturelle Kompetenz und Toleranz als Schlüsselfaktoren*

Im zusammenwachsenden Europa – in dem nicht nur die wirtschaftliche Kontakte, sondern auch die kulturellen Identitäten eng ineinander greifen – wird die interkulturelle Pädagogik immer wichtiger, denn die Veränderung von Grundüberzeugungen, Motivations- und Verständigungszusammenhängen und entsprechenden Deutungs- und Reaktionsmustern beruht auf komplexen Lernprozessen, welche gezielter pädagogischer Unterstützung bedürfen.

Aufbauend auf der interaktiven Rollen- und Kommunikationstheorie befördert das interkulturelle Lernen als politische Bildung Kompetenz und Handlungsfähigkeit in der pluralistischen, europäischen Gesellschaft. Im Fokus stehen dabei die Anerkennung des gleichen Rechts auf freie Entfaltung – also das Gebot einer aktiven Toleranzleistung eines jeden Einzelnen sowie die prinzipielle Bindung an ein demokratisches Grundverständnis. Die Vermittlung von interkultureller Toleranzkompetenz zielt daher neben dem Aufbau einer soliden kognitiven Wissensgrundlage vorrangig auf die Fähigkeit zum Perspektivenwechsel und zum Dialog. Ziele interkultureller Bildung stellen folgende Elemente dar:

- das Bewusstwerden der eigenen Kultur im gleichberechtigten Umgang mit anderen kulturellen Kontexten,
- die kritische Wahrnehmung eigenen und fremden Handelns,
- die Empathie, Toleranz und Wertschätzung gegenüber Menschen aus anderen Kulturen,
- das Kennenlernen und Reflektieren verschiedener kultureller Hintergründe,
- die Sensibilisierung und Motivation für interkulturelle Begegnungen sowie
- die Motivation für das Erlernen von Fremdsprachen als Mittel zur interkulturellen Verständigung (vgl. Auernheimer 2000, 24f.).

Interkulturelles Lernen bezieht sich nicht nur auf die kognitive Dimension des Lernens, sondern beinhaltet ebenfalls affektive und handlungsorientierte Ziele, die im konkreten Begegnungszusammenhang von Relevanz sind. Um den Erwerb interkultureller Kompetenz zielführend zu unterstützen, bieten sich verschiedene interaktive Möglichkeiten wie Simulationen, Übungen, Rollenspiele und Trainings an, die speziell das Einüben von Toleranz in den unterschiedlichsten Entscheidungszusammen-

---

7 Für eine ausführliche Analyse vgl. Forschungsgruppe Jugend und Europa (2004).

hängen befördern. Die zunehmende Pluralisierung und Europäisierung des Lebensalltags tragen zu einer wachsenden Konfrontation mit abweichenden Lebensentwürfen, Meinungen und Einstellungen bei. Dies führt zu einer größeren kulturellen, religiösen und ethnischen Vielfalt in Europa – andererseits treten Werte und Normen in Konkurrenz zueinander und erhöhen das Konfliktpotenzial innerhalb der Gesellschaft. Diese komplexe Ausgangslage führt gerade bei jungen Menschen schnell zu Orientierungslosigkeit und Verunsicherung.

Denn die europäische Vielfalt bedeutet nicht nur, aus der Fülle möglicher Alternativen auswählen zu können, sondern auch zu müssen. Gleichzeitig bieten sich für junge Menschen mit der Europäischen Union für ihre berufliche und persönliche Entwicklung auch erweiterte Chancen, wenn sie mobil, offen und lernbereit sind. Um diese für sich erschließen zu können, müssen sie jedoch in der Lage sein, Vielfalt nicht als Bedrohung, sondern als Bereicherung zu erleben.

Auch wenn interkulturelle Bildungsarbeit als Querschnittsaufgabe eingefordert wird (vgl. Fischer 2001, 75), sind zugleich die Erfolgsaussichten pädagogischer Arbeit direkt abhängig vom jeweiligen politisch-gesellschaftlichen Umfeld. Auch wenn der Anschein entstehen könnte, es sei mit dem Begriff des interkulturellen Lernen eine Zauberformel zur Stärkung der europäischen Identität in der offenen, modernen Gesellschaft gefunden, so dürfen pädagogische Projekte hier nicht als Ersatz für konkrete Beteiligungsfelder an der Politik missverstanden werden (Friesenhahn 2001, 58). Ohne solche Partizipationsstrukturen kann sich die europäische Identität nicht in der Gesellschaft verankern.

9. Ansätze und Ziele »Europäischen Lernens«

Trotz zahlreicher Bemühungen und einem breit ausgebauten Netz an Einrichtungen steht in Deutschland die interkulturelle, europabezogene Bildungsarbeit erst am Beginn (siehe beispielsweise Engel 2000, 9). Ausgehend von der Leitidee der europäischen Einigung, der Friedenssicherung, ist das »Lernen von anderen Kulturen« ein wesentliches Element der Friedenspädagogik. Friedenserziehung, speziell in der Rückbindung an politische, europäische Grundwerte, fördert Europakompetenz, denn die »Friedenserziehung stärkt die Ich-Identität, aber sie führt letztlich zu einer überindividuellen und supranationalen Einstellung und Haltung. Sie stellt das Gemeinwohl über den Eigennutz im nationalen und internationalen Rahmen« (Röhrs 1993, 442). Eine besondere Rolle kommt hier der Schule, besonders der Friedenserziehung im Primärbereich zu, da in dieser Altersstufe besonders stark die kognitiven und habituellen Kompetenzen ausgebildet werden.

Eine Vorreiterfunktion für das Lernen von anderen Kulturen stellt die internationale Jugendarbeit dar. Internationale Begegnungen eröffnen umfangreiche politische und pädagogische Interaktions-, Bildungs- und Lernprozesse für die Beteiligten. Eine Begegnung eröffnet sowohl die Möglichkeit zur Reflexion der eigenen Identität, wie auch den kritischen Dialog über politisch-kulturelle Gemeinsamkeiten in einer zunehmend vernetzten Welt (Thimmel 2001, 16-33). Wo überall möglich, bietet es sich an, die Zusammenarbeit zwischen Schule und internationaler Jugendarbeit deutlich zu verstärken, weil besonders durch die von der außerschulische Bildungsarbeit initiierten interkulturellen Lernprozesse sich auch ein deutlicher Mehrwert für das schulische Miteinander und Lernen erschlossen werden kann.

Die Bedeutung des interkulturellen Lernens zur besseren europäischen Verständigung wird seit einigen Jahren im Rahmen des Weißbuch-Prozess der Europäischen Union »Neuer Schwung für die Jugend Europas« forciert. Dieses Weißbuch analysierte die Lebenslagen Jugendlicher in der Europäischen Union und leitet hiervon konkrete Handlungsanweisungen für die Jugendpolitik in den einzelnen Mitgliedstaaten ab.[8] Um Europa stärker als bisher in die Lebenswelt Jugendlicher und junger Erwachsener zu verankern, hat sich die EU auf eine neue Generation von Bildungs- und Bürgerschaftsprogrammen ab 2007 verständigt. Leitziel ist hier die Förderung einer »aktiven europäischen Bürgerschaft«. Ein wesentlicher Schwerpunkt wird dabei auf die Förderung interkulturellen Lernens bei den europäischen Austauschprogrammen und europäischen Freiwilligendiensten gelegt.

Seit Mitte der neunziger Jahre des letzten Jahrhunderts hat sich der Europarat zur Aufgabe gemacht, erfolgreiche Strategien zur Förderung einer aktiven Bürgerbewusstseins zu erarbeiten und ihre Umsetzung in formalen, nicht formalen und informellen Bildungszusammenhängen breit zu verankern (siehe Birzea 1996; Veldhuis 1997; Audiger 1999). Ausgangspunkt hierfür ist das Grundverständnis und die Zustimmung zu den demokratischen Grundwerten. Für den Lernprozess bedeutet dies, einen multiperspektiven, interdisziplinären Zugang zu suchen, der an den konkreten Inhalten mit lebenspraktischem Bezug rückgebunden ist. Grundlage nachhaltigen, europäischen Lernens ist ein komplexes Setting von entsprechenden kognitiven, affektiven und sozialpraktischen Fähigkeiten, die das Individuum dazu befähigen, sich aktiv an der demokratischen Bürgergesellschaft zu beteiligen.

10. *Fazit: Europa ist kein Ort, sondern eine Idee*

Europäische Identität lebt vom Austausch. Die europäische Zivilgesellschaft mit ihren vielfältigsten Aktivitäten besonders im Jugendbereich ist hier sicherlich ein geeigneter Akteur, um einen interaktiven Dialog über die europäische Identität zu führen. Um Europa für die Lebenswelt Jugendlicher zu erschließen, bedarf es vor dem Hintergrund der zunehmenden Verdichtung des europäischen Integrationsprozesses einer intensiven Diskussion über die Bedeutung und Auswirkungen dieser Entwicklungen für die künftigen Generationen. Den neuen Medien kommt hier eine hilfreiche Rolle zu, um eine breitere, gerade auch jugendliche europäische Öffent-

---

8   Vgl. zum Weißbuch-Prozess und seinen Forderungen Rappenglück (2004, 68-81).

lichkeit anzusprechen und einzubeziehen. In Zukunft wird es vorrangig darum gehen, der durch den Wandlungsprozess hervorgerufenen Verunsicherung von jungen Menschen durch die spezifische Förderung von interkulturellen Dialogfähigkeiten und spezifischer Toleranzkompetenzen sinnvoll entgegenzuwirken.

Die Förderung eines demokratischen und europäischen Bewusstseins sollte auch die Stärkung des gesellschaftlichen Engagements besonders bei jungen Menschen einschließen. Gerade diese Generation verfügt über ein besonders hohes soziales Potenzial, das einen wichtigen Beitrag zur Verständigung und zur Gestaltung eines gleichberechtigten Miteinanders von Menschen unterschiedlicher kultureller, ethnischer und religiöser Herkunft in Europa leisten kann. Oberste Priorität fällt der gleichberechtigten Teilhabe an der Gesellschaft durch Förderung der Jugendpartizipation in Europa zu. Das Bewusstsein für ein aktives Engagement in der europäischen Gesellschaft zu schärfen und die Mitwirkungsmöglichkeiten der Jugendlichen dabei zu stärken ist ein wichtiger Beitrag für die Schaffung eines weltoffenen Europas der Bürgerinnen und Bürger. Im Vordergrund der Bildungsaktivitäten müssen junge Menschen als Subjekte der zukünftigen Gestaltung der Europäischen Union gerückt werden.

Europabezogene Bildung muss also, wenn sie eine einstellungs- und verhaltensändernde Intervention sein will und explizit europäische Identität stiften möchte, folgenden Qualitätsmerkmalen gerecht werden: Sie muss interaktiv sein, handlungsorientiertes Lernen ermöglichen sowie Erfahrungsräume der Partizipation über den Bildungskontext hinaus in realen gesellschaftspolitischen Zusammenhängen schaffen. Sie muss vorrangig die Motivation zur geistigen und örtlichen Mobilität der Teilnehmenden als grundlegende Erfahrung mit Vielfalt und Pluralismus fördern. Hierzu zählt auch in besonderer Weise der nachhaltige und interaktive Erwerb von Fremdsprachen. Sowohl Sprachen als auch die europäische Dimension sollten bereits an Kinder vermittelt werden. Europabezogene Bildung bedeutet jedoch keineswegs eine kritiklose Vermittlung des europäischen Einigungsprozesses. Sie soll vielmehr dazu beitragen, einen eigenen, differenzierten Standpunkt über nationale, europäische und internationale Zusammenhänge herauszubilden. Europakompetenz bedeutet letztlich nichts anderes, als Europa als Idee zu entdecken, sich mit den politischen Werten auseinander zu setzen und die Chancen, die das neue Europa auch über Grenzen hinweg bietet, tatsächlich zu nutzen. Ansonsten wird die europäische Identität nie zu einer Herzensangelegenheit, sondern bleibt ein elitäres Schreibtischprojekt.

Literaturverzeichnis

Ash, Timothy Garton (2005): Die Macht der Moral. Europäische Herztöne. In: KulturAustausch Online. H. 2. http://cms.ifa.de/Europaeische_Herztoene.ash.98.html.

Audiger, Francois (1999): Concepts de base et compétences de l'éducation à la citoyenneté démocratique: Une deuxième synthèse. Council of Europe. doc. DECSEDZ/CIT (99) 53. Strasbourg.

Auernheimer, Georg (2000): Grundmotive und Arbeitsfelder interkultureller Bildung und Erziehung. In: Bundeszentrale für politische Bildung (Hrsg.): Interkulturelles Lernen. Bonn.

Birzea, Cesar (1996): Education for Democratic Citizenship – Consultation Meeting: General Report. Council of Europe. doc. DECS/CIT (96) 1. Strasbourg.

Cerutii, Furio (2001): Towards the Political Identity of the Europeans. In: Furio Cerutti/Enno Rudolph (Hrsg.): A Soul for Europe. A Reader. 2 Bd. Leuven.

Engel, Gerhard (2000): Jugend/Jugendarbeit und Europa – Beigesterung für ein europäisches Konzept. In: Michael Schwarz/Stefan Rappenglück: Jugend in Europa. München.

Feldmann-Wojtachnia, Eva (2005): Mobilität entsteht nicht von selbst. Zur Notwendigkeit von interkultureller Kompetenz vor dem Hintergrund der EU-Erweiterung. In: IJAB (Hrsg.): Jugendmobilität in Europa. Bonn, S. 156-169.

Feldmann-Wojtachnia, Eva (2004): Europa – so nah und doch so fern . . . Was junge Menschen über die Erweiterung der EU denken. In: Fokus. H. 4, S. 7-8.

Feldmann, Eva (2000): Polen »Für Eure und unsere Freiheit«. Zum Verständnis der polnischen Gesellschaft, Kultur und Identität. Frankfurt/Main.

Feldmann, Eva/Susanne Ulrich et al. (2000): Toleranz. Grundlage für ein demokratisches Miteinander. Gütersloh.

Fischer, Veronika (2001): Interkulturelles Lernen – Annäherung an einen Begriff. In: Veronika Fischer/Desbina Kallinikidou et al. (Hrsg.): Handbuch Interkulturelle Gruppenarbeit. Opladen.

Forschungsgruppe Jugend und Europa (2004, Hrsg.): Das junge Europa. Plädoyer für eine wirksame Jugendpartizipation. München.

Friesenhahn, Günter J. (2001): Arbeitsfelder und Ziele interkulturellen Lernens. In: Günter J. Friesenhahn (Hrsg.): Praxishandbuch Internationale Jugendarbeit. Schwalbach.

Fuß, Daniel (2003): Jugend und europäische Identität. Resultate aus einem europäischen Forschungsprojekt. Veröffentlichung der Friedrich Ebert Stiftung Online-Akademie. www.fes-online-akademie.de.

Meyer, Thomas (2004): Die Identität Europas. Der EU eine Seele? Frankfurt/Main.

Mickel, Wolfgang W. (1993): Lernfeld Europa. Didaktik zur europäischen Erziehung. Opladen.

Rappenglück, Stefan (2005): Europabezogenes Lernen. In: Wolfgang Sander (Hrsg.): Handbuch politische Bildung. Dritte Auflage, S.456-468.

Rappenglück, Stefan (2004): Offene Methode der Koordinierung und Jugendpolitik als Querschnittspolitik. In: Arbeitsgemeinschaft für Jugendhilfe (Hrsg.): Europa – ein Thema für die Jugendhilfe? Berlin.

Röhrs, Hermann (1993): Friedenspädagogik als zentrale Forschungsrichtung im Rahmen der Friedenswissenschaft. Eine kritische Bilanz. In: Hermann Röhrs: Vergleichende und Internationale Erziehungswissenschaft. Weinheim.

Röhrs, Herman (1992): Die Einheit Europas als pädagogische Aufgabe. In: Hermann Röhrs: Die Einheit Europas und die Sicherung des Weltfriedens. Grundlagen einer weltbürgerlichen Bildung. Frankfurt/Main.

Schröder, Achim (2006): Person, Interaktion und politische Sozialisation. Über den Bedeutungszuwachs vom Lernen am Anderen. In: Außerschulische Bildung 2, S. 158-166.

Shell Deutschland Holding (2006, Hrsg.): Jugend 2006. Eine pragmatische Generation unter Druck. Frankfurt/Main.

Thalmaier, Bettina (2005): Braucht die EU eine eigene Identität? In: Helmut Heit (Hrsg.): Die Werte Europas. Verfassungspatriotismus und Wertegemeinschaft in der EU? Münster, S. 215-230.

Thimmel, Andreas (2001): Konzepte in der internationalen Jugendarbeit. In: IJAB (Hrsg.): Forum Jugendarbeit International 2002. Bonn.

Veldhuis, Rund (1997): Education for Democratic Citizenship: Dimensions of Citizenship, Core Competencies, Variables and International Activities. Council of Europe 1997. doc. DECS/CIT (97) 23. Strasbourg.

Die Europäische Union als Verfassungsgemeinschaft? – Optionen und Gefahren konstitutioneller Identitätspolitik

Achim Hurrelmann

Das Fehlen einer europäischen Identität, eines Bewusstseins der Zusammengehörigkeit in der europäischen Bevölkerung, wird oft als das »wichtigste Hindernis auf dem Weg zu einem demokratischen Europa« dargestellt (Scharpf 1999, 672). Es ist der entscheidende Faktor, der das No-Demos-Argument gegen die Möglichkeit einer umfassenden Demokratisierung der Europäischen Union (EU) begründet. Denn – in den Worten von Peter Graf Kielmansegg – ohne eine gemeinsame Identität der Europäerinnen und Europäer, die aus einer europäischen Kommunikations-, Erfahrungs- und Erinnerungsgemeinschaft erwächst, fehle es an der nötigen »gesellschaftlichen Infrastruktur« für das Funktionieren demokratischer Institutionen. Und eben darum reiche eine formell demokratische Verfassung nicht aus, um aus der EU tatsächlich eine europäische Demokratie zu machen (Kielmansegg 1996, 58; ähnlich mit unterschiedlichen Akzentuierungen: Grimm 1995; Greven 1998; Offe 1998; Scharpf 1998; Böckenförde 1999).

Auch wenn empirische Untersuchungen durchaus Ansätze für die Entwicklung europäischer Identitäten zeigen,[1] lässt sich die Ausgangsannahme dieses Arguments schwerlich in Zweifel ziehen: Wie die Eurobarometer-Umfragen deutlich machen, definieren sich mehr als 85 Prozent der Europäerinnen und Europäer primär über ihre Zugehörigkeit zu einem Nationalstaat (und nur in zweiter Linie über ihre Zugehörigkeit zu Europa); etwa 40 Prozent fühlen sich sogar ausschließlich dem Nationalstaat verbunden (Europäische Kommission 2004a, B-89; 2004b, B-94). In der Tat sind also europäische Identitäten erheblich schwächer ausgeprägt als nationale und fehlen in erheblichen Teilen der EU-Bevölkerung völlig. Weniger unumstritten als dieser Tatbestand ist indes die Schlussfolgerung, die das No-Demos-Argument aus dieser Schwäche europäischer Identitäten zieht: dass es bis zur gleichsam naturwüchsigen Ausbildung eines europäischen Zusammengehörigkeitsbewusstseins »müßig [sei], mit Entwürfen und Konstruktionen einer ›demokratischen Verfassung‹ Europas aufzuwarten«, sondern vielmehr »mit einer weitergreifenden politischen Integration zunächst innezuhalten« gelte (Böckenförde 1999, 93). Dieses Argument muss sich der kritischen Frage stellen, ob nicht gerade die Verabschiedung einer demokratischen Verfassung für die EU ein Instrument sein könnte, um auf die Ausbildung europäischer Identitäten hinzuwirken. Hat nicht Rudolf Smend

---

1 Vgl. dazu Herrmann/Risse et al. (2004).

(1928) schon zu Zeiten der Weimarer Republik die integrative Funktion und identitätsstiftende Wirkung von Verfassungen betont? Lässt sich nicht vom Erfolg der amerikanischen Verfassungsgebung lernen, die in einflussreichen Interpretationen – nicht zuletzt von Hannah Arendt (1965) – als Akt der Selbstkonstituierung eines amerikanischen Demos gedeutet worden ist? Kann nicht auf ähnliche Weise auch eine demokratische Verfassung für die EU dazu beitragen, eine europäische »Verfassungsgemeinschaft« zu schaffen – und damit die gesellschaftlichen Funktionsvoraussetzungen für demokratische Verfahren selbst sicherzustellen?

Ausgehend von diesen Fragestellungen diskutiert dieser Beitrag Optionen und Gefahren einer konstitutionellen Identitätspolitik in der EU. Damit gemeint ist eine Politik, die sowohl die Verfassungsgebung als auch das alltägliche Funktionieren einer Verfassung als Integrationsprozess begreift und versucht, die damit verbundene Identitätsbildung gezielt durch die Gestaltung von Verfassungsinstitutionen zu befördern. Der Beitrag geht in vier Schritten vor: Zunächst soll mit Hilfe demokratietheoretischer Argumente nachgezeichnet werden, warum eine kollektive Identität der Bürgerinnen und Bürger gemeinhin für eine Bestandsvoraussetzung demokratischer Institutionen gehalten wird, so dass in der Konsequenz eine Identitätspolitik als Bestandteil einer Politik der Demokratisierung gerechtfertigt erscheint. In einem zweiten Schritt wird dann untersucht, mittels welcher Mechanismen speziell eine Verfassung die Ausbildung kollektiver Identitäten befördern kann und welche Strategien einer verfassungsvermittelten Identitätspolitik sich daraus ergeben. Gefragt wird dabei auch, in welchem Ausmaß diese Strategien im jüngsten Verfassungsprozess in der EU aufgegriffen worden sind. Der dritte Abschnitt weist auf eine Reihe von Gefahren solcher Strategien hin: Sie können wirkungslos bleiben, kontraproduktive Effekte entfalten und selbst im Erfolgsfall unerwünschte Nebenwirkungen haben. Diese Überlegung führt schließlich zur Diskussion von Alternativen zu konstitutioneller Identitätspolitik, die auf eine inkrementelle Weiterentwicklung des existierenden Institutionenarrangements der EU setzen.

1. *Identität und Demokratie: Zur Rechtfertigung konstitutioneller Identitätspolitik*

Mit dem Begriff der kollektiven Identität sollen hier die kognitiven, normativen und ästhetischen Vorstellungen bezeichnet werden, die die Mitglieder eines Gemeinwesens (bzw. eines anderen Kollektivs) über dieses ausbilden: das Bewusstsein ihrer Zugehörigkeit zu einem gemeinsamen Interaktionszusammenhang (kognitiver Aspekt) sowie die Bewertung dieser Zugehörigkeit (normativer Aspekt) und die emotionale Einstellung ihr gegenüber (ästhetischer Aspekt).[2] Dabei können die mit der Zugehörigkeit verbundenen Bewertungen und Emotionen (oder auch: Identifikationen) prinzipiell sowohl negativ als auch positiv ausfallen. Die folgende Diskus-

2   Vgl. zu dieser Dreiteilung Rohe (1990, 333-339).

sion wird jedoch den Sonderfall einer negativ besetzten Identität – z.B. der Selbst-definition eines deutschen Staatsbürgers als »Antideutscher« – ausklammern und sich auf positiv besetzte Identitäten konzentrieren.

Warum wird die Existenz einer solchen Identität in vielen demokratietheoretischen Ansätzen als unerlässliche »gesellschaftliche Infrastruktur« demokratischer Institutionen – und damit als Funktionsvoraussetzung der Demokratie – beschrieben? Um diese Frage zu beantworten, ist es sinnvoll, zwei Argumentationsstränge zu unterscheiden:

- Erstens kann kollektive Identität als Voraussetzung für die normative Legitimität – also begründete Anerkennungswürdigkeit – demokratischer Institutionen begriffen werden. In diesem Fall wäre zu argumentieren, dass eine politische Ordnung ihren eigenen demokratischen Ansprüchen nur bei Existenz einer solchen Identität gerecht werden kann. Ob diese Argumentation Überzeugungskraft besitzt, hängt von dem jeweils zu Grunde gelegten demokratietheoretischen Modell ab. In der liberalen Demokratietheorie, die die Ziele demokratischer Ordnungen in erster Linie in der Gewährleistung von individueller Freiheit und Interessenverwirklichung erblickt, lässt sich kollektive Identität schwerlich als Voraussetzung für die normative Legitimität der Demokratie darstellen. Dagegen rückt Identität in republikanisch geprägten Ansätzen, die einen stärkeren Akzent auf die gleichberechtigte Teilhabe aller Bürgerinnen und Bürger an der kollektiven Selbstregierung eines Gemeinwesens legen, in eine Schlüsselposition. Denn ein solches Demokratiekonzept verlangt nicht nur, dass die Bürgerinnen und Bürger bereit sind, sich für die Belange des Gemeinwesens zu engagieren (Habermas 1992, 641-643), sondern erfordert auch, dass sie sich gegenseitig als legitime Teilnehmerinnen und Teilnehmer an politischen Willensbildungsprozessen in einer gemeinsamen Öffentlichkeit anerkennen (Risse 2002, 21-22; Taylor 2002, 19-23). Beides setzt voraus, dass sie sich als Angehörige einer politischen Gemeinschaft empfinden und aus Verbundenheit ihr gegenüber zu bestimmten Abstrichen bei der egoistischen Verfolgung eigener Interessen bereit sind.

- Zweitens lässt sich kollektive Identität aber auch als Voraussetzung für die faktische Akzeptanz und Stabilität einer demokratischen Ordnung – d.h. ihre tatsächliche Anerkennung durch die Bürgerinnen und Bürger – darstellen. Mit einer solchen Überlegung argumentiert selbst John Rawls in seiner Theorie des politischen Liberalismus für die Notwendigkeit eines »übergreifenden Konsenses« der Gesellschaftsmitglieder. Auch eine in normativer Hinsicht legitime, weil freiheitssichernde politische Ordnung ist nach Ansicht von Rawls nur dann stabil, wenn sie unabhängig von zufälligen Interessenkonvergenzen auf die Unterstützung der Bürgerinnen und Bürger bauen kann (Rawls 1998, 219-265). Dies setzt jedoch voraus, dass die Bürgerinnen und Bürger »gemeinsame letzte Ziele« teilen und sich auf dieser Grundlage mit dem Gemeinwesen verbunden fühlen, dessen Institutionen der Verwirklichung dieser Ziele dienen (ebd., 300). Die hier anklingende Notwendigkeit einer kollektiven Identität für die Sicherung von Akzeptanz und Stabilität der demokratischen Ordnung wird erneut in republikanischen Theorien noch stärker akzentuiert. So ist nach Ansicht von Charles Taylor das Überleben eines demokratischen Gemeinwesens nur sichergestellt, wenn der »Patriotismus« seiner Mitglieder diese dazu motiviert, »sich äußeren Angriffen, inneren Umsturzversuchen oder einfach der Erosion der politischen Institutionen zu widersetzen« – notfalls unter Opferung des eigenen Lebens (Taylor 2002, 15-16). Jürgen Habermas wiederum begründet seine Forderung nach einem »Verfassungspatriotismus« nicht zuletzt mit der Erwägung, dass nur die auf einer gemeinsamen politischen Kultur beruhende »staatsbürgerliche Solidarität« der Gesellschaftsmitglieder sicherstellen kann, dass auch überstimmte Minderheiten demokratische Mehrheitsentscheidungen akzeptieren und »Nettozahler« nicht gegen wohlfahrtsstaatliche Umverteilung rebellieren (Habermas 2004, 68-82).

Ohne Frage unterscheiden sich die hier genannten demokratietheoretischen Ansätze erheblich hinsichtlich der Form und Stärke des für nötig befundenen gesellschaftlichen Zusammengehörigkeitsbewusstseins (Hurrelmann 2005a, 122-129). Doch es kann festgehalten werden, dass sich die Existenz eines solchen Zusammengehörigkeitsbewusstseins auf Grundlage unterschiedlicher Demokratietheorien und mit mehreren, einander ergänzenden Argumenten als eine Voraussetzung für das Funktionieren demokratischer Institutionen darstellen lässt. Dies verleiht Versuchen der Identitätspolitik – nicht nur in der EU – eine demokratietheoretische Rechtfertigung: Zwar lässt sich nicht leugnen, dass solche Versuche häufig dem Machterhalt politischer Eliten dienen. Sie können aber auch Teil einer Demokratisierungsstrategie sein, die darauf abzielt, die gesellschaftlichen Kontextbedingungen für demokratische Institutionen zu verbessern. Und speziell in der EU stellen sie eine Voraussetzung dafür dar, das europäische Institutionenarrangement so weiterzuentwickeln, dass es den aus den Mitgliedstaaten bekannten demokratischen Standards gerecht wird.

2. Identität und Verfassung: Optionen konstitutioneller Identitätspolitik in der EU

Kollektive Identitäten sind immer das Resultat gesellschaftlicher Konstruktionsprozesse – und damit auch der politischen Gestaltung zugänglich (Eisenstadt/Giesen 1995). Im Folgenden soll diskutiert werden, welche Optionen für eine politische Einwirkung auf europäische Identitäten sich bei der Erarbeitung einer europäischen Verfassung bieten. Den Ausgangspunkt für die Erwartung, dass eine Verfassung prinzipiell ein vielversprechendes Instrument europäischer Identitätspolitik sein könnte, liefert die bereits erwähnte »Integrationslehre« von Rudolf Smend (1928). Dieser einflussreichen Verfassungstheorie zufolge besteht die wesentliche Aufgabe einer kodifizierten Verfassung in der »Integration« eines staatlichen Gemeinwesens, wobei unter Integration nichts anderes als der Aufbau und Erhalt eines Zusammengehörigkeitsbewusstseins – einer kollektiven Identität – der Staatsangehörigen verstanden wird (ebd., 136-138).[3] In der Konzeption von Smend ist die Verfassung vor allem deshalb zentral für das Zustandekommen dieses Zusammengehörigkeitsbewusstseins, weil sie der Bevölkerung Gelegenheit bietet, sowohl den Staat als auch die eigene Staatsangehörigkeit beständig neu zu »erleben«. Dabei werden drei »Integrationsfaktoren« wirksam: Persönliche Integration vollzieht sich dadurch, dass die Verfassung Positionen für politische Führungspersönlichkeiten schafft, die »die Einheit des Staatsvolks« repräsentieren und dadurch die Geführten »zum Gruppenleben [anregen]« (ebd., 142-148). Funktionelle Integration beruht darauf, dass die Verfassung die Bürgerinnen und Bürger in politische Verfahren wie Wahlen oder Volksabstimmungen einbezieht und auf diese Weise die Möglichkeit eines gemeinsamen Erlebnisses schafft (ebd., 148-160). Sachliche Integration schließlich besteht in der Identifikation der Bürgerinnen und Bürger mit den in der Verfassung festgeschriebenen Inhalten, Werten und Symbolen, die sich in ein Zugehörigkeitsbewusstsein zum Gemeinwesen übersetzt (ebd., 160-179).

Die hier zum Ausdruck kommende Grundkonzeption lässt sich prinzipiell vom Staat auf andere Arten von politischer Einheit übertragen. Sie ist auch für aktuelle Diskussionen zum Themenkomplex »Integration durch Verfassung« nach wie vor bestimmend.[4] Zur Verdeutlichung unterschiedlicher Wirkungsmodi von konstitutioneller Integration ist indes ein Klassifizierungsvorschlag von Armin von Bogdandy hilfreich, der zwischen »unmittelbaren« und »mittelbaren« Wirkungen der Verfassung auf kollektive Identitäten unterscheidet (Bogdandy 2003, 170):

- Von einer unmittelbaren Wirkung lässt sich danach sprechen, wenn entweder die Verfassung als Ganze oder einzelne Verfassungsbestimmungen »selbst Kriterium der maßgeblichen Identifikationsprozesse« – also Identifikationsobjekte – werden. In diesem Fall identifizieren sich die Bürgerinnen und Bürger mit Verfassungsinstitutionen, und diese Identifikation hat einen prägenden Einfluss auf ihre kollektive Identität. Im Extremfall kann das dazu führen, dass die Bürger »ihre Gruppenzugehörigkeit [. . .] mit der Verfassung als solcher oder einzelnen Verfassungsprinzipien« begründen (ebd.). Konstitutionelle Identifikationsobjekte können Staatsorgane, Führungsämter und die sie ausfüllenden Personen (Smends Typus persönlicher Integration), aber auch in der Verfassung festgeschriebene Inhalte und Prinzipien sein (Smends Typus sachlicher Integration). In letzterer Hinsicht wird bei Smend insbesondere die Integrationskraft von Grundrechten, staatlichen Symbolen sowie einer föderalen Staatsstruktur betont. Die

---

3 Für eine ausführliche Auseinandersetzung mit der Integrationslehre und der Frage ihrer Anwendbarkeit auf die europäische Integration vgl. Hurrelmann (2005b). In dieser Diskussion wird auch deutlich, dass Smends Gleichsetzung von Integration mit der Schaffung eines staatsbürgerlichen Zusammengehörigkeitsbewusstseins als eine problematische Verengung des soziologischen Integrationskonzepts interpretiert werden kann. Dieser Punkt soll hier jedoch nicht vertieft werden.
4 Vgl. für einen Überblick Vorländer (2002).

Bedeutung von Grundrechten liegt für ihn in erster Linie darin, dass Grundrechtekataloge »ein Kultursystem normieren [. . .], das allgemeinere Werte national positiviert«, und damit die spezifische Wertordnung eines Gemeinwesens festlegen (Smend 1928, 264).[5] Staatliche Symbole (wie Fahnen, Wappen, Zeremonien, Feiertage) sind im Unterschied dazu keine unmittelbare Festschreibung, sondern eine Repräsentation staatlicher Werte, die unterschiedliche Interpretationen zulässt (ebd., 164). Die Existenz von föderalen Teilstaaten schließlich ist deshalb eine »Integrationshilfe« für den Gesamtstaat, weil ihr Bestehen die Abbildung von Wertediversität ermöglicht und somit die »politische Erfassbarkeit« des Staates vergrößert: Weil die Einzelstaaten eine sichtbare Rolle im Bund spielen, geraten regionale Identitäten nicht in ein antagonistisches Verhältnis zum bundesstaatlichen Zusammengehörigkeitsbewusstsein, sondern werden im Gegenteil für die Legitimation des Gesamtstaates nutzbar gemacht (ebd., 223-233).

- Im Unterschied zu solchen Formen der Identifikation mit der Verfassung liegt eine mittelbare Wirkung auf kollektive Identitäten vor, wenn Verfassungsbestimmungen durch die Einbindung der Bevölkerung in konstitutionelle Verfahren dazu beitragen, identitätsrelevante »Rollen« auszuprägen (Bogdandy 2003, 166-168). Dies ist der Fall, wenn Verfassungsinstitutionen die Bürgerinnen und Bürger veranlassen, bestimmte Handlungen zu vollziehen (etwa die Ablegung eines Gelöbnisses) oder bestimmte Positionen einzunehmen (etwa als Wählerin oder Wähler), und diese Handlungs- und Rollenmuster dann ihrerseits Identifikationsprozesse in Gang setzen. Dies entspricht dem von Smend als »funktionelle Integration« beschriebenen Mechanismus. Die besondere Relevanz dieser Form konstitutioneller Identitätsbildung liegt darin, dass sie einen Weg aufzeigt, wie eine Demokratisierung politischer Verfahren selbst zu denjenigen Prozessen der Identitätsbildung beitragen kann, die für das Funktionieren solcher Verfahren für nötig gehalten werden (Habermas 1998, 117-118). Anders als im Falle unmittelbarer Identitätsbildung, die das Bestehen von Verfassungsinstitutionen als Identifikationsobjekte voraussetzt, wird ein erhebliches Potenzial für mittelbare Identitätsbildung gerade im Prozess der Verfassungsgebung gesehen (Habermas 2001, 104-129; 2004, 68-82). Ein entscheidender Bezugspunkt für diese Auffassung ist die Verabschiedung der amerikanischen Verfassung, die – wie bereits erwähnt – in zahlreichen Interpretationen als »Gründungsakt« verstanden wurde, durch den die Bevölkerung der dreizehn Gründungsstaaten nicht nur ein neues politisches Gemeinwesen, sondern auch sich selbst als amerikanischen Demos (»we the people of the United States«) konstituierte (Arendt 1965; Ackerman 1991).

Welche Optionen ergeben sich auf Grundlage dieser potenziell identitätsbildenden Wirkungen von Verfassungen für eine konstitutionelle Identitätspolitik in der EU?

---

5 Ein »liberales Missverständnis« hat nach Smends Auffassung diesen primären, den Staat legitimierenden Sinn von Grundrechten »zugunsten ihrer sekundären, staatsbeschränkenden Funktion völlig übersehen« (Smend 1928, 216).

Eine solche Politik müsste bemüht sein, die identitätsbildenden Integrationsprozesse, die sowohl mit der alltäglichen Operation als auch mit der Schaffung einer Verfassung verbunden sein können, durch die Gestaltung von besonders integrationskräftigen Verfassungsbestimmungen gezielt zu befördern bzw. zu beschleunigen. Gemäß der Unterscheidung zwischen unmittelbarer und mittelbarer Identitätsbildung ist dabei (a) an die Schaffung von konstitutionellen Identifikationsobjekten sowie (b) an die verstärkte Einbindung der Bürgerinnen und Bürger in konstitutionelle Verfahren zu denken. Eine Reihe solcher Maßnahmen sind im europäischen Verfassungsprozess der letzten Jahre diskutiert worden bzw. haben gar Eingang in den Verfassungsentwurf des Europäischen Konvents gefunden.[6]

(a)   Hinsichtlich der Schaffung von konstitutionellen Identifikationsobjekten ist bereits der Übergang vom Terminus des »Vertrags« zu dem der »Verfassung« als Bezeichnung für die rechtliche Grundordnung der EU als relevanter Schritt zu begreifen (Bogdandy 2004, 56-57; Grimm 2004, 452-453). Diese Benennung verschleiert das Zustandekommen der Verfassung durch einen völkerrechtlichen Vertrag und rückt stattdessen den Verfassungstext selbst als symbolisch aufladbares Dokument in den Mittelpunkt. Dass dadurch Assoziationen aufgerufen werden, die die Bürgerinnen und Bürger mit nationalen Verfassungen verbinden – insbesondere die Idee der Staatlichkeit –, ist im Rückblick auf das Scheitern der Verfassung oft als Fehler bezeichnet worden. Solche Assoziationen waren aber durchaus im Sinne vieler Verfassungsbefürworter, denen es darum ging, in der Bevölkerung Aufmerksamkeit für das Reformprojekt zu erzeugen und die besondere Wertschätzung, die die Staatsverfassung in vielen konstitutionellen Demokratien genießt, auf die EU zu übertragen (Walker 2006). Mit anderen Worten: Es wurde ganz bewusst darauf spekuliert, dass eine Verfassung im Gegensatz zu den bestehenden Verträgen »jene Kraft zur symbolischen Verdichtung« (Habermas 2001, 105) besitzen würde, die sie als Identifikationsobjekt nutzbar macht.

Auch bei der inhaltlichen Gestaltung einer Europäischen Verfassung ergeben sich Möglichkeiten, Identifikationsobjekte unterschiedlicher Art gezielt herauszustellen. So kann im Sinne von Smends Typus persönlicher Integration angestrebt werden, die EU durch die Stärkung ihrer Führungsämter stärker als bisher zu personalisieren. Wolfgang Wessels erkennt einen solchen »Trend zur Personalisierung« im aktuellen Verfassungsentwurf (Wessels 2003, 295-296), insbesondere durch die Schaffung der Ämter eines hauptamtlichen Präsidenten des Europäischen Rates (Art. I-22) und eines EU-Außenministers (Art. I-28) sowie durch die Stärkung des Kommissionspräsidenten (Art. I-27). Allerdings bleibt die Kompetenzausstattung dieser Ämter im Vergleich zu nationalstaatlichen Spitzenämtern gering, und auch ihre Konkurrenz untereinander dürfte der Identifikation der Europäerinnen und Europäer mit ihrem europäischen »Führungspersonal« im Wege stehen. Stärkere identitätsbildende Effekte wären dagegen durch die Erweiterung der Kompetenzen von EU-Akteuren – gerade in für die Bevölkerung relevanten Politikfeldern wie der

---

6   Vgl. dazu Bogdandy (2004); Grimm (2004); Hurrelmann (2005a, 202-272); Metz (2005).

Außen- oder Sozialpolitik – sowie durch die im Konvent zwischenzeitlich diskutierte Zusammenlegung von Kommissions- und Ratspräsidentschaft zu erwarten.[7] Beides würde die Führungspersönlichkeiten der EU als potenzielle Identifikationsobjekte noch stärker herausheben.

Konsequenter als eine Strategie der Personalisierung hat der Verfassungsentwurf eine Strategie sachlicher Integration verfolgt. Sowohl in der Präambel als auch in den Artikeln über die Werte und Ziele der Union (Art. I-2 und I-3) werden Grundprinzipien und Werte genannt, auf die die EU sich gründet und die – so die Präambel – auf »dem kulturellen, religiösen und humanistischen Erbe Europas« beruhen (1. Präambelerwägung). Auch die in Verfassungsrang erhobene Grundrechtecharta kann als eine derartige Prinzipienerklärung gelesen werden, zumal deren Präambel erneut auf die gemeinsamen Werte der Europäerinnen und Europäer und deren »geistig-religiöse[s] und sittliche[s] Erbe« hinweist. Der gemeinsamen Geschichte, die der Verfassungstext auf diese Weise zu konstruieren sucht, entsprechen Bezugnahmen auf die gemeinsame Gegenwart eines europäischen »Raum[s] der Freiheit, der Sicherheit und des Rechts« (Art. I-3), eines europäischen Gesellschaftsmodells (2. Präambelerwägung) und einer europäischen Schicksalsgemeinschaft (3. Präambelerwägung), sowie Beschwörungen einer gemeinsamen Zukunft Europas als eines Raumes, »in dem sich die Hoffnung der Menschen entfalten kann« (4. Präambelerwägung). Diese Selbstbeschreibungen lassen sich nicht zuletzt auch als Elemente der Abgrenzung von anderen politischen Gemeinschaften – insbesondere von den USA – lesen (Bogdandy 2004, 59-60).

Bezüglich einer gemeinsamen Symbolik enthält der Verfassungsentwurf ebenfalls reichhaltige Identifikationsangebote. So wird in Artikel I-8 der Verfassung der Flagge, der Hymne (Beethovens »Ode an die Freude«), der Devise (»In Vielfalt geeint.«) und der Währung der EU (Euro) sowie dem Europatag (9. Mai) als Symbolen der Union ausdrücklich Verfassungsrang verliehen. Nicht aufgegriffen wurden in der Verfassung dagegen Vorschläge, die Verzahnung zwischen der EU und ihren Mitgliedstaaten symbolisch stärker herauszustellen, um – im Sinne von Smends Beschreibung des Föderalismus als »Integrationshilfe« – die Legitimität der Mitgliedstaaten auf die EU zu übertragen. Diskutiert wurde im Rahmen der Verfassungsdebatte beispielsweise die gleichzeitige Mitgliedschaft von Abgeordneten des Europäischen Parlaments in den nationalen Parlamenten (ein von Joschka Fischer in seiner Humboldt-Rede geäußerter Vorschlag), die Einsetzung eines aus Europaparlament und den nationalen Parlamenten gebildeten »Kongresses« (ein von Konventspräsident Valéry Giscard d'Estaing wiederholt aufgebrachtes Projekt) oder die Schaffung einer dauerhaften Staatenvertretung im Ministerrat anstelle der Vertretung durch wechselnde Fachministerinnen und Fachminister (eine im Konventsentwurf vorgesehene, aber von der Regierungskonferenz wieder gestrichene Bestimmung). Die Umsetzung solcher Vorschläge hätte dazu beitragen können, das

---

7 In der Verfassung wird eine solche Zusammenlegung beider Ämter nicht vorgenommen, allerdings wird auch nicht ausdrücklich ausgeschlossen, dass sie durch ein und dieselbe Person besetzt werden.

Verhältnis von EU und Nationalstaaten als harmonische Verbindung darzustellen. Sie ließen sich aber letztlich mit den praktischen Erfordernissen des europäischen Policy-Making nicht überzeugend in Einklang bringen.[8]

(b) Weniger durchgreifend als die Schaffung von konstitutionellen Identifikationsobjekten ist im Verfassungsentwurf die Strategie der Einbindung der Bürgerinnen und Bürger in konstitutionelle Verfahren – also der funktionellen Integration im Sinne Smends – verfolgt worden. Möglichkeiten hierzu hätten insbesondere durch die Stärkung des Europäischen Parlaments sowie die Einführung direktdemokratischer Elemente im Entscheidungssystem der EU bestanden. Beide Optionen, die auf eine verstärkte »Politisierung« europäischer Politikprozesse hinausgelaufen wären (Meyer 2004, 38-63; Thalmaier 2006), wurden aber nur in Ansätzen umgesetzt. Die potenziell identitätsbildende Wirkung einer Stärkung des Europäischen Parlaments liegt insbesondere in der damit verbundenen Aufwertung der Europawahlen. Wenn mit diesen Wahlen tatsächlich politische Richtungsentscheidungen verbunden wären, würde die Wahlbeteiligung für die Europäerinnen und Europäer eine größere Bedeutung besitzen. In der Konsequenz wäre zu erwarten, dass den Bürgerinnen und Bürgern ihr Status als Angehörige eines europäischen Gemeinwesens stärker ins Bewusstsein tritt. Die Europäische Verfassung sieht zwar eine Stärkung des Europaparlaments in europäischen Entscheidungsverfahren vor, indem sie das Mitentscheidungsverfahren ausweitet und zum Standardverfahren europäischer Gesetzgebung erklärt (Art. III-396). Andererseits bleibt es aber in der Mehrheit der in der Verfassung genannten Verfahrensarten bei einer weniger substanziellen Form der Parlamentsbeteiligung, z.B. einer bloßen Anhörung (Wessels 2003, 289). Insbesondere in zentralen Kompetenzbereichen wie der Steuerpolitik (Art. III-171), der inneren Sicherheit (Art. III-275ff.) oder der gemeinsamen Außen-, Sicherheits- und Verteidigungspolitik (Art. I-40/41, III-294ff.) kann von einer Parlamentarisierung der Union keine Rede sein. Auch im Verhältnis zur Kommission bleiben die Rechte des Parlaments beschränkt: Von wenigen Ausnahmen abgesehen, kann nur die Kommission europäische Rechtsakte initiieren, und auch die Rechte des Parlaments bei der Auswahl und Kontrolle der Kommissarinnen und Kommissare sind deutlich geringer als die Rechte, die nationale Parlamente im Verhältnis zu nationalen Regierungen besitzen.[9]

---

8   Eine Stärkung mitgliedstaatlicher Organe im EU-Entscheidungsprozess bewirkt dagegen das neue Verfahren der Subsidiaritätskontrolle (festgelegt in den Protokollen über die Rolle der nationalen Parlamente und über die Anwendung von Subsidiaritäts- und Verhältnismäßigkeitsprinzip), das es nationalen Parlamenten erlaubt, eine Beschwerde einzulegen, wenn sie durch ein von der Kommission geplantes Gesetz die Subsidiarität verletzt sehen. Allerdings ist fraglich, ob dieser Mechanismus zu einem Legitimationstransfer von nationalen Parlamenten auf die EU beitragen kann. Denn wegen seiner Ausgestaltung als Blockademechanismus akzentuiert er Gegensätze zwischen nationalen und europäischen Institutionen und nicht deren Zusammenwirken.

9   Zwar sieht die Verfassung vor, dass bei der Bestellung des Kommissionspräsidenten künftig die Ergebnisse der Europawahlen zu berücksichtigen sind (Art. I-27). Das Vorschlagsrecht für dieses Amt liegt aber weiterhin beim Europäischen Rat. Hinsichtlich parlamentarischer Kontrolle ist die Kommission dem Parlament weiterhin nur als Kollegium verantwortlich und für ihre Abwahl bleibt eine Zweidrittelmehrheit notwendig (Art. I-26, III-340).

Die Idee, die europäische Bevölkerung durch die Einführung direktdemokratischer Mechanismen stärker in EU-Entscheidungsverfahren einzubinden – sei es durch europaweite Volksabstimmungen (Grande 1996, 352-357; Zürn 1996, 49-50) oder durch die Direktwahl zu europäischen Spitzenämtern (Decker 2002, 265-267) – wurde in der Verfassung ebenfalls nicht aufgegriffen. Als einziges direktdemokratisches Element findet sich dort das Europäische Bürgerbegehren (Art. I-47), mit dem eine Million Bürgerinnen und Bürger die Kommission auffordern (aber nicht zwingen) können, einen bestimmten Rechtsakt vorzuschlagen. Im Hinblick auf die erhoffte Identitätsbildung dürfte dieses Verfahren schon deshalb wenig geeignet sein, weil es – anders als europaweite Volksabstimmungen oder Wahlen – nicht die Mobilisierung der gesamten europäischen Wahlbürgerschaft impliziert.

Unabhängig von den in der Verfassung festgeschriebenen Entscheidungsverfahren hätte sich eine derartige Mobilisierung jedoch dann ergeben können, wenn die Ratifizierung der Verfassung durch ein europaweites Referendum erfolgt wäre. Ein solches Verfassungsreferendum wurde in der Verfassungsdebatte wiederholt gefordert, nicht zuletzt weil es eine grenzübergreifende öffentliche Debatte befördert und den Charakter der Verfassungsgebung als »Gründungsakt« herausgestellt hätte, was – in den Worten von Jürgen Habermas – einen »katalysatorischen Effekt« auf die Ausbildung europäischer Identitäten versprochen hätte (Habermas 2001, 118-119). Bekanntlich kam es im Ratifizierungsprozess aber nur zu einzelnen nationalen Referenden. Versuche, den Gründungscharakter der Verfassung trotzdem zu betonen, blieben auf symbolische Verfassungsbestimmungen beschränkt – etwa Artikel I-1, der mit »Gründung der Union« überschrieben ist und erklärt, dass »diese Verfassung die Europäische Union« begründe.[10]

Als Zusammenfassung dieses Überblicks lässt sich festhalten, dass bei der Erarbeitung der Europäischen Verfassung zahlreiche, aber bei weitem nicht alle Optionen einer konstitutionellen Identitätspolitik ausgeschöpft wurden. Der Verfassungsentwurf enthält eine Vielzahl von Bestimmungen, die erkennbar identitätspolitischen Absichten dienen. Bei diesen Bestimmungen handelt es sich aber ganz überwiegend um Wertedeklarationen und Symbole, von denen man sich eine Wirksamkeit als Identifikationsobjekte erhofft. Mit wesentlich größerer Zurückhaltung wurden dagegen Strategien aufgegriffen, deren Umsetzung weit reichende Reformen von Entscheidungsverfahren in der EU nötig gemacht hätte. Dies gilt vor allem für Versuche der mittelbaren Identitätsbildung durch die bessere Einbindung der Bevölkerung in konstitutionelle Verfahren. Insbesondere in der verstärkten Politisierung europäischer Politikprozesse scheint folglich ein noch nicht ausgeschöpftes Potenzial konstitutioneller Identitätspolitik in der EU zu liegen.

---

10 Um den Charakter der Verfassungsgebung als Gründungsakt zu betonen, brachte Konventspräsident Valéry Giscard d'Estaing zwischenzeitlich sogar eine Umbenennung der EU ins Gespräch. Der erste Vorentwurf des Konventspräsidiums für die Verfassung, der im Oktober 2002 vorgestellt wurde, enthielt u.a. die Namensoptionen »Vereintes Europa« und »Vereinigte Staaten von Europa«. Giscard begründete die Namensdebatte damit, dass mit der Zusammenlegung der Verträge über Europäische Union und Europäische Gemeinschaften ein neues politisches System entstehe.

3. *Identitätsangebote und Identitätszumutungen: Grenzen und Gefahren konstitutioneller Identitätspolitik*

Wie steht es aber um die Erfolgsaussichten einer solchen Politik? Wie realistisch ist die Annahme, dass Versuche der verfassungsvermittelten Identitätsbildung tatsächlich die Basis für eine umfassende Demokratisierung der EU legen können? Auf welche Risiken lässt man sich mit einer solchen Demokratisierungsstrategie ein? Eine Antwort auf diese Fragen wird dadurch erschwert, dass die faktische Wirkung von Identitätspolitik nur schwer empirisch überprüft,[11] geschweige denn seriös prognostiziert werden kann. Trotz dieser Schwierigkeit ist es aber möglich, in der theoretischen Auseinandersetzung Grenzen und mögliche Gefahren konstitutioneller Identitätspolitik zu bestimmen. Im Folgenden sollen drei Fälle diskutiert werden: Versuche der verfassungsvermittelten Identitätsbildung können (a) wirkungslos bleiben, (b) kontraproduktive Effekte entfalten sowie (c) selbst im Erfolgsfall unerwünschte Implikationen mit sich bringen.

(a) Versuche der Identitätsbildung bleiben wirkungslos, wenn die in der Verfassung enthaltenen Identitätsangebote von der Bevölkerung nicht aufgegriffen werden. Dies ist etwa dann der Fall, wenn konstitutionelle Identifikationsobjekte schlicht nicht wahrgenommen oder für derartig selbstverständlich, nichts sagend oder problematisch gehalten werden, dass sie keinen Einfluss auf existierende Vorstellungsmuster und Identitäten haben.[12] Ähnliches gilt, wenn Möglichkeiten zur Teilhabe an konstitutionellen Verfahren nicht genutzt oder ausschließlich in einer Weise interpretiert werden, die existierenden Identitäten entspricht. Wie naheliegend diese Befürchtung ist, erkennt man etwa am beschränkten öffentlichen Interesse am jüngsten Prozess europäischer Verfassungsgebung, aber auch an der verbreiteten Wahlenthaltung bei Europawahlen bzw. an deren Nutzung zur Abstrafung nationaler Regierungen.

Selbst wenn die Wirkung von europäischer Identitätspolitik nicht komplett ausbleibt, ist ferner zu berücksichtigen, dass sich Identitätsbildung in jedem Fall als ein inkrementeller Prozess darstellen wird. Darauf hat insbesondere Peter Graf Kielmansegg hingewiesen:»Wir haben es beim Aufbau der Europäischen Institutionen und bei der ›Europäisierung des Bewußtseins‹ mit zwei ganz verschiedenen, nicht synchronisierbaren geschichtlichen Geschwindigkeiten zu tun« (Kielmansegg 1996, 55). Die ausbleibende oder verzögerte Wirkung von konstitutioneller Identitätspolitik bedeutet insbesondere für diejenigen identitätspolitischen Strategien ein Risiko, die auf Identitätsbildung durch eine Politisierung und Demokratisierung von Entscheidungsverfahren setzen. Denn sie gehen ja davon aus, dass eine Ausweitung demokratischer Beteiligungsmöglichkeiten die kollektiven Identitäten selbst gene-

---

11 Selbst wenn retrospektiv tatsächlich Veränderungen kollektiver Identitäten festgestellt werden können, wird es immer problematisch bleiben, tatsächlich einen Kausalzusammenhang zwischen diesen Veränderungen und bestimmten identitätspolitischen Maßnahmen nachzuweisen.
12 Vgl. dazu schon Smend (1928, 217).

riert, die als Voraussetzung für das Funktionieren demokratischer Entscheidungs-verfahren gelten. Wie wir gesehen haben, ist es aber keineswegs selbstverständlich, dass dies automatisch und in einer angemessenen Geschwindigkeit geschieht. Dies mag erklären, warum der Entwurf für eine Europäische Verfassung zur Identitätsbil-dung in erster Linie auf konstitutionelle Identifikationsobjekte setzt, während die Strategie einer verstärkten Einbindung der Bürgerinnen und Bürger in demokrati-sche Verfahren nur überaus zurückhaltend verfolgt wird.

(b) Eine zweite Gefahr konstitutioneller Identitätspolitik besteht in der Möglichkeit kontraproduktiver Auswirkungen. Versuche der Einwirkung auf kollektive Identitä-ten müssen nicht zwingend ein gesellschaftliches Zusammengehörigkeitsbewusst-sein befördern, sondern können ebenso gut auch eine Schärfung des Bewusstseins für (Identitäts-)Unterschiede zur Folge haben. Bei der Schaffung von konstitutionel-len Identifikationsobjekten für die EU ist beispielsweise zu beachten, dass die Akzeptanz der Bevölkerung für das europäische Integrationswerk zumindest zum Teil auch dadurch gesichert wird, dass die Leitprinzipien und Endziele (»Finalität«) der EU nirgends klar definiert sind. Diese Ambiguität schafft die Möglichkeit, sehr unterschiedliche Ideen mit der EU in Beziehung zu bringen – Modelle eines euro-päischen Bundesstaates beispielsweise ebenso wie Modelle einer bloßen Koordina-tion nationalstaatlicher Politik, Konzepte eines christlichen ebenso wie solche eines säkularen Europas. Bevölkerungsgruppen mit unterschiedlichen Auffassungen über Grundlagen und Ziele der europäischen Integration sind daher in der Lage, ihre jeweiligen Vorstellungen auf das EU-Institutionensystem zu projizieren. Ein solches »Offenhalten« von potenziell strittigen Grundfragen kann einen wichtigen Beitrag zur Akzeptanzsicherung eines Gemeinwesens leisten (Foley 1989; Brodocz 2003, 238-255). Umgekehrt besteht die Gefahr, dass die als Maßnahme der Identitätsbil-dung gedachte Festschreibung von Grundprinzipien und Werten in der Verfassung, indem sie Interpretationsspielräume schließt, gerade Widerstände gegen das Gemeinwesen hervorruft. Es gibt Anzeichen dafür, dass genau dieser Effekt im Falle der Europäischen Verfassung eingetreten ist (Hurrelmann 2006). Man denke etwa an die Kritik am Fehlen eines Gottesbezugs in der Präambel oder an die Kontrover-sen über die Bekenntnisse zur Marktwirtschaft in den wirtschaftspolitischen Teilen der Verfassung. Beide Verfassungsbestimmungen implizierten zwar keine Ände-rung europäischer Politik, sie standen aber im Widerspruch zu bestimmten Interpre-tationen der EU (als »christlicher Club« bzw. »soziales Europa«), denen die Prinzi-pienerklärungen der Verfassung die Grundlage entzogen.

Ähnliche Gefahren bestehen bei der Einbindung der Bürgerinnen und Bürger in konstitutionelle Verfahren. Bei dieser Strategie soll die Identitätsbildung wie geschildert dadurch erfolgen, dass den Bürgerinnen und Bürgern die Möglichkeit eröffnet wird, gemeinsame politische Erfahrungen zu machen, die sich in einem Zusammengehörigkeitsbewusstsein niederschlagen. Wenn es sich bei diesen Erfah-rungen jedoch um Meinungsverschiedenheiten und Konflikte handelt, ist eine umgekehrte, desintegrierende Wirkung mindestens ebenso wahrscheinlich. Das gilt insbesondere bei Debatten im Zuge der Verfassungsgebung, weil hier die behandelten Fragen besonders grundsätzlicher Natur sind und konfliktabsorbierende Verfahren fehlen (Olsen 2003, 826-828). Die Gefahr einer Akzentuierung von Gegensätzen statt Gemeinsamkeiten wird im Falle der EU noch dadurch verstärkt, dass diese ihre Akzeptanz in der Bevölkerung bislang nicht zuletzt durch Mechanismen der Demobilisierung sichert: Weil die europäischen Entscheidungsverfahren direkte Kontakte zwischen EU-Institutionen und der Bevölkerung auf ein Minimum reduzieren und die europäische Politik für die meisten Bürgerinnen und Bürger nur vermittelt über nationale Institutionen bedeutsam wird, hält ein Großteil der Bevölkerung die EU für irrelevant für das eigene Leben, was die Union gegen Kritik immunisiert (Moravcsik 2006). Vor diesem Hintergrund bewirkt jeder Schritt der Politisierung zwangsläufig, dass mögliche Kritikpunkte – und Differenzen innerhalb der europäischen Bürgerschaft – deutlicher ins Bewusstsein treten.

(c) Eine dritte Gefahr konstitutioneller Identitätspolitik besteht selbst dann, wenn identitätsbildende Maßnahmen weder verpuffen noch kontraproduktiv wirken. Denn auch eine erfolgreiche Identitätspolitik kann unerwünschte Implikationen haben, indem sie assimilierende, exkludierende und herrschaftsstabilisierende Effekte entfaltet. Mit dem Hinweis auf Assimilation ist gemeint, dass die Einwirkung auf kollektive Identitäten gesellschaftliche Differenzen einebnet. Im Extremfall kann dies dazu führen, dass in der Verfassung geäußerte Homogenitätsansprüche individuelle Freiheitsrechte gefährden. Diese Gefahr ist in Smends »Integrationslehre« ohne Frage angelegt, die einen ausdrücklichen Hinweis darauf enthält, dass selbst explizite verfassungsrechtliche Garantien im Zweifelsfall hinter den Integrationsauftrag der Verfassung zurücktreten müssen (Smend 1928, 190). In Anbetracht solcher Konzepte kritisiert Armin von Bogdandy konstitutionelle »Identitätszumutungen«, die im Widerspruch zur »Autonomie und Würde« des Individuums stehen, und folgert, dass Identitätspolitik sich auf »werbende und distanzwahrende« Formen zu beschränken habe (Bogdandy 2003, 179, 184). Für die diskutierten Formen europäischer Identitätspolitik kann das wohl angenommen werden. Doch prinzipiell können selbst solche Formen europäischer Identitätspolitik Risiken für die kulturelle Vielfalt in der europäischen Gesellschaft bergen – auch wenn natürlich nicht zwingend ein Widerspruch zwischen europäischen Identitätskonstruktionen und nationalen bzw. subnationalen Identitäten bestehen muss.

Die Gefahr einer Exklusion durch europäische Identitätspolitik liegt darin begründet, dass jeder Identitätsdiskurs implizit oder explizit die Definition von internen und externen »Anderen« mit sich bringt, die folglich aus der Gemeinschaft ausgegrenzt werden (Eisenstadt/Giesen 1995, 74-77). Solche Gefahren werden besonders deutlich an Versuchen, europäische Identität im Wesentlichen mit Verweis auf das Christentum zu begründen (was eine Ausgrenzung von Nicht-Christinnen und Nicht-Christen als »internen Anderen« impliziert) oder sie an einem Gegensatz zwischen Europa und den USA (als »externen Anderen«) festzumachen (Nederveen Pieterse 2000). Exkludierende Effekte lassen sich jedoch auch dann nicht völlig vermeiden, wenn sich ein europäischer Identitätsdiskurs auf vermeintlich universelle Werte wie Demokratie oder Freiheit stützt (Thalmaier 2005, 11-13). Denn damit diese allgemeinen Werte als Kristallisationspunkte einer spezifisch europäischen Identität wirksam werden können, müssen nicht europäische Gemeinwesen (und ihre Mitglieder) im Vergleich zu Europa (und seiner Bevölkerung) wenigstens implizit als nicht im selben Maße demokratisch bzw. freiheitlich dargestellt werden.

Die letzte unerwünschte Implikation einer grundsätzlich erfolgreichen Identitätspolitik liegt in deren Fähigkeit, illegitime Herrschaftsformen zu stabilisieren. Wie oben bereits angesprochen, besteht eine wesentliche Wirkung kollektiver Identität darin, dass sie Individuen dazu verleiten kann, politische Entscheidungen im Interesse des Gemeinwesens auch dann zu akzeptieren, wenn die eigenen Interessen verletzt werden. Dieser Mechanismus ist eine wesentliche Grundlage für das Funktionieren des demokratischen Mehrheitsprinzips; er kann jedoch prinzipiell auch zur Stabilisierung von nicht demokratischen Herrschaftsstrukturen und zur Akzeptanz ihrer Politikergebnisse beitragen. Vor diesem Hintergrund kann man die Schwäche kollektiver Identitäten in einem Gemeinwesen wie der EU auch positiv wenden: Ein solches Gemeinwesen ist gezwungen, seine Existenz und seine Politik ständig neu vor grundsätzlich eigeninteressierten Bürgerinnen und Bürgern zu rechtfertigen.

4. *Europäische Demokratie ohne europäische Identität: Alternativen zu konstitutioneller Identitätspolitik*

Die drei Arten von Gefahren, die mit Versuchen der »Identitätsbildung durch Verfassung« verbunden sind, begründen erhebliche Zweifel an einer Strategie, die versucht, die gesellschaftliche Grundlage für eine Demokratisierung der EU durch eine konstitutionelle Identitätspolitik zu legen. Sie werfen die Frage auf, welche Alternativen zu einer solchen Identitätspolitik beim Versuch der Demokratisierung der EU bestehen. Um diese Frage zu beantworten, muss man sich zunächst klarmachen, welche Spielarten von Demokratie beim Fehlen einer stabilen europäischen Identität *nicht* möglich sind: Vor dem Hintergrund der oben diskutierten demokratietheoretischen Argumente sind wegen schwerwiegender Legitimitäts- und Akzeptanzmängel Demokratieformen auszuschließen, bei denen (a) die politische Willensbildung Prozesse der Deliberation in einer gesamteuropäischen Öffentlichkeit voraussetzt und (b) die Entscheidungsfindung mittels europaweiter Mehrheitsentscheidungen erfolgt, in denen wichtige Interessen relevanter Bevölkerungsteile verletzt werden könnten. Klar ist vor diesem Hintergrund, dass ein Transfer nationalstaatlicher Demokratiemodelle auf die europäische Ebene keine viel versprechende Grundlage für eine Demokratisierung der EU darstellt. Ohne die Ausbildung stabilerer europäischer Identitäten wird die EU ein Gemeinwesen bleiben müssen, in denen (a) Willensbildungsprozesse im Wesentlichen in national segmentierten Öffentlichkeiten erfolgen und (b) europaweite Entscheidungen gerade in besonders wichtigen Politikbereichen von politischen Eliten in konsensorientierten Verhandlungen – und gebunden an Einstimmigkeitserfordernisse (oder zumindest qualifizierte Mehrheiten) – getroffen werden.

Auch in einem solchen Gemeinwesen bestehen jedoch Optionen für eine Demokratisierung. Zwei Beispiele sollen hier genannt werden. Erstens liegt ein erhebliches Demokratisierungspotenzial in der mitgliedstaatlichen Europapolitik. Die europäischen Nationalstaaten sind nicht nur zentrale Akteure im politischen System der EU, sondern auf nationalstaatlicher Ebene finden sich auch bessere gesellschaftliche Voraussetzungen für eine Demokratisierung von Entscheidungsverfahren als auf Ebene der EU – insbesondere stabilere kollektive Identitäten. Trotzdem sind die formellen Mitwirkungs- und Vetorechte der Mitgliedstaaten in der EU bisher in einer unnötig exekutivlastigen Weise ausgestaltet: Sie werden im Wesentlichen von nationalstaatlichen Regierungen im Ministerrat ausgeübt. Eine Demokratisierung nationalstaatlicher Mitwirkungs- und Vetorechte wäre jedoch möglich. Ein erster Schritt in diese Richtung ist das in der Europäischen Verfassung vorgesehene Verfahren der Subsidiaritätskontrolle, das mitgliedstaatlichen Parlamenten die Möglichkeit eines Einspruchs gegen geplante europäische Rechtsakte eröffnet. Doch weitere derartige Schritte sind denkbar. So wäre es wünschenswert, die Kontrolle der nationalen Parlamente über das Handeln der Regierungen im Ministerrat zu verbessern – etwa durch die Erteilung von expliziten Verhandlungsmandaten oder die Beteiligung von Parlamentarierinnen und Parlamentariern in den nationalen Delegationen.[13] Es wäre aber auch denkbar, die nationalen Vertreterinnen und Vertreter im Ministerrat unabhängig von den nationalstaatlichen Regierungen direkt zu wählen (Zürn 1996, 50-51) oder die Ausübung nationaler Vetorechte an ein parlamentarisches oder gar direktdemokratisches Verfahren zu koppeln (Abromeit 1998). Alle diese Optionen hätten zur Folge, europäische Entscheidungen – selbst wenn sie in Verhandlungen politischer Eliten zustande kommen – in verstärktem Maße der Kontrolle und Einflussnahme durch nationale Öffentlichkeiten zugänglich zu machen.

Eine zweite Demokratisierungsoption, die auch ohne Existenz einer europäischen Identität umgesetzt werden könnte, setzt bei den Verfahren der Konsensfindung auf europäischer Ebene an. Bekanntlich erfolgt diese Konsensfindung nicht ausschließlich im Rahmen der soeben angesprochenen formellen Entscheidungsverfahren, sondern zu einem erheblichen Teil auch in einem System informeller Netzwerke, in dessen Zentrum die Europäische Kommission und ihre zahlreichen Ausschüsse stehen. Dieses »Regieren in Netzwerken« ist mit Recht für seine Selektivität in der Einbeziehung gesellschaftlicher Interessen und für seine Intransparenz kritisiert worden, die kaum Ansatzpunkte für demokratische und rechtliche Kontrolle bietet (Weiler 1999, 265-285). Eine Demokratisierungspolitik müsste vor diesem Hintergrund das Ziel verfolgen, die in solchen Politiknetzwerken ablaufenden Verhandlungen so

---

13 Vgl. zu solchen Optionen Maurer (2002).

weit wie möglich zu formalisieren (Curtin 2003, 68-71), verbriefte Beteiligungsrechte zu definieren (Dehousse 2003, 153-154) und auf eine Chancengleichheit unterschiedlicher Interessen hinzuwirken – etwa durch Regelungen für die Finanzierung von europäischen Interessenverbänden (Schmitter 2000, 59-64). Solche Reformen würden die Effektivität der im Netzwerk ablaufenden Koordinationsprozesse aller Voraussicht nach reduzieren, hätten dafür aber ein Mehr an demokratischer Kontrolle zur Folge.

Die genannten Beispiele machen deutlich, dass Maßnahmen zur Demokratisierung des europäischen Institutionensystems auch ohne die Ausbildung europäischer Identitäten möglich sind. Zwar ließen sich in diesem Fall keine transnationalen Deliberationsprozesse und europaweite Mehrheitsentscheidungen realisieren – die EU bliebe ein System national segmentierter Willensbildung und elitenorientierter Konsensfindung und damit gemessen an den Standards nationalstaatlicher Demokratie defizitär. Angesichts der Gefahren konstitutioneller Identitätspolitik könnte in einer inkrementellen Fortentwicklung des existierenden europäischen Institutionenarrangements aber dennoch ein größeres Demokratisierungspotenzial liegen als in Versuchen, durch die Konstruktion einer »Verfassungsgemeinschaft« die Grundlage für einen Transfer nationalstaatlicher Demokratiemodelle auf die europäische Ebene zu schaffen.

5. *Fazit*

Die Diskussion in diesem Beitrag deutet darauf hin, dass das No-Demos-Argument gegen die Möglichkeit einer umfassenden Demokratisierung der EU mehr Überzeugungskraft hat, als viele Befürworterinnen und Befürworter einer europäischen Identitätspolitik anzuerkennen bereit sind. Zwar ist deutlich geworden, dass man sich mit der derzeitigen Schwäche europäischer Identitäten keineswegs als unveränderliches Faktum abfinden muss: Kollektive Identitäten sind immer Produkte von gesellschaftlichen Konstruktionsprozessen, und es bestehen eine Reihe von Möglichkeiten, auf diese Konstruktionsprozesse gezielt Einfluss zu nehmen – nicht zuletzt durch die Gestaltung von Verfassungsinstitutionen. Auf der anderen Seite hat die Diskussion in diesem Beitrag aber auch gezeigt, dass eine solche konstitutionelle Identitätspolitik mit beträchtlichen Risiken verknüpft ist: Nicht nur ist ihr Erfolg keineswegs garantiert, sondern es besteht auch die Gefahr kontraproduktiver Effekte und unerwünschter Nebenwirkungen. Vor diesem Hintergrund ist bei Versuchen der Konstituierung einer europäischen »Verfassungsgemeinschaft« zumindest Vorsicht geboten. Realistischere und mit weniger Nebenwirkungen behaftete Optionen für eine Demokratisierungspolitik könnten in einer inkrementellen Fortentwicklung existierender europäischer Entscheidungsprozesse liegen, die sich insbesondere auf Verfahren mitgliedstaatlicher Europapolitik und europäische Politiknetzwerke zu konzentrieren hätte.

Literaturverzeichnis

Abromeit, Heidrun (1998): Ein Vorschlag zur Demokratisierung des europäischen Entscheidungssystems. In: Politische Vierteljahresschrift. 39. Jg., H. 1, S. 80-90.

Ackerman, Bruce (1991): We the People. Vol. 1: Foundations. Cambridge.

Arendt, Hannah (1965): Über die Revolution. München.

Böckenförde, Ernst-Wolfgang (1999): Staat, Nation, Europa. Studien zur Staatslehre, Verfassungstheorie und Rechtsphilosophie. Frankfurt/Main.

Bogdandy, Armin von (2004): Europäische Verfassung und europäische Identität. In: Juristen-Zeitung. Jg. 59, H. 2, S. 53-61.

Bogdandy, Armin von (2003): Europäische und nationale Identität: Integration durch Verfassungsrecht? In: Veröffentlichungen der Vereinigung der deutschen Staatsrechtslehrer. Jg. 62, S. 156-193.

Brodocz, André (2003): Die symbolische Dimension der Verfassung. Ein Beitrag zur Institutionentheorie. Wiesbaden.

Curtin, Deirdre (2003): Private Interest Representation or Civil Society Deliberation? A Contemporary Dilemma for European Union Governance. In: Social & Legal Studies. Jg. 12, H. 1, S. 55-75.

Decker, Frank (2002): Governance beyond the Nation-State. Reflections on the Democratic Deficit of the European Union. In: Journal of European Public Policy. Jg. 9, H. 2, S. 256-272.

Dehousse, Renaud (2003): Beyond Representative Democracy. Constitutionalism in a Polycentric Polity. In: Joseph H. H. Weiler/Marlene Wind (Hrsg.): European Constitutionalism beyond the State. Cambridge, S. 135-156.

Eisenstadt, Shmuel Noah/Bernhard Giesen (1995): The Construction of Collective Identity. In: Archives Européennes de Sociologie. Jg. 36, H. 1, S. 72-102.

Europäische Kommission (2004a): Eurobarometer 2003.4: Public Opinion in the Candidate Countries. Brüssel.

Europäische Kommission (2004b): Eurobarometer Spring 2004: Joint Full Report of Eurobarometer 61 and CC Eurobarometer 2004.1. Brüssel.

Foley, Michael (1989): The Silence of Constitutions. Gaps, 'Abeyances' and Political Temperament in the Maintenance of Government. New York.

Grande, Edgar (1996): Demokratische Legitimation und europäische Integration. In: Leviathan. Jg. 24, H. 3, S. 339-360.

Greven, Michael Th. (1998): Mitgliedschaft, Grenzen und politischer Raum. Problemdimensionen der Demokratisierung der Europäischen Union. In: Beate Kohler-Koch (Hrsg.): Regieren in entgrenzten Räumen. Opladen, S. 249-270.

Grimm, Dieter (2004): Integration durch Verfassung. Absichten und Aussichten im europäischen Konstitutionalisierungsprozess. In: Leviathan. Jg. 32, H. 4, S. 448-463.

Grimm, Dieter (1995): Braucht Europa eine Verfassung? In: Juristen-Zeitung. Jg. 50, H. 12, S. 581-591.

Habermas, Jürgen (2004): Der gespaltene Westen. Kleine politische Schriften X. Frankfurt/Main.

Habermas, Jürgen (2001): Zeit der Übergänge. Kleine politische Schriften IX. Frankfurt/Main.

Habermas, Jürgen (1998): Die postnationale Konstellation. Politische Essays. Frankfurt/Main.

Habermas, Jürgen (1992): Faktizität und Geltung. Beiträge zur Diskurstheorie des Rechts und des demokratischen Rechtsstaats. Frankfurt/Main.

Herrmann, Richard K./Thomas Risse et al. (2004, Hrsg.): Transnational Identities. Becoming European in the EU. Lanham.

Hurrelmann, Achim (2006): Das Dilemma europäischer Demokratie. Eine Fortsetzung der Verfassungsdebatte könnte die EU weiter von den Bürgern entfremden. In: Vorgänge. Jg. 45, H. 2, S. 20-26.

Hurrelmann, Achim (2005a): Verfassung und Integration in Europa. Wege zu einer supranationalen Demokratie. Frankfurt/Main.

Hurrelmann, Achim (2005b): Integration und europäische Verfassung. Zur Eignung der Integrationslehre als Theorie eines supranationalen Konstitutionalismus. In: Roland Lhotta (Hrsg.): Die Integration des modernen Staates. Zur Aktualität der Integrationslehre von Rudolf Smend. Baden-Baden, S. 163-189.

Kielmansegg, Peter Graf (1996): Integration und Demokratie. In: Markus Jachtenfuchs/Beate Kohler-Koch (Hrsg.): Europäische Integration. Opladen, S. 47-71.

Maurer, Andreas (2002): Optionen und Grenzen der Einbindung der nationalen Parlamente in die künftige EU-Verfassungsstruktur. SWP-Studie S 29. Berlin.

Metz, Almut (2005): Den Stier bei den Hörnern gepackt? Definition, Werte und Ziele der Europäischen Union im Verfassungsprozess. In: Werner Weidenfeld (Hrsg.): Die Europäische Verfassung in der Analyse. Gütersloh, S. 49-58.

Meyer, Thomas (2004): Die Identität Europas. Der EU eine Seele? Frankfurt/Main.

Moravcsik, Andrew (2006): What Can We Learn from the Collapse of the European Constitutional Project? In: Politische Vierteljahresschrift. Jg. 47, H. 2, S. 219-241.

Nederveen Pieterse, Jan (2000): Europe and its Others. In: Luisa Passerini/Marina Nordera (Hrsg.): Images of Europe. EUI-Working-Paper HEC 2000/5. San Domenico, S. 35-44.

Offe, Claus (1998): Demokratie und Wohlfahrtsstaat: Eine europäische Regimeform unter dem Streß der europäischen Integration. In: Wolfgang Streeck (Hrsg.): Internationale Wirtschaft, nationale Demokratie. Herausforderungen für die Demokratietheorie. Frankfurt/Main, S. 99-136.

Olsen, Johan P. (2003): Coping with Conflict at Constitutional Moments. In: Industrial and Corporate Change. Jg. 12, H. 4, S. 815-842.

Rawls, John (1998): Politischer Liberalismus. Frankfurt/Main.

Risse, Thomas (2002): Zur Debatte um die (Nicht-) Existenz einer europäischen Öffentlichkeit. Was wir wissen, und wie es zu interpretieren ist. In: Berliner Debatte Initial. Jg. 13, H. 5/6, S. 15-23.

Rohe, Karl (1990): Politische Kultur und ihre Analyse. Probleme und Perspektiven der politischen Kulturforschung. In: Historische Zeitschrift. Jg. 132, H. 250, S. 321-346.

Scharpf, Fritz W. (1999): Demokratieprobleme in der europäischen Mehrebenenpolitik. In: Wolfgang Merkel/Andreas Busch (Hrsg.): Demokratie in Ost und West. Frankfurt/Main: S. 672-694.

Scharpf, Fritz W. (1998): Demokratische Politik in der internationalisierten Ökonomie. In: Michael Th. Greven (Hrsg.): Demokratie – eine Kultur des Westens? Opladen, S. 81-103.

Schmitter, Philippe C. (2000): How to Democratize the European Union . . . and Why Bother. Lanham.

Smend, Rudolf (1928): Verfassung und Verfassungsrecht. In: Ders.: Staatsrechtliche Abhandlungen und andere Aufsätze. 3. Auflage. Berlin 1994, S. 119-276.

Taylor, Charles (2002): Wieviel Gemeinschaft braucht die Demokratie? Aufsätze zur politischen Philosophie. Frankfurt/Main.

Thalmaier, Bettina (2006): Partizipation und Politisierung als Antwort auf die Akzeptanz- und Legitimationskrise der Europäischen Union. CAP-Analyse 1/2006. München.

Thalmaier, Bettina (2005): Braucht die EU eine eigene Identität? CAP-Studie 1/2005. München.

Vorländer, Hans (2002, Hrsg.): Integration durch Verfassung. Wiesbaden.

Walker, Neil (2006): A Constitutional Reckoning. In: Constellations. Jg. 13, H. 2, S. 140-150.

Weiler, Joseph H. H. (1999): The Constitution of Europe: »Do the New Clothes Have an Emperor« and Other Essays on European Integration. Cambridge.

Wessels, Wolfgang (2003): Der Verfassungsvertrag im Integrationstrend: Eine Zusammenschau zentraler Ergebnisse. In: Integration. Jg. 26, H. 4, S. 284-300.

Zürn, Michael (1996): Über den Staat und die Demokratie im europäischen Mehrebenensystem. In: Politische Vierteljahrsschrift. Jg. 37, H. 1, S. 27-55.

Chancen und Herausforderungen einer europäischen Zivilgesellschaft

Claire Demesmay

1. Einleitung

Die Ablehnung des Europäischen Verfassungsvertrags in Frankreich und in den Niederlanden im Frühjahr 2005 hat nicht nur den vor Jahren eingeführten Verfassungsprozess brutal abgebrochen, sondern auch die schwere Orientierungskrise der Europäischen Union (EU) ans Licht gebracht. Seitdem befindet sich die Union offiziell in einer Phase der Reflexion, welche im Juni 2006 mangels überzeugender Ergebnisse verlängert worden ist. Diese Bedenkzeit sollte sich am Erfolg messen lassen, Ziele und Struktur des Projekts Europa zu klären und die Völker Europas für das Vorhaben zumindest ansatzweise zu begeistern. Was jedoch in dieser Zeit bestätigt wurde, ist hauptsächlich die Kluft, die die Bürger von den führenden Politikern hinsichtlich der europäischen Integration trennt, und die Schwierigkeit, eine solche wachsende Kluft zu überbrücken.

Dieses Phänomen der »Müdigkeit, [des] Unverständnis und [des] Unwillen[s] [. . .] wenn es um die Zukunft des Integrationsprozesses geht« (Garcia-Schmid/Hierlemann 2006, 4) ist keineswegs neu. Dass die Feindseligkeit bzw. die Verfremdung der Bürger gegenüber dem Projekt Europa durchaus ernstzunehmen ist, hatten schon 1992 die Debatten im Vorfeld des Vertrags von Maastricht und die knappen anschließenden Referendumsergebnisse in Frankreich gezeigt.[1] Schon damals wurde klar, dass der permissive Konsens, der die europäische Integration jahrzehntelang begleitet hatte, kurz vor seinem Ende stand. Ein Zeichen dafür war die Reaktion des Europäischen Rates, der schon einige Monate später erklärte, dass »Fortschritt als Gemeinschaft von Demokratien nur mit der Unterstützung der Bürger möglich« sei und der »zur Verbesserung des Zugangs der Öffentlichkeit zu den ihr und anderen Gemeinschaftsorganen vorliegenden Informationen«[2] appellierte.

Die Europaskepsis, d.h. die Müdigkeit gegenüber der Fortsetzung des europäischen Integrationsprozesses, und das Bewusstsein darüber sind eng mit der Debatte über den demokratischen Charakter des europäischen Systems verknüpft. In diesem Punkt stellt die Ratifizierung des Maastrichter Vertrags einen Paradigmenwechsel

---

1 Bei der Abstimmung 1992 hatten nur 51,05 Prozent der französischen Wähler mit »Ja« gestimmt, während 48,9 Prozent den Vertrag ablehnten. Das Thema hatte die meisten Regierungsparteien stark gespalten (so z.B. die »Parti socialiste«) und den Anreiz der »mouvements souverainistes« in Frankreich gezeigt.
2 Erklärung von Birmingham: Eine bürgernahe Gemeinschaft, 16. Oktober 1992.

dar, da seither die Frage des Demokratiedefizits der EU sowohl von Politikern als auch von Wissenschaftlern lebhaft diskutiert wird. Dies liegt unter anderem daran, dass der Vertrag die qualifizierte Mehrheit für Abstimmungen im Ministerrat einführte, welche der europäischen Ebene eine gewisse Selbständigkeit gegenüber den Mitgliedstaaten einräumt (Belot/Cautrès 2002). Darüber hinaus müssen die parlamentarischen Instanzen der Nationalstaaten und somit auch die nationalen Öffentlichkeiten mit ansehen, wie ihnen ihre exekutive Kontrolle zunehmend entgleitet, und dies, obwohl die legislative Macht des EU-Parlaments eingeschränkt bleibt. So können die EU-Bürger im Integrationsprozess lediglich eine bescheidene Rolle spielen. Neben dem Gefühl, in der EU-Politik »keine konkreten Mitsprachemöglichkeiten« (Tham 2006a, 1) zu haben, finden sich andere Gründe für die Europaskepsis damit belegt, dass sich die Bürger immer mehr mit Themen der internationalen Politik, also auch der EU beschäftigen, und sie diese nicht mehr allein den Politikern und Wissenschaftlern überlassen möchten. Da sie sich also angesprochen fühlen, können sie auch leichter enttäuscht werden.

Nach dem Scheitern des Verfassungsprojekts, stellt sich mehr denn je die Frage, wie die Bürger besser in den europäischen Entscheidungsfindungsprozess eingebunden werden können. Denn in einer tieferen Integration der Bürger in das politische System Europas liegt der zentrale Schlüssel zur Bildung einer öffentlichen Sphäre auf europäischer Ebene und zur Entstehung bzw. zur Verstärkung eines europäischen Zugehörigkeitsgefühls. Sie soll dabei helfen, »eine politische Öffentlichkeit als Vermittlungs- und Kontrollinstanz auf europäischer Ebene zu etablieren und ein belastbares europäisches Gemeinschaftsgefühl zu generieren« (Thalmaier 2006, 5). Denn ohne aktivere Bürgerbeteiligung wird es in der institutionellen Architektur der Union eine für die Demokratie unverzichtbare »Seele« – wie sie bereits im nationalstaatlichen Rahmen existiert – nicht geben. In diesem Zusammenhang erheben sich immer mehr Stimmen, die die Mängel der repräsentativen Demokratie auf europäischer Ebene anprangern. Da der Versuch, durch den institutionellen Apparat der EU eine von den europäischen Bürgern verinnerlichte europäische Demokratie zu konstruieren, bis heute größtenteils fehlgeschlagen ist, wird oft eine Verstärkung der partizipativen Demokratie in Erwägung gezogen: »La société européenne dans laquelle nous vivons aujourd'hui, la démocratie du XXIe siècle, requiert de nouvelles formes de démocratie qui doivent compléter la démocratie telle qu'elle a été conçue il y a deux siècles, la démocratie représentative« (Dastoli 2002, 33). Dieser Logik folgend wird der Zivilgesellschaft eine zentrale Rolle zugemessen: »Civil society is expected to bridge the gap between society and the European level thus strengtening democratic legitimacy and social integration« (Mittag 2004, 3).

Die Zielstellung besteht darin, das aktuelle repräsentative System zu ergänzen – und selbstverständlich nicht zu ersetzen –, um den Austausch zwischen Entscheidungsträgern und Bürgern zu dynamisieren und so letztere besser einzubeziehen. Zu diesem Schluss kam unter anderem im April 2006 das erste Forum für eine Zivilgesellschaft, das das EU-Parlament ins Leben gerufen und organisiert hatte. Jo Leinen,

Mitglied des Europäischen Parlaments und Vorsitzender des Ausschusses für konstitutionelle Fragen, kommentierte beispielsweise: »Participatory democracy is the way to bring Europe closer to citizens, through a bottom-up approach«[3]. Folglich kann das Europäische Parlament nicht mehr als einziger direkter Repräsentant der Bürger auf europäischer Ebene betrachtet werden; immer mehr müssen auch Bürgerverbände diese Aufgabe erfüllen und eine Vermittlungsrolle zwischen den Völkern Europas und den EU-Entscheidungsträgern spielen. Ziel dieser Überlegungen ist es, sowohl das demokratische Defizit der Union zu beseitigen als auch einen transparenteren öffentlichen Raum in Europa zu schaffen.

2. Rolle und Einfluss der europäischen Zivilgesellschaft heute

Das politische System Europas weist bereits zahlreiche Eigenschaften einer partizipativen Demokratie auf. Zwar ist es nicht selten, dass bürgernahe Verbände bisweilen Misstrauen bei manchen Entscheidungsträgern hervorrufen. – So hat zum Beispiel die EU-Abgeordnete Catherine Lalumière 2002 dafür plädiert, auf eine Teilnahme der Zivilgesellschaft an den Diskussionen im Verfassungskonvent zu verzichten, da ihrer Ansicht nach diese zu »chaotischen Umständen« (»*pagaille*«) führen und die Ausarbeitung von Kompromissen hätte erschweren können (Ghils 2002, 27). – Im Allgemeinen sind jedoch die EU-Institutionen weit davon entfernt, sich Repräsentanten der Zivilgesellschaft gegenüber zu verschließen. Ganz im Gegenteil: Um an Legitimität zu gewinnen und die Kritik an diesen Politikern abzustreifen, die »sehr schnell die Meinung derjenigen [. . .] vergessen, die sie zu diesem Amt berufen hatten« (Kuhn 2005), greifen die Kommission und das Europäische Parlament zunehmend auf Gespräche mit Verbänden und Nicht-Regierungsorganisationen zurück – worauf hin deren Anzahl in Brüssel im Laufe der letzten Jahre stark anstieg. Zwar ist die Zahl solcher Verbände zwischen Anfang und Ende der 1960er Jahre – damals vor allem Gesprächsrunden und -clubs – nur von 160 auf 250 gewachsen. Aber mit der Schaffung der Europäischen Union durch den Maastrichter Vertrag (1992), also mit der Einführung des Europäischen Binnenmarktes, der Wirtschafts- und Währungsunion sowie der Europäischen Sicherheits- und Verteidigungspolitik (ESVP), ging sie in den 1990er Jahren exponentiell in die Höhe, so dass man im Jahr 2000 zwischen 2 500 bis 3 000 solcher Organisationen zählte, die sich außerdem verändert haben und immer mehr die Form von transnationalen, nicht selten wirtschaftsorientierten Interessengruppen annehmen (Mittag 2004, 10-11).[4]

---

3 Pressedienst des Europäischen Parlaments, Civil society groups join debate on EU's future, 25. April 2006: <http://www.europarl.europa.eu/news/expert/infopress_page/001-7553-114-04-17-901-20060424IPR07540-24-04-2006-2006-false/default_de.htm>.

4 Die Zahl der Lobbyisten selbst ist viel höher: in Brüssel, der nun zweitgrößten Lobbying-Stadt der Welt nach Washington, arbeiten im Jahr 2006 ca. 13.000 Personen in Berufsverbänden, NGO's, Gewerkschaften, Handelskammern, Landwirtschaftsverbände, Landes- bzw. Regionsvertretungen und auf EU-Fragen spezialisierte Beratungsunternehmen (Marziali 2006).

Zehn Jahre nach der Schaffung des Binnenmarktes war darüberhinaus ein wichtiger Wendepunkt für die legislative Anerkennung der partizipativen Demokratie in der EU. Im Jahr 1998 entschied nämlich das Gericht der Europäischen Gemeinschaften, dass Übereinkommen, die Arbeitgeberverbände und Gewerkschaften im Rahmen ihrer Gespräche bzw. Verhandlungen erzielen, nunmehr den Stellenwert sozialer Normen[5] erhalten sollen. Damit sind diese, juristisch gesehen, gleichwertig mit den Gesetzen der Abgeordnetenversammlung: »Cette négociation légiférante entre groupes d'intérêt, hissée au même niveau que la délibération entre élus du peuple, ouvre une voie royale à l'action des acteurs sociaux, c'est-à-dire non étatiques« (Ghils 2002, 28). Für die Zivilgesellschaft ist die Bedeutung dieser Entscheidung nicht zu unterschätzen: Da sie Gesellschaftsvertretern erlaubt, Verantwortung in ihrem Handlungsbereich zu übernehmen, verstärkt sie deren Rolle und stellt somit einen Bruch in der Herangehensweise an die Demokratie in Europa dar.

In diesem Zusammenhang versuchen die europäischen Entscheidungsträger seit Ende der 90er Jahre immer mehr die Beteiligung der Zivilgesellschaft zu vertiefen und deren Repräsentanten zu ermutigen, sich mehr in der europäischen Politik zu engagieren. Das lässt sich anhand einer ganzen Reihe von Initiativen nachweisen, die in erster Linie die EU-Kommission kontinuierlich anregt, um die demokratische Annäherung der EU zu ihren Bürgern zu fördern. So legte sie beispielsweise im Februar 2006 eine neue Kommunikationsstrategie vor, die in einem Weißbuch dargestellt worden ist und von folgender Feststellung ausgeht: »Die Kluft zwischen der Europäischen Union und den Bürgern ist ein weithin bekanntes Phänomen« (Kommission der Europäischen Gemeinschaften 2006a, 2). Um diesem Umstand Abhilfe zu verschaffen, schlagen die Vertreter der Kommission einen Dialog mit den Bürgern vor, der letzteren eine Stimme in der Zukunftsplanung der EU verleihen soll. Ziel dieser Kommunikationsstrategie ist es, den Austausch zwischen Bürgern und Politikern zu organisieren, »eine bessere Kommunikation zur Intensivierung der öffentlichen Debatte in Europa« (Tham 2006a, 3) zu entwickeln; anders gesagt: Es soll um einen Dialog *mit* den Menschen, also auch um das Zuhören gehen, und nicht nur um die bloße Mitteilung EU-relevanter Informationen *an* den Menschen, wie es lange der Fall war.[6] In diesem Sinne hat die Generaldirektion für Kommunikation u.a. eine Webseite geschaffen, auf der jeder »User« seine Kommentare und Vorschläge frei mitteilen kann und auf die die Kommission am Ende der Reflexionsphase näher eingehen will. Ein zweites Beispiel für den Willen der europäischen Entscheidungsträger, eine Annäherung zwischen Politik und Bürger sowie die Stärkung ihres Einflusses zu erreichen, ist das »Recht auf Bürgerinitiative«, womit der

---

5 Aufgenommen wurden seither (2006) ungefähr 300 Texte, die aus den Verhandlungen zwischen Tarifpartnern in Europa resultieren und die sozialen Partner verpflichten.

6 Zur früheren Kommunikationsstrategie der europäischen Institutionen, siehe beispielsweise Kommission der Europäischen Gemeinschaften (2001) sowie Liebert (2001) für eine kritische Sicht.

Europäische Verfassungsvertrag, wäre er ratifiziert worden, die Bürger ausstattet. Konkret würde er den Menschen das Recht verleihen, auf EU-Ebene Gesetzesvorschläge einzureichen. Zum ersten Mal würden also die Bürger die Möglichkeit erhalten, die Ausarbeitung europäischer Rechtsvorschriften einzuleiten, und so über Handlungskraft auf europäischer Ebene verfügen. Allerdings müssten sich hierzu mindestens eine Million Bürger zu einem Thema organisieren, um dann die Kommission aufzufordern, dem Europäischen Rat einen Gesetzesvorschlag im Rahmen ihrer Kompetenzen zu unterbreiten (Laurent 2006).

Der Paradigmenwechsel zeigt sich also vor allem dadurch, dass die Entscheidungsträger die Bürger in europäische Angelegenheiten besser einbinden wollen. In diesem Zusammenhang kann man sich fragen, welchen Einfluss denn die organisierte Zivilgesellschaft auf den Prozess europäischer Entscheidungsfindung bisher hat. Diese Frage präzise zu beantworten erweist sich als durchaus schwierig, einerseits weil ein solcher Einfluss größtenteils informell ausgeübt wird; andererseits, weil die europäische Zivilgesellschaft extrem heterogen ist und also über verschiedene Wirkungskapazitäten verfügt. Jedoch vermutet man, dass der Einfluss ziviler Akteure auf die EU-Entscheidungsprozesse nicht zu unterschätzen ist, was sich unter anderem daran zeigt, dass die EU-Institutionen der Zivilgesellschaft – zumindest einem Teil davon – zunehmend eine beratende Rolle zugestehen. Dies gilt insbesondere für Berufsverbände und andere wirtschaftsorientierte Organisationen.

Die Geschichte des EU-Gesetzesvorschlags zur Registrierung, Evaluierung und Autorisierung von Chemikalien (REACH)[7] zeigt beispielsweise wie zentral, ja sogar unvermeidlich, diese Art der Lobbyarbeit bei der Durchführung der EU-Gesetzgebung geworden ist, und zugleich wie heftig die Auseinandersetzung zwischen Interessengruppen in Brüssel sein kann. So hat ein großer Teil der chemischen Industrie im Namen der Wettbewerbsfähigkeit[8] der europäischen Wirtschaft für eine Abschwächung des Gesetzesumfangs gekämpft – unter dem Einfluss ihrer Vertreter wurde unter anderem das Substitutionsprinzip von gefährlichen Stoffen durch den Begriff der »adäquaten Kontrolle« des Risikos ersetzt und die Zahl der zu entsorgenden Produkte reduziert. Parallel dazu haben Umweltschutz- und Verbraucherorganisationen wie WWF, Greenpeace oder BEUC durch Öffentlichkeitskampagnen[9] zur Verbreiterung des Interessiertenkreises beigetragen und somit ebenfalls einen gewissen Druck auf die Entscheidungsträger ausgeübt – generell ist ja die schritt-

---

7   Nachdem der Rat seine Gemeinsame Position verabschiedet hatte (Juni 2006), diese im Parlament in zweiter Lesung diskutiert worden ist (Oktober 2006) und der Rat darüber abgestimmt hat (Dezember 2006), soll das REACH-Gesetz im April 2007 in Kraft treten. Zum Gesetzvorschlag, siehe: <http://europa.eu/eur-lex/de/com/pdf/2003/com2003_0644de.html>; zu den Kernfragen und zur Debatte über das Gesetz: <http://www.euractiv.com/de/gesundheit/chemikalien-kennen-verbraucher/article-158542>.

8   So haben z.B. der deutsche Verband der Chemischen Industrie (VCI) und sein europäisches Pendant, der Europäische Rat der Verbände der chemischen Industrie (CEFIC), Kosten von bis zu 8 Milliarden Euro vorgerechnet.

9   Z.B. wurde die DetoX-Kampagne stark mediatisiert. Siehe dazu: <http://detox.panda.org/>.

weise Einführung ökologischer Richtlinien in die europäische Gesetzgebung zu gro-
ßem Teil auf die Lobbyarbeit von solchen NGO's zurückzuführen. Kurz vor der
zweiten Lesung im EU-Parlament haben noch Chemikalien-Hersteller und NGO-
Vertreter darüber gestritten, in welchem Umfang die Verbraucher über chemische
Substanzen informiert werden sollen. So spiegelt das REACH-Gesetz stellvertre-
tend für viele den herrschenden Machtkampf zwischen Vertretern konträrer Interessen wider.

3. *Mängel der Zivilgesellschaft im europäischen Entscheidungsprozess*

Auch wenn eine Beteiligung ziviler Akteure an der EU-Politik wünschenswert und
sogar erforderlich erscheint, stimmt sie jedoch nicht unbedingt mit den Prinzipien
einer partizipativen Demokratie überein. Denn es besteht die Gefahr, dass »only
some groups are taken into consideration by EU-institutions because of their size
and resources« (Marziali 2006, 5) und, dass sich infolgedessen die Arbeit der Bürgergesellschaft zunehmend auf finanzielle und kommerzielle Themen beschränkt –
ein Zeichen dafür scheint die steigende Zahl der »produktiven« Lobbyisten (Unter-
nehmens- und Industrieverbände, Beratungsunternehmen, etc.) in Brüssel zu sein,
wie sie beispielsweise in der REACH-Gesetzgebung vorkommen. Eine Fortführung
und Verallgemeinerung dieses Trends wäre mit dem Prinzip des Gemeinwohls
unvereinbar und würde so auch der Konsolidierung der Demokratie auf europäischer Ebene im Wege stehen. Daneben ist auch die organisierte Zivilgesellschaft,
übrigens auch wenn man nicht wirtschaftsorientierte Organisationen berücksichtigt,
oft weit davon entfernt, ein Spiegelbild der breiten Öffentlichkeit zu sein. Entsprechend bringt die Beteiligung ziviler Akteure am europäischen Entscheidungsprozess drei Problemkomplexe mit sich: erstens fehlt es ihrer Arbeit oft an Transparenz;
zweitens ist sie nicht immer repräsentativ für die Bedürfnisse und Erwartungen der
verschiedenen europäischen Gesellschaften; drittens gelingt es ihr nicht immer, das
Interesse vieler Bürger zu wecken.
Im Hinblick auf das klassische Demokratieverständnis fordert der Mangel an Transparenz von vielen Vereinigungen und NGO's auf europäischer Ebene die Entstehung
einer europäischen Öffentlichkeit heraus. Am häufigsten treffen Mitglieder europäischer Institutionen im Rahmen informeller Diskussionen auf Repräsentanten der
Zivilgesellschaft. Nun beruht aber diese Kooperation auf keinem offiziellen Mandat
und genießt auch keinen juristischen Status (Ghils 2002, 30-31). Unter diesen
Umständen ist eine öffentliche Kontrolle schwierig, ja sogar unmöglich, obwohl sie
für ein demokratisches System eine Voraussetzung darstellt. Zwar können in
bestimmten Fällen politische Entscheidungen und Beteiligung der Öffentlichkeit
durch die Stärkung der Zivilgesellschaft vereinbart werden. – Dies hat beispielsweise 2002 der Verfassungskonvent erkennen lassen. Gemäß der Erklärung von

Laeken[10] sollten Vertreter der Zivilgesellschaft durch ihre Vorschläge und Ideen dazu beitragen, mit dem Prinzip diplomatischer, also geheimer Verhandlungen zu brechen, das der europäischen Integration zu Grunde liegt, und die Gespräche zur Zukunft Europas so gesellschaftlich zu politisieren. In der Tat hatten Ende 2002 160 Verbände an diesem Prozess teilgenommen. – Aber auch diese Tatsache ist kein Grund zur »EU-phorie«. Denn einerseits sind die beteiligten Verbände während dieser Zeit nur selten zusammengekommen; andererseits stellt die Transparenz des Konvents trotz dieses zu kritisierenden Punkts immer noch die Ausnahme im EU-Prozess dar.

Das zweite Problemfeld, das das erste noch verstärkt, ist der relative Mangel an Repräsentativität der Zivilgesellschaft im politischen System der EU. Um der Beteiligung europäischer Vereinigungen am europäischen Entscheidungsprozess demokratische Legitimität zu verschaffen, erscheint es notwendig, dass sie im Großen und Ganzen das öffentliche Meinungsbild der europäischen Gesellschaften widerspiegeln können. Nichts aber garantiert diese Repräsentativität, da die leitenden Personen solcher Vereinigungen und NGO's von den Bürgern nicht gewählt sind und ihre Aktivitäten der Öffentlichkeit oft unbekannt bleiben (Dastoli 2002, 34-35). Vor allen Dingen werden die in Frage kommenden Verbände von den EU-Institutionen nach Regeln ausgewählt, die die Bürger nicht kennen und auch nicht beeinflussen können. Im Übrigen besteht oft bezüglich der Bewertung der europäischen Politik bzw. des Zukunftsbildes der EU eine deutliche Diskrepanz zwischen organisierter Zivilgesellschaft und öffentlicher Meinung. Dies haben 2005 die Debatten zum Verfassungsvertrag sowie die Ergebnisseà vérifier, sonst »die Ergebnisse der Referenden« der Referenden in Frankreich und den Niederlanden gezeigt: Damals hat die Mehrzahl der politischen Parteien und der europäischen Vereinigungen das Verfassungsprojekt unterstützt, während die Mehrheit der Wähler es zurückwies. Dieser Kontrast verdeutlicht die wahre Legitimität der Verbände, die theoretisch im Namen der Bürger sprechen, und zeigt, wie heikel sich die Repräsentativitätsfrage in der Europäischen Union erweist.

Schließlich besteht das dritte Problem darin, dass die Einbindung der organisierten Zivilgesellschaft in die europäische Politik, wie hoch deren Beteiligung am europäischen Entscheidungsprozess auch sein mag, nur von demokratischem Nutzen für Europa sein kann, wenn sich die Bürger für die Themen und Tätigkeiten dieser Organisationen interessieren. Heute scheint aber in der Bevölkerung vieler europäischer Länder Müdigkeit und Skepsis die Oberhand über das Interesse für euro-

---

10 Erklärung von Laeken zur Zukunft der Europäischen Union, 15.12.2001, <http://europa.eu.int/constitution/futurum/documents/offtext/doc151201_de.htm>: »Im Hinblick auf eine umfassende Debatte und die Beteiligung aller Bürger an dieser Debatte steht ein Forum allen Organisationen offen, welche die Zivilgesellschaft repräsentieren (Sozialpartner, Wirtschaftskreise, nichtstaatliche Organisationen, Hochschulen usw.). Es handelt sich um ein strukturiertes Netz von Organisationen, die regelmäßig über die Arbeiten des Konvents unterrichtet werden. Ihre Beiträge werden in die Debatte einfließen. Diese Organisationen können nach vom Präsidium festzulegenden Modalitäten zu besonderen Themen gehört oder konsultiert werden.«

päische Fragen und die Aktivitäten europäischer Verbände zu gewinnen, sowohl unter Jugendlichen (Tham 2006b) als auch unter den älteren Generationen (Thalmaier 2006, 5-7; TNS Opinion & Social/Europäische Kommission 2006[11]). Die verschiedenen von den EU-Institutionen etablierten Instrumente, wie das Einreichen von Ideen und Vorschlägen während der Phase der Reflexion, werden kaum genutzt, obwohl die dazu zur Verfügung stehende Infrastruktur in der Regel benutzerfreundlich ist und zur Schaffung eines europäischen öffentlichen Raumes beitragen könnte. Paradoxerweise sind es gerade die Bürger, die sich von den Politikern ungehört oder sogar »im Stich gelassen« fühlen, die sich von den angebotenen Instrumenten abwenden. Folglich beschränkt sich der öffentliche Raum, der durch die Arbeit der Zivilgesellschaft in Europa entsteht bzw. entstehen könnte, auf eine Minderheit. Da diese ohnehin bereits am Prozess der europäischen Integration interessiert ist und diese begrüßt, bleibt ein weiterer Zulauf zum öffentlichen Raum bisweilen aus.

4. Institutionalisierung der zivilgesellschaftlichen Arbeit versus Emotionalisierung der europäischen Politik

Unter diesen Umständen kann eine Institutionalisierung der Beteiligung der Zivilgesellschaft am politischen Entscheidungsfindungsprozess der Europäischen Union lediglich einen – kleinen – Teil des Problems lösen. Zwar verhilft sie – sofern sie auf einer Systematisierung der Gespräche mit Vertretern von Vereinigungen und NGO's in Brüssel *und* auf einer besseren Kontrolle der Lobbytätigkeit durch die Öffentlichkeit beruht – zu mehr Transparenz und reduziert somit die Gefahr einer antidemokratischen, gegen das Gemeinwohl gerichteten Entwicklung der EU. Ebenso könnte sie aber auch dazu beitragen, wenngleich nicht im selben Maße, die Repräsentativitätslücke der Zivilgesellschaft zu verringern, indem Informationen über die Aktivitäten ihrer Repräsentanten sowie über die Regeln des Auswahl- und Beratungsverfahrens einer breiteren Öffentlichkeit zur Verfügung gestellt werden. In diesem Sinne ist eine solche Institutionalisierung, wie sie die Europäische Kommission unter anderem durch »die Bereitstellung umfassenderer Informationen darüber, wer an der Politik oder der Ausarbeitung eines Rechtsrahmens mitgewirkt hat, und die Einführung eines Registrierungssystems« (Kommission der Europäischen Gemeinschaften 2006b, 8) der Lobbyisten beabsichtigt, nicht nur erstrebenswert, sondern auch unverzichtbar. Die Auswirkungen einer solchen Institutionalisierung auf das Desinteresse der Bürger für europäische Angelegenheiten sind dagegen weiter umstritten. Dies hat mehrere Gründe:

11 Die Autoren der Enquete stellen Folgendes fest: »Während 63 Prozent der Bürger der Europäischen Union erklären, an der Innenpolitik in ihrem Land interessiert zu sein, äußert nur eine Minderheit diese Meinung für die europäische Politik (47 Prozent). Es sei angemerkt, dass 30 Prozent der Befragten, die ein gewisses Interesse an nationalen Themen zeigen, an europäischen Fragen desinteressiert sind« (TNS Opinion & Social/Europäische Kommission 2006, 13).

Erstens, wenn Institutionalisierung die Schaffung neuer Institutionen – mit der Aufgabe, Zivilgesellschaft zu organisieren und zu vertreten – bedeutet, ist die Gefahr groß, dass die Kraft, die in der Regel aus der Arbeit von Bürgervereinigungen und NGOs resultiert, gehemmt wird. Denn die komplexen Entscheidungsmechanismen, die diese Art der Institutionalisierung voraussetzt, sind mit der Dynamik der zivilen Arbeit schwer zu vereinbaren, indem sie die Verhältnisse kodieren und gewissermaßen zum Gerinnen bringen. Außerdem besteht die Gefahr, dass ein weiterer offizieller Rahmen einen bürokratischen Eindruck entstehen lässt, so dass die neuen Institutionen für die Bürger eher abschreckend wirken und zu einer aktiveren Beteiligung kaum einladen. Das trifft vor allem für die Beratungskomitees und institutionalisierten Körperschaften zu, deren Anzahl in den letzten Jahren stetig anstieg.

Der bekannteste Fall dafür ist der Europäische Wirtschafts- und Sozialausschuss (EWSA), dem den Römischen Verträgen (1957) zufolge die Zielsetzung zukommt, das Europäische Parlament, die Kommission und den Europäischen Rat von etablierten Positionen aus durch die Zivilgesellschaft zu beraten. Seine Besonderheit liegt darin, an keine politische Partei gebunden zu sein. Vielmehr besteht er aus Arbeitgebern und -nehmern sowie aus Repräsentanten von Verbraucher-, Familien- und Umweltschutzorganisationen und verschiedenen anderen Vereinen. Kurz gesagt ist der EWSA theoretisch darauf ausgerichtet, wie auch 2000 im Vertrag von Nizza vermerkt wurde,[12] die organisierte Zivilgesellschaft in ihrer Gesamtheit in den Institutionen der Gemeinschaft zu vertreten und ihr daher einen Ausgleich für ihre damalige »Quasi-Abwesenheit« im Räderwerk europäischer Machtpolitik zu verschaffen. Leider ist die Umsetzung nicht so befriedigend wie es die Theorie verspricht, da der Europäische Wirtschafts- und Sozialausschuss nur eingeschränkten Einfluss ausübt. Zum einen liegt das an seiner Zusammensetzung, die so heterogen ist, dass seine Mitglieder sich lediglich auf den kleinsten gemeinsamen Nenner verständigen und somit innovative Vorschläge nur schwer durchsetzen können. Zum anderen steht er im Wettbewerb mit kleineren und spezialisierten Interessengruppen, die häufig gut organisiert und in wachsender Zahl in Brüssel vertreten sind. Es ist offensichtlich, dass diese Elemente keine gute Basis für die Identifizierung der Bürger mit einer Institution wie dem EWSA bilden.

Zweitens genügt der allgemeine Institutionalisierungsprozess – heiße er Schaffung neuer Institutionen oder Bereitstellung von Informationen über die zivilen Partner der Europäischen Kommission – freilich nicht, um die Debatte um EU-Fragen zu politisieren, d.h. um sie zu beleben und sie also für EU-Bürger »attraktiv« zu machen. Denn auch wenn die Politik der Europäischen Union durch das Bemühen um mehr Transparenz zugänglicher wird und sich somit durch einen Gewinn an

---

12 Vertrag von Nizza, 2001/C 80/01: »Der Ausschuss besteht aus Vertretern der verschiedenen wirtschaftlichen und sozialen Bereiche der organisierten Zivilgesellschaft, insbesondere der Erzeuger, der Landwirte, der Verkehrsunternehmer, der Arbeitnehmer, der Kaufleute und Handwerker, der freien Berufe, der Verbraucher und des Allgemeininteresses. (Artikel 257) (. . .) Die Mitglieder des Ausschusses sind an keine Weisungen gebunden. Sie üben ihre Tätigkeit in voller Unabhängigkeit zum allgemeinen Wohl der Gemeinschaft aus« (Artikel 258).

Legitimität den Bürgern nährt, erweckt sie deshalb nicht automatisch das Interesse eines breiten Publikums. Das europäische Projekt demokratischen Gesetzmäßigkeiten zu unterwerfen müsste umgesetzt heißen, der europäischen Demokratie eine politische Dimension einzuräumen – die es bis jetzt überhaupt nicht gibt (Thalmaier 2006, 10-12). Es reicht nicht aus, individuelle Freiheiten und Rechte zu schützen, die Bürger über politische Fragen zu informieren und ihnen eine bessere Kontrolle über das Gesetzgebungsverfahren zu erlauben. Darüber hinaus sollen die Bürger gleichwohl an der politischen Diskussion um ihre gemeinsame Zukunft im europäischen Rahmen mitwirken können und wollen – und zwar über den Prozess des Wählens hinaus. Erforderlich ist auch eine aktive und permanente Teilnahme im Vorfeld politischer Entscheidungen – und in geringerem Ausmaß auch nach ihrem Abschluss.

Dies hat nicht nur Konsequenzen für die Arbeitsweise der Zivilgesellschaft, sondern auch für die Reform des Europäischen Parlaments als Vertretungsorgan der Völker Europas. Zwar würde die Zuweisung substanzieller Kompetenzen an das Parlament die demokratische Legitimität der EU-Politik leicht erhöhen und dadurch die Stellung europäischer Bürger stärken. Insofern kann man beispielsweise Stefan Collignons Vorschläge zur Demokratisierung der EU nur begrüßen: »Die Empfehlungen der Kommission zum Makrodialog und lohnpolitischen Leitlinien erfordern die Zustimmung des Europäischen Parlaments«; oder auch: »Die reformierten Grundzüge der Wirtschaftspolitik werden vom Europäischen Parlament im Mitentscheidungsverfahren mit dem Europäischen Rat auf Vorschlag der Kommission verabschiedet« (Collignon 2006, 16). Wenn die Bürger sich jedoch nicht vorab mit der Realität der Union identifizieren können, wenn sie also bloß über inhaltslose Mechanismen verfügen, bleiben auch solche Maßnahmen erfolglos, die Europaskepsis abzubauen. Die Verstärkung des Europäischen Parlaments allein wird kaum dazu führen, das Interesse der Bürger am Projekt Europa zu wecken; sie wird den Bürger auch nicht dazu bringen, sich für das Projekt zu engagieren und sich einzubringen. Diesen Sachverhalt belegt eindeutig die zunehmende Politikverdrossenheit bei den Europawahlen, die im paradoxen Widerspruch zur steigenden – und dennoch zugegebenermaßen nicht ausreichenden – Bedeutung des Europäischen Parlaments steht.[13]

Um die Demokratie in der Europäischen Union zu intensivieren, genügt es also weder, die durch die Institutionen gestellten Hindernisse aus dem Weg zu räumen, noch neue zivilorientierte Institutionen zu schaffen. Die Strategie, die darauf beruht, die Zivilgesellschaft häufiger zu Rate zu ziehen und dabei auf mehr Transparenz zu achten, ist zwar interessant, da sie unter bestimmten Umständen eine bessere öffent-

---

13 An den Wahlen des EU-Parlaments haben sich jeweils 63 Prozent (1979), 61 Prozent (1984), 58,5 Prozent (1989), 56,8 Prozent (1994), 49,8 Prozent (1999) und 45,6 Prozent (2004) der EU-Bürger beteiligt. Quelle: <http://www.elections2004.eu.int/elections2004/ep-election/sites/fr/results1306/turnout_ep/turnout_table.html>.

liche Kontrolle über die europäische Politik bedeuten kann. Problematisch ist jedoch, dass sie auf politische Mechanismen setzt, die nur dann funktionieren können, wenn zuvor eine Gemeinschaft besteht, die durch ein Zugehörigkeitsgefühl verbunden ist. Die Arbeit der Zivilgesellschaft in Europa leidet jedoch an der Unfähigkeit, Emotionen zu schaffen, die für eine Annäherung der EU an ihre Bürger und daher für eine Stärkung der europäischen Demokratie unabdingbar sind. Wie Werner Weidenfeld bemerkt, stellt auf diesem Wege die Politisierung der EU-Politik eine unausweichliche Etappe dar: »Wenn sich in Europa eine vitale Demokratie entwickeln soll, dann gehört dazu nicht nur, die Rechte des Europäischen Parlaments oder die Beteiligung der nationalen Parlamente zu stärken, also eine Korrektur auf der Systemebene vorzunehmen. Das Thema EU muss vielmehr zum integralen und selbstverständlichen Bestandteil politischer Debatten in den Mitgliedstaaten werden. Die Abschottung der nationalen von der europäischen Ebene im politischen Diskurs muss aufgehoben werden, denn sie entspricht im Mehrebenensystem nicht mehr der Realität« (Weidenfeld 2006).

Zur Politisierung der europäischen Öffentlichkeit können Parteien einen wichtigen Beitrag liefern.[14] Da sie bis jetzt vorwiegend national ausgerichtet waren bzw. sind, haben sie sowohl zu einer Begrenzung der öffentlichen Debatten innerhalb der nationalstaatlichen Grenzen als auch zur Konsolidierung der Konsensdemokratie in der Union beigetragen und somit das Debattieren politischer Themen auf europäischer Ebene doppelt verhindert. Eine Weiterentwicklung von europäischen Parteien würde aber unzweifelhaft helfen, die »mangelnde Binarisierung der [europäischen] Politik« (Thalmaier 2006, 12) zu reduzieren und dadurch die öffentliche Debatte innerhalb der EU beleben. Gleichermaßen wäre eine bessere Kommunikation zwischen nationalen und europäischen Akteuren wünschenswert, diese »will have a significant impact on citizens' ability to hold European decision-makers accountable and leave a marked imprint on the way EU matters are discussed and decided upon« (EPIN 2005, 3). Um Europaangelegenheiten zu politisieren, ist es also unabdingbar, die Trennung zwischen europäischer und nationaler Politik aufzuheben.

Das heißt, dass die europäische Integration nur dann demokratisch sein kann, wenn auf europäischem Niveau eine öffentliche Sphäre geschaffen wird, in dem die Bürger argumentieren, sich austauschen, beratschlagen können und zu dem sie sich dazugehörig fühlen. Beide Bedingungen – Dialog und Identität – sind in der Union noch nicht erreicht, denn in ihr gibt es, wenn überhaupt, dann nur eine sehr brüchige öffentliche Debatte, während die politischen Verhaltensweisen weiterhin einem ausschließlich nationalen Kontext entspringen. Bedeutet dies, dass es nur eine nationale Demokratie geben kann?

---

14 Der Aufbau von grenzüberschreitenden Medien kann ebenfalls dazu beitragen, insofern sie den Bürgern aktuelle Nachrichten aus den Nachbarländern vermitteln und ihnen folglich erlauben, andere politische Kulturen kennen zu lernen und sich gemeinsame Bezugspunkte für die Diskussion zu schaffen.

5. Von der Identifikation zur Debatte

Angenommen, Staatsbürgerschaft definiert sich in erster Linie über die Zugehörigkeit zu einer historischen oder kulturellen Gemeinschaft – der berühmten Schicksalsgemeinschaft –, so kann man diese Frage nur bejahen. Dieser Ansicht nach kann Demokratie nur dann existieren, wenn politische und kulturelle Sphäre übereinstimmen; anders gesagt, wenn die Normen des politischen Entscheidungsprozesses die Geschichte und Kultur der Gemeinschaft widerspiegeln. In diesem Sinne behauptete beispielsweise Raymond Aron in den 1970er Jahren, dass politische Einheit mit linguistischer und ethnischer Vielfalt vollkommen inkompatibel sei und dass sich folglich eine »citoyenneté multinationale« einen Widerspruch an sich darstelle (Aron 1974). Es ist offensichtlich, dass dieses Argument weniger auf technischen als vielmehr auf kulturellen Bedenken beruht. Wenn es sich lediglich darum handelte, miteinander zu reden, um sich zu informieren und rational Ansichten auszutauschen, wenn daher das Problem rein kommunikativer Natur wäre, dann könnte das Zurückgreifen auf eine Lingua franca, auf transnationale Parteien und Massenmedien ein Stück weit Abhilfe leisten. Dieser Logik zufolge steht aber »une vie publique vivante qui purge les passions« (Ferry/Thibaud 1992, 80) zur Debatte, eine Öffentlichkeit, die sich auf ein Erbe beruft und die Emotionen – also auch teilweise Spontaneität und eventuell Unvernunft – zum Ausdruck kommen lässt. Demzufolge sind nur Menschen fähig, daran teilzuhaben, die sich »mit Leib und Seele« zu verständigen wissen und dasselbe kollektive Gedächtnis teilen. Eine Nation, in der kollektive Erinnerungen der Nährboden der Argumentation ist und in welcher Debatten sozusagen innerhalb der Familie ausgetragen werden[15], erscheint als einziger angemessener Rahmen für eine stabile Demokratie.

Auch wenn die Europäer wahrhaft kein tiefverwurzeltes kollektives Gedächtnis teilen,[16] haben sie dennoch vieles gemeinsam. Einerseits sind sie sich über die Regeln einer liberalen Gesellschaft einig, und zwar über den Respekt vor dem Individuum sowie soziale Freiheit und Gerechtigkeit – eine Gleichgesinntheit, die in sich eine Art einheitlicher Sprache darstellt. Solange die Bürger sich dieser Sprache nicht verweigern, gibt es wenig, was sie daran hindern könnte, miteinander zu diskutieren und ihren gemeinsamen Herausforderungen durch einen friedlichen Dialog entgegenzutreten. Auch wenn diese Werte und Prinzipien abstrakt sind, sind sie mit Sicherheit nützliche Schlüssel zur gegenseitigen Beratung und Verständigung. Dies belegt zumindest die Erfahrung aus jüngster Vergangenheit: Als die Parlaments- und Regierungsvertreter im Europäischen Konvent Diskussionen führten, mündeten diese in eine transnationalen Entente, durch welche ein außergewöhnliches Gefühl

---

15 Zur deutsch-französischen Auseinandersetzung um die Begriffe »Nation« und »Staatsbürgerschaft«, siehe u.a. Brubaker (1997) und Bizeul (2006).
16 Dass die gemeinsame Verfassung eines Geschichtsbuches von Deutschen und Französischen Historikern erst nach 60 Jahren Annäherung zwischen beiden Völkern möglich war, zeigt wie schwierig ein solcher Prozess ist, und wie langwierig er wohl auf europäischer Ebene noch sein wird.

der Solidarität und des Einvernehmens entstand. Andererseits orientieren sich die Europäer zunehmend an gleichartigen Vorstellungen und Erwartungen, die die Basis einer aufzubauenden Identität bilden (Demesmay 2003). Dies hat beispielsweise der Irak-Krieg 2003 gezeigt (Reynié 2004; Ramel 2005). Obwohl die Divergenzen zwischen den europäischen Völkern in gewissen Fragen groß waren, konnte man auch viele Analogien in den Meinungsbildern der europäischen Länder feststellen: »Les différences d'opinion concernant la conformité de l'intervention en Irak avec le droit international ne peuvent pas sérieusement [. . .] invalider [le partage de critères d'interprétation identiques]. Dès lors qu'ils s'entendent sur l'importance d'une telle conformité pour penser la guerre et la paix, les Européens disposent en effet d'une grille d'interprétation commune« (Demesmay 2006)

Vor diesem Hintergrund wird der intraeuropäische Dialog nicht nur möglich, vielmehr formt dieser auch den Willen, zusammenzuleben. Wie der inbrünstige Verfechter einer postnationalen Demokratie, Jürgen Habermas, schreibt: »Der demokratische Prozess selbst kann, wenn er nur in eine liberale politische Kultur eingebettet ist, eine Art Ausfallbürgschaft für den Zusammenhalt einer funktional ausdifferenzierten Gesellschaft dann übernehmen, wenn die Vielfalt der Interessenlagen, kulturellen Lebensformen oder Weltanschauungen das naturwüchsige Substrat der Herkunftgemeinschaft überfordert« (Habermas 1998, 117). In diesem Zusammenhang sind Gegner dieses Modells nur schwer zu verstehen, wenn sie den politischen Charakter einer solchen öffentlichen Diskussion anzweifeln (Thibaud 1992, 123ff.). Sicherlich ist diese öffentliche Diskussion ein simpler, rationaler Austausch, der mit den leidenschaftlich ausgetragenen, in einer Erinnerungskultur verwurzelten Debatten nicht viel gemein hat. Dennoch ist auch sie ein Stück weit politischer Natur. Die Eigenheit liegt nur darin, dass diese Dimension, deren Existenz nicht aus sich selbst entsteht und fortbesteht, erst durch die Protagonisten geschaffen werden muss.

Auch wenn die Thematik mit der politischen Substanz einer europäischen Demokratie verknüpft ist, liegt jedoch der Kern des Problems anderswo. Hauptsächlich besteht es darin herauszufinden, welcher Anlass Europäer zur Diskussion treiben würde und bezieht sich somit auf die Dynamik einer europäischen Demokratie. Die Mitglieder des Europäischen Parlaments oder des Konvents sind in diesem Fall angehalten, sinngebend zu wirken, da genau dies der Zweck ihres Zusammenkommens ist und sie, im Gegensatz zum Großteil der Bürger, diese Aufgabe zu erfüllen haben. Für die Zivilgesellschaft hingegen gibt es keinen Grund, sich dem nationalen Kontext zu entziehen, in dem die Menschen sozialisiert wurden und zu dem sie sich in der Regel zugehörig fühlen. Dies wäre anders, wenn sie sich als Teil einer europäischen Wertegemeinschaft verstünden. Wenn demgemäß die erste Bedingung einer europäischen Demokratie – ein Dialog – erfüllt werden kann, dann erweist sich die zweite Bedingung – die Identität – als ein schwerwiegenderes Problem. Der Tradition eines Verfassungspatriotismus zu folgen verlangt keinesfalls die Erfindung

von Tradition, wie sie die Nationalstaaten im 18. und 19. Jahrhundert betrieben[17] –
was im Übrigen ohnehin weder praktisch umsetzbar noch moralisch vertretbar wäre.
Einzig die Verfassung und Gesetze sind identitätsstiftende Mittel. Das, was uns zu
Europäern macht, ist nicht unsere Zugehörigkeit zu einer wie auch immer gearteten
europäischen Identität, sondern »le rattachement explicite et volontaire à cette uni-
versalité des principes éthico-juridiques qui est l'essence même de l'européanité«
(Ferry/Thibaud 1992, 186). Allerdings bringt die Billigung rechtsstaatlicher Prinzipien keine ausreichende Stärkung des Identitätsbewusstseins europäischer Bürger
mit sich.

Auch wenn eine Identität wohl auf dem sichersten Wege aus einem diskursiven Prozess entstehen kann, bräuchten die Bürger im Vorfeld bestimmte identitätsstiftende
Elemente, um überhaupt erst mündig zu werden. Unter diesen Umständen gestaltet
sich die Schaffung einer europäischen Öffentlichkeit schwierig und auch Ferry
selbst scheint sich der Problematik bewusst. So schlägt er vor, den öffentlichen
Raum zunächst parlamentarisch und dann durch die Medien einzunehmen, also den
Beginn einer Identitätsbildung erst bei den Abgeordneten zu suchen. Scheinbar können die Bürger ihre Rechte einer aktiven Beteiligung an der demokratischen Debatte
auf europäischer Ebene nur dann wahrnehmen, wenn ein gegenseitiges Verständnis
und eine Identifikation mit der europäischen Politik besteht. Nun aber scheint die
öffentliche Debatte kaum in der Lage, für sich selbst einen solchen Zustand zu erreichen, zumindest nicht in absehbarer Zukunft. Ihre Befürworter mögen noch so sehr
bekräftigen, dass diese Eigenschaften dem Verfassungspatriotismus nicht entbeh-
ren, und doch muss man feststellen, dass selbst wenn es der Fall wäre, sie als solche
nicht ausreichen würden, ein politisches Bewusstsein und einen politischen Willen
auf europäischer Ebene zu begründen.

Ohne das postnationale Modell in Frage zu stellen, sondern um die Realisierbarkeit
dessen zu festigen, scheint es unentbehrlich, den Output der europäischen Politik zu
stärken, d.h. auf konkrete Sachverhalte zu setzen, von welchen eine öffentliche
Debatte europäischer Bürger abgeleitet werden könnte. Wie der Philosoph Etienne
Balibar schreibt, »il faut des *matières déterminées* au travail démocratique, et pas
seulement une éthique et des normes juridiques » (Balibar 2002, 311). Dementsprechend soll bestimmt werden, welche »Baustellen« (»*chantiers*«) fähig dazu wären,
das Interesse der Bürger zu wecken und ihre politische Beteiligung zu unterstützen.
Da es von grundsätzlicher Bedeutung ist, den Bürgern die Identifikation und offene
Emotionalisierung zu ermöglichen, bieten sich dafür besonders die Themen an, die
sie beschäftigen. Die Fragen sozioökonomischer Natur – z.B. Sozial- und Wirtschaftspolitik – sind folglich für diese Art von Baustellen geeignet (Garcia-Schmid/
Hierlemann 2006, 12-15). In dieser Hinsicht sind auch Themen interessant, die auf
ein stärkeres und schützendes Europa hoffen lassen und »[. . .] by focusing on high
profile initiatives in areas that member-states cannot deal with on their own. [. . .]

17   Zur Bildungsstrategie der Nationalstaaten siehe insbesondere Anderson (1983).

These projects should include foreign policy, migration and security, energy, completing the single market, and continuing the process which will lead to enlargement into the Balkans« (Leonard 2006, 5). Generell werden die Bürger dann einen Grund und die Motivation haben, sich an einer öffentlichen Debatte zu beteiligen, wenn sie den unmittelbaren Sinn des gemeinsamen Projekts erkennen, wobei es hierbei weniger wichtig ist, ob es sich um die Verstärkung des sozialen Modells handelt, die Verbesserung der Umwelt oder um eine gerechtere Weltordnung.

Zugleich wäre es sinnvoll, sich der europapolitischen Bildungsarbeit zuzuwenden, von der die Gesamtheit der EU-Bevölkerung profitieren würde und welche insbesondere auf dem Erlernen sowohl der Regeln der Demokratie in Europa (Frìmannsson 2000) als auch der Geschichte, der Kultur und der Sprache(n) der anderen europäischen Länder beruhen würde.[18] Mit der Zweckbestimmtheit einer intereuropäischen Kenntnis dürfte diese das gegenseitige Kennenlernen der europäischen Völker begünstigen; mit anderen Worten, die Bürger unterschiedlicher Nationalitäten dazu befähigen, sich zu begegnen. Wenn sie andere Sprachen und Kulturen und die Logik, die diesen zueigen ist, beherrschen und in die Tradition eindringen würden, zu der sie gehören, dann könnten die Bürger sich tatsächlich besser verstehen und lernen sich gegenseitig in ihrer Besonderheit wertzuschätzen. Eine solche Bildungsarbeit würde Unterschiede aufwerten, indem sie sie verständlich und allen Bürgern zugänglich macht, ohne sich dabei der Homogenisierung zu verschreiben oder die Tradition künstlich zu rekonstruieren und sich auf exklusive kulturelle Kriterien zu beziehen. Ein »Werkzeugkoffer« der Kommunikation würde somit den Bürgern übergeben, der sie dazu befähigt, sich in neuen kulturellen Universen zu bewegen und somit gemeinsam eine europäische Identität zu entwerfen.

Für die Bürger in Europa besteht die Herausforderung darin, sich ihrer selbst bewusst zu werden, ohne dabei einer narzistischen Selbstbeobachtung und der identitätsbezogenen Selbstbestätigung zu verfallen. Das wäre zum einen kontraproduktiv, da es zum angestrebten Ziel der öffentlichen Debatte gegenläufig wäre, zum anderen wäre es gefährlich, da es innerhalb der Union geistige Schranken schaffen würde, die den Anderen[19] ausschlössen. Deshalb ist es unumgänglich, dass die euro-

18 Dabei spielt das Erlernen neuer Fremdsprachen eine besondere Rolle. Da die Sprachpraxis die Begriffsbildung und somit die Erarbeitung von Politiken beeinflusst, werden die Europäer nur dann aus ihrem reichen Kulturgut ein Nutzen ziehen und ihre gegenseitigen Unterschiede akzeptieren können, wenn sie auch fähig sind, in mehreren Sprachen zu konzipieren.

19 Darüber hinaus ist es notwendig, dass die Bürger nicht nur Europas Andere kennen lernen, sondern auch die »andersartigen Anderen« (Alfred Grosser), ob sie sich nun inner- oder außerhalb der Union befinden mögen. Dies beinhaltet zugleich eine Erweiterung der europäischen Bürgerrechte für die Gesamtheit der Bevölkerung auf europäischem Territorium und die Bestärkung intellektueller Dialoge. Wie diese auch geartet sein mögen – denn es ist durchaus vorstellbar, dass die europäische Bildung sich ebenso mit Kulturen und Zivilisationen außerhalb Europas oder mit anderen Religionen befasst – sie müssen die »effets d'intertextualité« (Bayart 1996, 117) multiplizieren und das Interesse der Bevölkerung für – oder zumindest den Respekt vor – der Alterität wecken. Auf diese Weise würden die Europäer das Risiko umgehen, sich abzukapseln – ein Risiko welches jedes politische Konstrukt in sich birgt. Somit könnten sie möglicherweise auch humanistische Prinzipien, die sie selbst einfordern, alltäglich umsetzbar machen.

pabezogene Bildung größtenteils auf den Herangehensweisen der Analyse und des Urteils basiert – vielmehr als auf der Lehre und der Erzählung –, dass sie also auf die Formung eines kritischen Geistes abzielt (Ferry 2000). Denn die Europäer werden nur dann vor dem Nationalismus und Eurozentrismus gefeit sein, wenn sie es schaffen, ihre Vergangenheit(en) mit intellektueller Distanz zu betrachten und glorifizierende und mystifizierende Diskurse zu durchschauen.

6. *Ausblick*

Um die Bürger besser in den europäischen Entscheidungsfindungsprozess einzubinden und somit die zunehmende Euroskepsis zu bekämpfen, erweist es sich durchaus als vorteilhaft, das repräsentative System der Europäischen Union durch die Entwicklung der partizipativen Demokratie zu ergänzen. In der Tat kann eine leistungswillige und wirksame Zivilgesellschaft, die an der europäischen Gesetzgebung aktiv beteiligt ist, dazu beitragen, das demokratische Defizit der Union zu reduzieren und einen öffentlichen Raum auf europäischer Ebene entstehen zu lassen. Um demokratischen Kriterien zu entsprechen, muss jedoch eine solche Zusammenarbeit zwischen Entscheidungsträgern und zivilen Akteuren bestimmte Bedingungen erfüllen. Zum einen kann sie nur einem Zugewinn an Legitimität darstellen, wenn sie transparent verläuft und von den Bürgern kontrolliert wird. Zum anderen dürfen wirtschaftsorientierte Verbände nicht die einzigen Partner der europäischen Institutionen bilden. Um die Gefahr einer gegen das Gemeinwohl gerichteten Entwicklung der EU zu vermeiden, sollen auch Verbände mit politischen und ideellen Zielen – so z.B. kirchliche Organisationen (Kuhn 2005) und proeuropäische Stiftungen – in die Gespräche einbezogen werden.

Wenngleich eine bessere Einbindung der Zivilgesellschaft in das politische System der Union helfen kann, der europäischen Demokratie Gestalt zu geben und gleichzeitig zu dynamisieren, darf ihr Einfluss auf das Verhalten der Bürger gegenüber dem Projekt Europa jedoch nicht überschätzt werden. Denn ohne eine Identifizierung der Bürger mit der EU und deren Politik ist eine solche Zusammenarbeit allein unfähig, das Interesse der Bürger für Europaangelegenheiten zu wecken. Zweifelsohne wird es in den nächsten Jahrzehnten noch kein europäisches Volk geben. Man kann davon ausgehen, dass innerhalb der Union die heutigen Völker bestehen bleiben und souveräne Rechte innerhalb ihrer nationalen Grenzen ausüben werden. Gleichwohl ist es nichtsdestotrotz wahrscheinlich und auch wünschenswert, dass die Menschen sich einander gegenüber öffnen, sich gegenseitig kennen lernen und sich ihre Kulturen begegnen. Nur von diesem Zeitpunkt an werden schrittweise europäische Bürger entstehen, die zugleich den Wunsch in sich tragen, an der demokratischen Debatte innerhalb der EU und des eigenen Mitgliedstaates teilzuhaben. Daraus könnte ein politischer Wille resultieren, der die europäische Politik legitimieren und als Fundament für die Integration der Union dienen würde. Dieser lange Prozess der Identitätsbildung, der übrigens bereits vorangeschritten ist, kann durch Maßnahmen beschleunigt werden wie z.b. die Verstärkung des Outputs der EU-Politik und die Erarbeitung einer europäischen Bildungspolitik. Vor allem aber braucht er viel Zeit und nicht zuletzt das Engagement von zivilen Akteuren.

Literaturverzeichnis

Anderson, Benedict (1983): Imagined Communities: Reflections on the Origin and Spread of Nationalism. London.

Aron, Raymond (1974): Une citoyenneté postnationale est-elle possible? In: Commentaire. Vol. 14, Nr. 56, S. 695-704.

Balibar, Etienne (2002): Nous, citoyens d'Europe. Les frontières, l'Etat, le peuple. Paris.

Bayart, Jean-François (1996): L'illusion identitaire. Paris.

Belot, Céline/Bruno Cautrès (2002): L'Union européenne et ses citoyens. Paris.

Bizeul, Yves (2006): Les débats sur la citoyenneté en France et en Allemagne. In: Claire Demesmay/Hans Stark (Hrsg.): Radioscopies de l'Allemagne 2007. Paris.

Brubaker, Rogers (1997): Citoyenneté et nationalité en France et en Allemagne. Paris.

Collignon, Stefan (2006): Europa reformieren – Demokratie wagen. Friedrich Ebert Stiftung, Internationale Politikanalyse.

Dastoli, Virgilio (2002): Les limites de la société civile. In: Associations transnationales. Vol. 1, S. 33-35.

Demesmay, Claire (2006): Etre ou ne pas être: (auto-)perceptions européennes à travers le prisme de la guerre en Irak. In: Journal of European Integration. Vol. 28, Nr. 4, S. 331-356.

Demesmay, Claire (2003): Les Européens existent-ils? In: Politique étrangère, Nr. 3-4, S. 773-787.

European Policy Institutes Network (2005, Hrsg.): A Citizens Compact: Reaching out to the Citizens of Europe. Working Paper Nr. 14.

Ferry, Jean-Marc (2000), La question de l'Etat européen, Paris.

Ferry, Jean-Marc/Paul Thibaud (1992): Discussion sur l'Europe. Paris.

Fossum, John Erik/Hans-Jörg Trenz (2006): When the people come in: Constitution-making and the belated politicisation of the European Union. European Governance Papers, Nr. C-06-03.

Frìmannsson, Gudmundur H. (2000): Civic Education in Europe: Some General Principles, Zentrum für Europäische Integrationsforschung, Discussion Paper C 77. Bonn.

Garcia-Schmid, Armando/Dominik Hierlemann (2006, Hrsg.): EU 2020 – Was die Europäer erwarten: Schlussfolgerungen aus einer Repräsentativbefragung in ausgewählten Mitgliedstaaten der Europäischen Union. Bertelmann-Stiftung (September).

Ghils, Paul (2002): Questions à la société civile européenne. In: Associations transnationales. Nr. 1/2002, S. 27-32.

Habermas, Jürgen (1998): Die postnationale Konstellation: Politische Essay. Frankfurt/Main.

Kommission der Europäischen Gemeinschaften (2001): Initiatives prises par la Commission au titre du débat public sur l'avenir de l'Europe, Brüssel.

Kommission der Europäischen Gemeinschaften (2006a): Weissbuch über eine Europäische Kommunikationspolitik. KOM(2006) 35.

Kommission der Europäischen Gemeinschaften (2006b): Grünbuch Europäische Transparenzinitiative. KOM(2006) 194.

Kuhn, Michael (2005): Europa auf dem Weg zur Bürgergesellschaft? Gedanken zu einem Europäischen Programm zur Förderung der »aktiven Bürgergesellschaft«. In: Europe Infos. Nr. 70, 4/2005.

Laurent, Sylvain (2006): Le droit d'initiative citoyenne: En attendant l'entrée en vigueur de la constitution européenne . . . In: Revue du Marché commun et de l'Union européenne. Nr. 497, S. 221-225.

Leonard, Mark (2006): Democracy in Europe: How the EU can survive in an age of referendums. CER Essays.

Liebert, Ulrike (2001): New governance and the prospects for a European sphere of publics. Beitrag zur öffentlichen Debatte zur Zukunft Europas, Nr. 11.

Marziali, Valeria (2006): Lobbying in Brussels. Interest Representation and Need for Information. Zentrum für Europäische Integrationsforschung. Discussion Paper, C 155. Bonn.

Mittag, Jürgen (2004): Civil Society and European Integration: New democratic forces in the European Union? Draft-Paper.

Ramel, Frédéric (2005): Que dire de Gulliver? Les images européennes des Etats-Unis à travers le prisme de la guerre en Irak. In: Josiane Tercinet (Hrsg.): Les relations transatlantiques et l'environnement international. Brüssel, S. 123-143.

Reynié, Dominique (2004): La fracture occidentale. Naissance d'une opinion européenne. Paris.

Thalmaier, Bettina (2006): Partizipation und Politisierung als Antwort auf die Akzeptanz- und Legitimationskrise der Europäischen Union. Centrum für angewandte Politikforschung, CAP-Analyse 1. München.

Tham, Barbara (2006a): Eine neue Europäische Informations- und Kommunikationspolitik? Centrum für angewandte Politikforschung, CAP Aktuell, Nr. 4. München.

Tham, Barbara (2006b): Einstellungen Jugendlicher gegenüber der Europäischen Union im Jahr 2005. CAP Paper, München.

TNS Opinion & Social/Europäische Kommission (2006, Hrsg.): Die Zukunft Europas. Eurobarometer Spezial 251/Welle 65.1.

Weidenfeld, Werner (2006): Europäische Identität und die Krise des Europäischen Verfassungsvertrags. In: Die Presse (27. Januar).

Auswahlbibliographie

Anderson, Benedict (1996): Die Erfindung der Nation. Zur Karriere eines folgendreichen Konzepts. Erw. Neuausgabe, Frankfurt/Main u.a.

Beck, Ulrich/Edgar Grande (2004): Das kosmopolitische Europa. Gesellschaft und Politik in der Zweiten Moderne. Frankfurt/Main.

Bogdandy, Armin von (2003): Europäische und nationale Identität: Integration durch Verfassungsrecht? In: Veröffentlichungen der Vereinigung der deutschen Staatsrechtslehrer. Jg. 62, S. 156-193.

Bowle, John (1993): Geschichte Europas. Von der Vorgeschichte bis ins 20. Jahrhundert. 3. Auflage, München.

Bracher, Karl Dietrich (1976): Die Krise Europas 1917-1975. Frankfurt/Main.

Brague, Rémi (1993): Europa. Eine exzentrische Identität. Frankfurt/Main.

Brunn, Gerhard (2002): Die Europäische Einigung von 1945 bis heute. Stuttgart.

Brusis, Martin (2001): European and National Identities in the Accession Countries. The Role of the European Union. In: Petr Drulák (Hrsg.): National and European Identities in EU Enlargement. Views from Central and Eastern Europe. Prague, S. 195-207.

Bruter, Michael (2006): Citizens of Europe? The emergence of a mass European identity. Basingstoke.

Buhr, Manfred (1994, Hrsg.): Das geistige Erbe Europas. Neapel.

Cacciari, Massimo (1998): Der Archipel Europa. Aus dem Italienischen von Günter Memmert, Köln.

Cacciari, Massimo (1997): L'Archipelago, Milano.

Castells, Manuel (2002): The Construction of European Identity. In: Maria Joan Rodrigues (Hrsg.): The New Knowledge Economy in Europe. Cheltenham u.a.

Cerutti, Furio (1992): Can there be a Supranational Identity? In: Philosophy and Social Critism, Jg. 18, H. 2, S. 147-162.

Cerutti, Furio/Enno Rudolph (2001, Hrsg.): A Soul For Europe. On the Political and Cultural Identity of the Europeans. Leuven.

Dalton, Russel J./Richard C. Eichenberg (1998): Citizen Support for Policy Integration. In: Wayne Sandholtz/Alec S. Sweet (Hrsg.): European Integration and Supranational Governance. Oxford, S. 250-282.

Delanty, Gerard (1995): Inventing Europe: Idea, Identity, Reality. New York.

Demesmay, Claire (2006): Etre ou ne pas être: (auto-)perceptions européennes à travers le prisme de la guerre en Irak. In: Journal of European Integration. Vol. 28, Nr. 4, S. 331-356.

Demesmay, Claire (2003): Les Européens existent-ils? In: Politique étrangère, Nr. 3-4, S. 773-787.

Dewandre, Nicole/Jacques Lenoble (1994, Hrsg.): Projekt Europa – Postnationale Identität: Grundlage für eine europäische Demokratie?, Berlin.

Donig, Simon/Christiane Winkler (2005, Hrsg.): Europäische Identitäten – Eine europäische Identität? Baden-Baden.

Duchesne, Sophie/André-Paul Frognier (1995): Is there a European Identity? In: Oskar Niedermayer/Richard Sinnott (Hrsg.): Public Opinion and Internationalized Government. Oxford, S. 193-226.

Dunkerley, David/Lesley Hodgson et. al. (2002): Changing Europe. Identities, Nations, and Citizens. London.

Drulák, Petr (2001, Hrsg.): National and European Identities in EU Enlargement. Views from Central and Eastern Europe. Prague.

Eder, Klaus (2004): Europäische Öffentlichkeit und multiple Identitäten – das Ende des Volksbegriffs? In: Claudio Franzius/Ulrich Preuß (Hrsg.): Europäische Öffentlichkeit. Baden-Baden, S. 61-80.

Eisenstadt, Shmuel Noah/Bernhard Giesen (1995): The Construction of Collective Identity. In: European Journal of Sociology. Jg. 36, H. 1, S. 72-102.

Elm, Ralf (Hrsg., 2002): Europäische Identität: Paradigmen und Methodenfragen, Baden-Baden.

Feldmann-Wojtachnia, Eva (2005): Mobilität entsteht nicht von selbst. Zur Notwendigkeit von interkultureller Kompetenz vor dem Hintergrund der EU-Erweiterung. In: IJAB (Hrsg.): Jugendmobilität in Europa. Bonn, S. 156-169.

Feldmann, Eva/Susanne Ulrich et al. (2000): Toleranz. Grundlage für ein demokratisches Miteinander. Gütersloh.

Fuchs, Dieter (2003): Das Demokratiedefizit der Europäischen Union und die politische Integration Europas: Eine Analyse der Einstellungen der Bürger in Westeuropa. In: Frank Brettschneider/Jan van Deth et al. (Hrsg.): Europäische Integration in der öffentlichen Meinung. Opladen, S. 29-56.

Fuchs, Dieter (2000): Demos und Nation in der Europäischen Union. In: Hans-Dieter Klingemann/Friedhelm Neidhardt (Hrsg.): Zur Zukunft der Demokratie. Herausforderungen im Zeitalter der Globalisierung. Berlin, S. 215-236.

Fuchs, Dieter/Hans-Dieter Klingemann (2002): Eastward Enlargement of the European Union and the Identity of Europe. In: West European Politics. Jg. 25, H. 2, S. 19-54.

Fuß, Daniel (2003): Jugend und europäische Identität. Resultate aus einem europäischen Forschungsprojekt. Veröffentlichung der Friedrich Ebert Stiftung Online-Akademie. www.fes-online-akademie.de.

Gabel, Matthew/Harvey D. Palmer (1995): Understanding variation in public support for European integration. In: European Journal of Political Research. Jg. 27, H. 1, S. 3-19.

Gerhards, Jürgen, unter Mitarbeit von Michael Hölscher (2005): Kulturelle Unterschiede in der Europäischen Union. Ein Vergleich zwischen Mitgliedsländern, Beitrittskandidaten und der Türkei. Wiesbaden.

Gerhards, Jürgen (2003): Identifikation mit Europa. Einige begriffliche Vormerkungen. In: Jutta Allmendinger (Hrsg.): Entstaatlichung und soziale Sicherheit. Verhandlungen des 31. Kongresses der Deutschen Gesellschaft für Soziologie in Leipzig 2002, Teil 1. Opladen, S. 467-474.

Giesen, Bernhard (2002): Europäische Identität und transnationale Öffentlichkeit. Eine historische Perspektive. In: Hartmut Kaelble/Martin Kirsch et al. (Hrsg.): Transnationale Öffentlichkeiten und Identitäten im 20. Jahrhundert. Frankfurt/Main, New York, S. 67-84.

Giesen, Bernhard (1999): Kollektive Identität. Die Intellektuellen und die Nation 2. Frankfurt/Main.

Giesen, Bernhard (1996, Hrsg.): Nationale und kulturelle Identität. Studien zur Entwicklung kollektiven Bewusstseins in der Neuzeit. Frankfurt/Main.

Grimm, Dieter (2004): Integration durch Verfassung. Absichten und Aussichten im europäischen Konstitutionalisierungsprozess. In: Leviathan. Jg. 32, H. 4, S. 448-463.

Habermas, Jürgen (2004): Ist die Herausbildung einer europäischen Identität nötig, und ist sie möglich? In: Ders.: Der gespaltene Westen. Frankfurt/Main, S. 68-82.

Habermas, Jürgen (1998): Die postnationale Konstellation und die Zukunft der Demokratie. In: Jürgen Habermas (Hrsg.): Die postnationale Konstellation. Politische Essays. Frankfurt/Main, S. 91-169.

Habermas, Jürgen (1996): Die Einbeziehung des Anderen, Frankfurt/Main.

Heit, Helmut (2006): Universale Werte und partikulare Identitätspolitik in der EU-Verfassung. In: Christiane Lemke/Jutta Joachim et al. (Hrsg.): Konstitionalisierung und Governance in der EU – Perspektiven einer Europäischen Verfassung, Münster, S. 67-85.

Heit, Helmut (2005, Hrsg.): Die Werte Europas. Verfassungspatriotismus und Wertegemeinschaft in der EU? Münster.

Henrichsmeyer, Wilhelm/Klaus Hildebrand et al. (1995, Hrsg.): Auf der Suche nach europäischer Identität. Bonn.

Herrmann, Richard K./Thomas Risse et al. (2004, Hrsg.): Transnational Identities. Becoming European in the European Union. Lanham.

Hettlage, Robert (1999): European Identity – Betweeen Inclusion and Exclusion. In: Hanspeter Kriesi (Hrsg.): Nation and National Identity. The European Experience in Perspective. Zürich, S. 243-262.

Hettlage, Robert/Hans-Peter Müller (2006, Hrsg.): Die europäische Gesellschaft. Konstanz.

Jamieson, Lynn (2002): Theorising Identity, Nationality and Citizenship. Implications for European Citizenship Identity. In: Sociologia. Jg. 34, H. 6, S. 507-532.

Huntington, Samuel (2002): The clash of civilizations and the remaking of world order. London.

Hurrelmann, Achim (2006): Das Dilemma europäischer Demokratie. Eine Fortsetzung der Verfassungsdebatte könnte die EU weiter von den Bürgern entfremden. In: Vorgänge. Jg. 45, H. 2, S. 20-26.

Hurrelmann, Achim (2005): Verfassung und Integration in Europa. Wege zu einer konstitutionellen Demokratie. Frankfurt/Main.

Immerfall, Stefan (2000): Europäische Integration und europäische Identität. In: Thomas Henschel/Stephan Schleissing (Hrsg.): Europa am Wendepunkt. Von »Euro-Land« zu einer europäischen Bürgergesellschaft? München, S. 6-12.

Janning, Josef (2006): Leitbilder. In: Werner Weidenfeld/Wolfgang Wessels (Hrsg.): Europa von A-Z. Taschenbuch der europäischen Integration. 9. Auflage, Baden-Baden, S. 304-310.

Janning, Josef (1989): Das Europa der Vaterländer? Deutschland und die Identität Europas. In: AKSB (Hrsg.): Was ist der Deutschen Vaterland? Nationalbewusstsein und nationale Identität als Thema der politischen Bildung, AKSB Dokumente – Manuskripte – Protokolle, Heft 17. Bonn, S. 23-35.

Jiménez, Antonia M. Ruiz/Jaroslaw J. Górniak et al. (2004): European and National Identities in EU's Old and New Member States: Ethnic, Civic, Instrumental and Symbolic Components. In: European Integration online Papers. Jg. 8, H. 11.

Joas, Hans/Klaus Wiegandt (2005, Hrsg.): Die kulturellen Werte Europas. Frankfurt/Main.

Joas, Hans/Christof Mandry (2005): Europa als Werte- und Kulturgemeinschaft. In: Gunnar F. Schuppert/Ingolf Pernice et al. (Hrsg.): Europawissenschaft. Baden-Baden, S. 541-572.

Judt, Tony (2006): Geschichte Europas. Von 1945 bis zur Gegenwart. München.

Kaelble, Hartmut (2005): Eine europäische Gesellschaft? In: Gunnar F. Schuppert/Ingolf Pernice et al. (Hrsg.): Europawissenschaft. Baden-Baden, S. 299-330.

Kaelble, Hartmut (2001): Europäer über Europa. Die Entstehung des europäischen Selbstverständnisses im 19. und 20. Jahrhundert. Frankfurt/Main, New York.

Kaelble, Hartmut/Martin Kirsch et al. (2002, Hrsg.): Transnationale Öffentlichkeiten und Identitäten im 20. Jahrhundert. Frankfurt/Main, New York.

Karolewski, Ireneusz P./Viktoria Kaina (2006, Hrsg.): European identity. Theoretical perspectives and empirical insights. Berlin, Münster.

Kocka, Jürgen (2004): Wo liegst du, Europa? Europäische Identität als Konstrukt. In: Helmut König/Manfred Sicking (Hrsg.): Der Irak-Krieg und die Zukunft Europas. Bielefeld, S. 117-141.

Kocka, Jürgen (2005): Die Grenzen Europas. Ein Essay aus historischer Perspektive. In: Gunnar Folke Schuppert/Ingolf Pernice et al. (Hrsg.): Europawissenschaft. Baden-Baden, S. 275-287.

Kohli, Martin (2002): Die Entstehung einer europäischen Identität: Konflikte und Potentiale. In: Hartmut Kaelble/Martin Kirsch et al. (Hrsg.): Transnationale Öffentlichkeiten und Identitäten im 20. Jahrhundert. Frankfurt/Main, S. 111-134.

Kohli, Martin (2000): The Battlegrounds of European Identity. In: European Societies, No. 2, S. 113-137.

Landfried, Christine (2002): Das politische Europa. Differenz als Potential der Europäischen Union. Baden-Baden.

Lepsius, M. Rainer (2004): Prozesse der europäischen Identitätsstiftung. In: Aus Politik und Zeitgeschichte. Jg. 54, H. 38, S. 3-5.

Lepsius, M. Rainer (1997): Bildet sich eine kulturelle Identität in der Europäischen Union? In: Blätter für deutsche und internationale Politik. Jg. 42, H. 8, S. 948-955.

Lilli, Waldemar (1998): Europäische Identität: Chancen und Risiken ihrer Verwirklichung aus einer sozialpsychologischen Grundlagenperspektive. In: Thomas König/Elmar Rieger et al. (Hrsg.): Europa der Bürger? Voraussetzungen, Alternativen, Konsequenzen. Mannheimer Jahrbuch für Europäische Sozialforschung Band 3. Frankfurt/Main, S. 139-158.

Loth, Wilfried (2002): Europäische Identität in historischer Perspektive. Zentrum für Europäische Integrationsforschung. Discussion Paper C 113/2002, Bonn.

Lübbe, Herrmann (1982): Der Mensch als Orientierungswaise? Freiburg u.a.

Marcussen, Martin/Thomas Risse et al. (1999): Constructing Europe? The Evolution of French, British and German Nation State Identities. In: Journal of European Public Policy. Vol. 6, No. 4, S. 614-633.

Marks, Gary/Lisbet Hooghe (2003): National Identity and Support for European Integration. Wissenschaftszentrum Berlin für Sozialforschung, Discussion paper IV 2003-2002, Berlin.

Meyer, Thomas (2005): The European Public Sphere. A Background Paper for the Social Sciences and Humanities Advisory Group of the European Commission. Bruxelles.

Meyer, Thomas (2004): Die Identität Europas – Der EU eine Seele? Frankfurt/Main.

Meyer, Thomas (2002): Identitätspolitik. Vom Missbrauch kultureller Unterschiede. Frankfurt/Main.

Meyer, Thomas (2001): Identity Mania. The Politicization of Cultural Difference. London.

Mokre, Monika/Gilbert Weiss et al. (2003, Hrsg.): Europas Identitäten. Mythen, Konflikte, Konstruktionen. Frankfurt/Main, New York.

Mühler, Kurt/Karl-Dieter Opp et al. (2004): Region und Nation. Zu den Ursachen und Wirkungen regionaler und überregionaler Identifikation. Wiesbaden.

Münch, Richard (1993): Das Projekt Europa. Zwischen Nationalstaat, regionaler Autonomie und Weltgesellschaft. Frankfurt/Main.

Münkler, Herfried (1991): Europa als politische Idee. Ideengeschichtliche Facetten des Europabegriffs und deren aktuelle Bedeutung. In: Leviathan. Jg. 19, H. 4, S. 521-541.

Nida-Rümelin, Julian (1997): Rationality, democratic Citizenship and the New Europe. In: Percy B. Lehning/Albert Weale (Hrsg.): Citizenship, Democracy and Justice in the New Europe. London, New York, S. 34-49.

Nida-Rümelin, Julian (1996): Was ist Staatsbürgerschaft? In: Kurt Bayertz (Hrsg.): Politik und Ethik. Stuttgart, S. 362-386.

Nida-Rümelin, Julian (1993): Citizenship, Rationalität und Europa. In: Hans Lenk/Hans Poser (Hrsg.): Neue Realitäten – Herausforderungen für die Philosophie. Berlin, S. 374-381.

Niedermayer, Oskar (2003): Die öffentliche Meinung zur zukünftigen Gestalt der EU: Bevölkerungsorientierungen in Deutschland und den anderen EU-Staaten. Bonn.

Niethammer, Lutz (2000): Kollektive Identität. Heimliche Quellen einer unheimlichen Konjunktur. Reinbek bei Hamburg.

Nissen, Silke (2004): Europäische Identität und die Zukunft Europas. In: Aus Politik und Zeitgeschichte. Jg. 54, H. 38, S. 21-29.

Offe, Claus (2001): Gibt es eine europäische Gesellschaft? Kann es eine geben? In: Blätter für deutsche und internationale Politik. H. 4, S. 423-435.

Pollack, Detlev (2004): Nationalismus und Europaskepsis in den postkommunistischen Staaten Mittel- und Osteuropas. In: Aus Politik und Zeitgeschichte. Jg. 54, H. 38, S. 30-37.

Quenzel, Gudrun (2005): Konstruktionen von Europa. Die europäische Identität und die Kulturpolitik der Europäischen Union. Bielefeld.

Reale, Giovanni (2004): Kulturelle und geistige Wurzeln Europas. Für eine Wiedergeburt des »europäischen Menschen«. Paderborn.

Reese-Schäfer, Walter (2001): Globale Orientierung und Europabewusstsein. In: Christine Landfried (Hrsg.): Politik in einer entgrenzten Welt. Köln, S. 99-114.

Reif, Karlheinz (1993): Cultural Convergence and Cultural Diversity as Factors in European Identity. In: Garcia Soledad (Hrsg.): European Identity and the Search for Legitimacy. London, New York, S. 131-153.

Risse, Thomas (2001): A European Identity? Europeanization and the Evolution of Nation-States Identities. In: Maria Green Cowles/James Caporaso et al. (Hrsg.): Transforming Europe. Ithaca, S. 198-216.

Ritter, Claudia (2004): Ein Chamäleon und das Biest. Kollektive Identitäten in der Europäischen Union. In: Forschungsjournal Neue Soziale Bewegungen. Jg. 17, H. 4, S. 91-96.

Roose, Jochen (2003): Die Europäisierung der Umweltbewegung. Umweltorganisationen auf dem langen Weg nach Brüssel. Wiesbaden.

Roose, Jochen/Karin Ulrich et al. (2006): Immer in Bewegung – nie am Ziel. Was bewirken soziale Bewegungen? Forschungsjournal Neue Soziale Bewegungen. Jg. 19, H. 1, S. 2-4.

Schmale, Wolfgang (2005): Europapropaganda. In: Rainer Gries/Wolfgang Schmale (Hrsg.): Kultur der Propaganda. Bochum, S. 285-304.

Schmale, Wolfgang (2005): Suche nach europäischer Identität. Schlußfolgerungen aus »Non«, »Nee« und »Honte«. In: Europäische Rundschau. Jg. 33, H. 3, S. 35-45.

Schmale, Wolfgang (2001): Geschichte Europas. Stuttgart.

Schmale, Wolfgang (1997): Scheitert Europa an seinem Mythendefizit? Bochum.

Smith, A. D. (1992): National Identity and the Idea of European Unity. In: International Affairs. Vol. 68, S. 55-76.

Schulze, Hagen (2000): Europa als historische Idee. In: Werner Stegmaier (Hrsg.): Europa-Philosophie. Berlin u.a., S. 1-14.

Schulze, Hagen (1994): Staat und Nation in der europäischen Geschichte. München.

Schulze, Hagen (1990): Die Wiederkehr Europas. Berlin.

Schwaabe, Christian (2005): Politische Identität und Öffentlichkeit in der Europäischen Union. Zur Bedeutung der Identitätsdiskurse im »post-abendländischen« Europa. In: Zeitschrift für Politik. Jg. 52, H. 4, S. 421-447.

Soledad, Garcia (1993, Hrsg.): European Identity and the Search for Legitimacy. London, New York.

Stourzh, Gerald (2002, Hrsg.): Annäherungen an eine europäische Geschichtsschreibung. Wien.

Stråth, Bo (2002): A European Identity – To the Historical Limits of a Concept. European Journal of Social Theory. Jg. 5, H. 4, S. 387-401.

Stråth, Bo (2001, Hrsg.): Europe and the Other and Europe as the Other. 2. Auflage, Bruxelles.

Thalmaier, Bettina (2005): Braucht die EU eine eigene Identität? In: Helmut Heit (Hrsg.): Die Werte Europas. Verfassungspatriotismus und Wertegemeinschaft in der EU? Münster, S. 215-230.

Thalmaier, Bettina (2005): Die zukünftige Gestalt der Europäischen Union – Integrationstheoretische Hintergründe und Perspektiven einer Reform. Baden-Baden.

Toulmin, Stephen E. (1991): Kosmopolis. Die unerkannten Aufgaben der Moderne. Frankfurt/Main.

Toulmin, Stephen E. (1990): Cosmopolis. The hidden Agenda of Modernity. New York.

Utzinger, André (2005): Mythen oder Institutionen? Zur Bildung kollektiver Identitäten im postnationalen Europa. In: Francis Cheneval (Hrsg.): Legitimationsgrundlagen der Europäischen Union. Münster, S. 235-251.

Viehoff, Reinhold/Rien T. Segers (1999, Hrsg.): Kultur. Identität. Europa. Über die Schwierigkeiten und Möglichkeiten einer Konstruktion. Frankfurt/Main.

Vorländer, Hans (2002, Hrsg.): Integration durch Verfassung. Wiesbaden.

Wagner, Gerhard (2005): Projekt Europa. Zur Konstruktion europäischer Identität zwischen Nationalismus und Weltgesellschaft. Berlin.

Walkenhorst, Heiko (1999): Europäischer Integrationsprozess und europäische Identität. Die politische Bedeutung eines sozialpsychologischen Konzepts. Baden-Baden.

Wakenhut, Roland (1999): Nationales und europäisches Bewusstsein. Konzeptionelle Reflexionen und empirische Befunde zum Bewusstsein nationaler und europäischer Zugehörigkeit. In: Heinz Hahn (Hrsg.): Kulturunterschiede. Interdisziplinäre Konzepte zu kollektiven Identitäten und Mentalitäten. Frankfurt/Main, S. 251-270.

Weidenfeld, Werner (2006, Hrsg.): Europa – aber wo liegt es? In: Ders. (Hrsg): Europa-Handbuch. Band I. 4., überarbeitete Auflage, Gütersloh, S. 15-48.

Weidenfeld, Werner (1985, Hrsg.): Die Identität Europas. Fragen, Positionen, Perspektiven. München.

Weidenfeld, Werner (1984): Was ist die Idee Europas? In: Aus Politik und Zeitgeschichte. Jg. 34, H. 23-24, S. 3-11.

Weigl, Michael/Michaela Zöhrer (2005): Regionale Identität und gegenseitige Wahrnehmung von Deutschen und Tschechen. Ergebnisse eines Forschungsprojektes im bayerisch-böhmischen Grenzraum. München.

Weigl, Michael (2006): Europas Ringen mit sich selbst. Grundlagen einer europäischen Identitätspolitik. Gütersloh.

Westle, Bettina (2003): Universalismus oder Abgrenzung als Komponente der Identifikation mit der Europäischen Union. In: Frank Brettschneider/Jan van Deth et al. (Hrsg.): Europäische Integration in der öffentlichen Meinung. Opladen, S. 115-152.

Westle, Bettina (2003): Europäische Identifikation im Spannungsfeld regionaler und nationaler Identitäten. Theoretische Überlegungen und empirische Befunde. In: Politische Vierteljahresschrift. Jg. 44, H. 4, S. 453-482.

Autorenverzeichnis

Dr. Claire Demesmay, Wissenschaftliche Mitarbeiterin, Institut français des relations internationales (Ifri)/Studienkomitee für deutsch-französische Beziehungen (Cerfa), Paris

Eva Feldmann-Wojtachnia, Wissenschaftliche Mitarbeiterin, Centrum für angewandte Politikforschung, Ludwig-Maximilians-Universität München

Dr. Achim Hurrelmann, Assistant Professor, Carleton University, Department of Political Science, Ottawa

Josef Janning, stellvertretender Direktor, Centrum für angewandte Politikforschung, Ludwig-Maximilians-Universität München; Leiter des Themenfeldes Internationale Verständigung, Bertelsmann Stiftung, Gütersloh

Prof. Dr. Jürgen Kocka, Präsident, Wissenschaftszentrum Berlin; Professor für Geschichte der industriellen Welt und Direktor, Berliner Kolleg für Vergleichende Geschichte Europas, Freie Universität Berlin

Prof. Dr. Thomas Meyer, Lehrstuhl für Politikwissenschaften, Universität Dortmund

Prof. Dr. Julian Nida-Rümelin, Staatsminister a.d., Professor für Politische Theorie und Philosophie, Ludwig-Maximilians-Universität München

Dr. Jochen Roose, Wissenschaftlicher Assistent, Institut für Soziologie, Freie Universität Berlin

Prof. Dr. Wolfgang Schmale, Vorstand des Instituts für Geschichte, Historisch-Kulturwissenschaftliche Fakultät, Universität Wien

Dr. Bettina Thalmaier, Wissenschaftliche Mitarbeiterin, Centrum für angewandte Politikforschung, Ludwig-Maximilians-Universität München

Prof. Dr. Dr. h.c. Werner Weidenfeld, Direktor, Centrum für angewandte Politikforschung, Ludwig-Maximilians-Universität München; Mitglied des Vorstandes, Bertelsmann Stiftung, Gütersloh

Dr. Michael Weigl, Wissenschaftlicher Mitarbeiter, Centrum für angewandte Politikforschung, Ludwig-Maximilians-Universität München